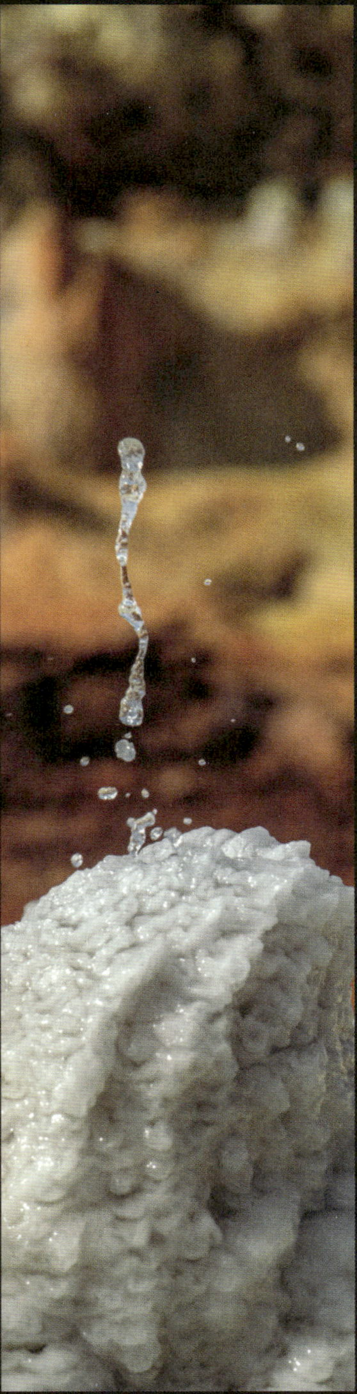

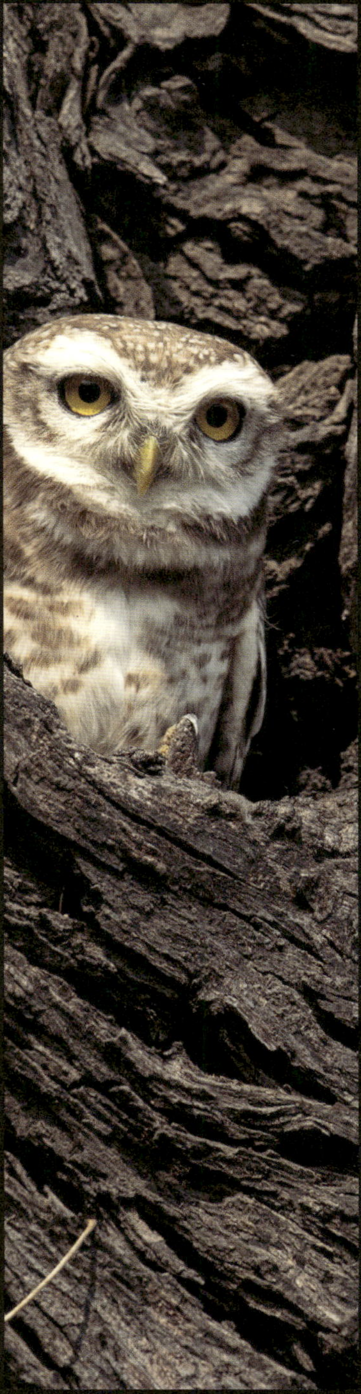

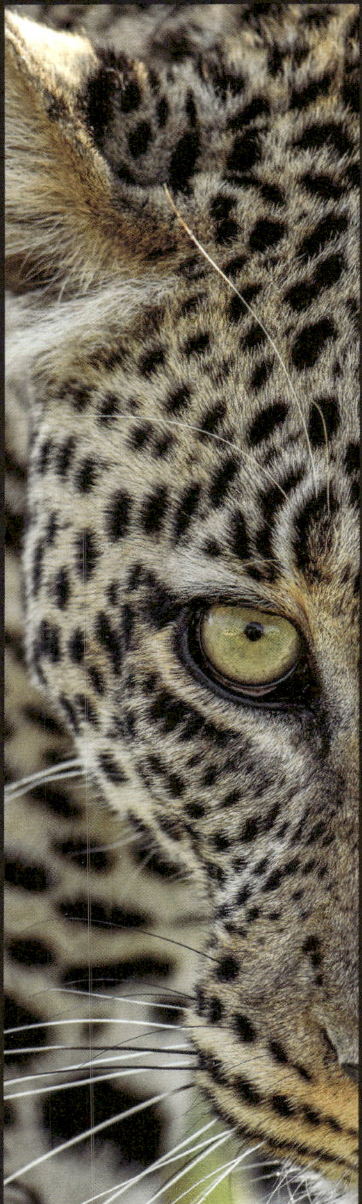
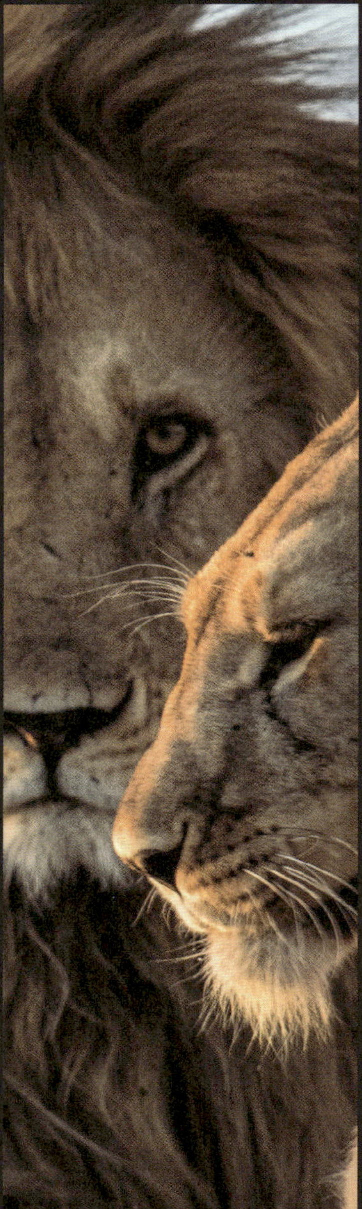
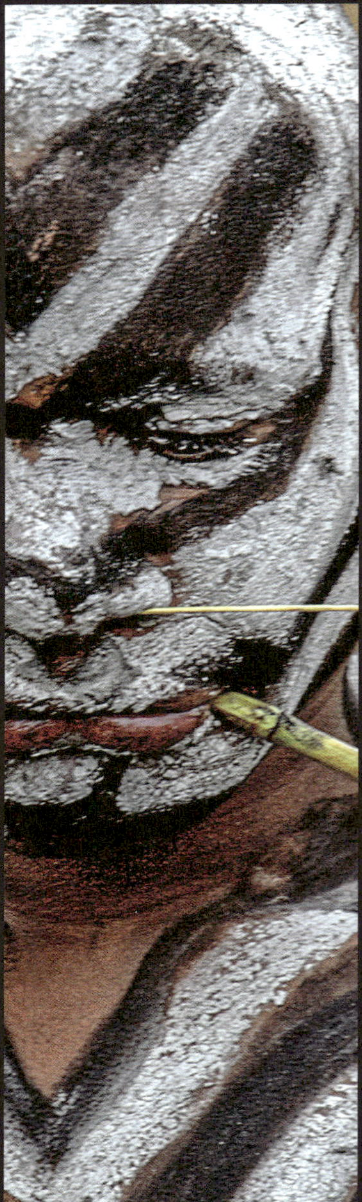

DIE GROSSE SCHULE DER

FOTOGRAFIE

GRUNDTECHNIKEN UND PRAKTISCHE TIPPS

WHITE STAR VERLAG

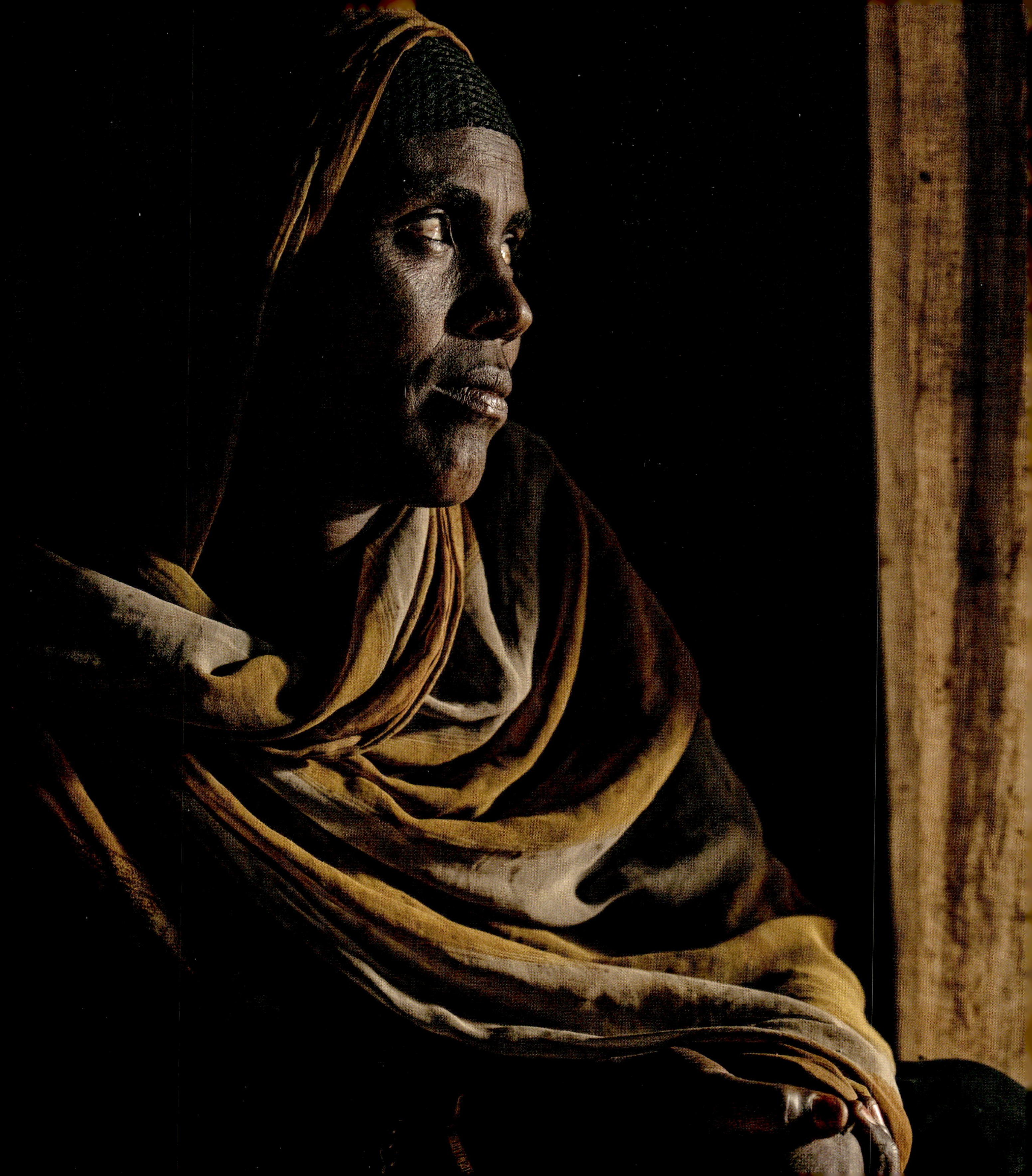

Text und Fotos von

IAGO CORAZZA

Grafik

SILVIA GALLIANI

Meinen Schülern,

die mich alles gelehrt haben

INHALT

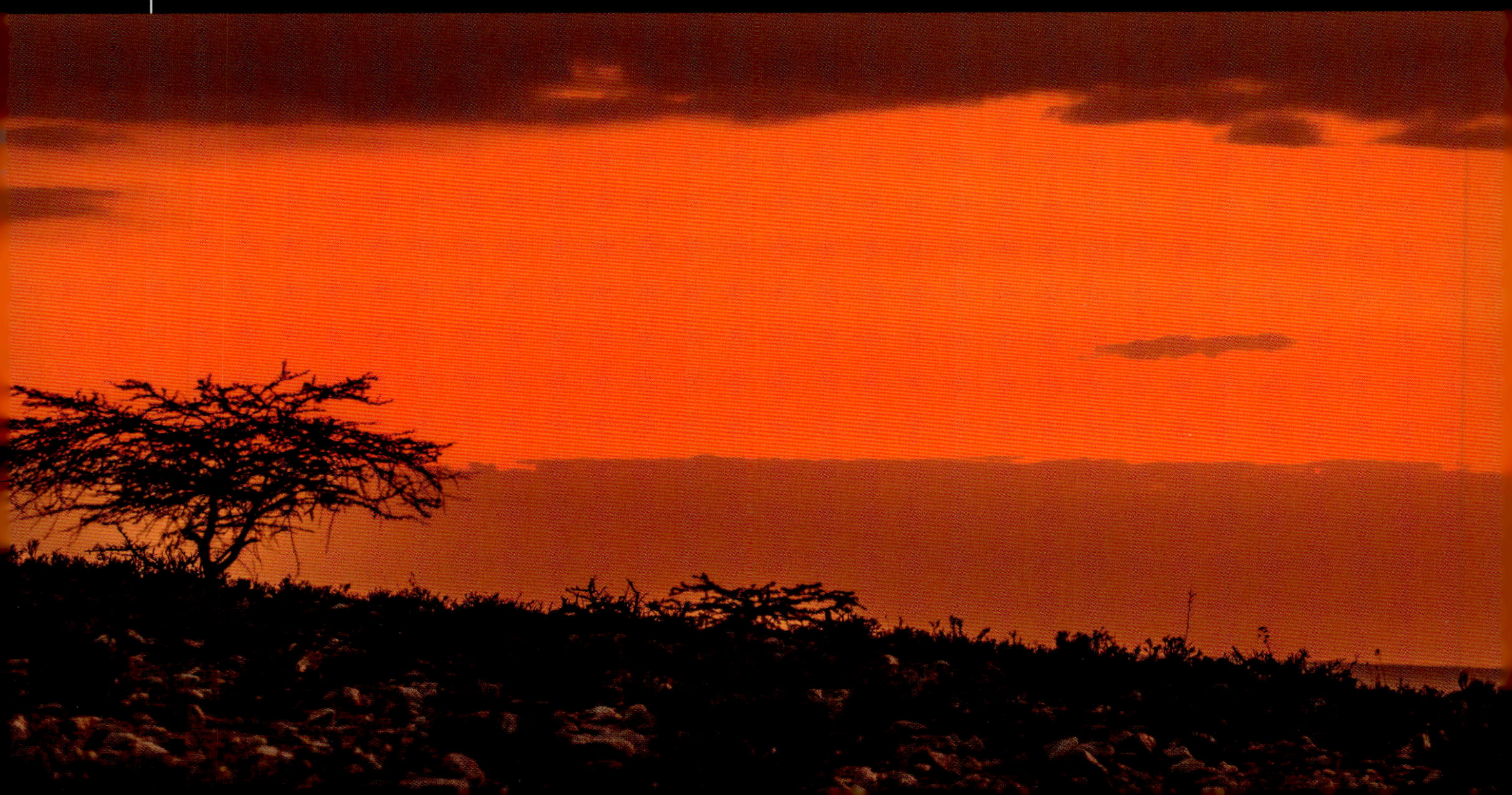

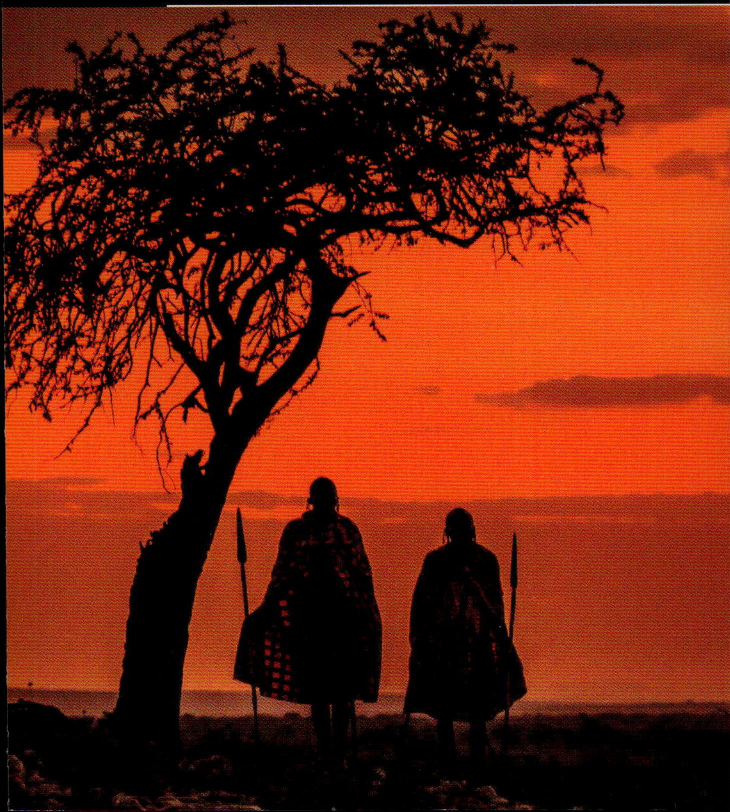

EINLEITUNG

DER WEG ZUR FOTOGRAFIE

Die Digitalisierung versprach, dass sich alles verändert, dass **alles** günstiger und leichter wird. Das Wörtchen „alles“ bezieht sich hier natürlich auf unsere Fotoausrüstung. Fotoreporter, die wie ich immer unterwegs sind und an sehr entlegene Orte reisen, um ihre Reportagen anzufertigen, vermuteten sofort, dass die Digitalisierung nicht hält, was sie verspricht. Tatsächlich hat sich dadurch in der Welt der Fotografie **fast nichts** verändert, abgesehen davon, dass unsere gesamte Ausrüstung ersetzt wurde, was kostspielig war. Somit ist bereits ein Teil der Versprechungen nicht in Erfüllung gegangen, und wir setzten **alles** auf das dritte Versprechen: Die Digitalisierung schien eine gewisse Gewichtseinsparung mit sich zu bringen, und unser Rücken, der schon lange Jahre im Arbeitseinsatz ist, hat das allmählich wirklich nötig. Wir verwenden nun also winzige Speicherkarten anstelle von platzraubenden Filmrollen, die schwer zu verstauen sind, die man am Flughafen vor Röntgenstrahlen schützen muss, die licht- und stoßempfindlich sind, und Kameras mit mehr Elektronik, weniger Mechanik und leichteren, kompakteren Objektiven. Doch niemand hat Speicherkartenlesegeräte, Akkus und Ladegeräte, Computer, auf die man die Daten von der Speicherkarte überträgt, Festplatten, um die Fotos zu speichern, und anderes Zubehör, wie Kabel und Adapter, einkalkuliert. Außerdem werden wir sehr bald entdecken, dass zwar Kameras von schlechter und noch schlechterer Qualität effektiv weniger wiegen und kompakter sind, dass qualitativ hochwertige Ausrüstung jedoch immer noch genauso viel wiegt – wenn nicht noch mehr – und gleichgroß ist – wenn nicht noch größer – als früher. Wenn wir das erst einmal verkraftet haben, merken wir, dass sich doch etwas geändert hat. Nicht in Bezug auf die Ausrüstung, nicht in der Fototechnik, sondern im Umgang mit den Resultaten und im Lernprozess. **Drei große Verbündete** sind in der Fotoszene aufgetaucht: die Gelegenheit, zum Nulltarif Bilder zu machen, die Möglichkeit, die Fotos direkt auf dem Display zu kontrollieren, und die Option, in jedem beliebigen Moment die Metadaten, das heißt die Informationen über sämtliche Parameter, die bei der Aufnahme verwendet wurden, zu studieren und zu vergleichen. Dank dieser drei großartigen Möglichkeiten, die die Technik nun bietet, ist heute praktisch jeder Amateur in der Lage zu lernen, wie man gute Fotos macht, und sich stetig zu verbessern. Wenn man ein Foto schießt, dann darüber nachdenkt und Fehler korrigiert, geduldig weiterexperimentiert, alles mehrfach wiederholt und die eigenen Bilder noch einmal kontrolliert, bis man das gewünschte Ergebnis erreicht hat, ist das perfekt. Jeder, der eine Leidenschaft für einen Typus oder ein Genre der Fotografie entwickelt hat, kann sich rasch **Schritt für Schritt verbessern**.

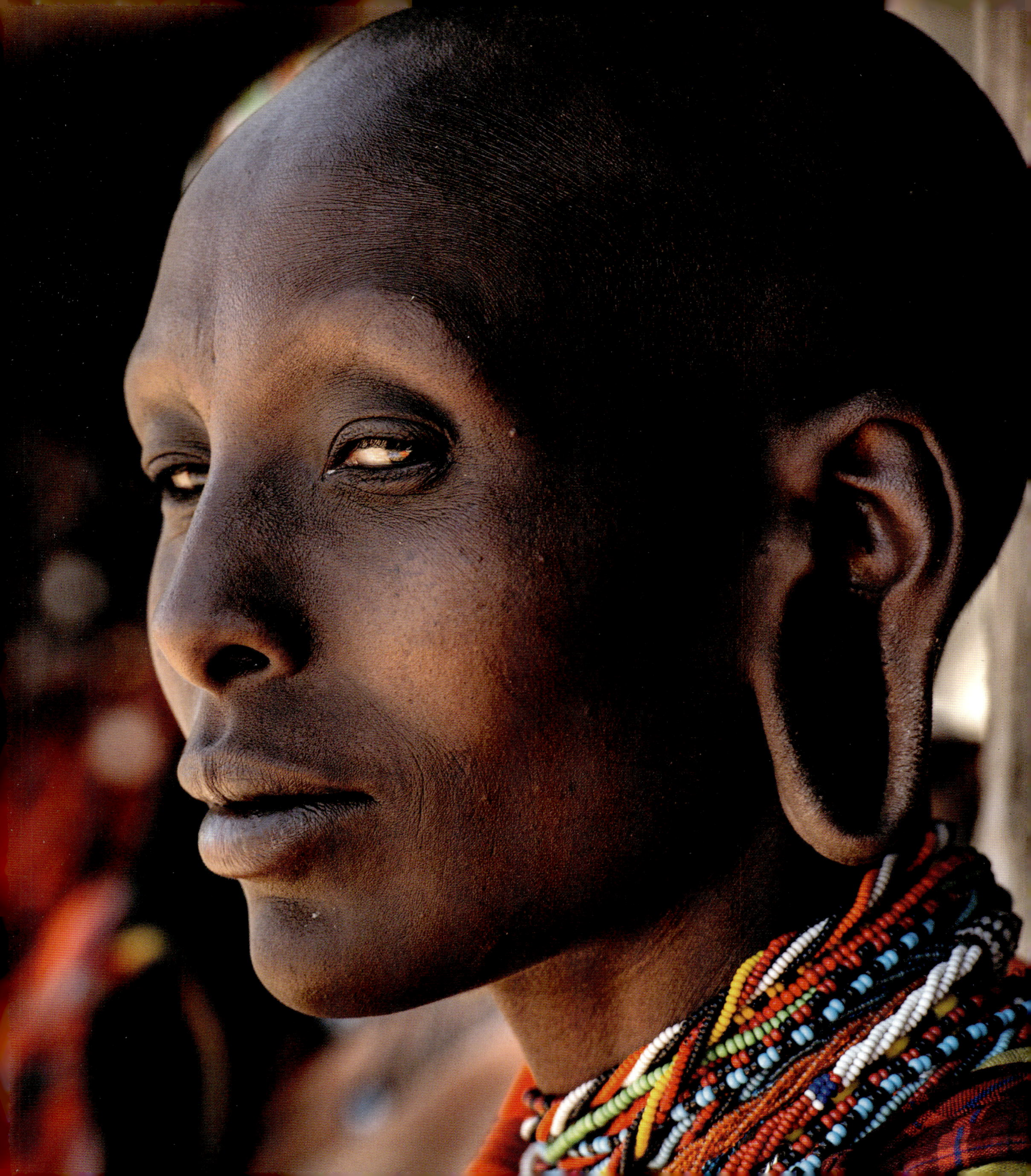

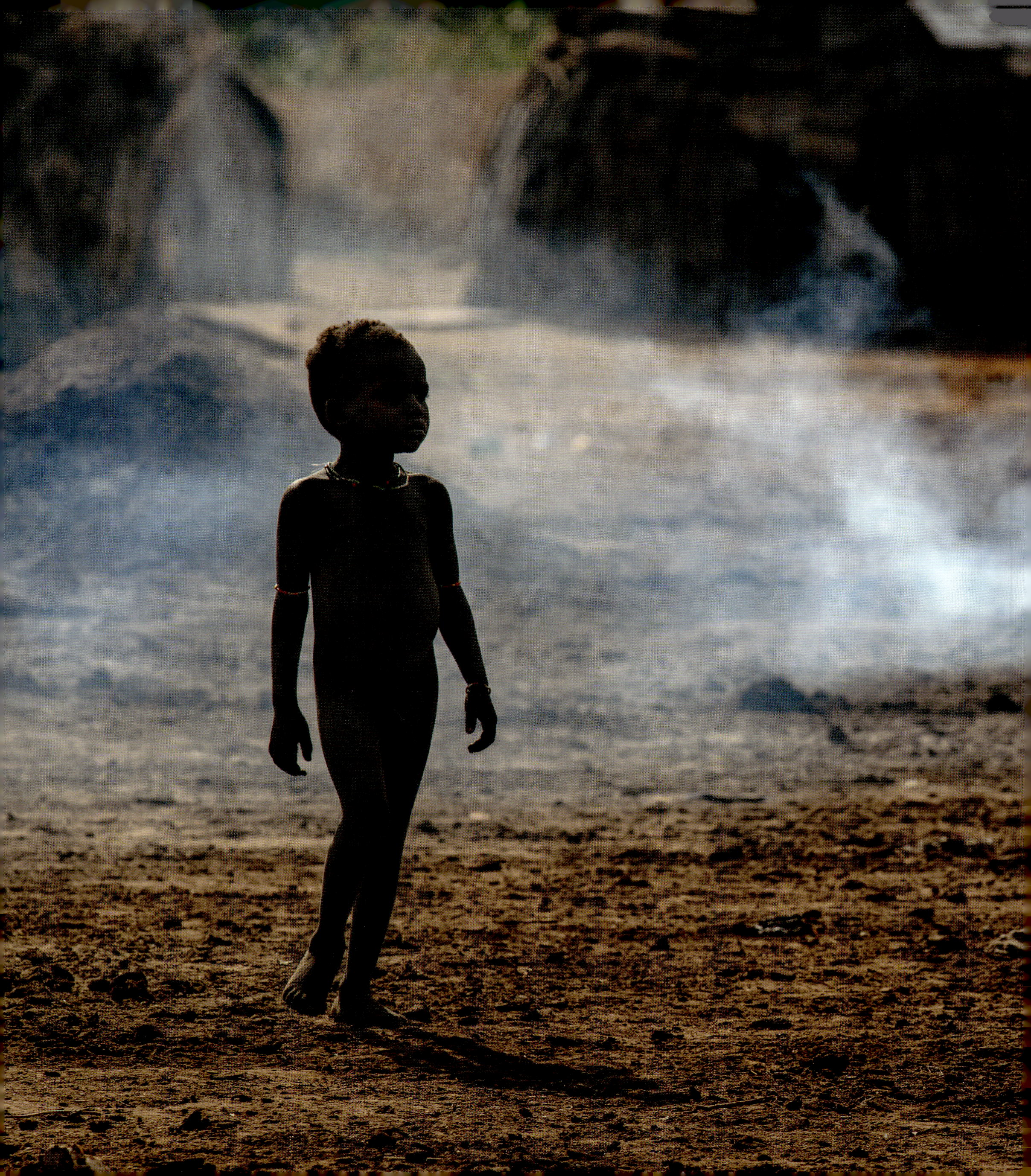

DER WEG ZUR FOTOGRAFIE

Heute sollte man sich aufgrund der technischen Möglichkeiten eigentlich in kürzeren Zeit eine bessere Technik aneignen können und allmählich weniger Bilder, dafür aber in besseren Qualität machen. Die neuen Fotografen produzieren jedoch Hunderte und Aberhunderte von Fotos, als müssten sie mit Gewalt von der Tatsache profitieren, dass die Digitalisierung die Kosten für ihre Bilder auf null gedrückt hat. Aber in Wirklichkeit ist es nicht so, weil auch digital produzierte Fotos ihren Preis haben: **Sie kosten Zeit.** Und wenn sie ohne Referenzmethode und ohne Vergleichstechnik gemacht werden, kosten sie noch mehr Zeit. Außerdem verlieren wir beim Herumexperimentieren ohne Methode nicht nur Zeit, sondern auch die guten Fotos. Eine große Anzahl von Fotos zu schießen, führt nämlich nicht notwendigerweise dazu, dass wir unsere Technik verbessern, vor allem nicht, wenn wir keine Analyse vornehmen und nicht die richtige Vorgehensweise haben, was einer optimierten, zweckmäßigen Methode bedarf. Deshalb lasse ich die Schüler an meiner Fotoschule nicht an einem **Kurs** teilnehmen, sondern schicke sie **direkt auf den Weg**. Auf diesem Weg begleite ich diejenigen, die meine Leidenschaft teilen, in die entlegensten Winkel unseres Planeten. In spektakulären Workshops lernen sie, wie man durch die Umsetzung wunderbarer Reportagen die Liebe zu schönen Bildern, zum Wissen und zur Menschheit miteinander verbindet. Und mit ihnen allen habe ich allmählich die Grundelemente aufgebaut (oder wiederaufgebaut), denn wer eine gute Technik hat, kann **als Fotoreporter wirklich etwas bewegen**.

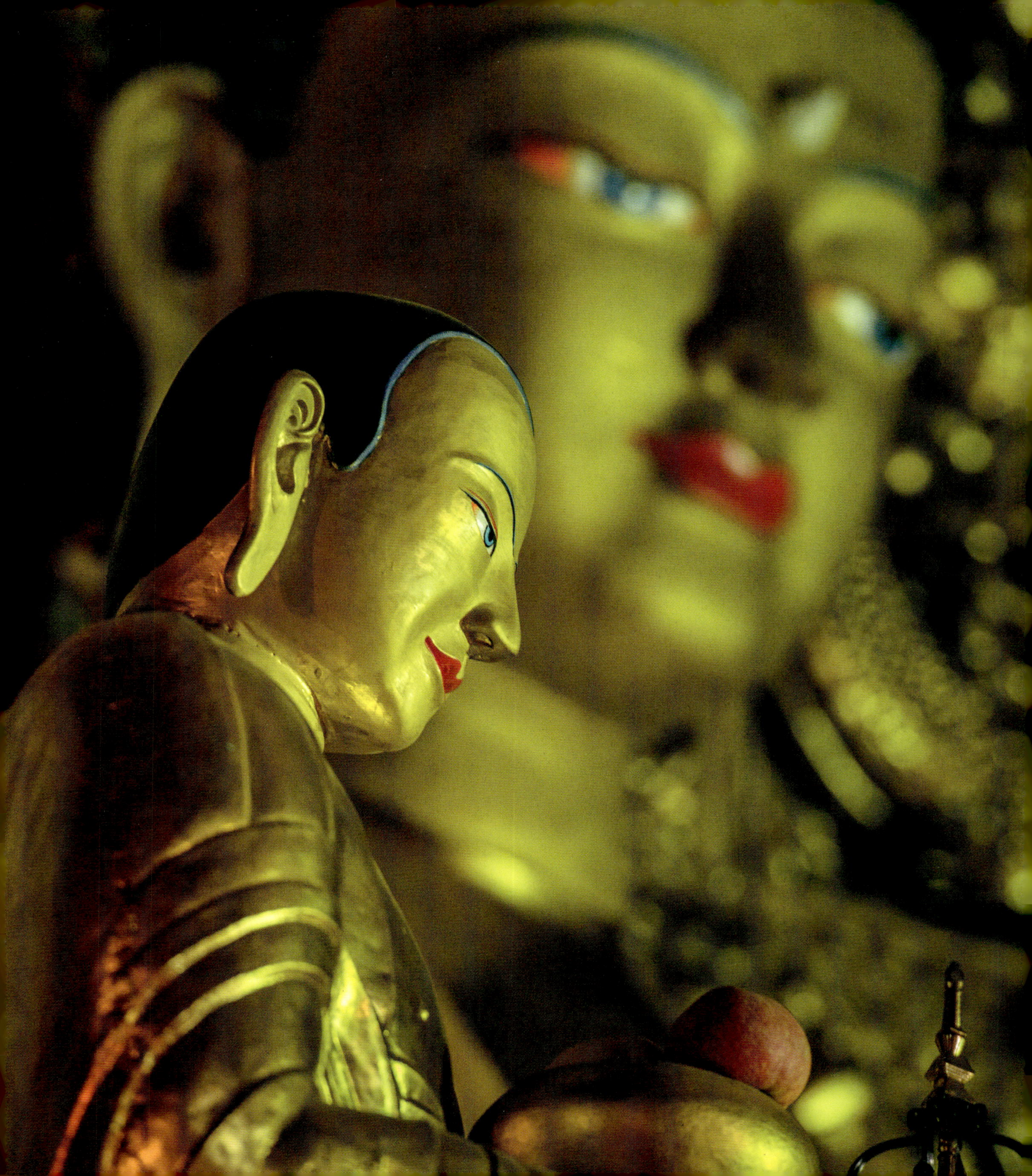

DIE WAHL

Ein guter Fotoreporter muss neben besonderen Talenten und Fähigkeiten sicherlich auch eine gute technische Ausrüstung besitzen. Wer unter schwierigen Bedingungen und in einem begrenzten Zeitraum exzellente Fotos machen will, muss wissen, was er will und wie er es erreicht. In diesem Buch will ich versuchen, meine Methode und meinen speziellen Einsatz der Technik vorzustellen, die ich durch Erfahrung erlangt und in Hunderten von Reportagen überall auf der Welt erprobt habe. Wer diese Art von Fotografie und damit das Studium des Menschen und dessen Art und Weise, den Raum auszufüllen, mag, für den können diese Ratschläge und Tricks meiner Ansicht nach sicherlich nützliche und kostbare Begleiter bei der Arbeit, auf Reisen und bei Abenteuern sein. Den Schülern meiner Schule werden zuallererst die einzelnen Lernphasen erklärt und Wissen über die Fotografie vermittelt. Diesem Konzept zu folgen ist sehr nützlich, auch für Amateure, die ihre Resultate und ihr Bewusstsein für das Bild auf die Schnelle verbessern wollen. Aber vor allem nützt es wahren Liebhabern dieses Genres oder angehenden Fotografen, weil es **einen Weg aufzeigt**, der durch Hunderte verlockende, irreführende Erscheinungsbilder, die die Fotografie leicht annehmen kann, und durch Tausende Ratschläge, die – in diesem Bereich mehr als in anderen – von allen Seiten über einen hereinbrechen, oft nicht mehr ganz klar zu erkennen ist. Auf diesem Weg wird das Wissen um die Reportagenfotografie in **drei verschiedene Phasen** eingeteilt:

- **DER GEGENSTAND** – In dieser Anfangsphase wird vor allem der technische Teil behandelt, aber es wird auch konzeptionell an die Fotografie herangegangen. Dank der Idee von einem **Bezugsobjekt** ist es einfacher, den korrekten Umgang mit der Fotoausrüstung zu erlernen und die verschiedenen Schwierigkeiten zu überwinden, mit denen man es bei der Herstellung von perfekten Fotos zu tun hat. In dieser Phase machen wir uns mit der grundlegenden Technik vertraut und wenden uns nach kurzer Zeit komplexeren kognitiven Prozessen zu.
- **DAS LICHT** – Wenn wir an diesem Punkt angekommen sind, können wir den Schwerpunkt unserer Aufmerksamkeit weg vom Objekt verschieben. Was jetzt zählt, ist, das richtige Licht zu suchen und zu finden, es zu würdigen, seine Qualität, seine Schönheit, seine Faszination und seine unendlichen Möglichkeiten zu erkennen und dann ein passendes Motiv darin zu finden. Es ist wichtig zu wissen, dass ein Objekt noch so herrlich sein kann – wenn es **schlecht belichtet** ist, ergibt es kein Bild von fotografischer Qualität und löst keine Gefühle aus.
- **DER INHALT** – Gute technische Fähigkeiten und Intuition für das richtige Licht und den Bildausschnitt sind kostbar. Mit diesen Mitteln können beim Betrachter starke Gefühle erzeugt werden. Wichtig ist dabei jedoch, dass man **die Emotionen, die man festhalten will, selbst empfindet**. Deswegen beschäftigen wir uns in dieser Phase nicht nur mit der Ausführung und der Entwicklung von Inhalten, sondern auch mit einem anthropologischen Ansatz und einer kulturellen Vorbereitung. Denn es ist nicht möglich, ein überzeugendes Foto zu machen, wenn man nicht weiß, was oder wen man da fotografiert.

DIE WAHL

Nun heißt es, sich auf eine faszinierende **Reise in die Welt der Fotografie** zu begeben, die in diese drei wichtigen Phasen unterteilt ist. Im vorliegenden Band nehme ich alle, die diese fotografische Leidenschaft besitzen und von ihr besessen sind, mit auf eine Reise durch die Wunderwelt der Reportagen. Wer eine gute technische Ausstattung besitzt, kann nicht nur verschiedene und oft unvorhergesehene Probleme lösen, die dieser faszinierende Bereich der Fotografie bei jeder Aufnahme birgt, sondern hat auch die Möglichkeit, unterschiedliche Vorgehensweisen zu wählen. Und **die Wahl zu haben macht den Unterschied**. Entscheiden zu können, wie man das Licht, ein Ereignis, die Komposition der Elemente oder einfach ein Gefühl interpretiert, und dies alles denjenigen, die nicht anwesend sind, zu vermitteln, macht das Wesen der Reportagefotografie aus. Je geringer die technischen Kenntnisse eines Fotografen sind und je mehr Entscheidungen die Kamera mit ihren Programmen und ihrer erleichternden Automatik für ihn trifft, umso unpersönlicher wird die Szene interpretiert und es entsteht unvermeidlich eine Barriere zwischen dem Fotografen und dem Betrachter des Bildes. Wer das nicht will, muss in der Lage sein, **jede Entscheidung selbst zu fällen**, jedes Detail selbst zu wählen und mithilfe der Technik alle vorhandenen Gefühle festzuhalten. In diesem Buch bin ich an Ihrer Seite, in der Hoffnung, Ihnen immer und überall zu begegnen und Sie zu faszinierenden Orten auf diesem Planeten zu begleiten, damit wir zusammen wundervolle Reportagen machen. **Warum nicht?**

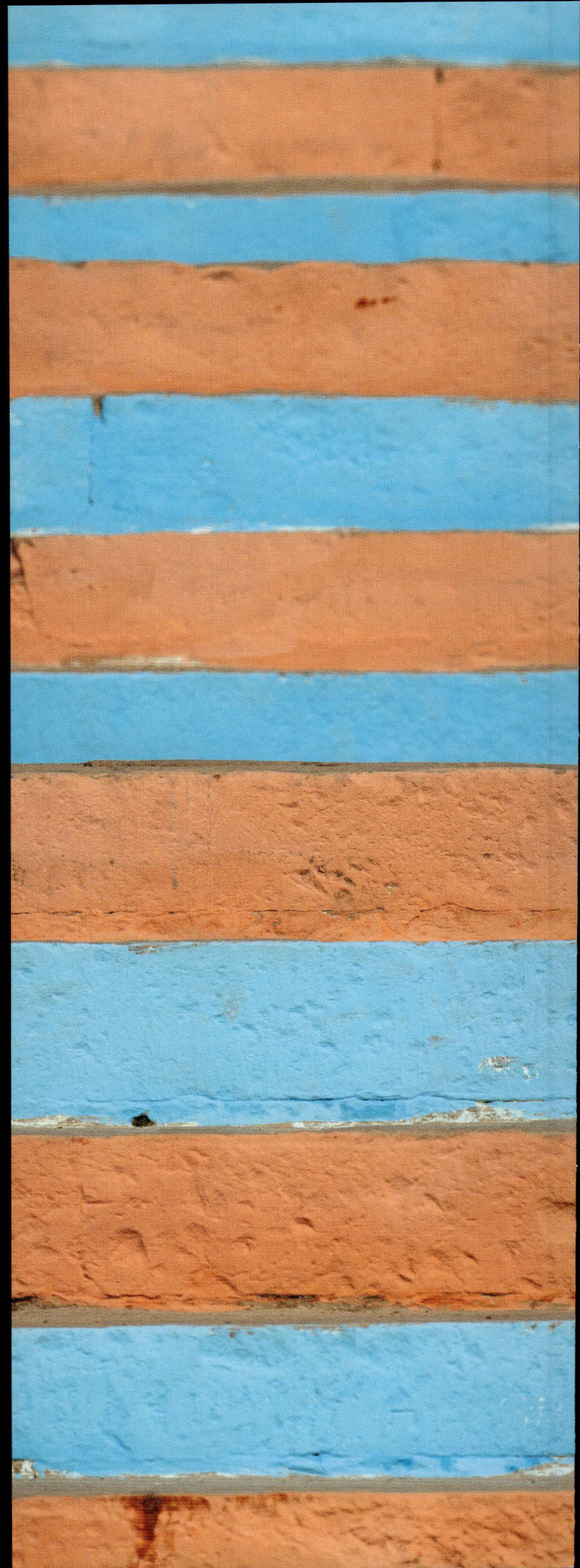

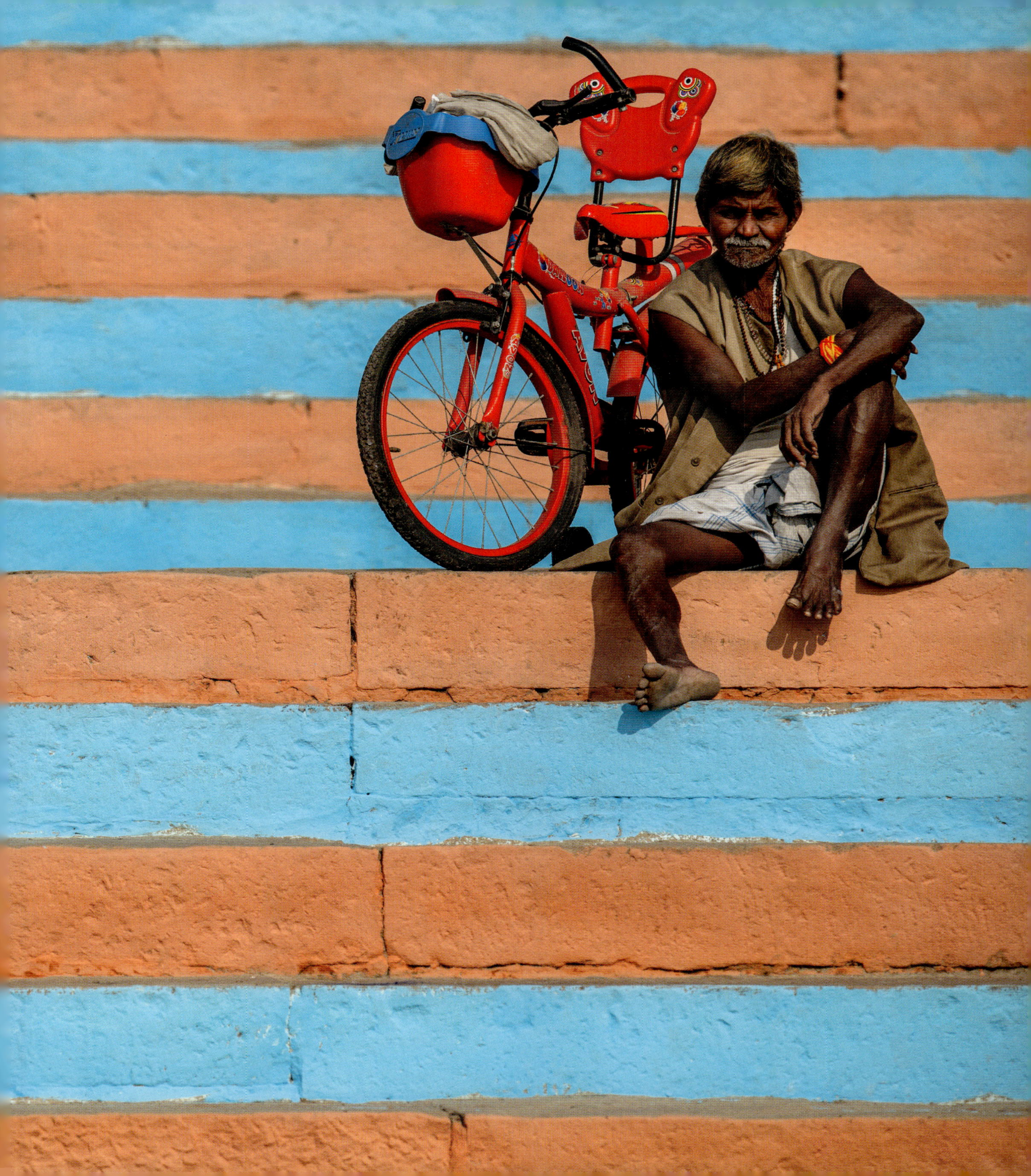

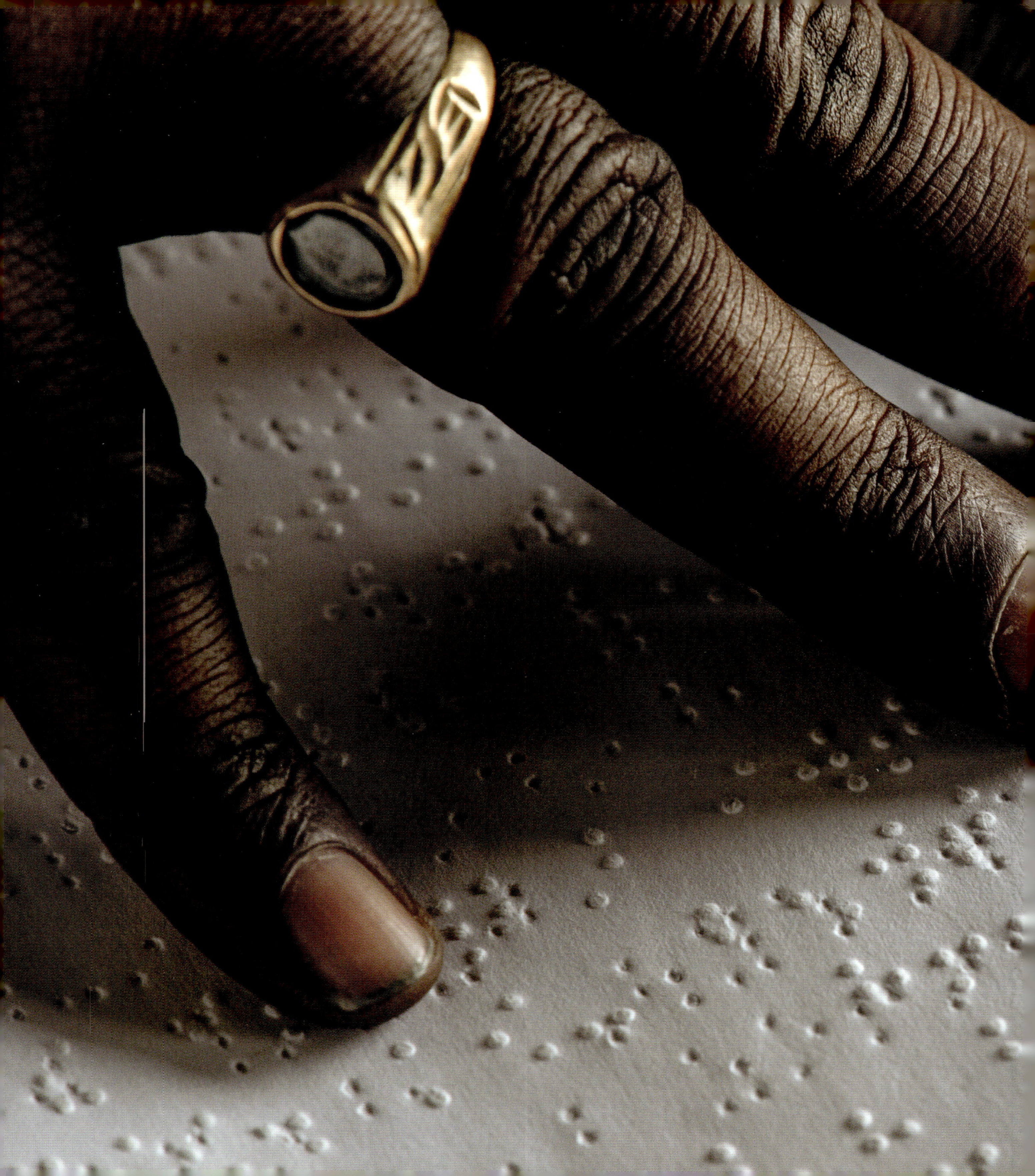

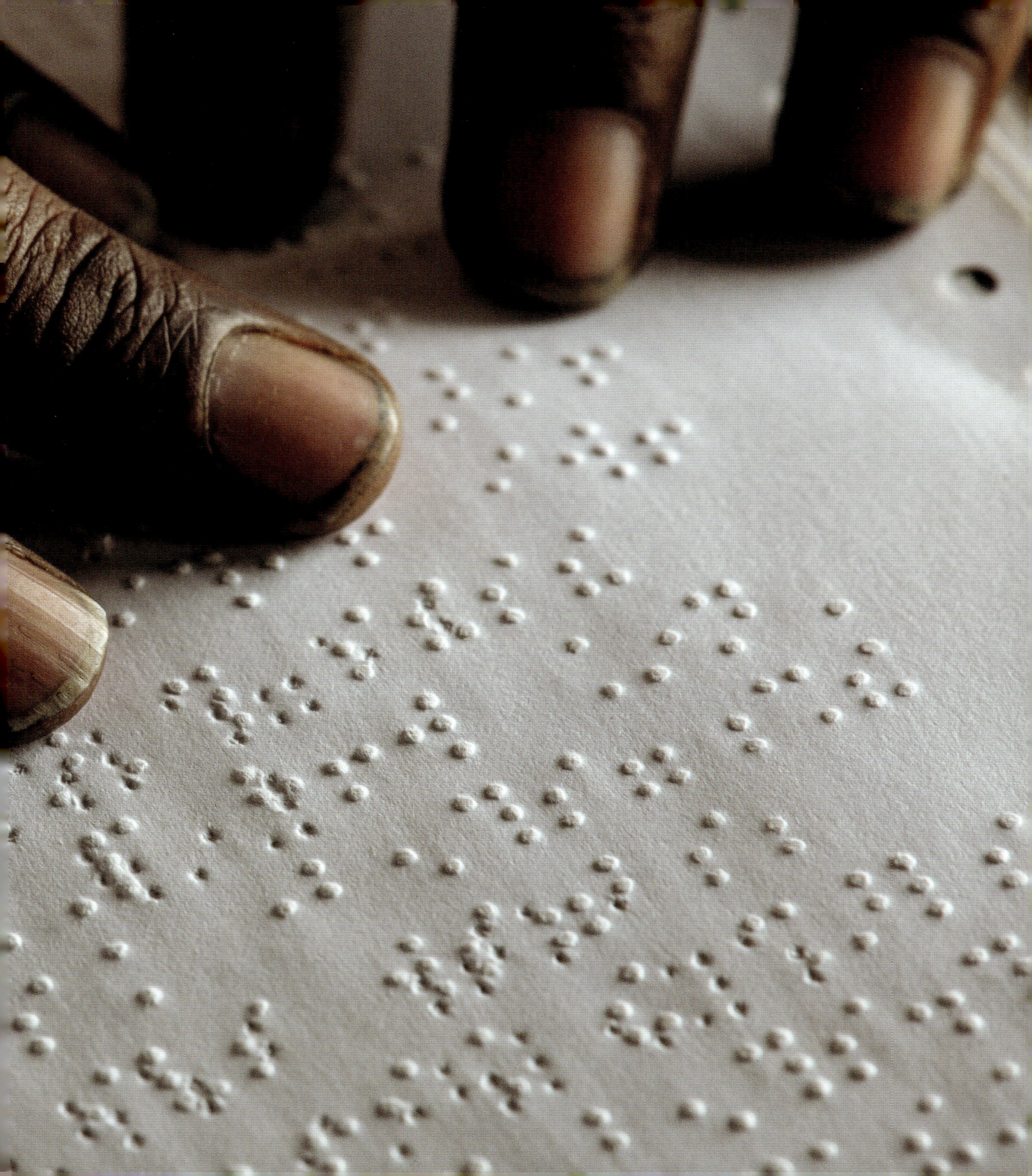

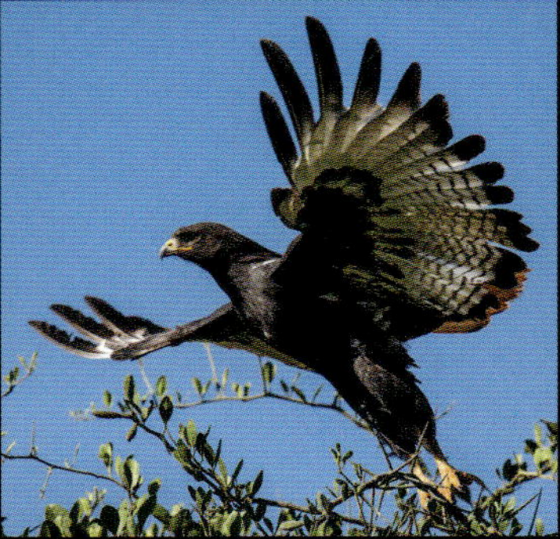
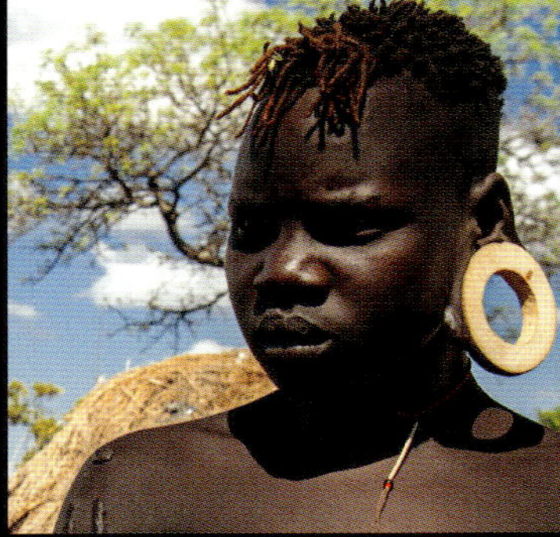
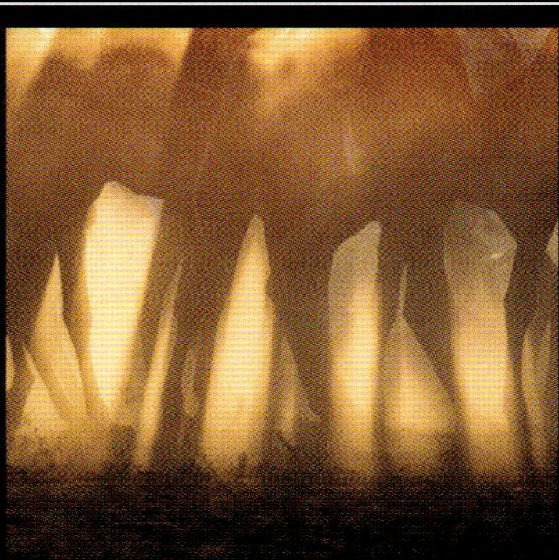
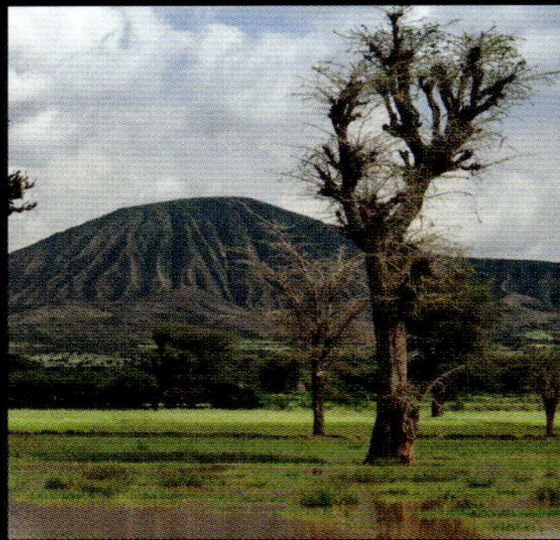
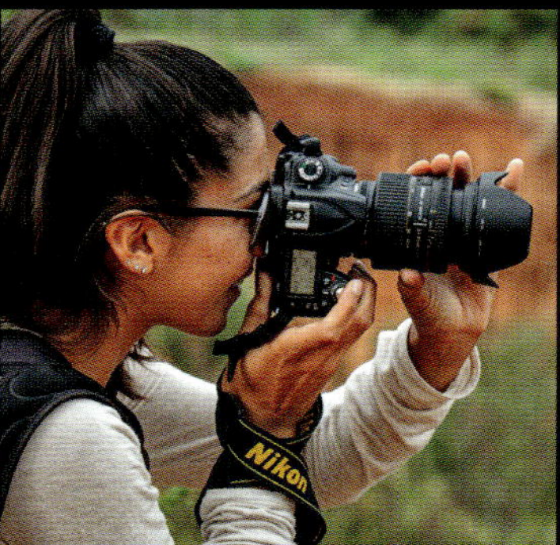
Nikon
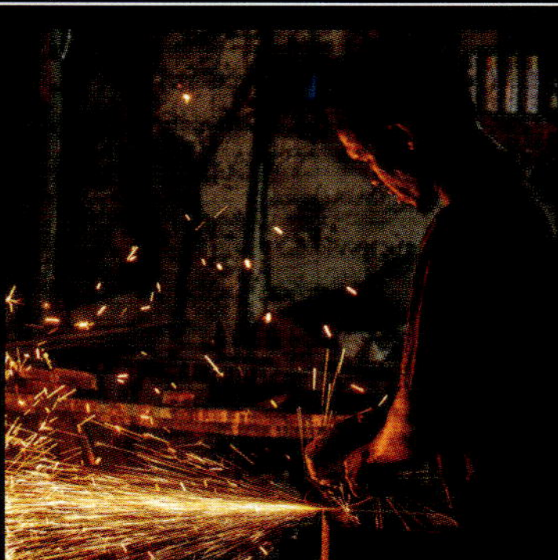
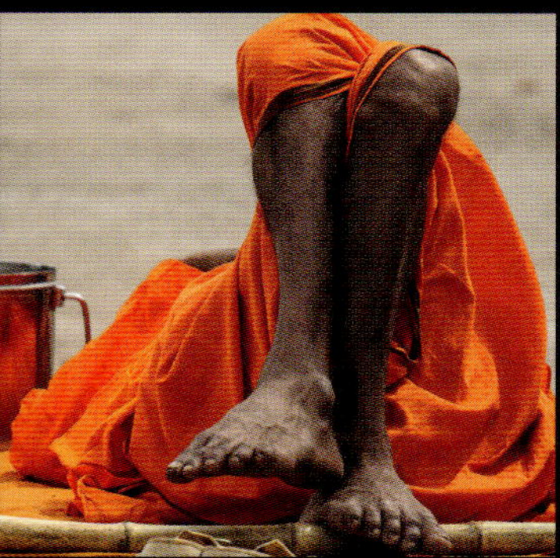
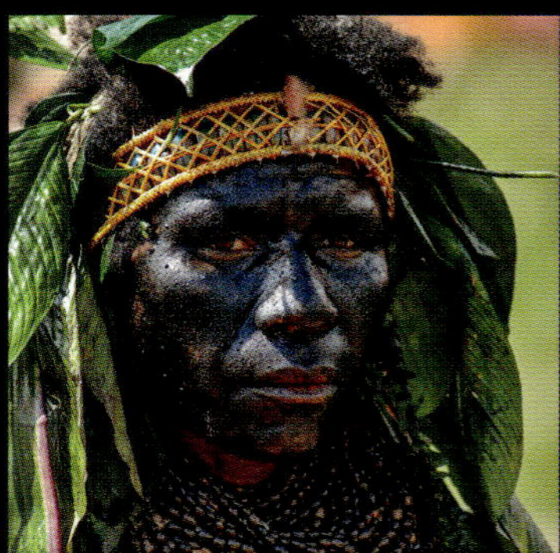

DER „WERKZEUGKASTEN“

DIE MITTEL KENNEN UND RICHTIG EINSETZEN

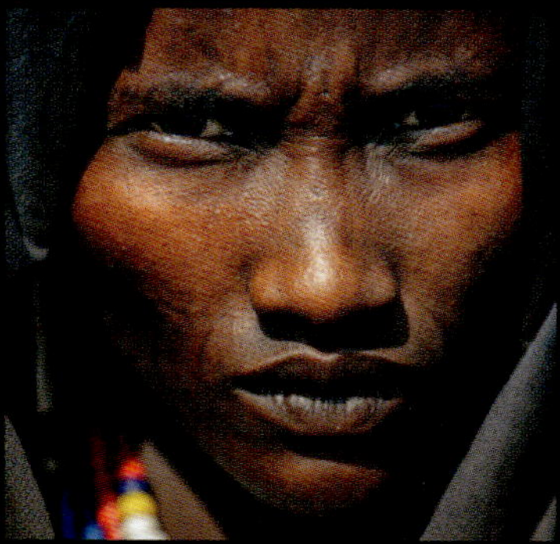

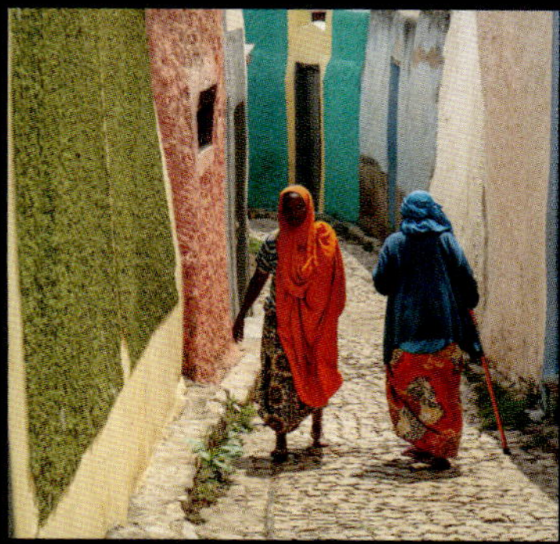

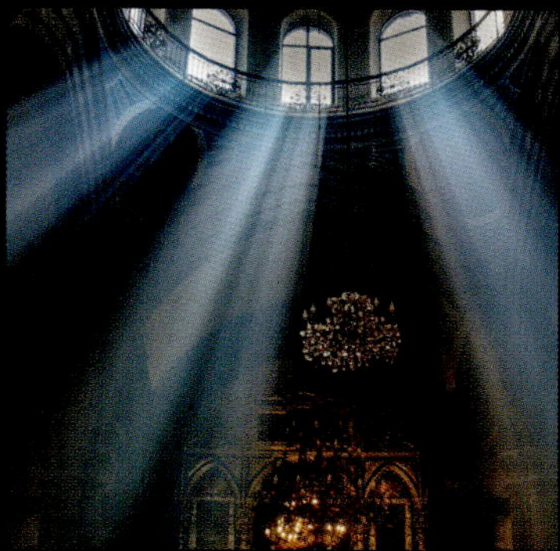

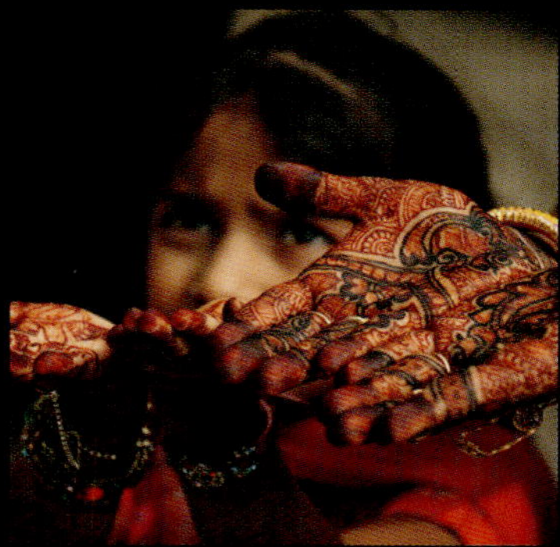

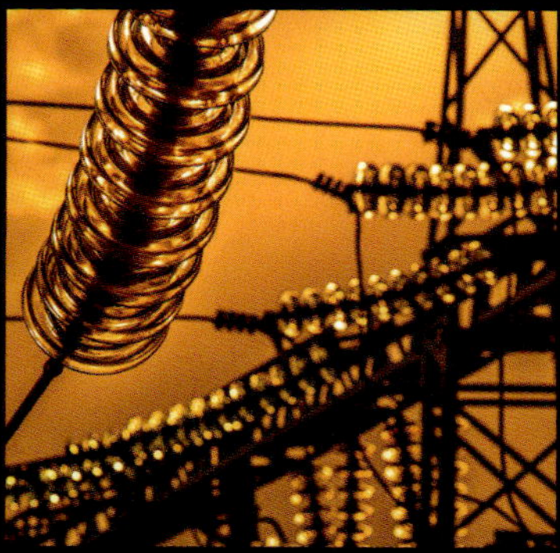

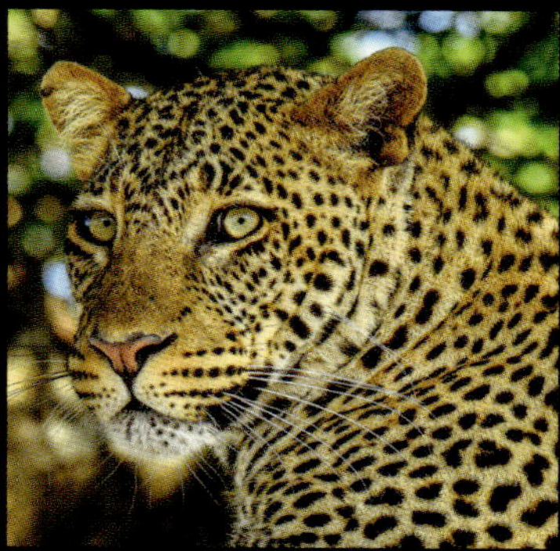

DAS LICHT

WORAUS EIN BILD BESTEHT

Der Rohstoff eines jeden Fotografen ist zweifellos das Licht. Dank des Lichts sehen wir Dinge, unterscheiden wir deren Formen; wir wissen ihre Farben zu schätzen und können die Position von Dingen im Raum und deren Entfernung bestimmen. Nicht alle Menschen sehen das Licht auf dieselbe Weise, aber die Grenzen des für das menschliche Auge sichtbaren Spektrums liegen stets zwischen infraroten und ultravioletten Strahlen. Von den Merkmalen, die die Übertragung von Licht beeinflussen, sind zwei für uns Fotografen von Interesse:

- **DIE INTENSITÄT**, die von der Helligkeit unserer Lichtquelle abhängt und zugleich die Helligkeit der Gegenstände bestimmt, auf die das Licht fällt.

- **DIE FREQUENZ**, also die Wellenlänge, von der die Farbtemperatur abhängt und damit der Farbton des Lichts, das unsere Lichtquelle aussendet und das von unserem Gehirn als Farbe wahrgenommen wird.

Armenien, Kathedrale

Nikon D810 • 70-200 mm f/2,8
1/40 bei f/4,5 • ISO 200

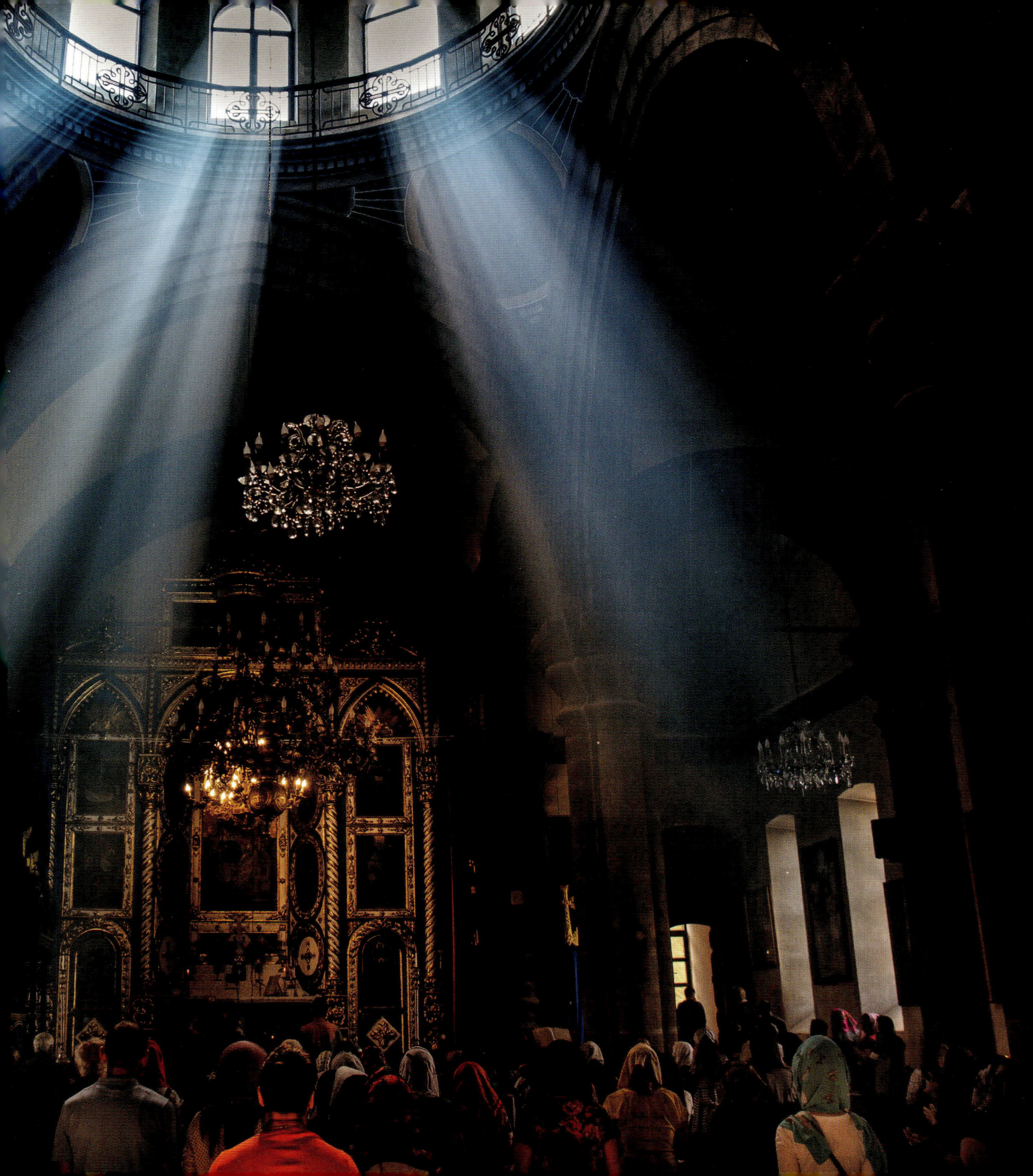

DIE REFLEXION

Wenn das Licht auf ein Hindernis trifft, das aus einem Material besteht, von dem es zurückgeworfen wird, spricht man von einer Reflexion. Wenn das Licht auf eine raue oder **matte Oberfläche** trifft (zum Beispiel eine Mauer, ein Blatt Papier oder eine Styroporplatte), werden die Lichtstrahlen praktisch in alle Richtungen zurückgeworfen; das Licht verbreitet sich dann auf weiche, diffuse Art und Weise und wirft schwache, wenig markante Schatten. Werden die Lichtstrahlen jedoch von einer **glänzenden Fläche reflektiert** (zum Beispiel von Metall oder einem Spiegel), werden sie in einer einzigen, präzisen Richtung zurückgeworfen, und zwar im selben Winkel, wie sie eingefallen sind.

Es gibt bestimmte Situationen, in denen das Licht umgelenkt wird; für uns Fotografen sind diese Situationen sehr wichtig und interessant. Dieses physikalische Phänomen kann gezielt eingesetzt werden, indem man natürliche Barrieren und Hindernisse nutzt oder eine spezielle Ausrüstung verwendet, etwa reflektierende Tafeln oder Scheiben, die das Licht zurückwerfen, um es zu streuen, oder auf Objekte zu richten, die es sonst nicht erreicht hätte.

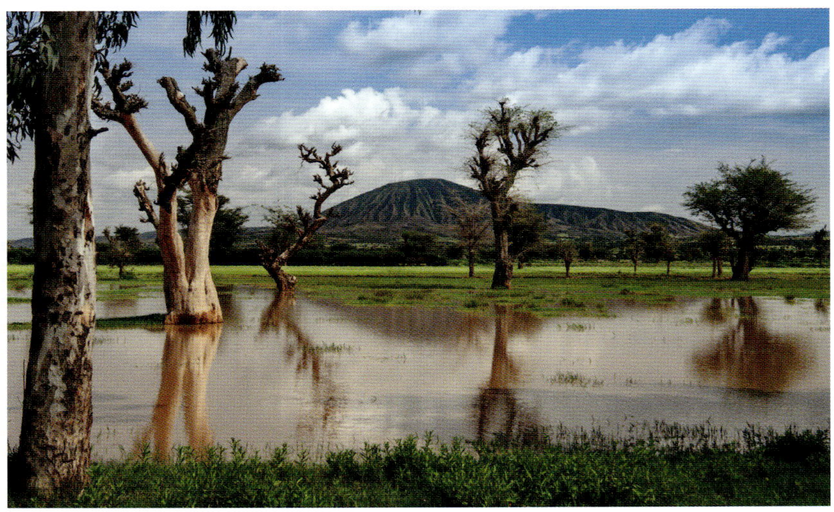

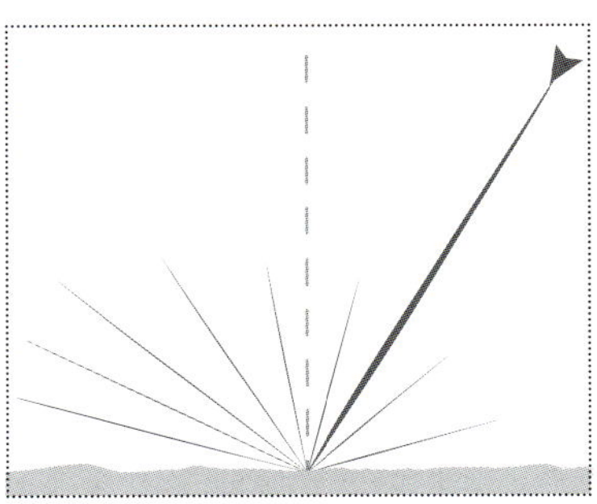

Wenn ein Lichtstrahl auf eine raue Oberfläche trifft, wird er in alle Richtungen reflektiert, das heißt, das Licht wird gestreut.

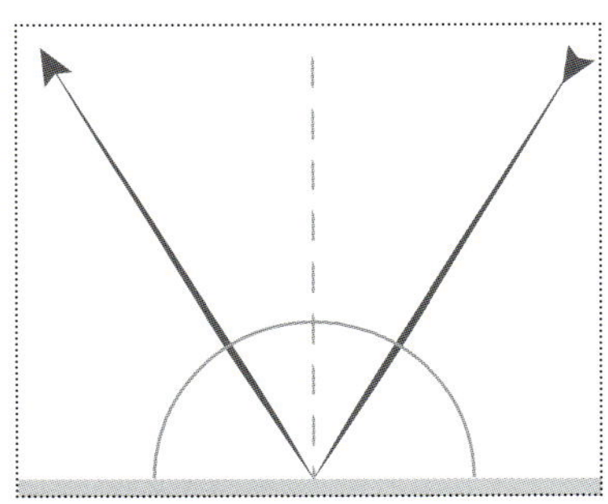

Wenn ein Lichtstrahl auf eine glänzende Oberfläche trifft, wird er im selben Winkel zurückgeworfen, in dem er einfällt.

DIE LICHTBRECHUNG

Zu einer Lichtbrechung kommt es, wenn ein Lichtstrahl durch Substanzen unterschiedlicher Dichte wandert, zum Beispiel Luft, Wasser oder Glas. In diesem Fall **ändert sich die Geschwindigkeit des Lichts**, was wir als Richtungsänderung wahrnehmen. Im Alltag sehen wir dies, wenn wir zum Beispiel einen Trinkhalm in ein Glas Wasser stellen.

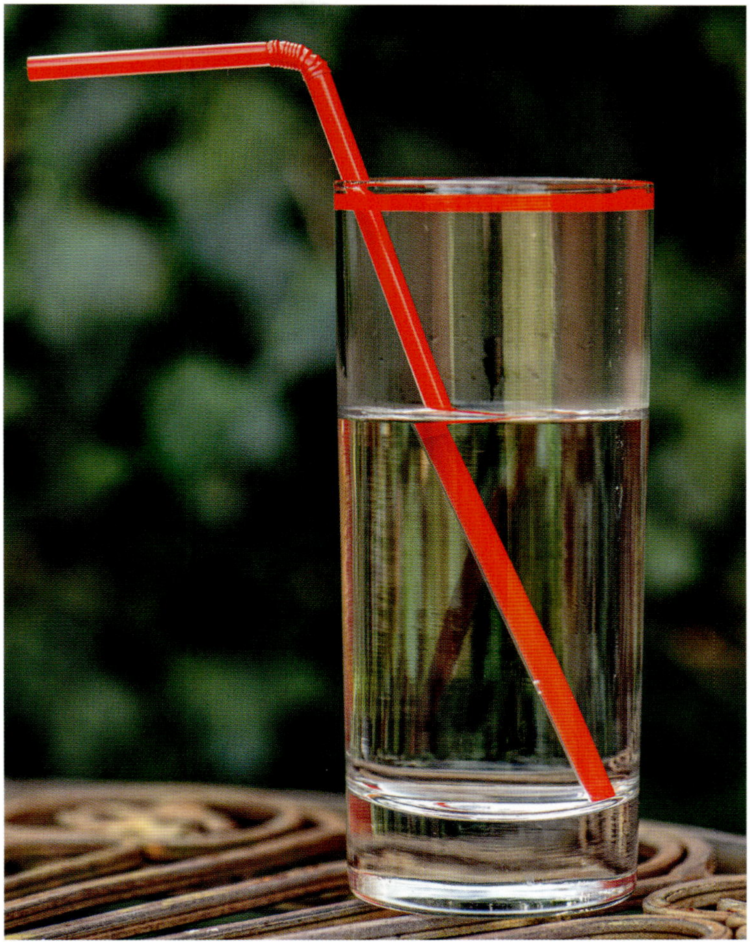

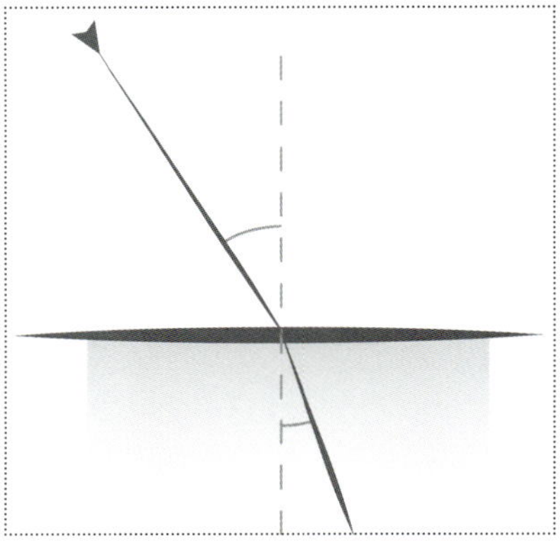

Wenn ein Lichtstrahl Substanzen unterschiedlicher Dichte durchdringt, ändert sich seine Verbreitungsgeschwindigkeit und unser Auge nimmt eine räumliche Abweichung wahr.

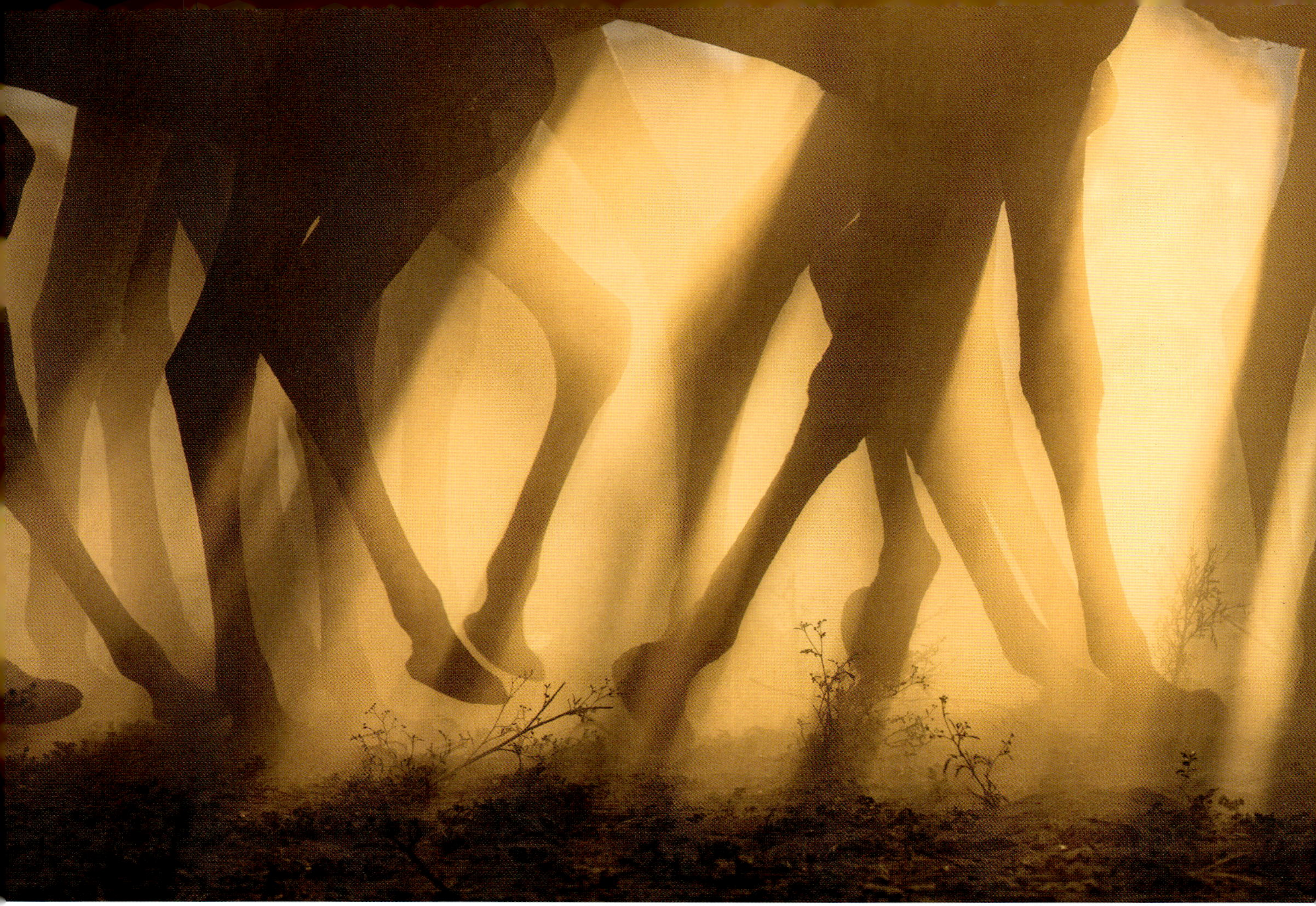

Indien, Pushkar

Nikon D810 • 300 mm f/4
1/1000 bei f/5,6 • ISO 400

In einem normalen Kameraobjektiv queren die Lichtstrahlen unzählige Male die Luft- und Glasschichten, die die zahlreichen Linsen bilden, aus denen das Objektiv zusammengesetzt ist. Und jedes Mal unterliegen die Lichtstrahlen den Phänomenen der **Beugung**, der **Verzerrung**, der **Veränderung der Farbmetrik**, dem Verlust an Qualität und vielem anderem. In Anbetracht dessen wird klar, dass nur hochwertige Objektive garantieren, dass unsere Bilder eine nur minimale Verzerrung aufweisen.

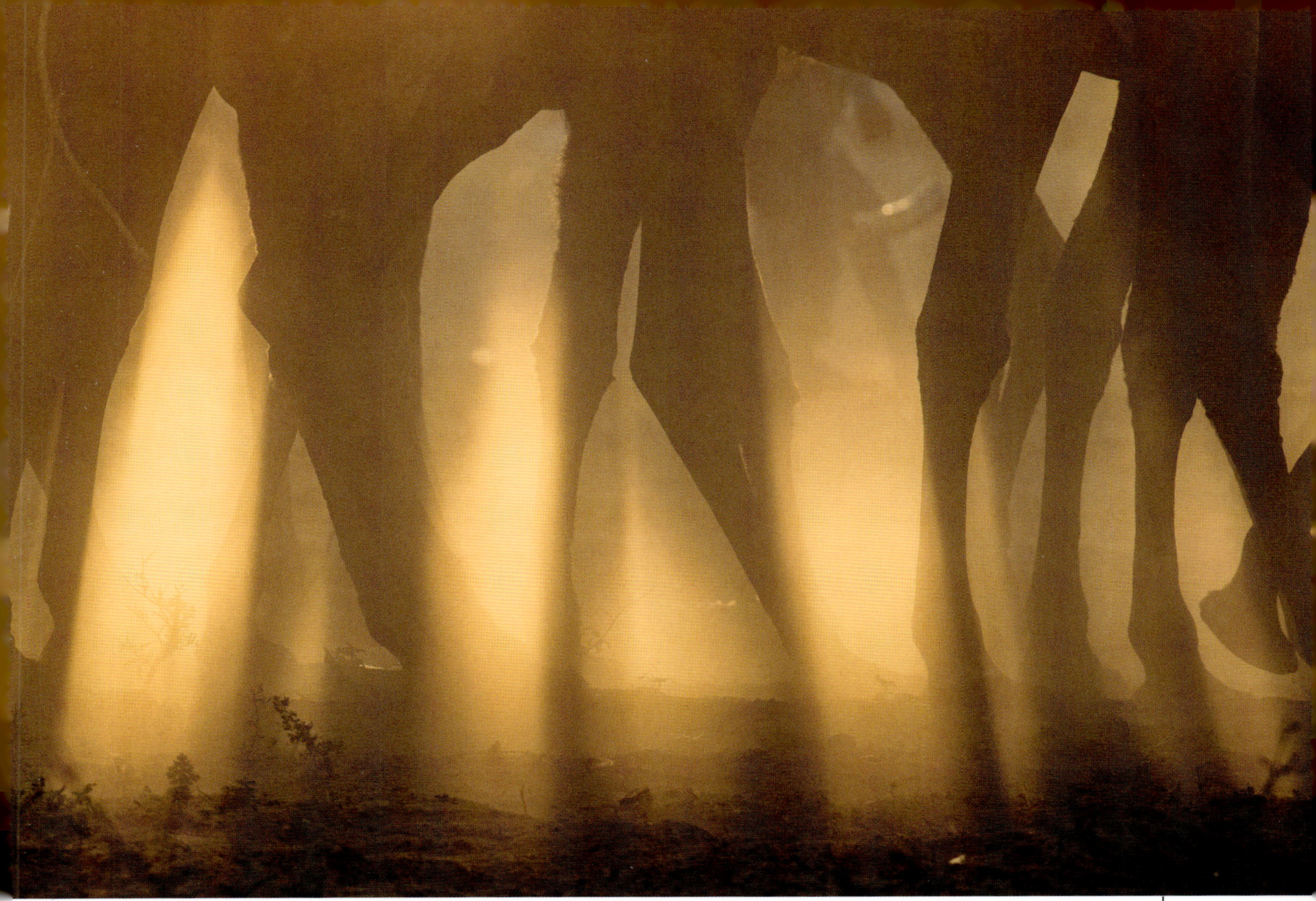

Aus diesem Grund hängt das Gelingen eines Fotos zum großen Teil von der Qualität des verwendeten Objektivs ab und nur minimal von den Eigenschaften des Sensors.

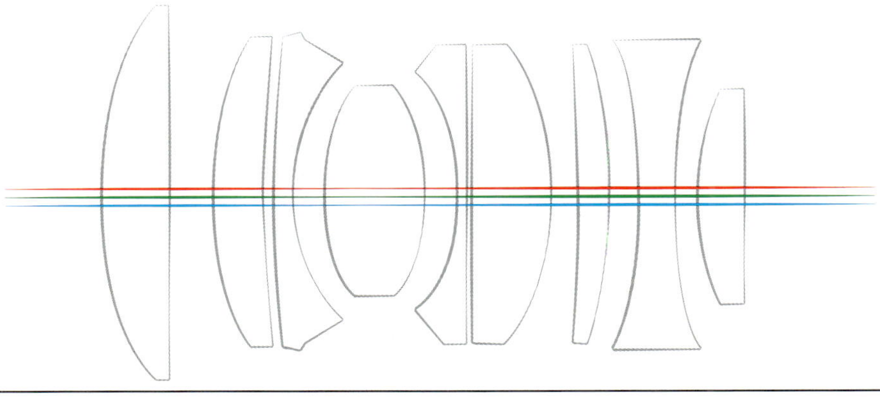

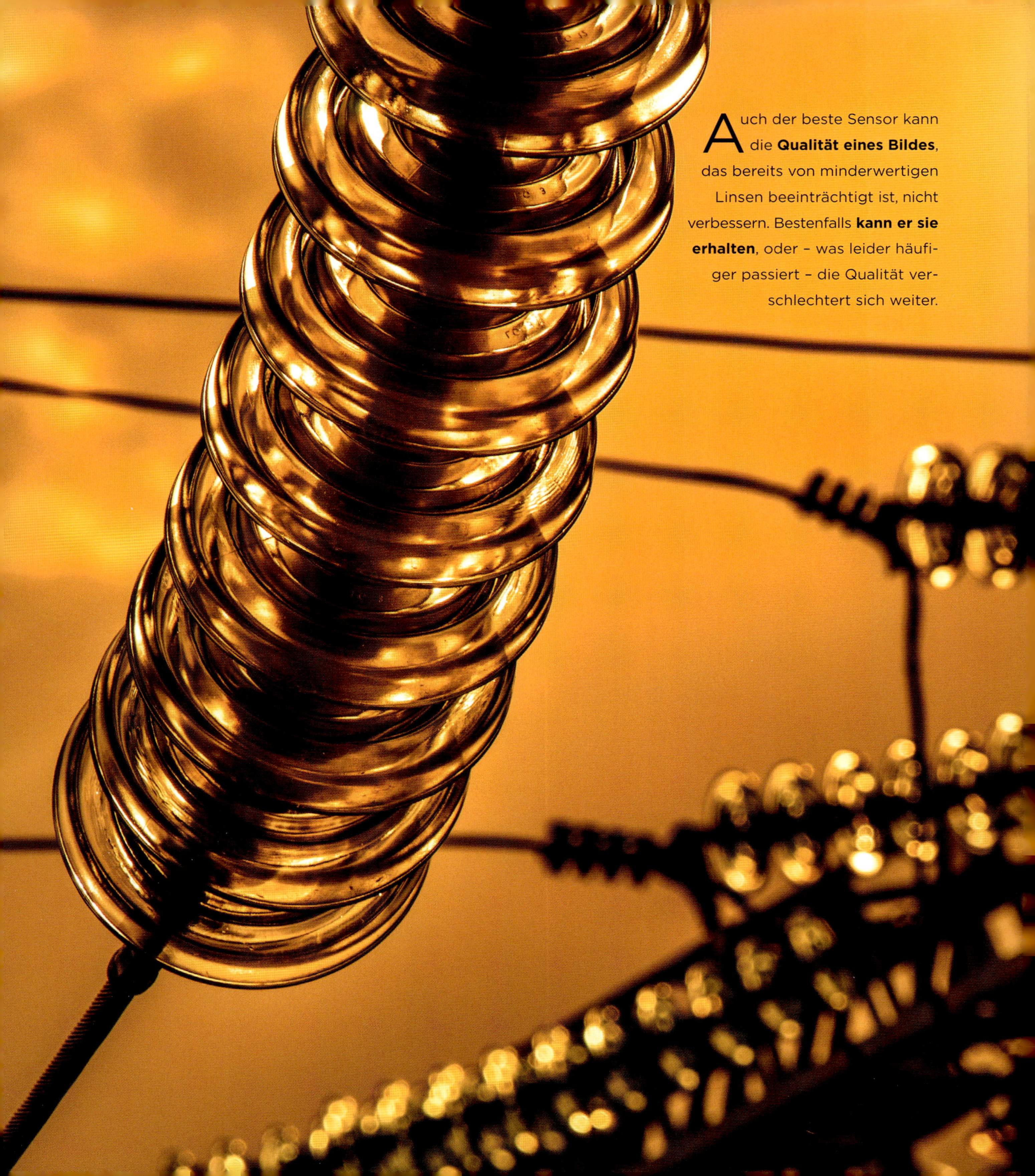

Auch der beste Sensor kann die **Qualität eines Bildes**, das bereits von minderwertigen Linsen beeinträchtigt ist, nicht verbessern. Bestenfalls **kann er sie erhalten**, oder – was leider häufiger passiert – die Qualität verschlechtert sich weiter.

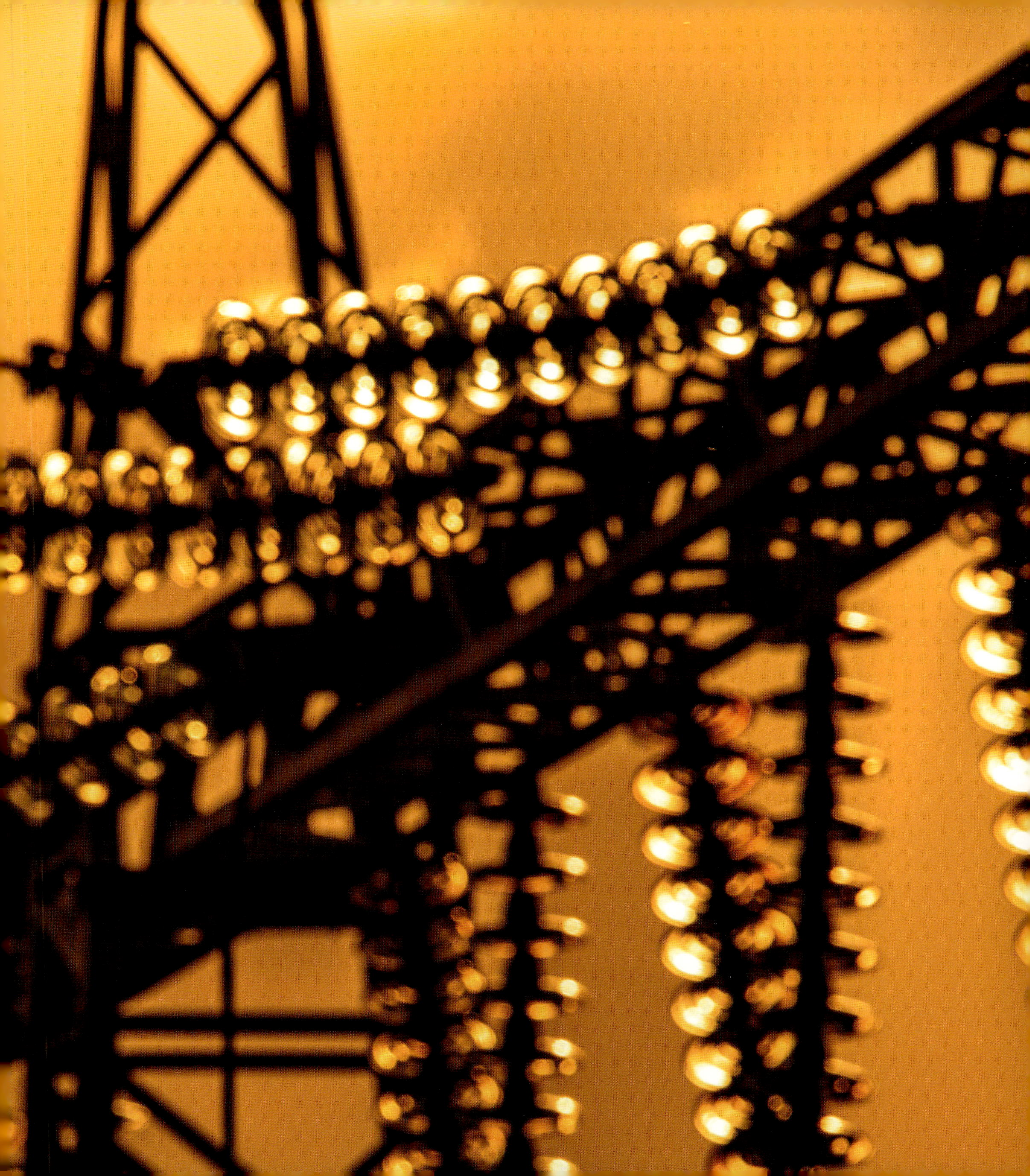

DIE KAMERA

STUMME BEGLEITERIN

Immer leistungsstärkere Kameras kommen auf den Markt – die sind ein wahrer Ausbund an Technik und Stil. Wenn man ihre technische Beschreibung liest, kann man sich nur noch mit Mühe vorstellen, dass diese kleinen Geräte, die so viele Knöpfe, Menüs und LED-Lichter zu haben scheinen **wie das Cockpit eines Raumschiffs**, nichts anderes zu tun haben, als den Verschluss zu öffnen und zu schließen, und zwar in der von Ihnen gewählten Verschlusszeit. Genau wie die ersten Fotoapparate, als man den Verschluss manuell von der Optik zog und dann die Sekunden zählte, bevor man ihn wieder davorschob. Selbst die Blende, ein ganz wesentlicher Mechanismus, befindet sich im Objektiv und nicht in der Kamera selbst. Also ist es doch eigentlich so: Es wird ein großer, mehr oder weniger nützlicher **technischer Aufwand** betrieben, nur um die eine oder andere Verschlusszeit zu bestimmen. Diese Überlegung hat zur Folge, dass wir dem **Fotoapparat weniger Bedeutung** beimessen und uns stattdessen ins Gedächtnis rufen, dass es noch etwas gibt, mit dem eine Kamera nicht ausgestattet ist, der Fotograf hingegen schon (zumindest sollte er das): **Ich meine das Gehirn**.

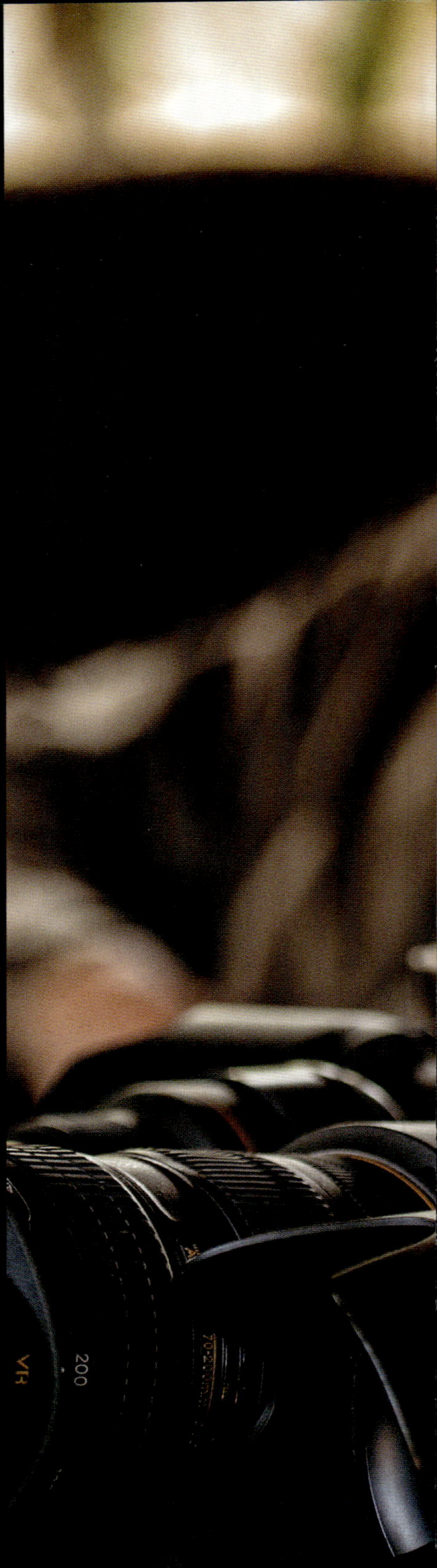

Kenia, Massai-Dorf

Nikon D800 • 70–200 mm f/2,8
1/100 bei f/3,5 • ISO 800

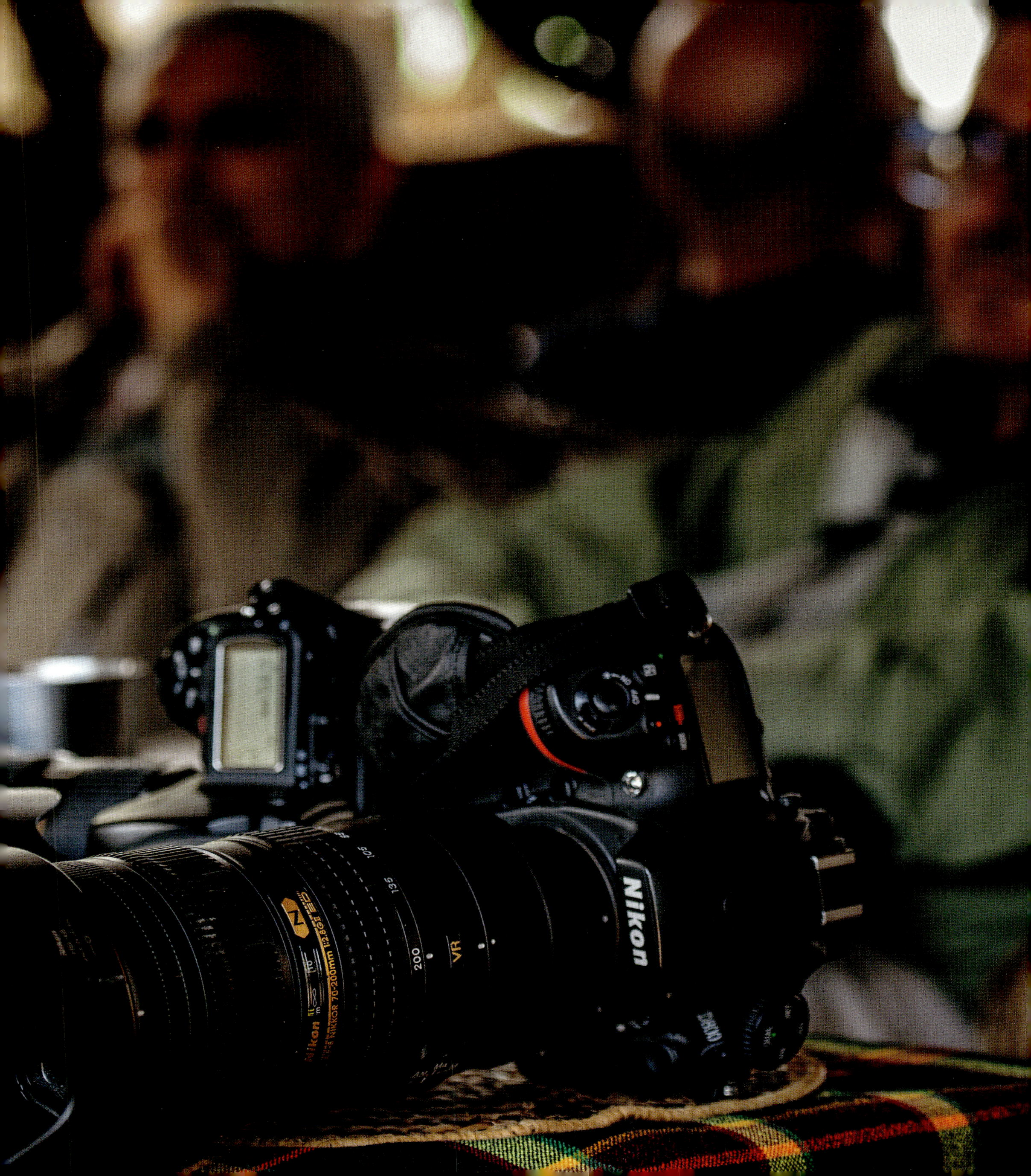
Nikon
135
200
VR

DIE KAMERA

Fotokameras verfügen heute über viele Details, und das Angebot ist umfangreich, auch wenn durch die Vielseitigkeit der Smartphone-Kameras der Markt für **Kompaktkameras** und preisgünstige Modelle von minderer Qualität womöglich obsolet geworden ist. Auch die sogenannten **Bridgekameras** haben ihre

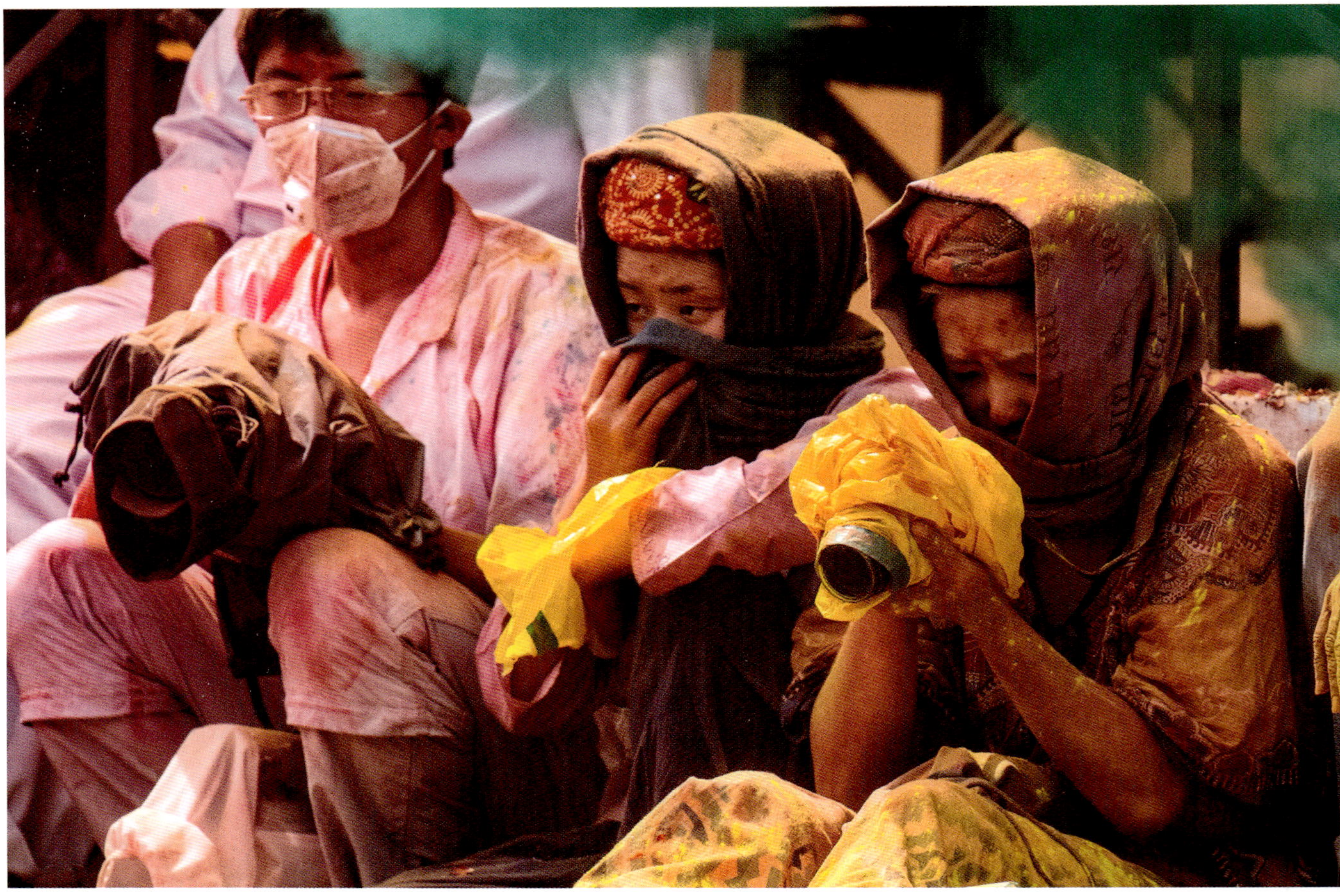

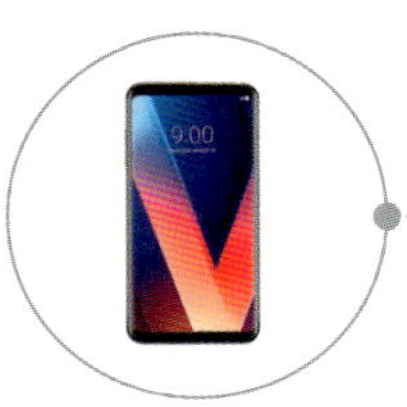

Smartphone

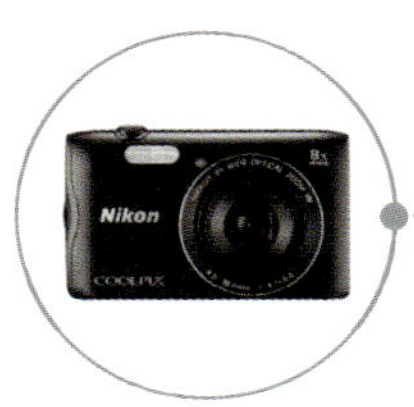

Kompaktkamera

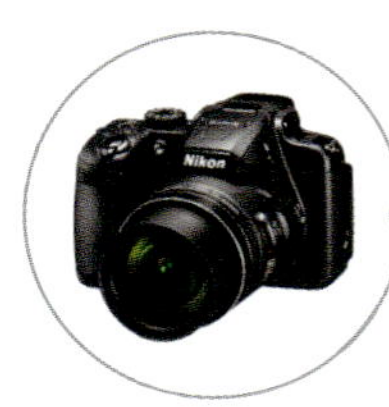

Bridgekamera

Nachteile: Sie sind groß, man kann das Objektiv nicht austauschen, sie haben eine geringe Lichtstärke und eine Qualität, die allein von dem zur Ausstattung gehörenden Objektiv bestimmt wird. Somit ist sie sicherlich keine perfekte Wahl für jemanden, der sich ernsthaft der Fotografie widmen will.

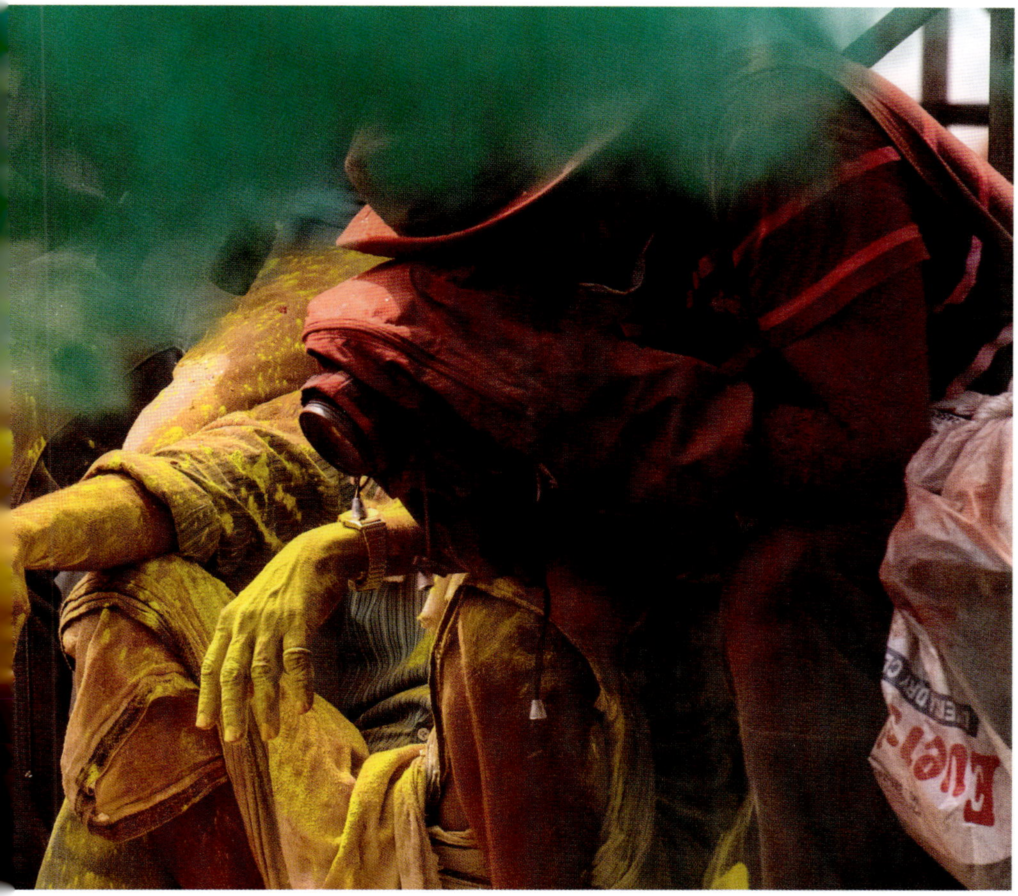

Wer sich mit Leidenschaft auf das Studium dieser faszinierenden Disziplin stürzen möchte, sollte sich deshalb entweder eine **Spiegelreflexkamera mit austauschbarem Objektiv**, das heißt eine DSLR (Digital Single Lens Reflex), oder aber eine **kompakte spiegellose Systemkamera** anschaffen.

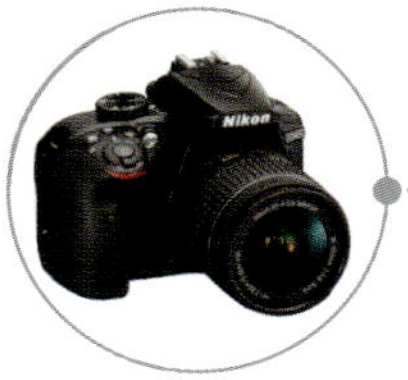

Einstiegskamera

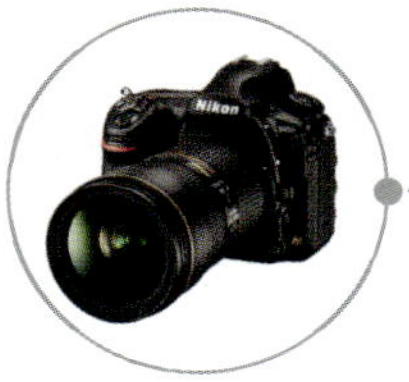

DSLR

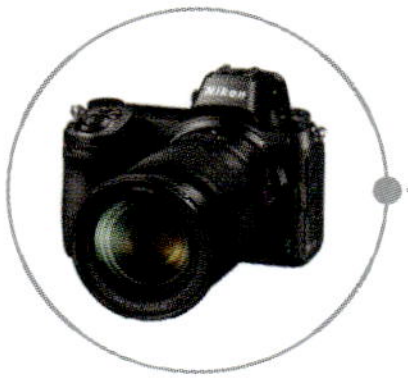

Spiegellose Systemkamera

DIE KAMERA

Der neuralgische Punkt einer guten Fotoausrüstung ist die Kamera, sie muss vor allem angemessen sein. So muss unsere Kamera nicht nur in Bezug auf **unsere Bedürfnisse** und **Fähigkeiten** zu uns passen, sondern auch geeignet sein im Hinblick auf die Verwendung, für die sie gedacht ist, und die Art von Fotos, für die wir sie verwenden möchten. In der Praxis bieten sich hierfür drei Möglichkeiten:

[1] BASIS- ODER „EINSTIEGSKAMERAS“

Leicht und preiswert, mit schwer verständlichen Menüs, die manchmal begrenzt oder einschränkend sind, ohne anspruchsvolle Funktionen, Sensoren mit geringer Pixelzahl und einer geringen Leistungsstärke bei schlechten Lichtbedingungen.

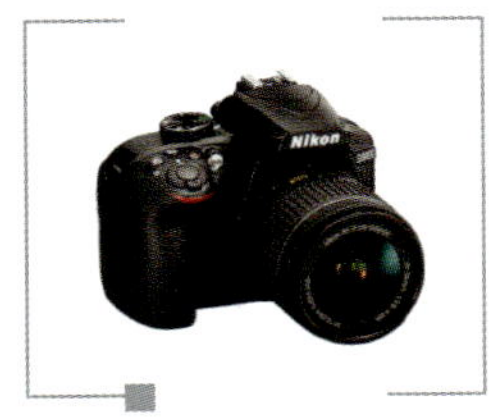

[2] KAMERAS MITTLEREN NIVEAUS

Leistungsstärker, vollwertige Menüs, die jedoch verstecktere Funktionen haben, die nicht immer schnell zugänglich sind, guter Autofokus, Sensoren mit hoher Pixelzahl, auch bei schlechten Lichtbedingungen leistungsstark.

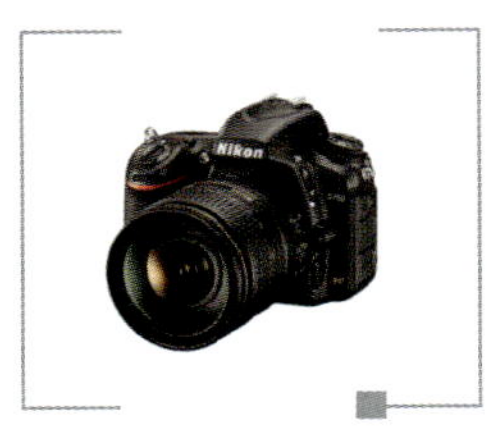

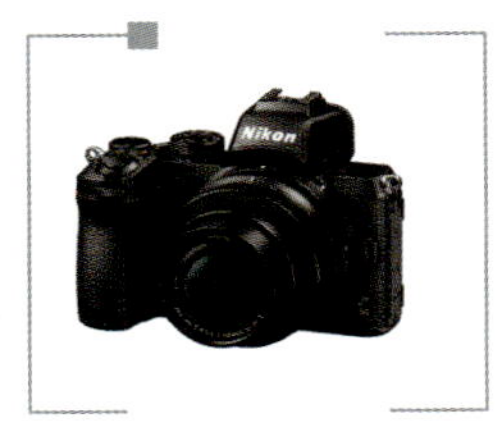

[3] PROFIKAMERAS

Noch leichter als Kameras des mittleren Segments wegen der Verwendung hochtechnologischen Materials, vollwertige Menüs mit personalisierbaren Funktionen und eine große Anzahl von Knöpfen für den Schnellzugriff, hervorragender Autofokus, kann sehr schnell und auch bei kritischen Lichtbedingungen scharf stellen, Sensoren mit sehr hoher Pixelzahl und auch bei schlechten Lichtverhältnissen leistungsstark.

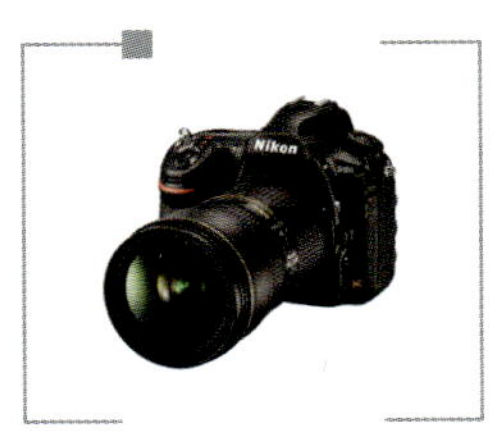

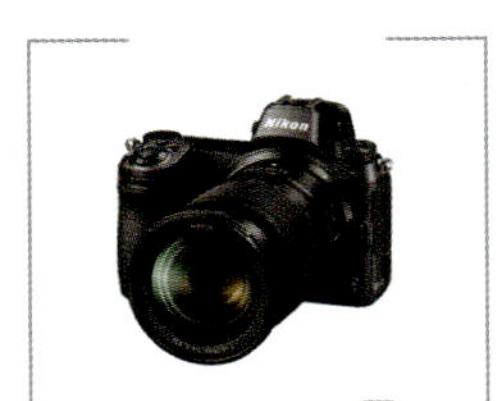

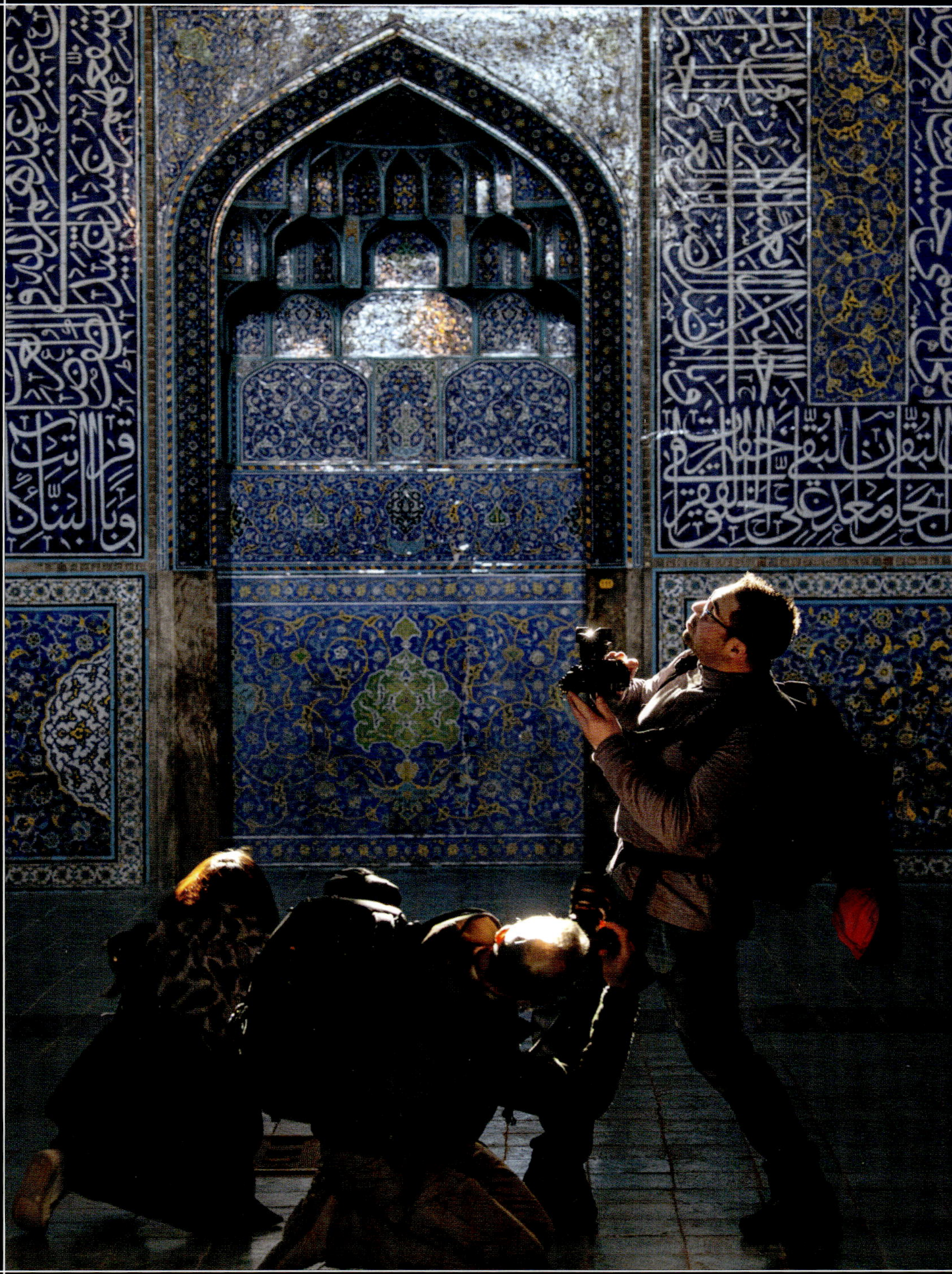

Wer wirklich etwas lernen und ein guter Fotograf werden will, muss sich mindestens eine Kamera aus dem mittleren Marktsegment anschaffen, die einfach zu handhaben und verhältnismäßig preiswert ist und nicht so kompliziert, dass es uns **bei unserer Arbeit einschränkt**. Um schnell zu lernen, müssen wir uns jedoch stets darüber bewusst sein, dass jeder Fehler und jeder fotografische Irrtum **AUSSCHLIESSLICH UNS SELBST** und nicht der Unzulänglichkeit der technischen Mittel **geschuldet ist**.

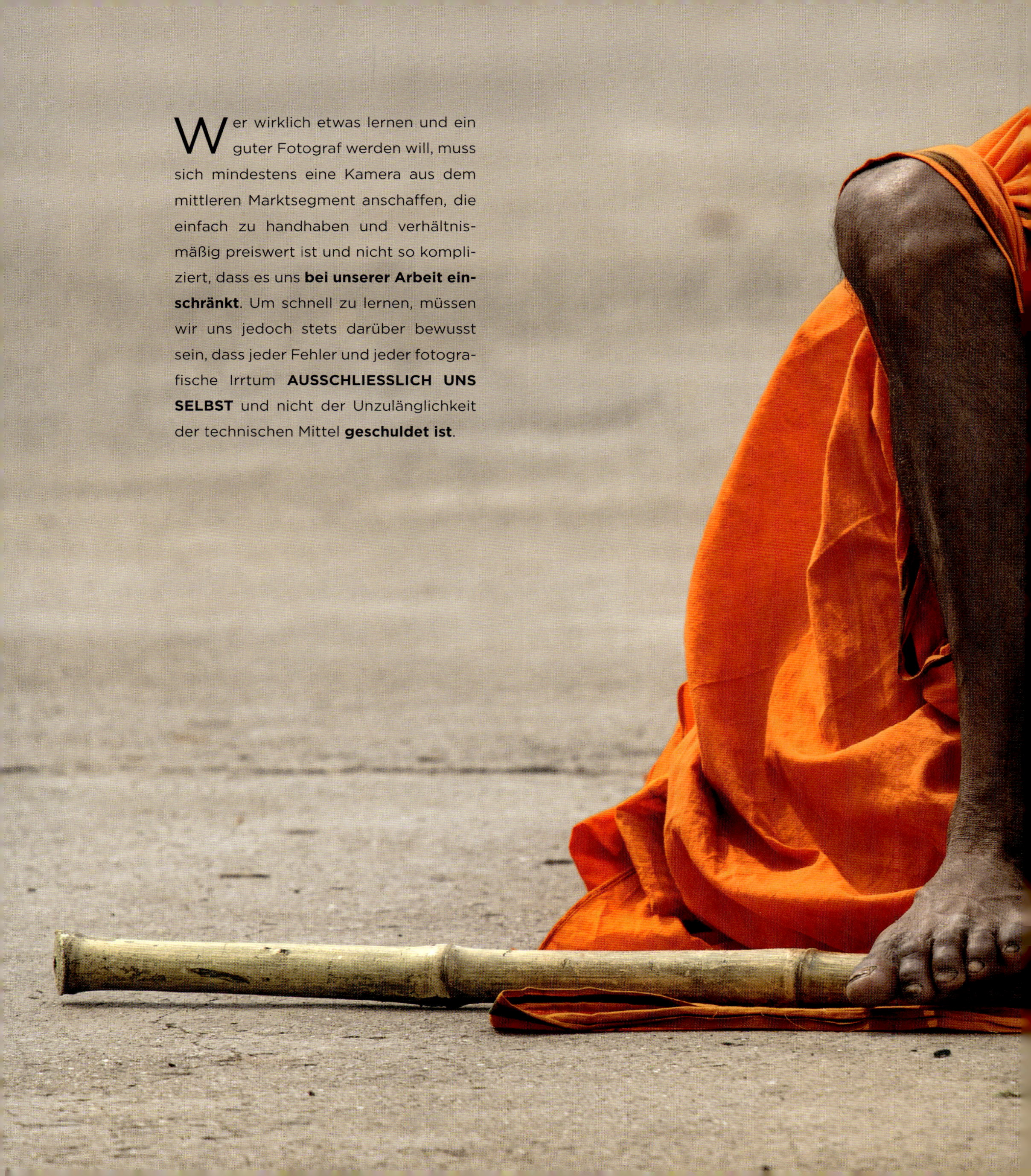

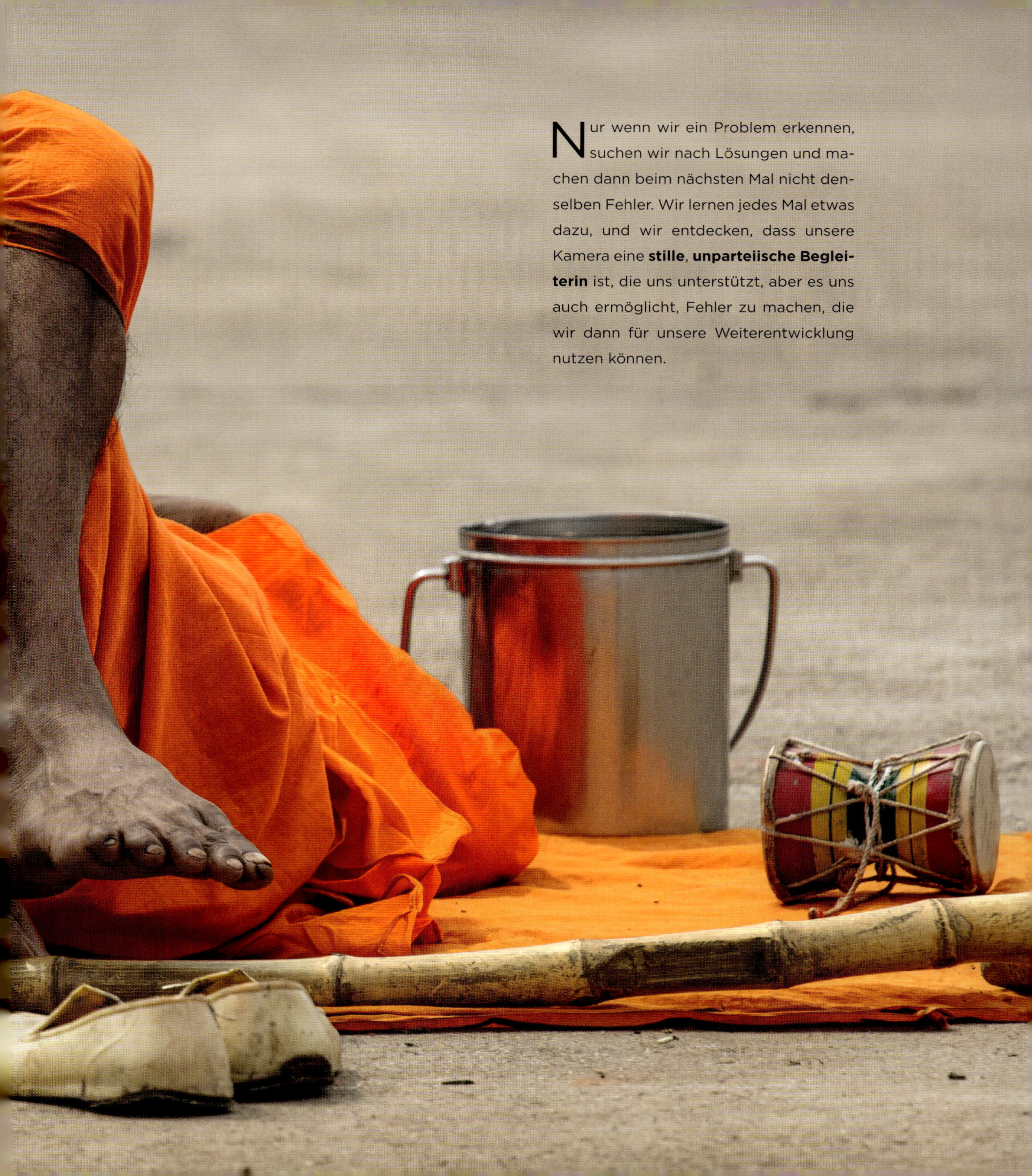

Nur wenn wir ein Problem erkennen, suchen wir nach Lösungen und machen dann beim nächsten Mal nicht denselben Fehler. Wir lernen jedes Mal etwas dazu, und wir entdecken, dass unsere Kamera eine **stille**, **unparteiische Begleiterin** ist, die uns unterstützt, aber es uns auch ermöglicht, Fehler zu machen, die wir dann für unsere Weiterentwicklung nutzen können.

Noch einmal zum Thema Angemessenheit: Die **Wahl eines Kameragehäuses** sollte also nicht nur von der aufmerksamen Betrachtung der Stärken und eventuellen Schwächen abhängen, sondern auch von den spezifischen Problemen, die der **individuelle Gebrauch** mit sich bringt. Demnach sollten wir abwägen, welches die wichtigsten Parameter sind, bevor wir uns eine Kamera anschaffen. Wenn wir darauf eine ehrliche Antwort gefunden haben, haben wir sicherlich klare Vorstellungen und **können besser entscheiden**.

VERWENDUNG

Soll die Kamera für allgemeine Zwecke eingesetzt werden, oder gibt es eine spezifische Verwendung, die von der Art unserer Arbeit, vom fotografischen Interessensbereich oder von spezielleren und persönlicheren Problemen bestimmt wird?

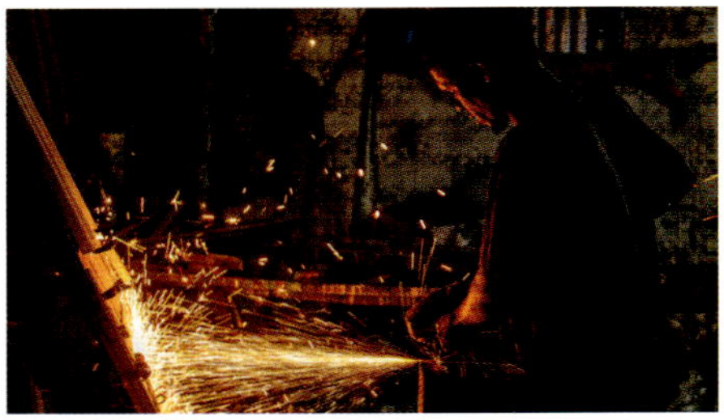

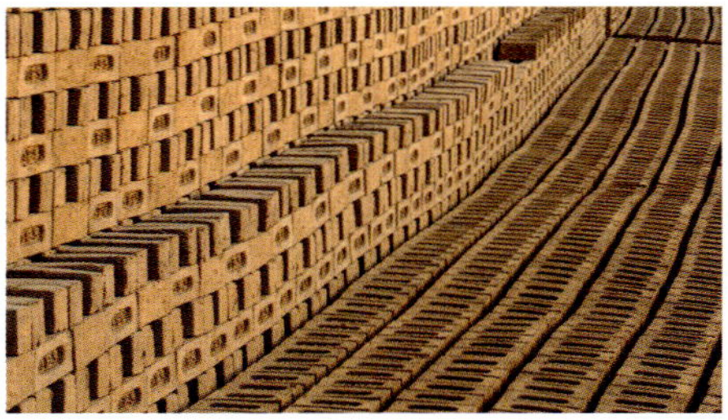

SENSOR

Der Sensor ist das Herz einer jeden Kamera. Was wäre die minimale Qualität, die nicht unterschritten werden darf? Wie viele Millionen Pixel werden tatsächlich benötigt? Muss es unbedingt ein Vollformatsensor sein, oder reicht der kostengünstigere APS-C?

HANDLICHKEIT UND GEWICHT

Maße und Gewicht der Kamera sind entscheidende Faktoren, wenn man einen Kauf abwägt: Wie sieht es mit ihrem Einsatz beim Trekking, Bergsteigen, Segeln, Motorrad- und Fahrradfahren aus? Sollen wir uns also eine DSLR – vielleicht ein leichteres Modell – oder doch lieber eine spiegellose Kamera anschaffen?

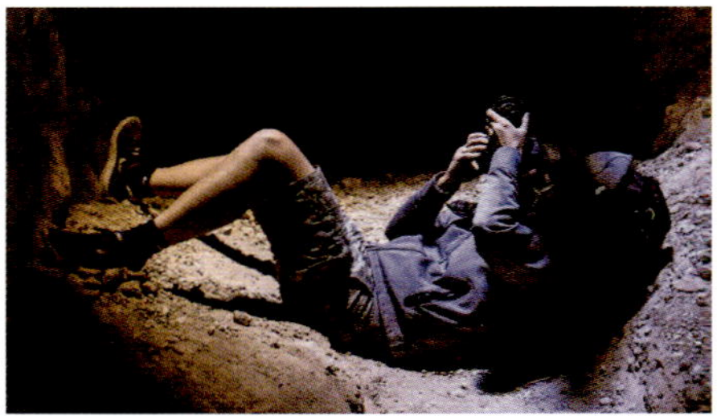

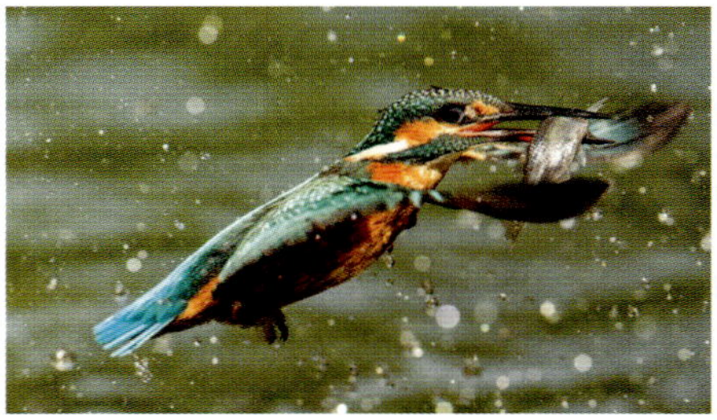

VERSCHLUSSGESCHWINDIGKEIT

Benötigen wir für das Genre, für das wir uns begeistern oder dem wir uns widmen wollen, eine Kamera, die eine hohe Anzahl Fotos pro Sekunde schießen kann? Zu bedenken wäre das zum Beispiel für die Sport- oder Naturfotografie und andere Bereiche.

VIDEOAUFNAHMEN

Benötigen wir für unsere Zwecke eine Kamera, mit der man auch Videoaufnahmen machen kann? Und wenn ja, in welchem Format und welcher Qualität?

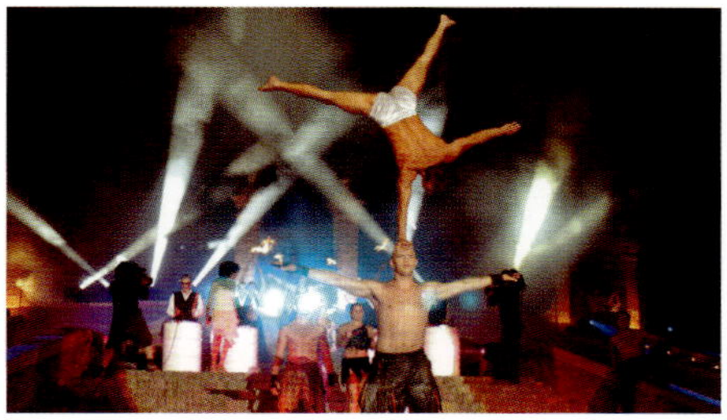

AUTOFOKUS

Benötigen wir für unsere Zwecke eine Kamera mit einem hervorragenden Autofokus? Wichtig könnte das für Mode-, Natur- und Sportfotografie und andere Bereiche sein.

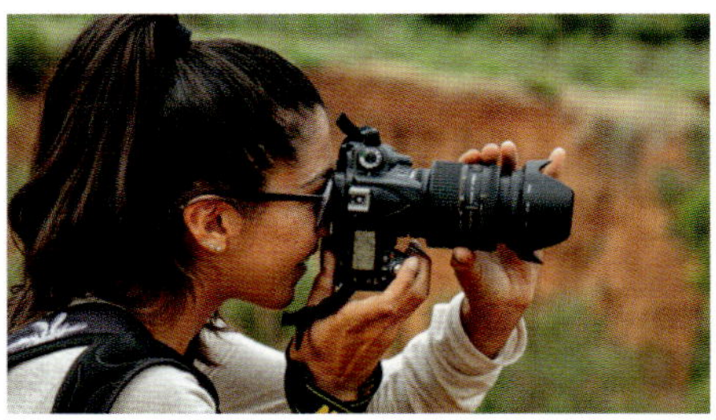

SECOND HAND

Muss es unbedingt eine brandneue Kamera sein? Auch eine gebrauchte Kamera könnte sich für Ihre Zwecke eignen.

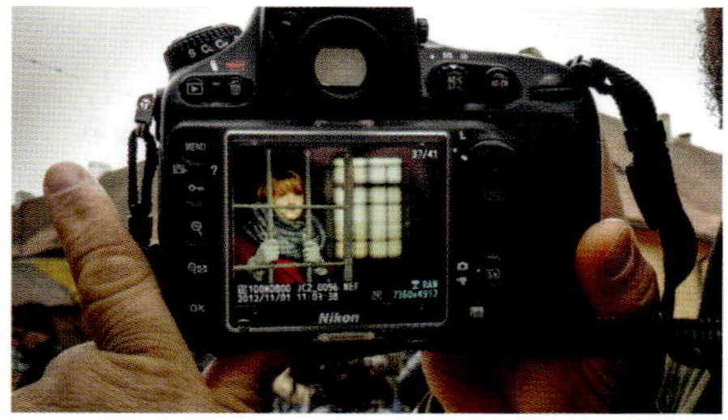

GERÄUSCHLOSIGKEIT

Benötigen wir für unsere Zwecke eine geräuschlose Kamera beziehungsweise eine, die die Spezialfunktion hat, das Knipsgeräusch auszuschalten? Für Theater- und Konzertfotografie könnte das zum Beispiel wichtig sein.

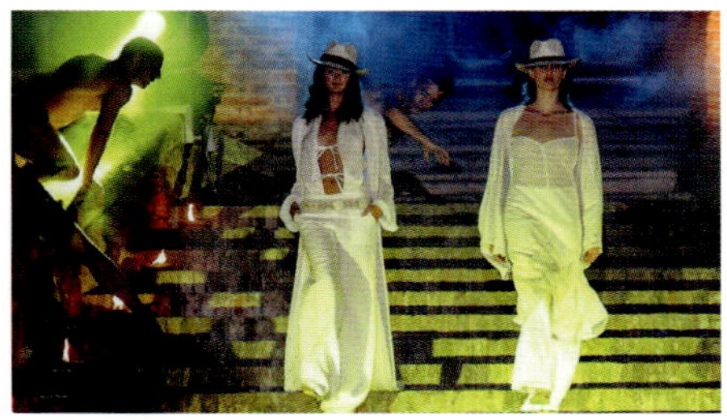

PREIS

Stellt der Preis der Kamera ein wichtiges Kriterium dar, oder kann vor allem aufgrund der Qualität und der notwendigen technischen Eigenschaften entschieden werden?

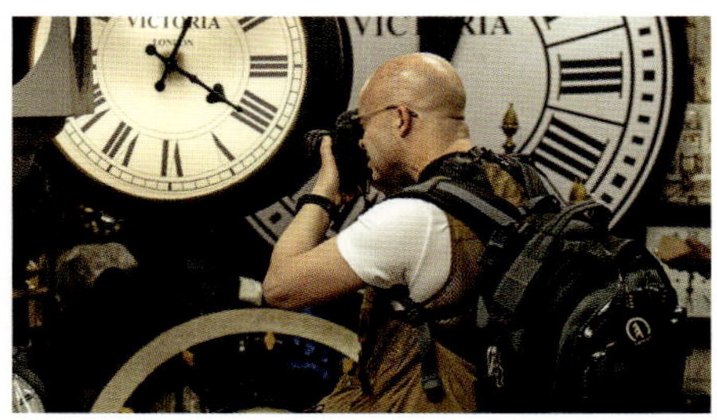

Wer sich zum ersten Mal an die Fotografie annähert, dem rate ich, zunächst nur eine **gebrauchte Kamera** zu kaufen, vorausgesetzt, sie hat **Garantie**. Es empfiehlt sich, nach den bekanntesten Marken und nach Modellen aus dem mittleren Segment zu suchen, also nach Kameras, die sich erfolgreich verkaufen und die für ihre Qualität bekannt sind. Falls Sie sich dann doch irgendwann dazu entschließen, Ihre Ausrüstung aufzuwerten, lassen sich solche Apparate auch leichter und womöglich ohne Verlust weiterverkaufen.

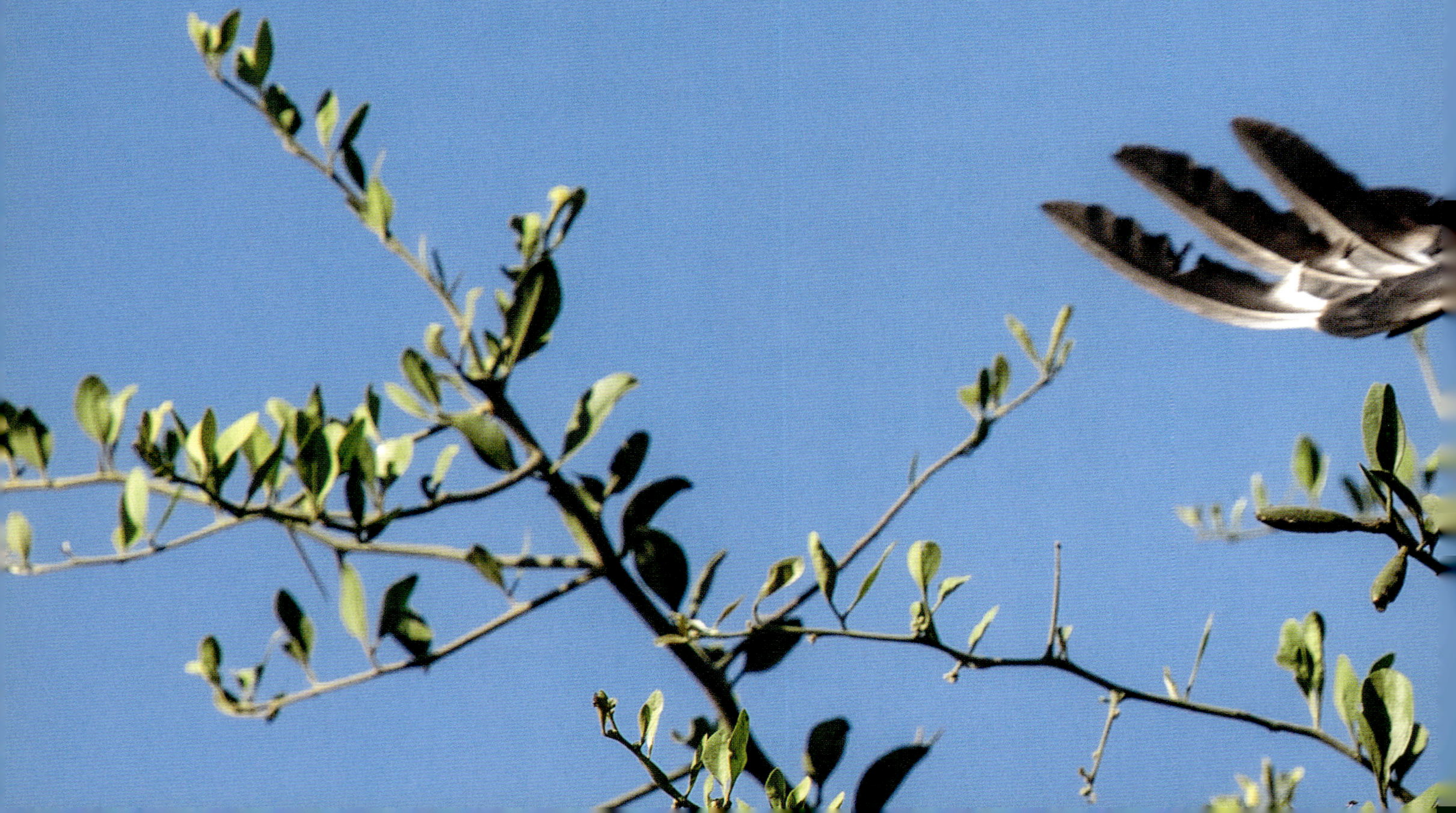

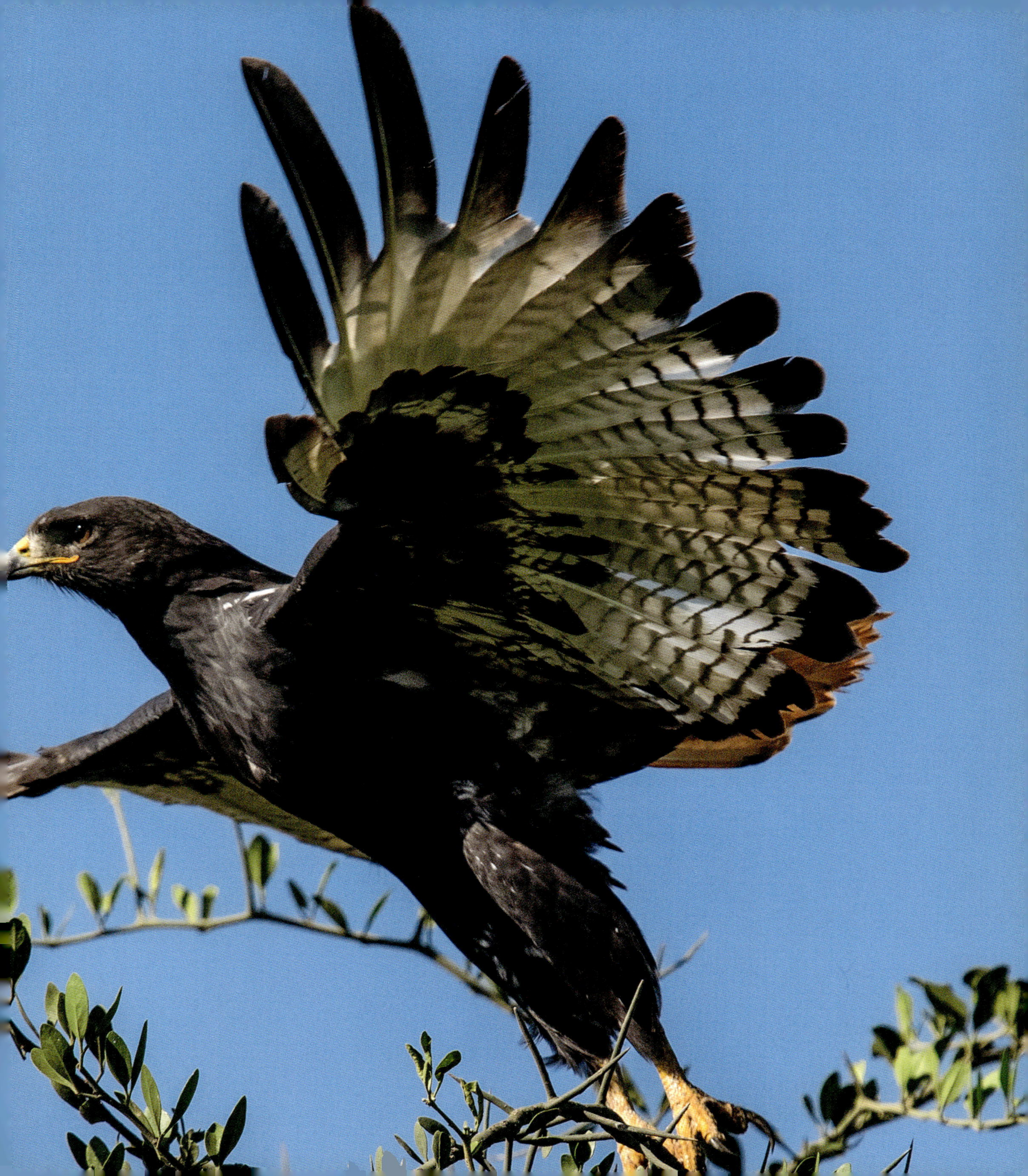

DIE OBJEKTIVE

DIE WAHREN AUGEN DER KAMERA

Wie bereits erwähnt, hängt der Erfolg eines guten Bildes größtenteils vom **verwendeten Objektiv** ab und nur zu einem geringen Teil von den Eigenschaften des Sensors. Und wir haben bereits festgestellt, dass **eine gute Fotoausrüstung vor allem angemessen sein muss**. Auch Ausgewogenheit ist ein wichtiger Aspekt: Es geht darum, **Elemente** zu kaufen, **die ein ähnliches technisches Niveau haben**, deren Leistung also untereinander ausgewogen ist. Es nützt nichts, ein hochwertiges Objektiv zu haben, wenn der Kamerasensor die Eigenschaften nicht nachbilden kann, und umgekehrt ist es sinnlos, eine hervorragende und kostspielige Kamera zu kaufen und sie mit einem mittelmäßigen oder gar schlechten Objektiv auszustatten. Sich eindeutig für das **technische Niveau**, das man etablieren möchte, sowie für das entsprechende Preissegment zu entscheiden, ist die beste Art und Weise, Geld zu sparen und dennoch gute Ergebnisse zu erzielen. Wenn man dieses Gleichgewicht schon stören muss, dann auf jeden Fall **zugunsten des Objektivs**, mit der Aussicht, sich später eine bessere Kamera zu besorgen. Mit anderen Worten: Immer hochwertige Objektive kaufen, die für Vollformatsensoren geeignet sind. An ihnen hat man lange Zeit Freude.

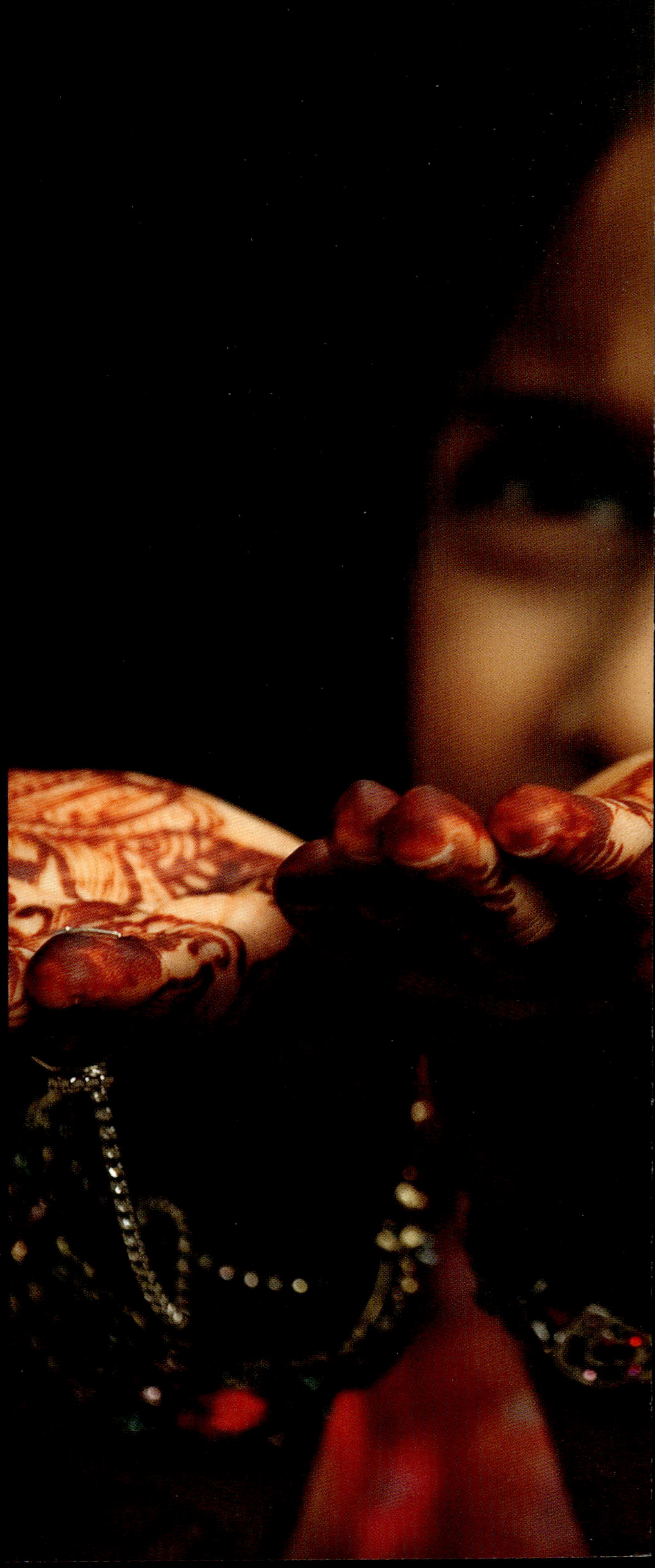

Indien, Uttar Pradesh

Nikon D700 • 70–200 mm f/2,8
1/200 bei f/5,6 • ISO 200

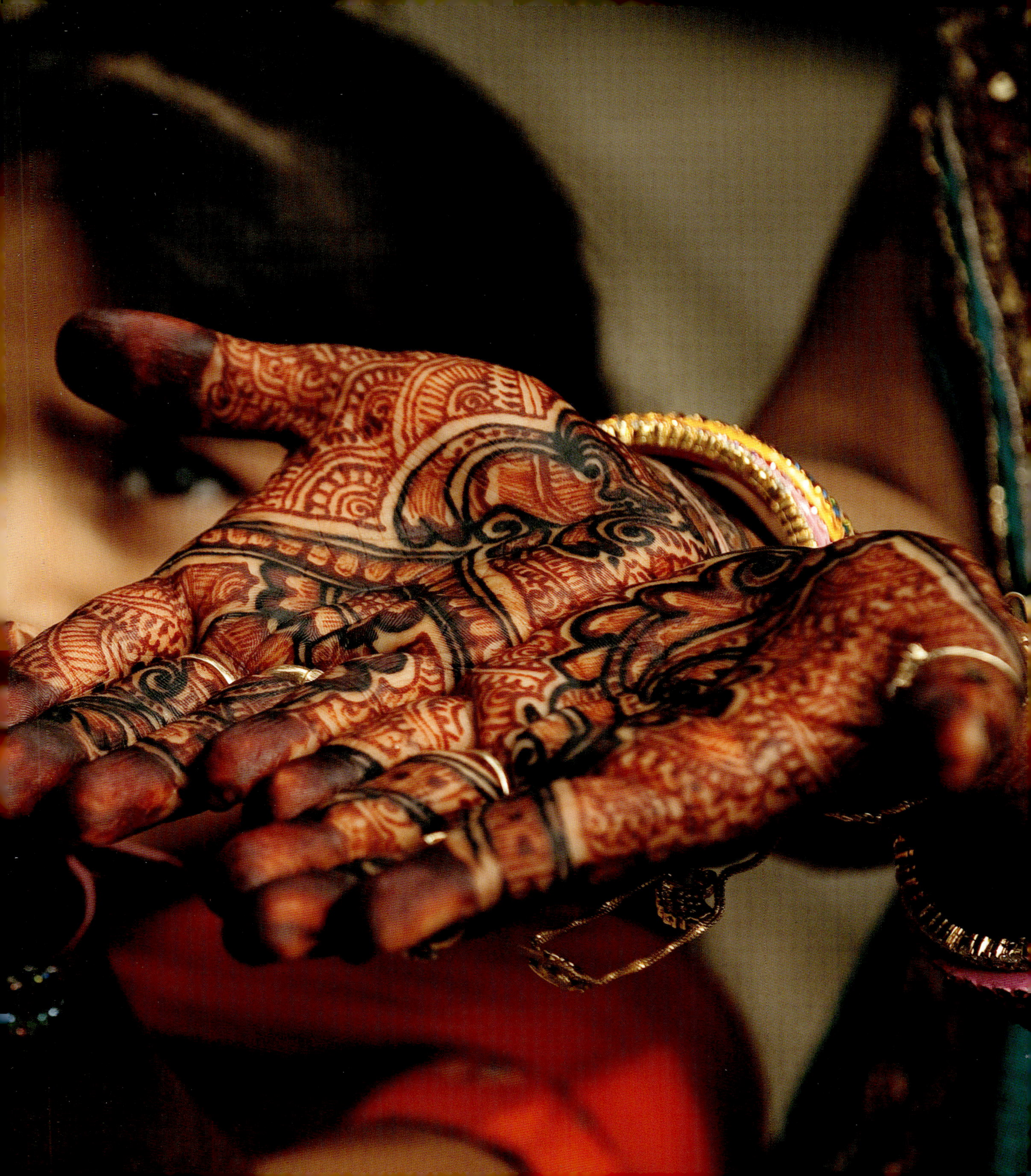

OBJEKTIVTYPEN

Sehen wir uns nun an, was für Objektive die Hersteller im Angebot haben, wie sie sich einteilen lassen und wie man schon nach kurzer Zeit herausfindet, welche ihre Hauptmerkmale sind. Dabei gehen wir davon aus, dass jedes Objektiv anhand seiner Brennweite identifiziert und unterschieden werden kann. Die Brennweite wird in Millimetern angegeben. Sie drückt den Abstand zwischen dem Sensor und der optischen Mitte des Objektivs aus, wenn der Kamerafokus auf „unendlich" eingestellt ist – immer ausgehend von einer Vollformatkamera. Allerdings ist es mit Sicherheit sinnvoller, vom Bildwinkel auszugehen. Um Ordnung hereinzubringen, betrachten wir ein Objektiv, das denselben Sichtbereich hat wie ein menschliches Wesen – nämlich ungefähr 50 mm –, als **Standard**. Als **Weitwinkelobjektive** bezeichnen wir somit alle Objektive, die einen größeren Bildwinkel haben als ein Normalobjektiv – und damit auch einen größeren als der Mensch – und dadurch die Perspektive erweitern. Folglich versteht man unter **Teleobjektiven** alle Objektive, deren Bildwinkel kleiner ist als der des Menschen, wodurch sich die Perspektive verengt.

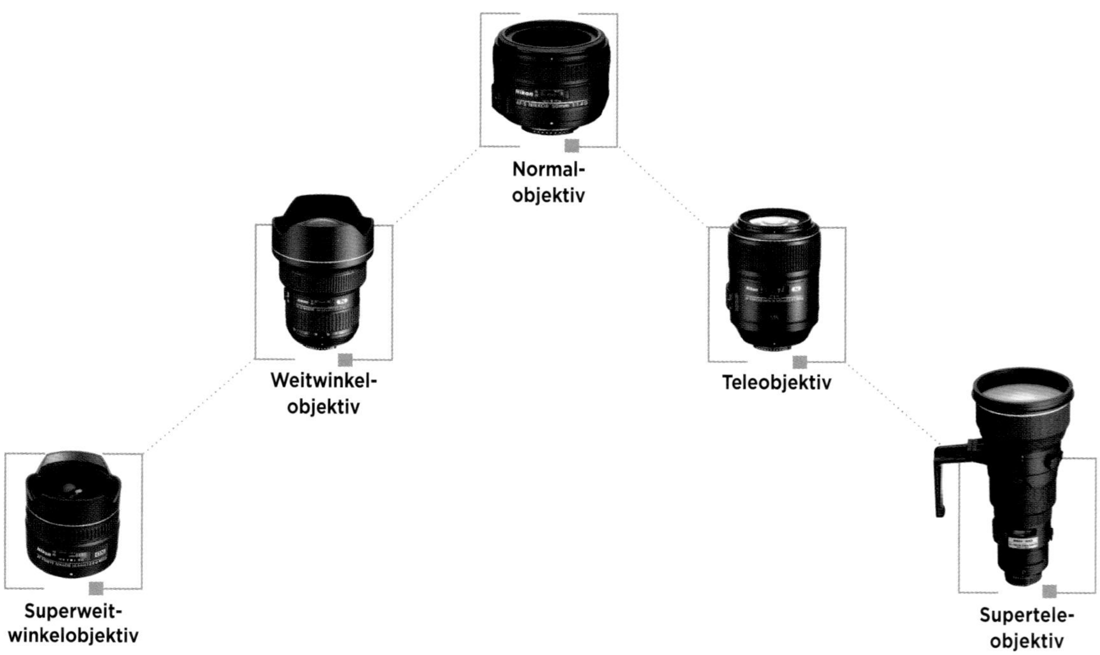

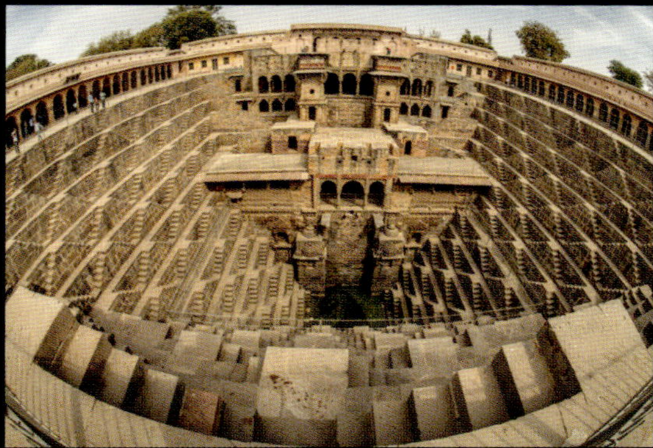

Superweitwinkelobjektiv
10,5 mm f/2,8

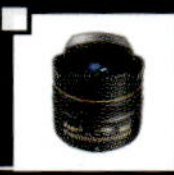

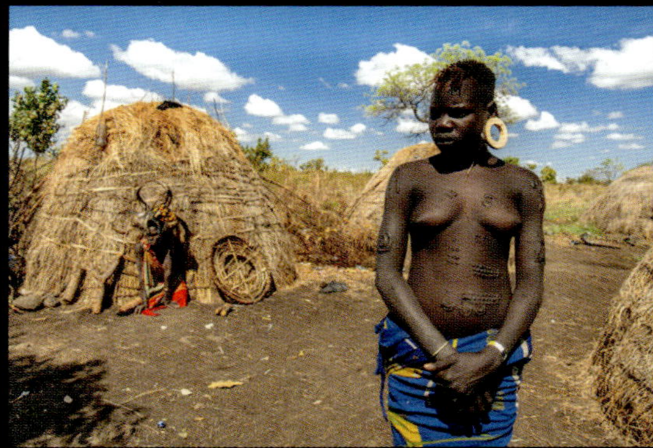

Weitwinkelobjektiv
14–24 mm f/2,8

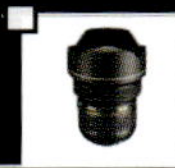

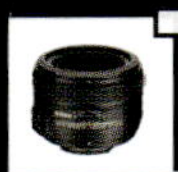

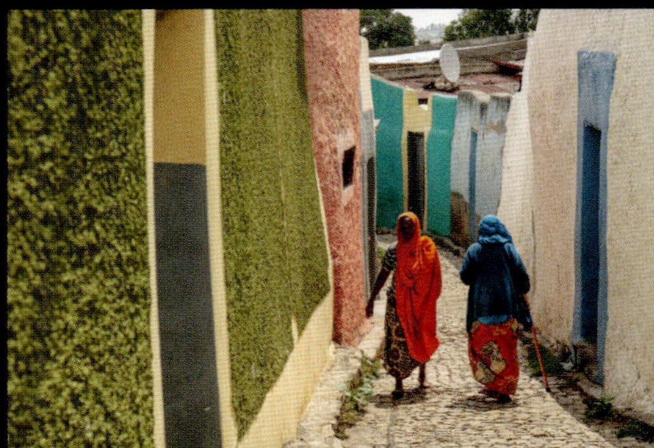

Normalobjektiv
50 mm f/1,4

Teleobjektiv
105 mm f/2,8

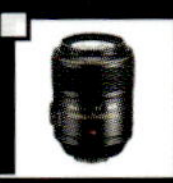

Superteleobjektiv
400 mm f/2,8

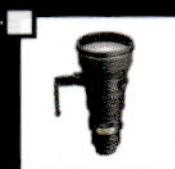

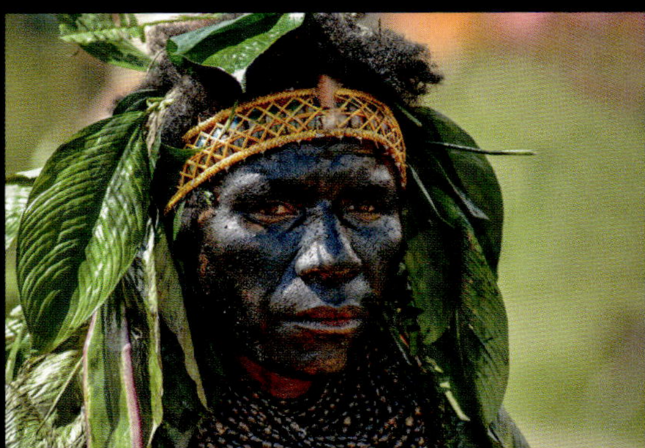

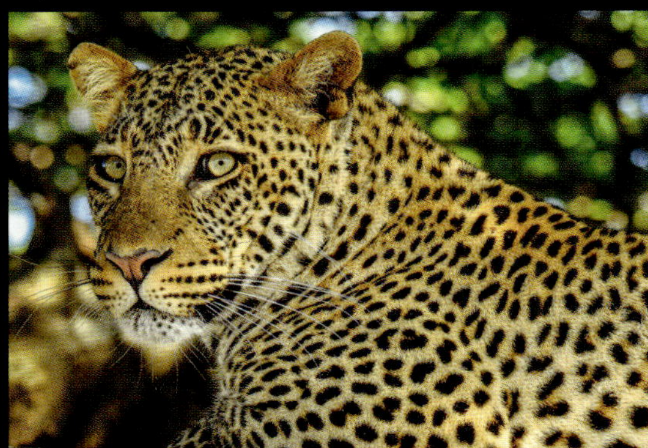

BRENNWEITE UND MAXIMALE BLENDE

Bei jedem Objektiv wird also die **Brennweite in Millimetern** angegeben, um es zu identifizieren. Doch diese Zahl wird immer auch noch von einer anderen begleitet, vor der „f/“ oder „1:“ steht; diese gibt an, welche **maximale Lichtstärke** das Objektiv hat, das heißt den Wert, den die Blende bei maximaler Öffnung annimmt. Diese Zahl verrät nicht nur die Lichtstärke dieses bestimmten Objektivs, sondern auch seine Qualität, da Linsen von sehr hohem **optischen Niveau** notwendig sind, um eine hohe Lichtstärke und demnach weit offene Blenden zu erreichen. Folglich können wir auch die **Preisspanne** erahnen, der dieses Zubehörteil angehört. Die Aufschrift **„f/2,8“** (oder **„1:2,8“**) bezeichnet zum Beispiel ein Objektiv von hoher Qualität und Lichtstärke im Gegensatz zu einem Objektiv, das mit **„f/5,6“** ausgezeichnet ist, damit eine kleine maximale Blendenöffnung hat und folglich mit Sicherheit von geringerer Qualität ist. Diese beiden Größen – Brennweite und maximale Lichtstärke – sind also unerlässlich, um ein Objektiv richtig einzuschätzen zu können, wenn man **einen Kauf in Erwägung zieht**.

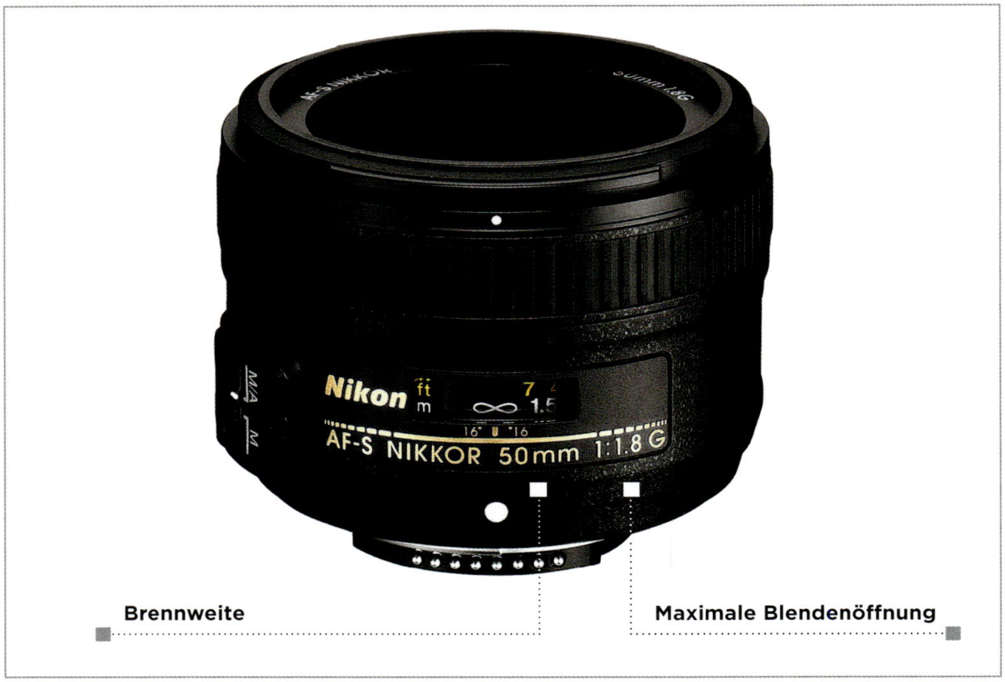

Im Handel gibt es jedoch auch Objektive mit denselben Brennweiten, aber unterschiedlichen maximalen Blendenöffnungen. Sie unterscheiden sich im Preis, ergeben absolut unterschiedliche Resultate und stellen daher Bilder von unterschiedlicher Qualität und Helligkeit her.

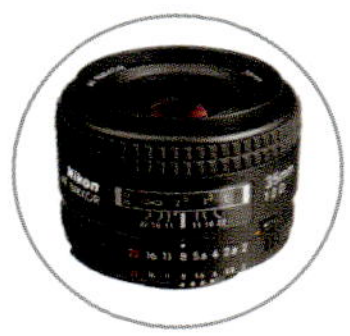

35 mm f/1,2

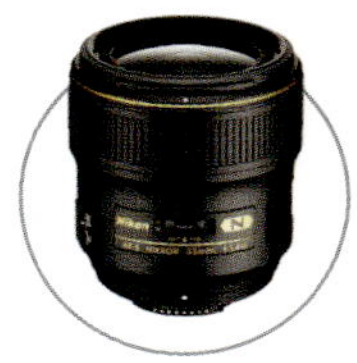

35 mm f/1,4

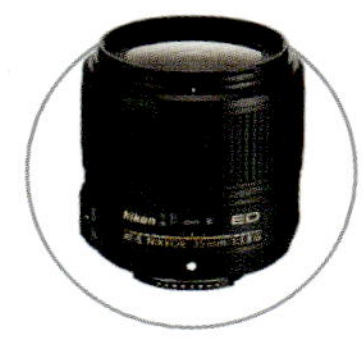

35 mm f/1,8

DSLR-Kameras garantieren also eine **große Ausdrucksfreiheit**, weil man hier das Objektiv je nach gewünschter perspektivischer Wirkung wählen beziehungsweise wechseln kann. Weitwinkelobjektive gestatten es zum Beispiel, das Motiv in seine Umgebung einzubetten und die Perspektive zu erweitern, während Teleobjektive die Perspektive komprimieren. Das Motiv erscheint dadurch stärker isoliert.

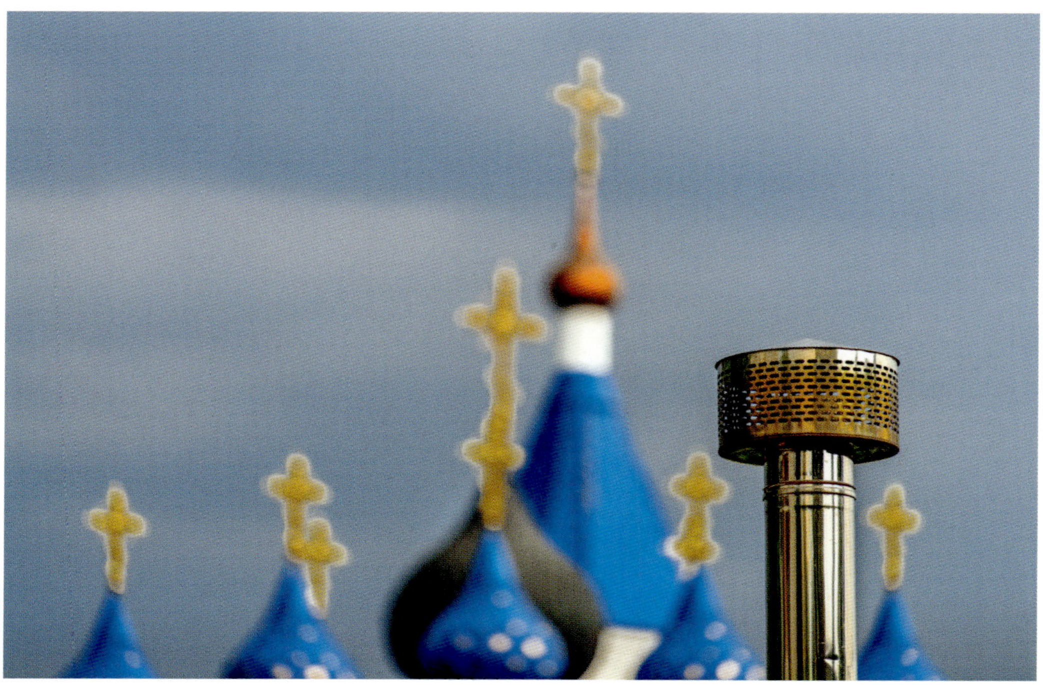

FESTE ODER VARIABLE BRENNWEITE

Bisher haben wir nur **Objektive mit fester Brennweite** betrachtet, das heißt solche, die für eine bestimmte optische Funktion vorgesehen sind. Es gibt aber auch **Objektive mit variabler Brennweite**, normalerweise Zoom genannt, die immer weiter verbreitet sind, weil sie komfortabler zu handhaben und vielseitiger, leichter und platzsparender sind als eine entsprechende Reihe von Festbrennweiten.

Objektive mit variabler Brennweite **sind daran zu erkennen**, dass ihre Brennweite nicht mit einem einzelnen Wert angegeben wird, sondern durch zwei Zahlen, die die Grenzen angeben, innerhalb derer sich das Objektiv bewegt und funktioniert. Wenn die Aufschrift zum Beispiel 24–70 mm lautet, bedeutet dies, dass die mobilen Linsen dieses einen Objektivs **alle Brennweiten** zwischen 24 und 70 mm abdecken können.

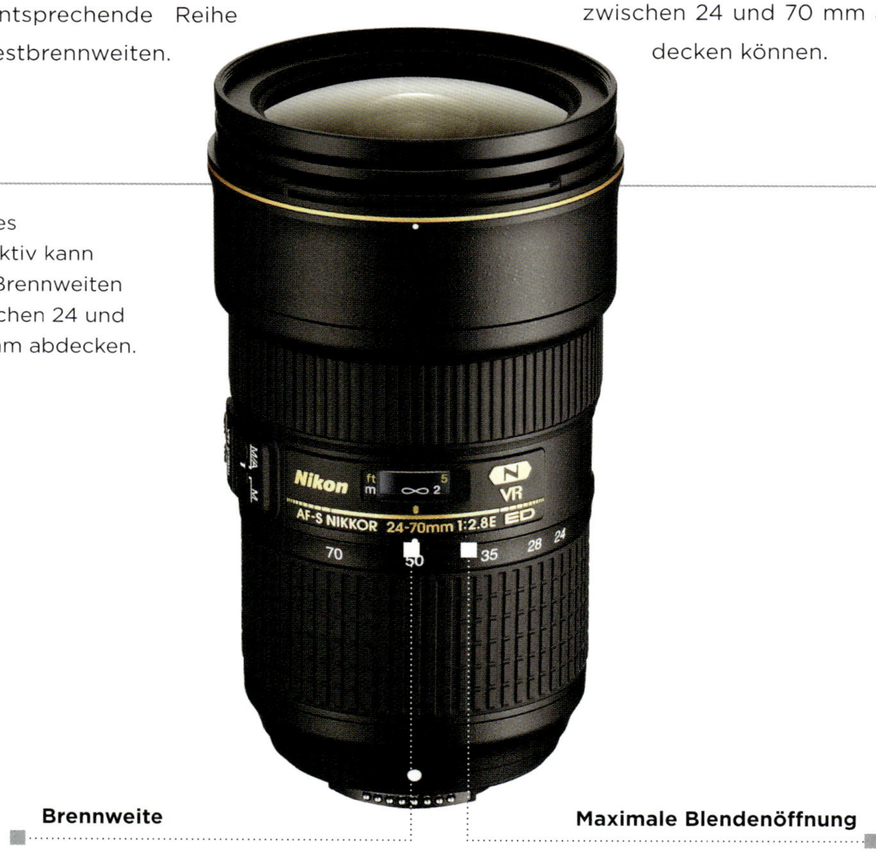

Dieses Objektiv kann alle Brennweiten zwischen 24 und 70 mm abdecken.

Die Bequemlichkeit und Vielseitigkeit solcher Objektive erschließen sich einem sofort: Wenn man einen 24–70-mm-Zoom auf die Kamera montiert, verfügt man damit durch ein einziges Zubehörteil über Brennweiten von 24 mm, 28 mm, 35 mm, 50 mm, 58 mm, 70 mm sowie sämtliche Abstufungen dazwischen. Dieser Komfort hat natürlich seinen Preis. Die **Qualität** eines Objektivs mit variabler Brennweite ist **nicht dieselbe** wie die eines Objektivs, das für eine einzige Brennweite konstruiert wurde. Doch weil sie so weite Verbreitung fanden und auf eine ständig steigende Nachfrage stießen, haben die Hersteller in den letzten Jahren **immer mehr Forschung** in die sogenannten Zoomobjektive hineingesteckt, mit dem Ergebnis, dass es nun Objektive mit variablen Brennweiten von hoher Qualität und Lichtstärke zu immer erschwinglicheren Preisen gibt.

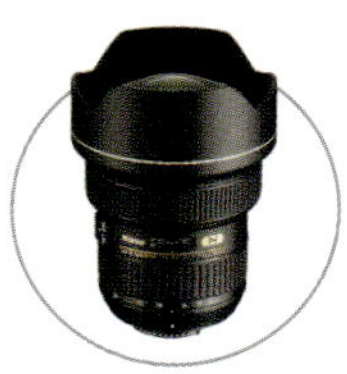

14–24 mm f/2,8

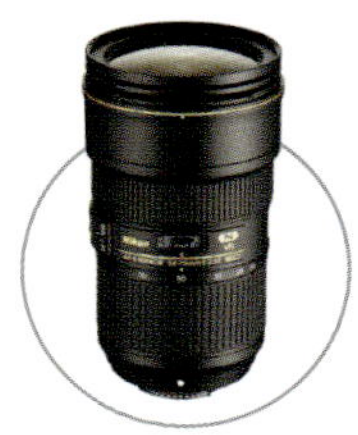

24–70 mm f/2,8

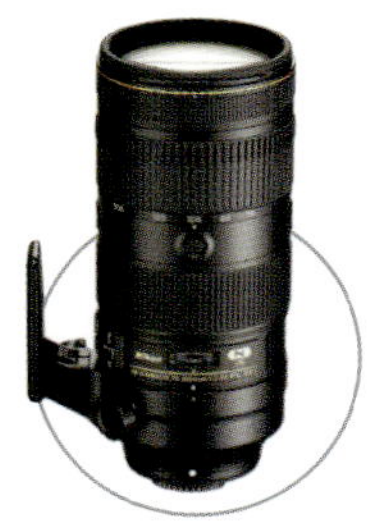

70–200 mm f/2,8

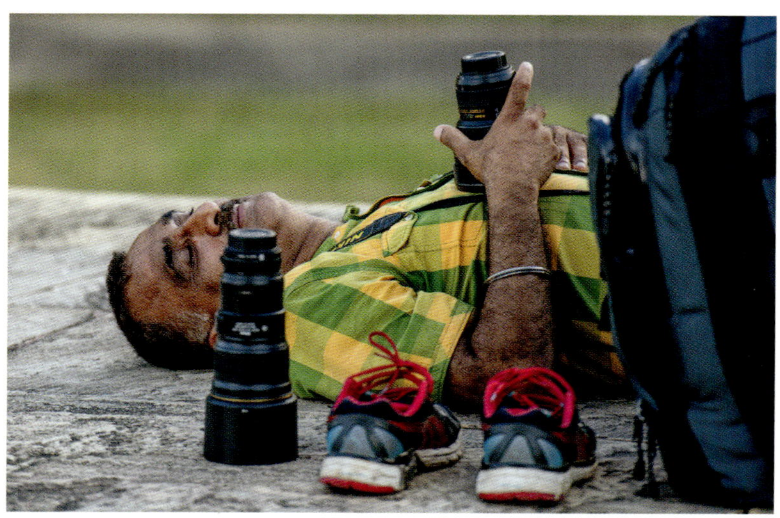

Die klassische Fotoausrüstung eines Profis, der Objektive mit variabler Brennweite verwendet, besteht aus dem Trio **14/24 – 24/70 – 70/200**. Damit deckt er mit nur drei Objektiven die **komplette Bandbreite** an Brennweiten ab.

LICHTSTÄRKE

Alles dreht sich offensichtlich um die **Lichtstärke der Objektive**, ein Faktor, der sich enorm auf Kosten, Gewicht und Platzbedarf auswirkt. Ein Zoom, der zum Beispiel bei jeder Brennweite eine maximale Blende von **f/2,8** aufrechterhalten kann, muss unbedingt über eine Gruppe hervorragender, teurer Linsen verfügen, die oft groß und schwer sind. Die Qualität eines Objektivs ist nämlich direkt mit der **Blendenzahl bei maximaler Öffnung** verbunden. Eine große Blendenöffnung gewährleistet nicht nur eine gute Leistung der Linsen, die ansonsten keine so hohe Lichtstärke erbringen könnten, sondern auch eine vollständige Kontrolle der Schärfentiefe. Wird die maximale Blendenöffnung stark reduziert, indem sie zum Beispiel auf **f/5,6** einstellt wird, können die Hersteller leichtere Linsen von geringerer Qualität verwenden, die dadurch kleiner und kostengünstiger sind. **Allerdings sind die Resultate bei Weitem nicht vergleichbar.** Um die schlechte Qualität nicht allzu offensichtlich werden zu lassen, indem eine derart begrenzte maximale Blendenöffnung angegeben wird, wird bei preisgünstigeren Zooms immer die Möglichkeit eingeplant, eine etwas höhere Blende zu erreichen, wenn sie sich in der Position der **kürzest möglichen Brennweite** befinden. Ein Objektiv von **24-70 mm** mit der Blende **f/5,6** kann zum Beispiel so konstruiert sein, dass es eine maximale Blende von **f/3,5** erreicht, aber nur wenn man eine Brennweite von **24 mm** verwendet. Bei allen anderen Brennweiten **stellt sich die Blende sofort auf f/5,6** ein; im manuellen Modus können dadurch unterbelichtete Fotos entstehen. Dieser Trick gestattet es jedoch gemäß der Aufschrift auf dem Objektiv, f/3,5-5,6 anzugeben, das heißt zwei verschiedene maximale Blenden, von denen die erste größer ist als die zweite. Auf diese Weise wird der Besitzer der Kamera über die eigentliche Leistung getäuscht. Er lebt in der Illusion, ein Objektiv mit **größerer Lichtstärke** zu besitzen als das, das er in Wirklichkeit gekauft hat, und die weniger erfahrenen Nutzer werden dadurch vielleicht irritiert.

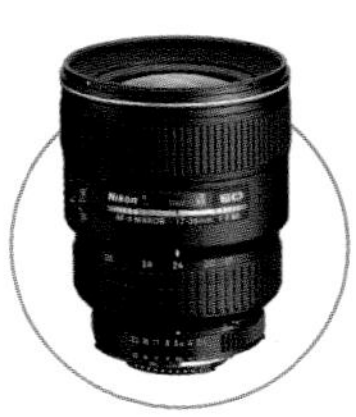

17-35 mm f/2,8

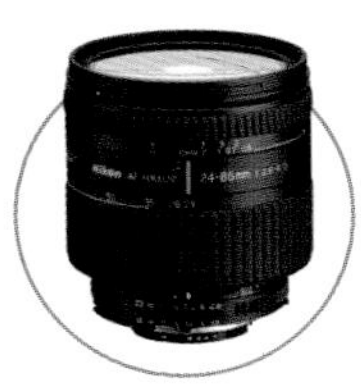

24-85 mm f/2,8-4

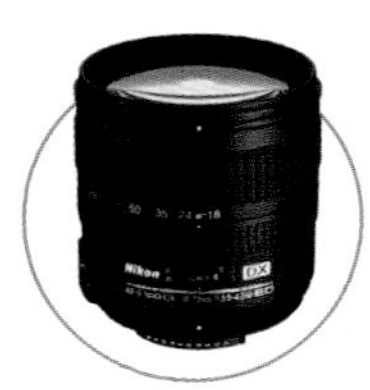

18-70 mm f/3,5-4,5

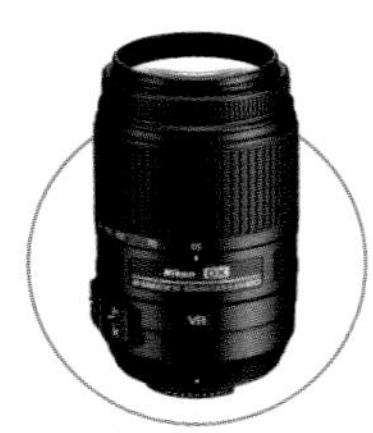

55-300 mm f/4,5-5,6

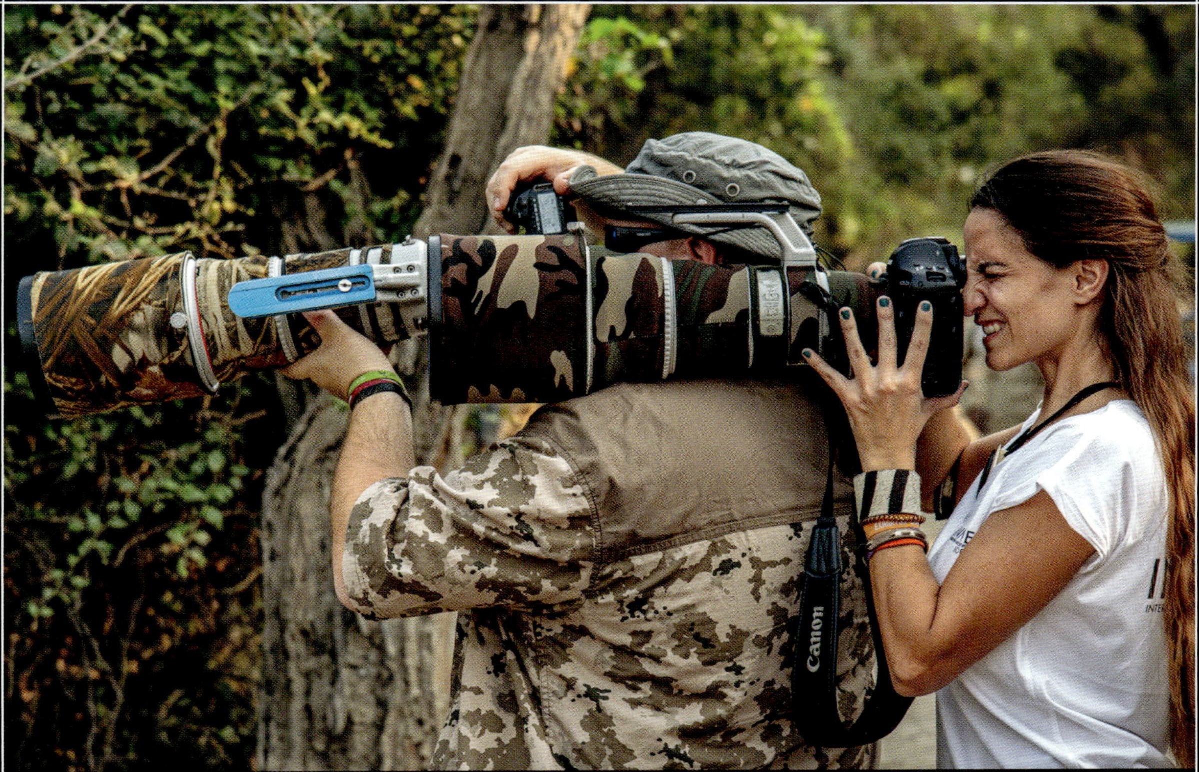

Wenn man ausschließlich Objektive von hoher Qualität und mehr oder weniger gleichen Brennweiten prüft, unterscheiden sich Festbrennweiten von Objektiven mit variabler Brennweite in mehreren Merkmalen:

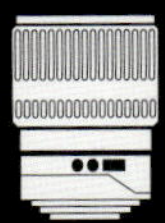

OBJEKTIVE
mit Festbrennweite

VORTEILE

- bessere Qualität der Auflösung
- bestmögliche Lichtstärke
- kleine Schärfentiefe nutzbar
- zweckgebundenes, spezifisches optisches Konzept

NACHTEILE

- teuer
- wenig vielseitig
- voreingestellte Brennweite

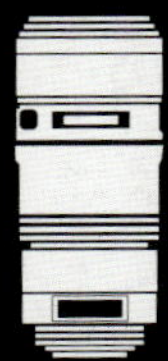

OBJEKTIVE
mit variabler Brennweite

VORTEILE

- bequem und vielseitig
- kosten- und platzsparend
- Objektiv muss nicht in schwierigen Situationen gewechselt werden

NACHTEILE

- geringere maximale Lichtstärke
- bewegliche optische Elemente
- höheres Gewicht, größerer Platzbedarf

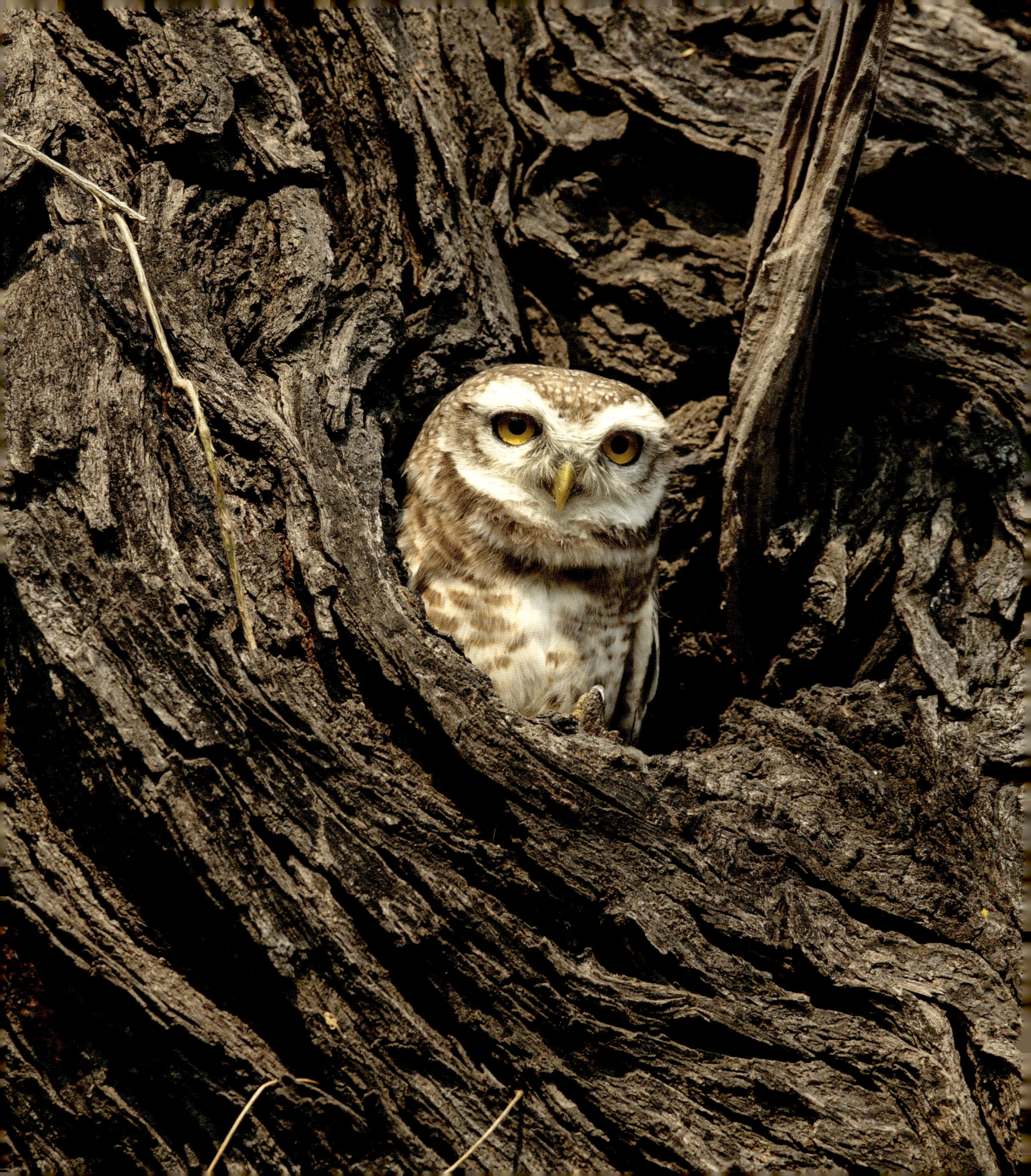

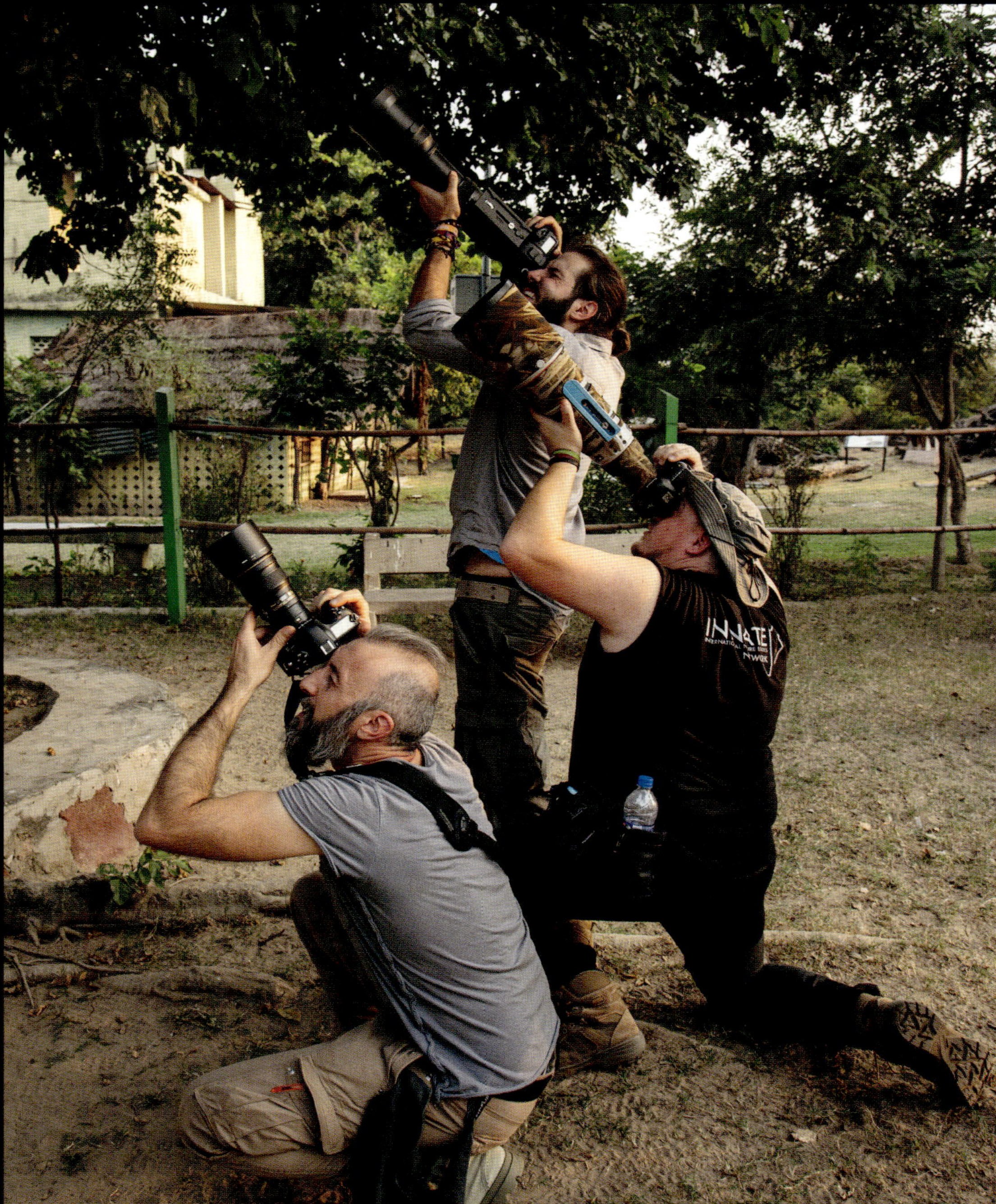

OBJEKTIVQUALITÄT

Ein weiterer **wichtiger Punkt**, den man bei der qualitativen Beurteilung eines Objektivs mit variabler Brennweite beachten muss, ist der Brennweitenbereich, der **nicht zu groß** sein sollte. Alle wollen ein Objektiv, das eine große Anzahl von Brennweiten abdeckt und gleichzeitig leicht, preiswert und von bester Qualität ist. Tatsächlich ist es **technisch nicht möglich, ein solches Meisterwerk zu erschaffen**. Es ist schon schwierig genug, die Linsen in unseren Zooms nicht nur für eine spezielle Brennweite, sondern für viele zu benutzen; das Beste lässt sich aus ihnen herausholen, wenn sie einen **begrenzten Bereich** abdecken, zum Beispiel ausschließlich den Weitwinkelbereich. Eine größere Ausweitung führt dazu, dass die **Qualität nicht mehr optimal** ist und dass wir ein Objektiv von **niedrigem technischen Niveau** vor uns haben. Das oben erwähnte klassische Trio an Objektiven, das von vielen Profis als Basisausrüstung verwendet wird, enthält nämlich Objektive mit variablen Brennweiten eines begrenzten Bereichs, aber von hoher Qualität und Lichtstärke: Das erste davon, das **14-24 mm f/2,8**, deckt nämlich zum Beispiel alle optischen Gruppen des Weitwinkelbereichs ab, ohne über den Bereich hinauszugehen. Das **24-70 mm f/2,8** deckt die folgenden Brennweiten ab und erstreckt sich damit, ohne zu übertreiben, vom Bereich eines leichten Weitwinkels bis zu dem eines Normalobjektivs. Die Linsen eines **70-200 mm f/2,8** bewegen sich **im Bereich** zwischen einem leichten Teleobjektiv und einem Teleobjektiv von 200 mm und umfasst damit den Bereich der Brennweiten, die speziell für Porträts verwendet werden. Auf den folgenden Seiten werden einige Festbrennweiten mit Objektiven mit variabler Brennweite verglichen.

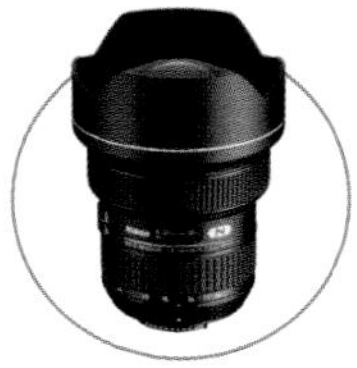

14-24 mm f/2,8

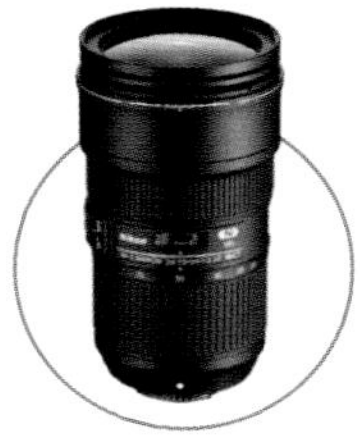

24-70 mm f/2,8

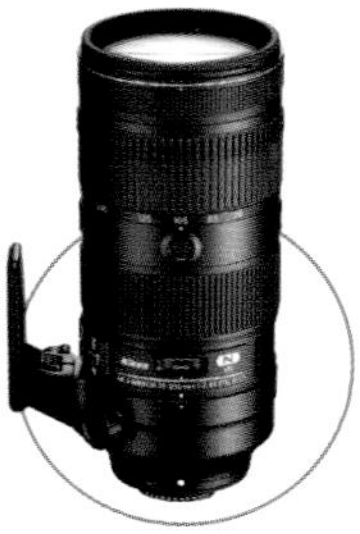

70-200 mm f/2,8

Äthiopien, Dorf Gnakaburat

Nikon D850 • 300 mm f/4
1/250 bei f/4 • ISO 64

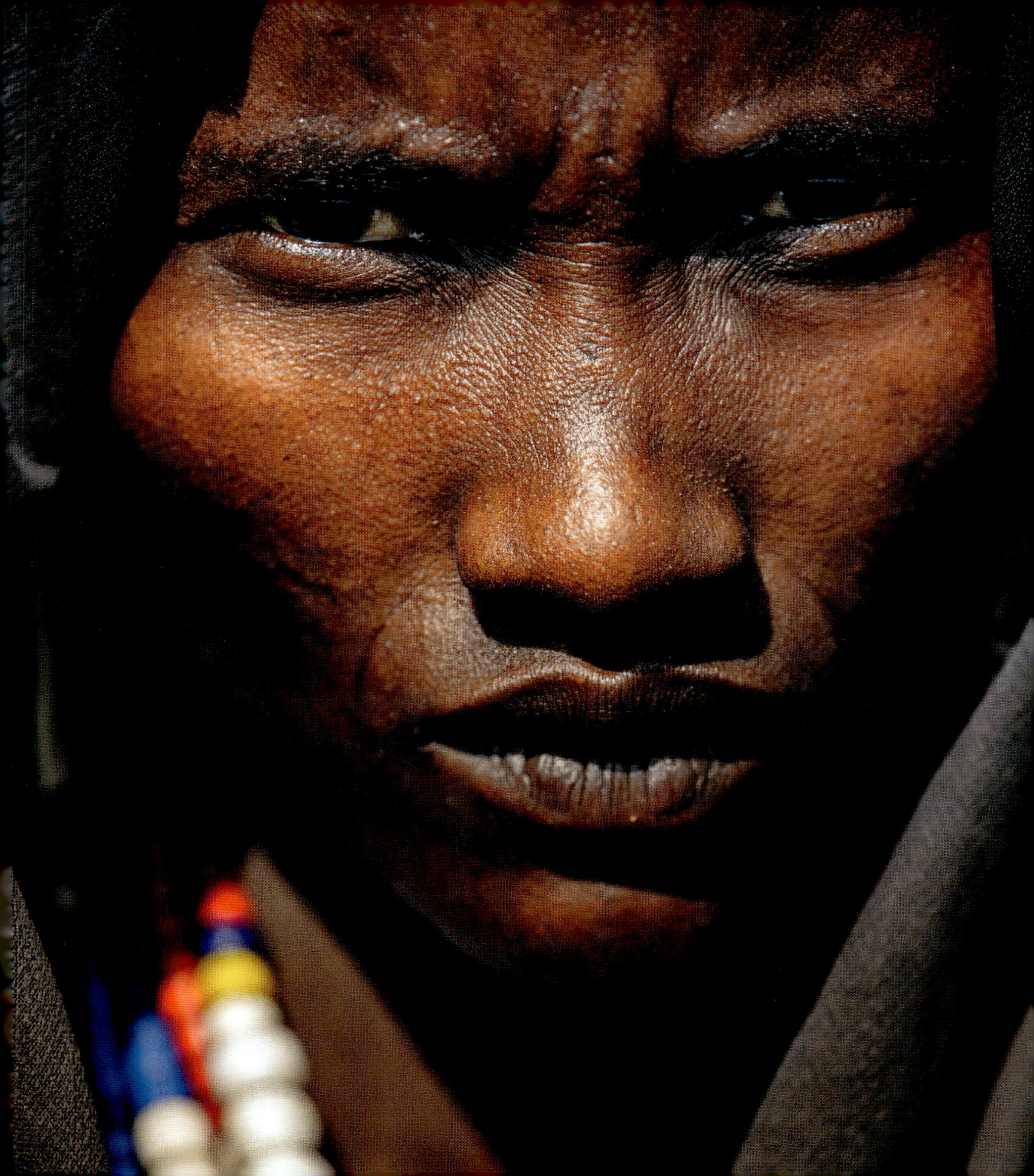

Objektive mit Festbrennweite

Objektive mit variabler Brennweite

SUPERWEITWINKEOBJEKTIVE

Verzerren die Perspektive

Nützlich für Effekte, Architektur, Sport, Naturaufnahmen und Wissenschaftsfotografie

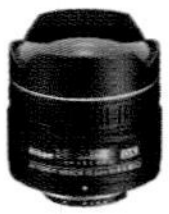

10,5 mm f/2,8

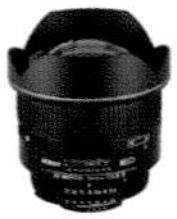

14 mm f/2,8

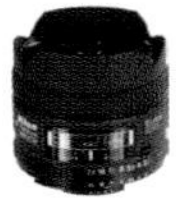

16 mm f/2,8

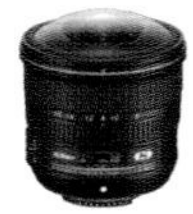

8-15 mm f/3,5-4,5

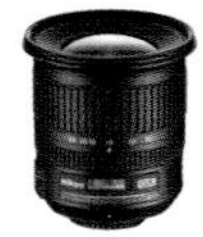

10-24 mm f/3,5-4,5

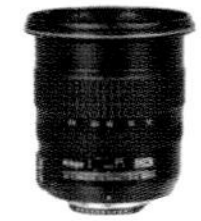

12-24 mm f/4

WEITWINKELOBJEKTIVE

Erweitern die Perspektive

Nützlich für Landschaften, Architektur (außen und innen), Umgebungsporträts, Veranstaltungen, Wildlife-Fotografie, Reisefotografie und anthropologische Aufnahmen

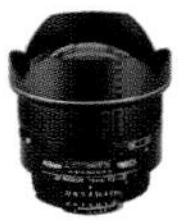

14 mm f/2,8

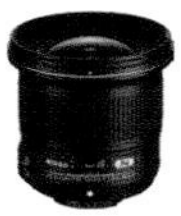

20 mm f/1,8

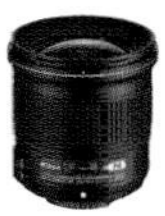

24 mm f/1,8

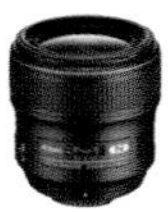

35 mm f/1,4

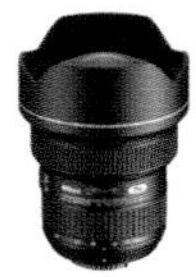

14-24 mm f/2,8

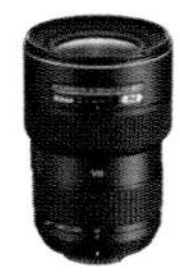

16-35 mm f/4

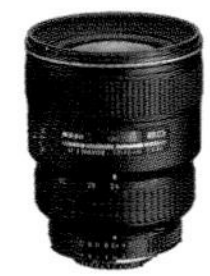

17-35 mm f/2,8

NORMALOBJEKTIVE

Entsprechen dem menschlichen Blickwinkel

Nützlich für urbane Landschaften, Porträts, Reportagen, Reisefotografie und anthropologische Aufnahmen

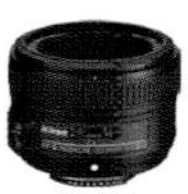

50 mm f/1,8

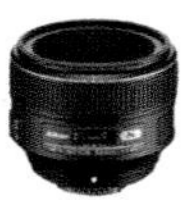

58 mm f/1,4

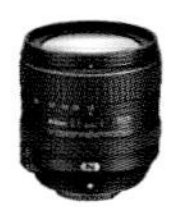

16-80 mm f/2,8-4

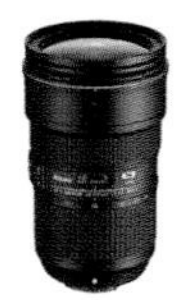

24-70 mm f/2,8

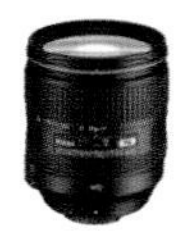

24-20 mm f/4

MAKROOBJEKTIVE

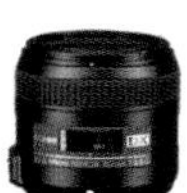

40 mm f/2,8

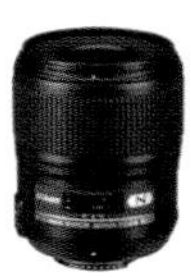

60 mm f/2,8

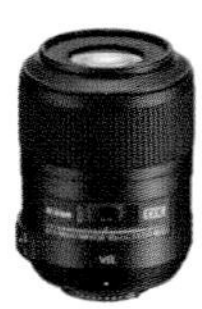

85 mm f/3,5

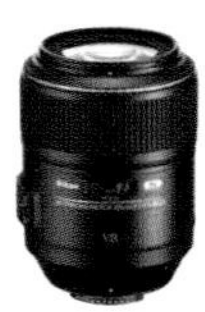

105 mm f/2,8

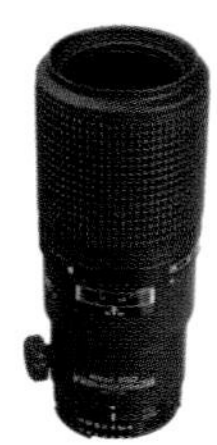

200 mm f/4

PORTRÄTOBJEKTIVE

Heben Verzerrungen auf und ermöglichen damit eine direkt Beziehung zum Objekt

Vermeiden übertriebene Quetschung der Ebenen

Ermöglichen eine gute Steuerung von Unschärfe und Bokeh

Objektive mit Festbrennweite

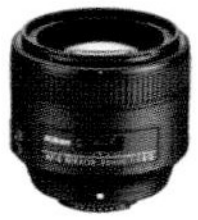

85 mm
f/1,8

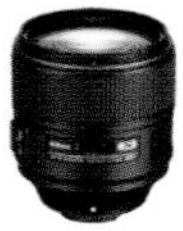

105 mm
f/1,4

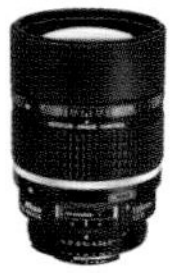

135 mm
f/2

Objektive mit variabler Brennweite

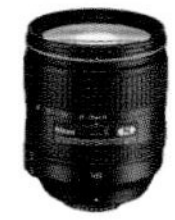

24-120 mm
f/4

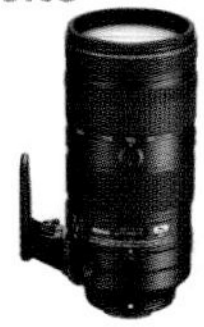

70-200 mm
f/2,8

TELEOBJEKTIVE

Komprimieren die Perspektive

Nützlich für Porträts, Stillleben, Reisefotografie und anthropologische Aufnahmen, Sport, Naturaufnahmen, Detailaufnahmen

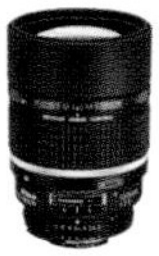

135 mm
f/2

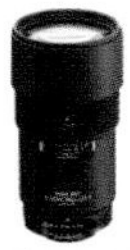

180 mm
f/2,8

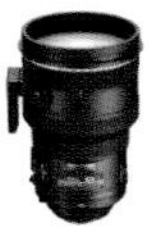

200 mm
f/2

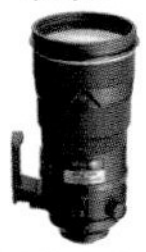

300 mm
f/2,8

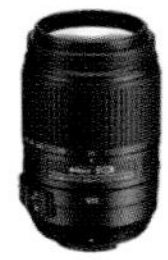

55-300 mm
f/4,5-5,6

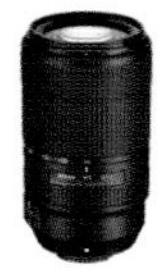

70-300 mm
f/4,5-5,6

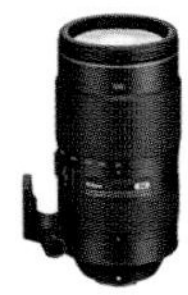

80-400 mm
f/4,5-5,6

SUPERTELEOBJEKTIVE

Komprimieren die Perspektive und isolieren das Objekt

Nützlich für Natur- und Vogelfotografie, Sport, Detailaufnahmen, Wissenschaftsfotografie

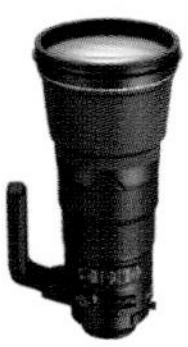

400 mm
f/2,8

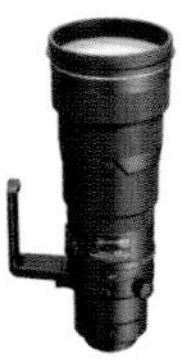

500 mm
f/4

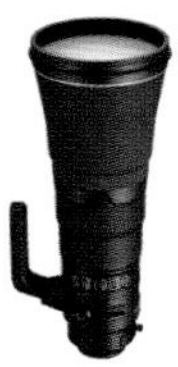

600 mm
f/4

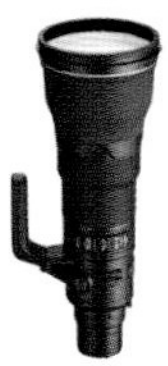

800 mm
f/5,6

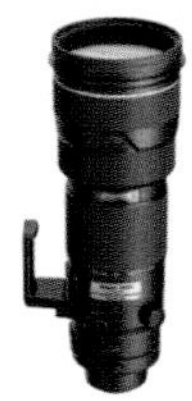

200-400 mm
f/4

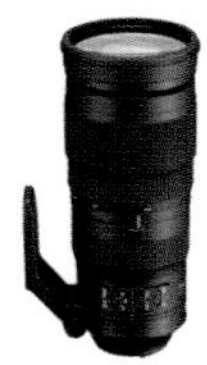

200-500 mm
f/5,6

TILT-UND-SHIFT-OBJEKTIVE FÜR ARCHITEKTUR

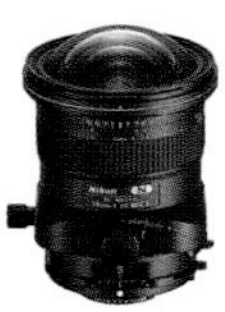

19 mm
f/4

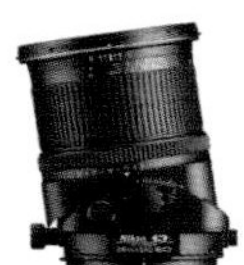

24 mm
f/3,5

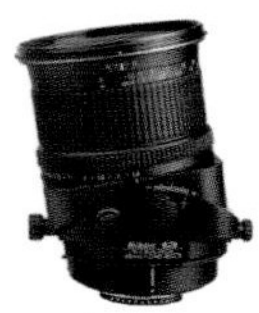

45 mm
f/2,8

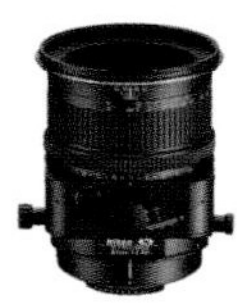

85 mm
f/2,8

DER CROP-FAKTOR

Die Brennweite eines Objektivs – egal ob fest oder variabel – **bezieht sich auf Vollformatkameras**, das heißt auf Kameras, deren Sensor dem Format eines 35-mm-Films entspricht (24 mm × 36 mm), und somit auf Objektive, die Sensoren dieses Formates beleuchten (in Gelb).

Wenn man jedoch eine Kamera mit APS-C-Sensor besitzt (in Rot), der etwa 30 % kleiner ist als der Vollformatsensor, dann „sieht" der Sensor nicht das ganze Bild, das bei ihm ankommt; deshalb erhalten wir nur einen Teil davon, weil das Bild abgeschnitten wird, als wäre die Brennweite des Objektivs erhöht worden.

Um also die **effektive Brennweite des Objektivs**, das vor einen kleineren Sensor montiert ist, zu ermitteln, müssen wir ihren Wert mit dem **„Crop-Faktor"** des Sensors multiplizieren, das heißt, wahrscheinlich mit **1,5** (nicht alle APS-C-Sensoren sind jedoch gleich groß, daher können sie unterschiedliche Crop-Faktoren haben). Beispiel: Montiert man ein 50-mm-Objektiv auf eine Vollformatkamera, muss man die Brennweite nicht multiplizieren. Montiert man jedoch dasselbe Objektiv auf eine Kamera mit APS-C-Sensor, beträgt die **effektive Brennweite** 75 mm (50 mm × 1,5) und **nicht mehr** die, die auf dem Objektiv angegeben ist.

Umgekehrt: Wenn ein Objektiv, das für APS-C-Sensoren gemacht ist, auf eine Vollformatkamera montiert wird, wird nicht der gesamte Sensor belichtet, sodass eine **breite runde Vignettierung** entsteht. Dieses Problem kann von einigen Kameras gelöst werden, indem auf dem inneren Menü der Crop-Faktor aktiviert wird, damit das Bild **automatisch zugeschnitten** wird, wenn man ein Objektiv verwendet, das für Sensoren mit kleinerem Format gedacht ist. Auf diese Weise wird die Vignettierung entfernt, aber das Foto wird merklich kleiner.

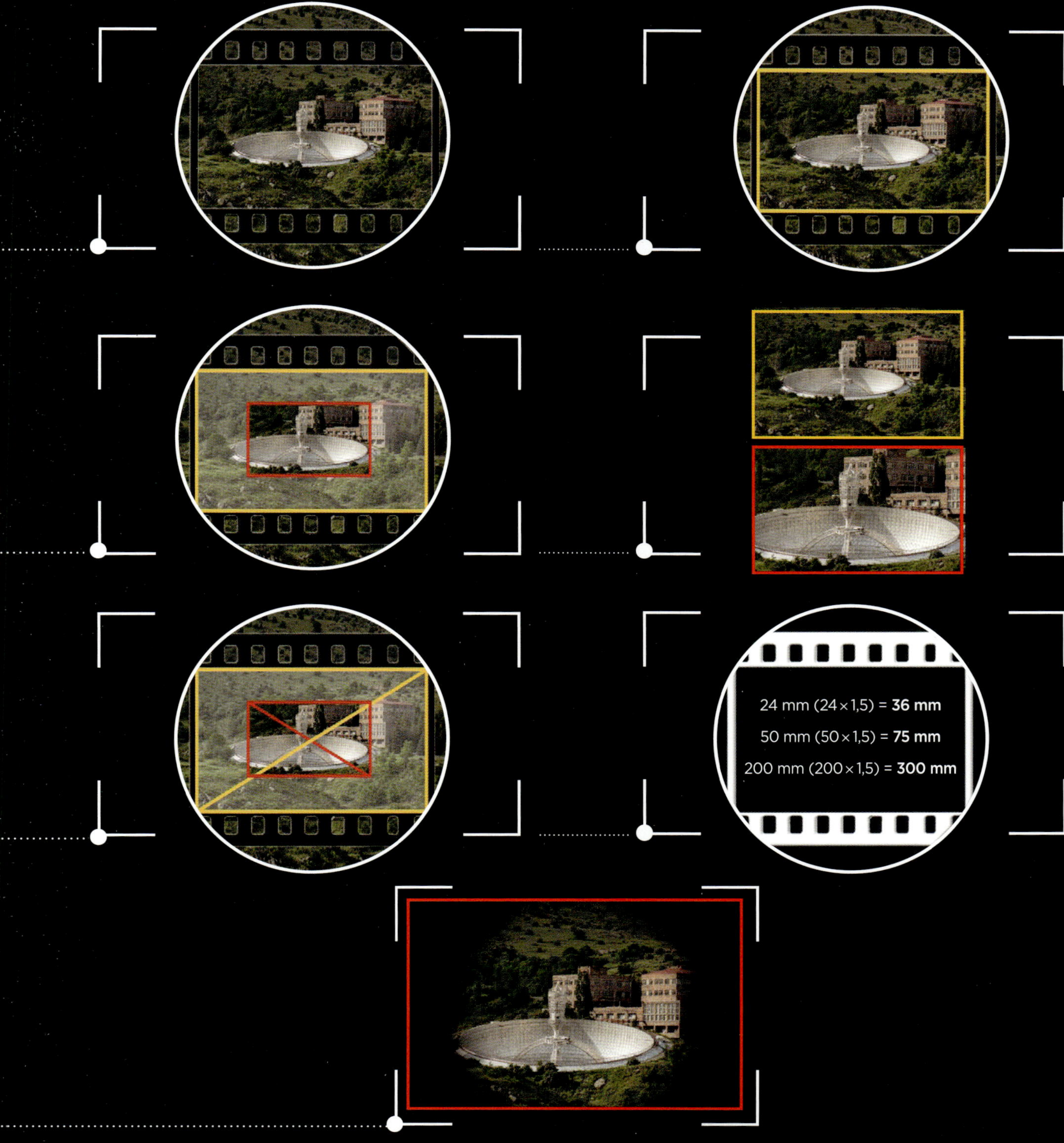
24 mm (24 × 1,5) = **36 mm**
50 mm (50 × 1,5) = **75 mm**
200 mm (200 × 1,5) = **300 mm**

Der Crop-Faktor kann bei der Verwendung von Teleobjektiven von großem Vorteil sein: Ein 200-mm-Objektiv verwandelt sich ohne zusätzliche Kosten in ein 300-mm-Objektiv und behält dabei seine Qualität und seine Lichtstärke. Viele Naturfotografen **nutzen diesen Vorteil**, indem sie durchschnittliche Teleobjektive zusammen mit APS-C-Kameras verwenden, um so die Brennweite zu erhöhen, ohne große, teure Objektive kaufen zu müssen oder einen Telekonverter hinzuzufügen. Bei Weitwinkelobjektiven stellt der Crop-Faktor jedoch ein Problem dar. Aus einem 20-mm- wird dann nämlich ein 30-mm-Objektiv. Dadurch geht ein großer Teil des Bildwinkels verloren. Andere, noch kleinere Sensoren haben einen **noch höheren Crop-Faktor**.

Tansania, Serengeti-Nationalpark

Nikon D810 • 400 mm f/2,8
1/200 bei f/8 • ISO 400

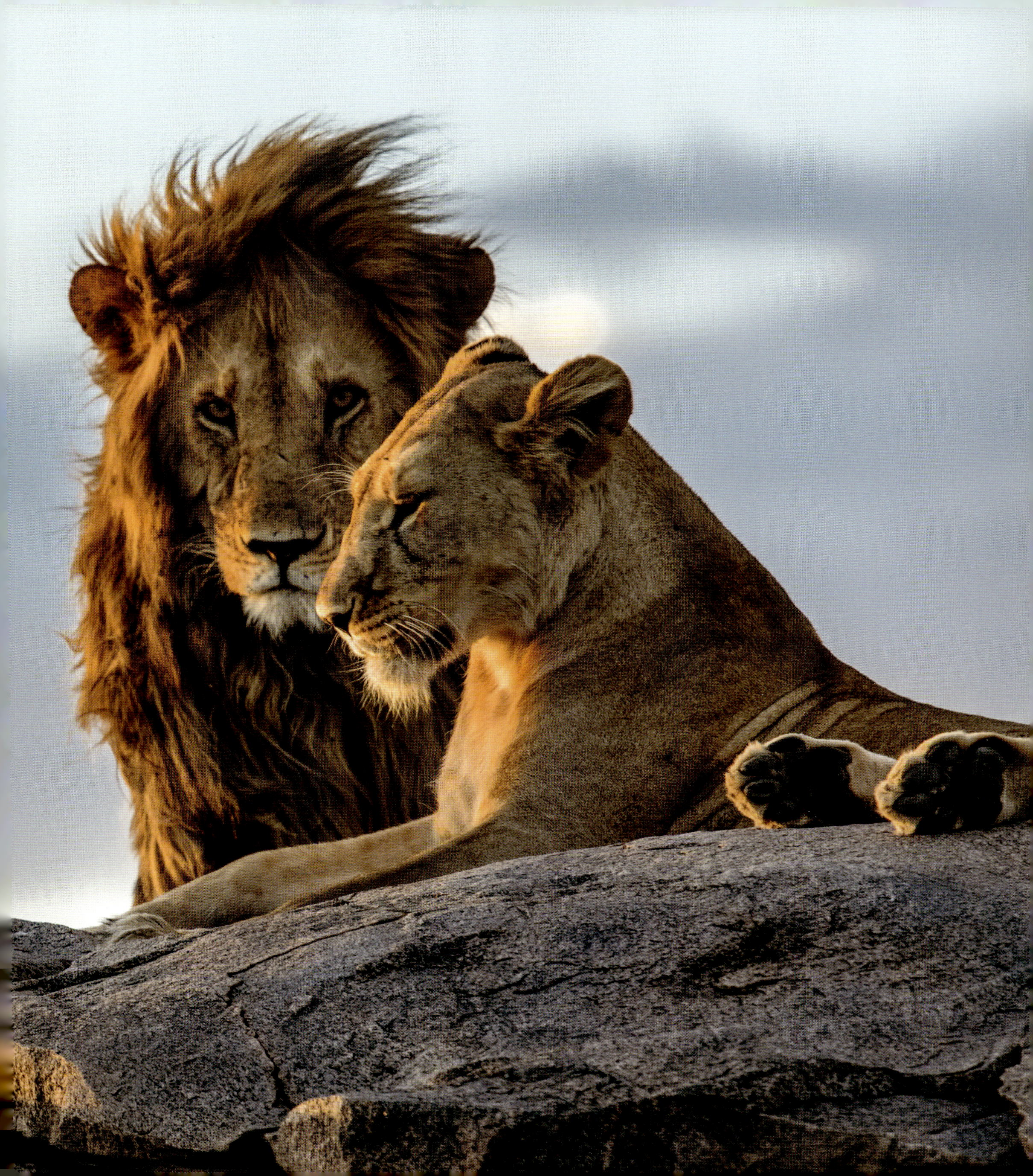

FOKUSSIERUNG

Fast alle modernen Objektive haben anspruchsvolle **Autofokusfunktionen**, mit denen die Kamera scharf stellt, wenn man sie auf das Objekt richtet und den Auslöser halb drückt. Es ist jedoch immer möglich, die Autofokusfunktion abzuschalten und das Bild manuell scharf zu stellen – bei manchen Modellen geschieht dies mithilfe eines drehbaren Rings. Diese Funktion ist **extrem nützlich**, wenn es der Kamera nicht gelingt, die scharf zu stellende Ebene zu finden, weil die Lichtstärke nicht ausreicht, dem Bild Kontraste fehlen oder einfach, weil sich Hindernisse, wie Glasscheiben, Netze oder Fäden, zwischen Objektiv und Objekt befinden. Manche Objektive (mit der Bezeichnung „M/A" statt eines einfachen „A" für „Automatik"), gestatten eine leichte manuelle Korrektur der Einstellung, auch wenn die **Autofokusfunktion** eingeschaltet ist und der Wahlschalter nicht auf „manuell" steht. In diesem Fall genügt es, den Auslöser wie zum Scharfstellen halb zu drücken, und dann, ohne ihn loszulassen, am Einstellungsring zu drehen, um den Fehler rasch zu beheben.

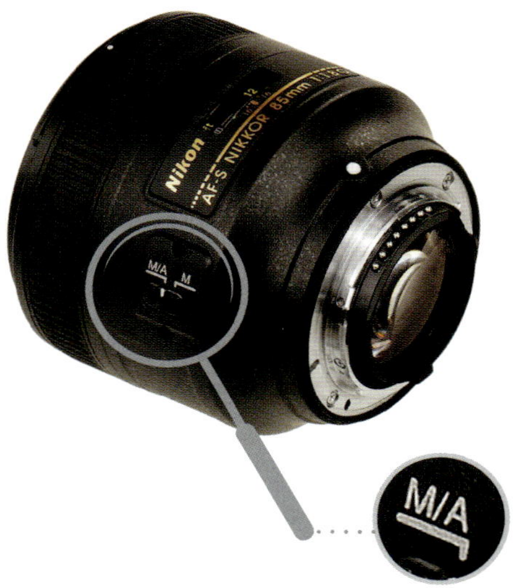

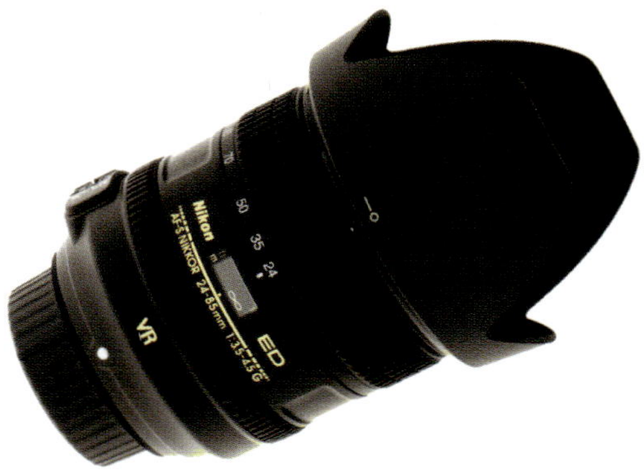

GEGENLICHTBLENDE

Objektive haben normalerweise eine Gegenlichtblende, die verhindert, dass Vignettierungen auf dem Bild entstehen, und zugleich die Linse vor unliebsamem Lichteinfall schützt. Die Benutzung dieses Zubehörteils, das **immer montiert** wird, garantiert durch Vermeidung von Reflexen größere Schärfe und mehr Detailtreue auf dem Foto. Außerdem **schützt die Gegenlichtblende die vordere Linse des Objektivs vor Kratzern**, sodass man nicht immer den Objektivdeckel aufsetzen muss – ein Vorgang, der schnelles Abdrücken verzögert.

BILDSTABILISIERUNG

Einige qualitativ hochwertige Objektive verfügen über ein optisches Bildstabilisierungssystem, das sehr nützlich ist, um Vibrationen zu vermeiden, vor allem wenn man mit langen Verschlusszeiten oder unter ungünstigen Bedingungen fotografiert. Ein gutes **Bildstabilisierungssystem** (VR, *Vibration Reduction*) verschlechtert das Ergebnis nicht spürbar und schenkt Fotografen, die die Kamera in der Hand halten, **weitere vier *Stops***. Viele **preisgünstige Objektive** haben jedoch ein elektronisches Bildstabilisierungssystem, das eine offensichtliche Verschlechterung des Bildes mit sich bringt, auch wenn es präzise ist und funktioniert. Manchmal enthalten auch die Kameras selbst einen **Stabilisierungsmechanismus**. Dies ermöglicht, Objektive ohne Bildstabilisierung zu kaufen, aber nicht immer lässt sich damit das Bild in Echtzeit durch den Sucher steuern.

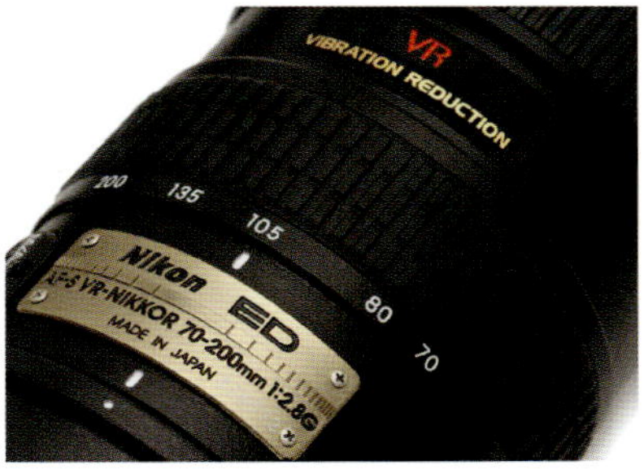

TELEKONVERTER

Ein Telekonverter kann **ein guter Kompromiss** sein, wenn man ein Objektiv mit großer Brennweite verwenden möchte, aber dessen Gewicht, Größe und Preis nicht in Kauf nehmen will. Das Zubehörteil wird zwischen **Kameragehäuse und Objektiv** montiert und kann die Brennweite je nach Modell um das 1,4-, 1,7- oder 2,0-fache vergrößern. Ein 1,7-fach-Konverter erhöht die Brennweite eines 200-mm-Teleobjektivs auf 340 mm. Dafür verringert sich die Lichtstärke des Objektivs – der Verlust kann ein bis zwei Blendenwerte betragen –, und die Bildqualität **verschlechtert sich ein wenig**, proportional zum Multiplikationsfaktor des Telekonverters. Wer sich für dieses offensichtlich komfortable Zubehörteil entscheidet, sollte einen Telekonverter mit **Originalbrennweiten und gemäßigter Leistung** wählen.

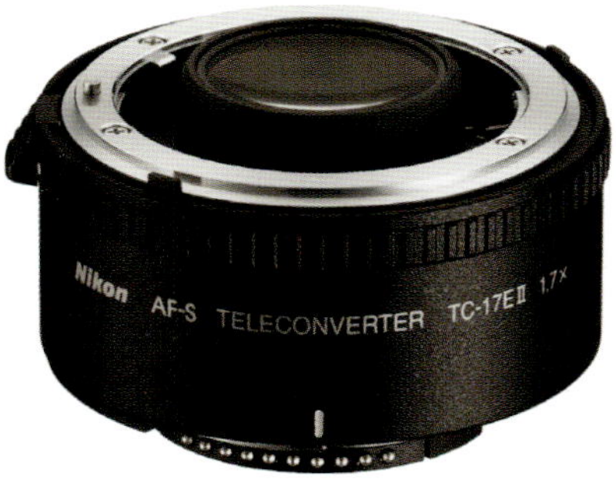

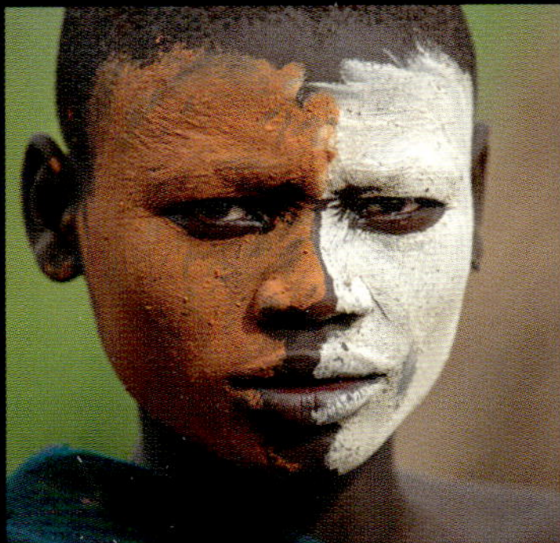

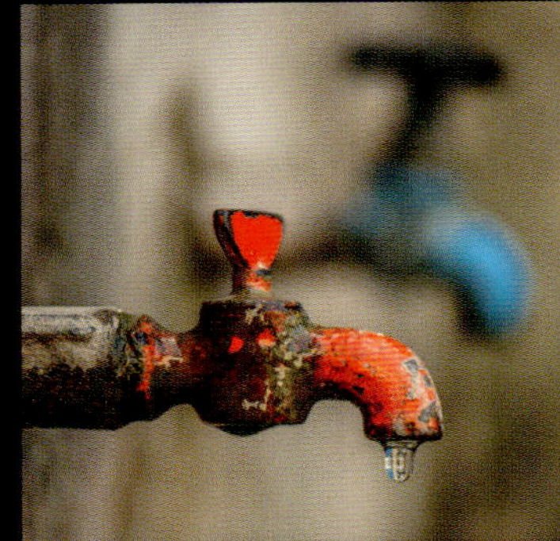

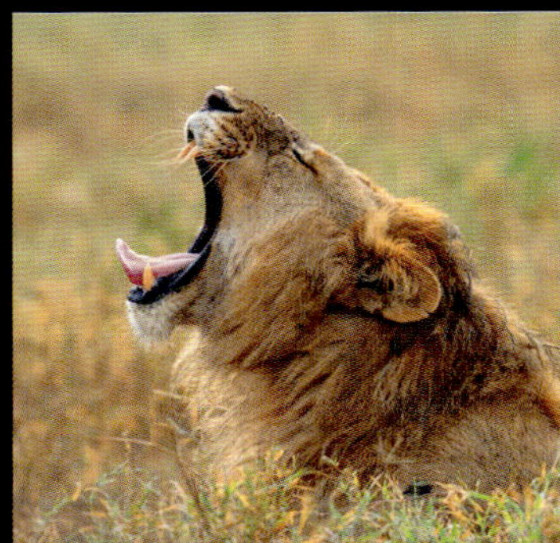

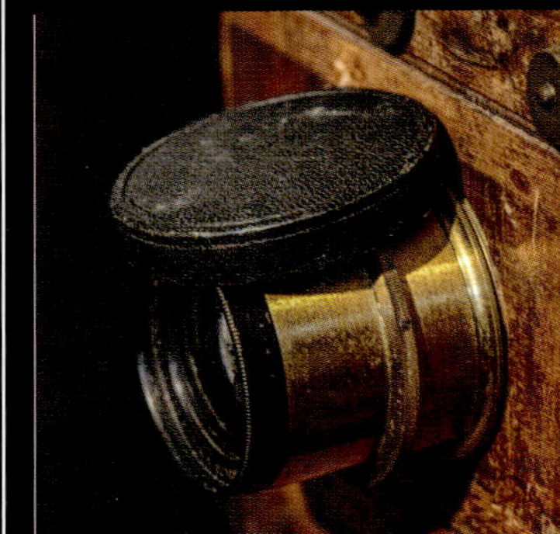

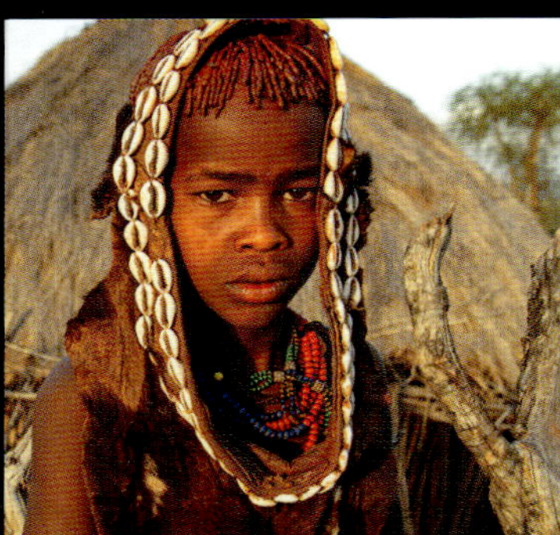

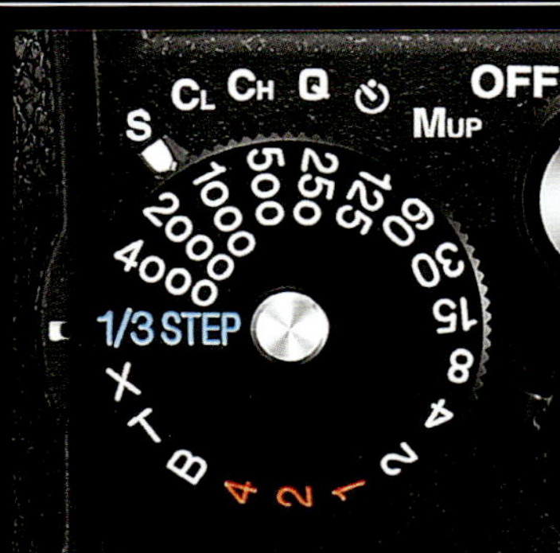
CL CH Q OFF
MUP
S
4000 2000 1000 500 250 125 60 30 15 8 4 2
1/3 STEP
X T B 4 2 1

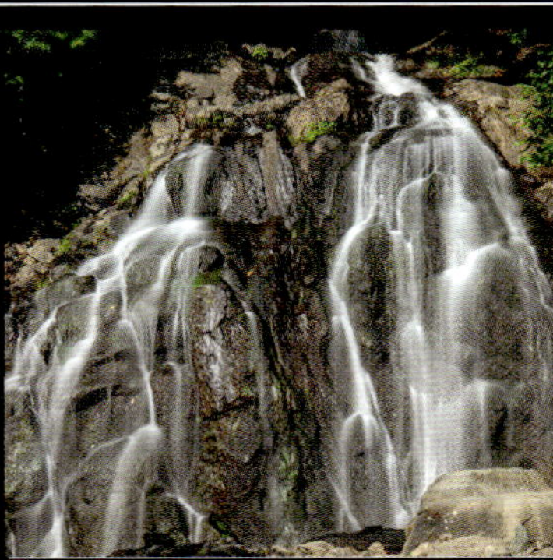

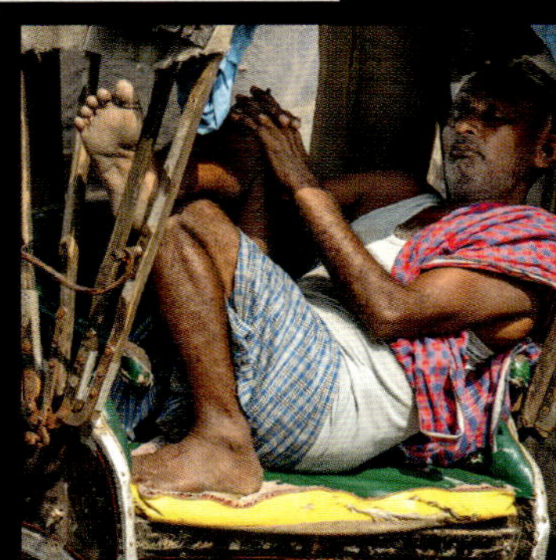

DAS LICHT STEUERN

BELICHTUNG VERSTEHEN UND NUTZEN

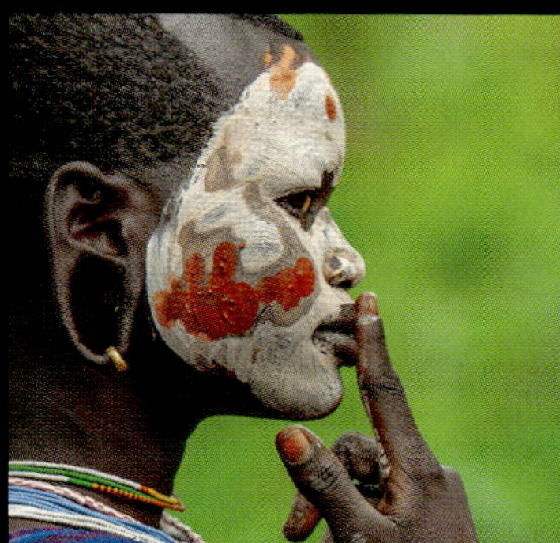

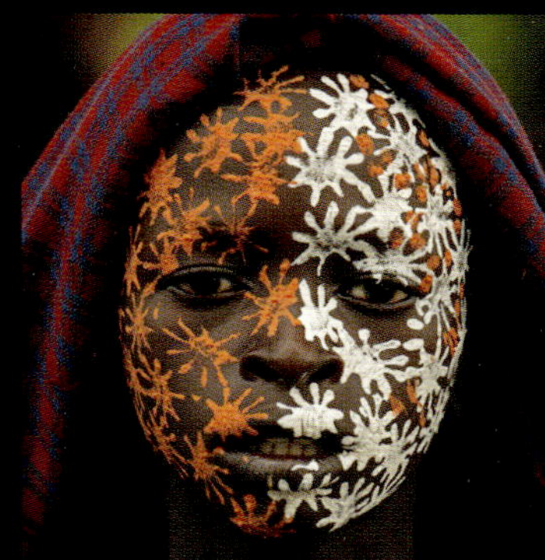

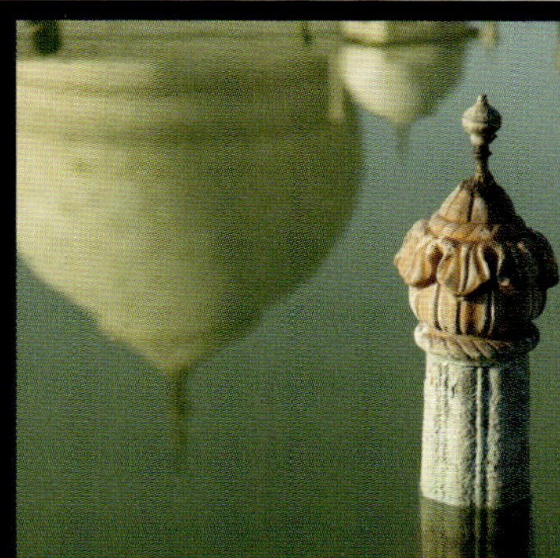

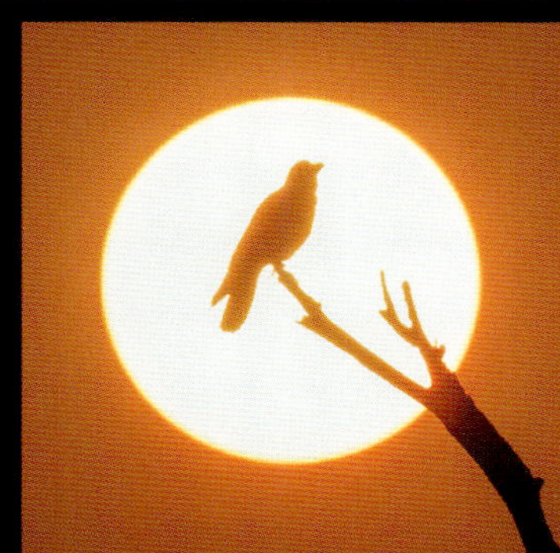

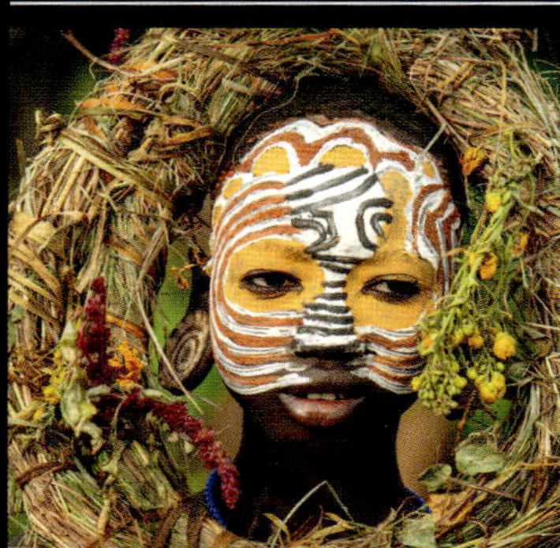

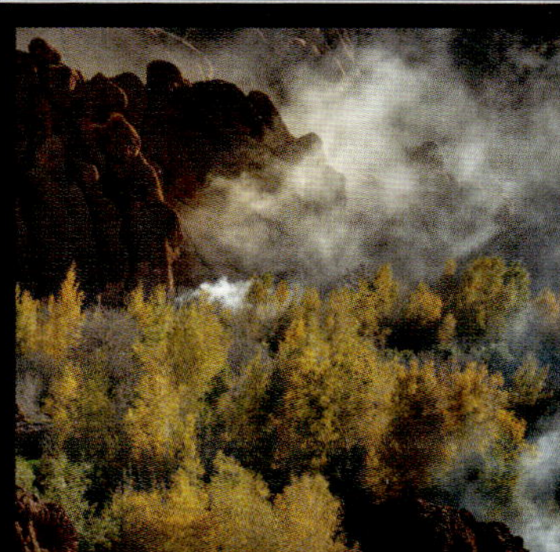

BELICHTUNG

DAS LICHT AUSBALANCIEREN

Wenn es stimmt, dass Fotografieren das Schreiben mit Licht ist, müssen wir danach streben, **gute Schriftsteller** zu werden. Wir sind die Bewahrer des Lichts, es ist der Schatz, der jedes unserer Motive einhüllt, der Zauber, den wir an jedem Ort heraufbeschwören müssen. Und jedes Mal, wenn wir die Kamera zücken, um ein Bild zu machen, sind wir ganz und gar auf **das Licht** angewiesen. Doch bevor wir lernen, es zu erkennen, zu verstehen, zu enträtseln und wertzuschätzen, müssen wir lernen, es **zu dosieren und perfekt zu steuern**. Erst dann können wir uns mehr herausfordern und entdecken, dass jede Art von Licht, wenn es **gut interpretiert** wird, magisch sein kann und manchmal fotografische Überraschungen hervorzaubert, die wir mit unseren Augen direkt nicht erfassen könnten.

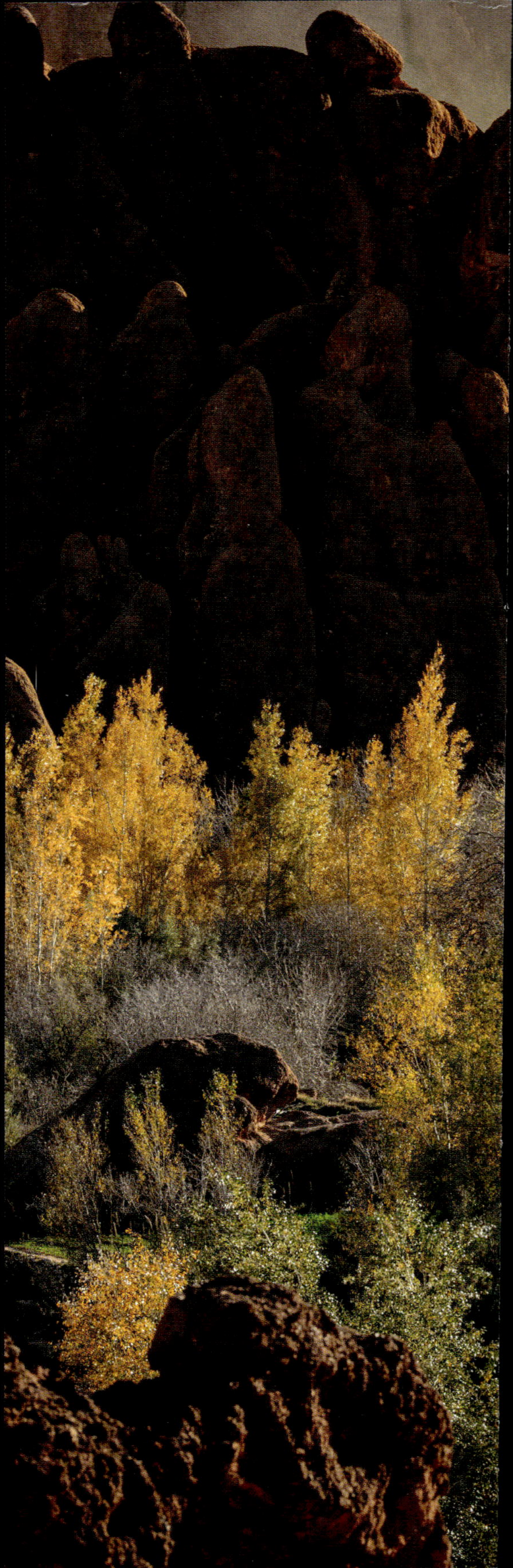

Marokko, Affenfinger-Felsen

Nikon D850 • 70-200 mm f/2,8
1/400 bei f/11 • ISO 400

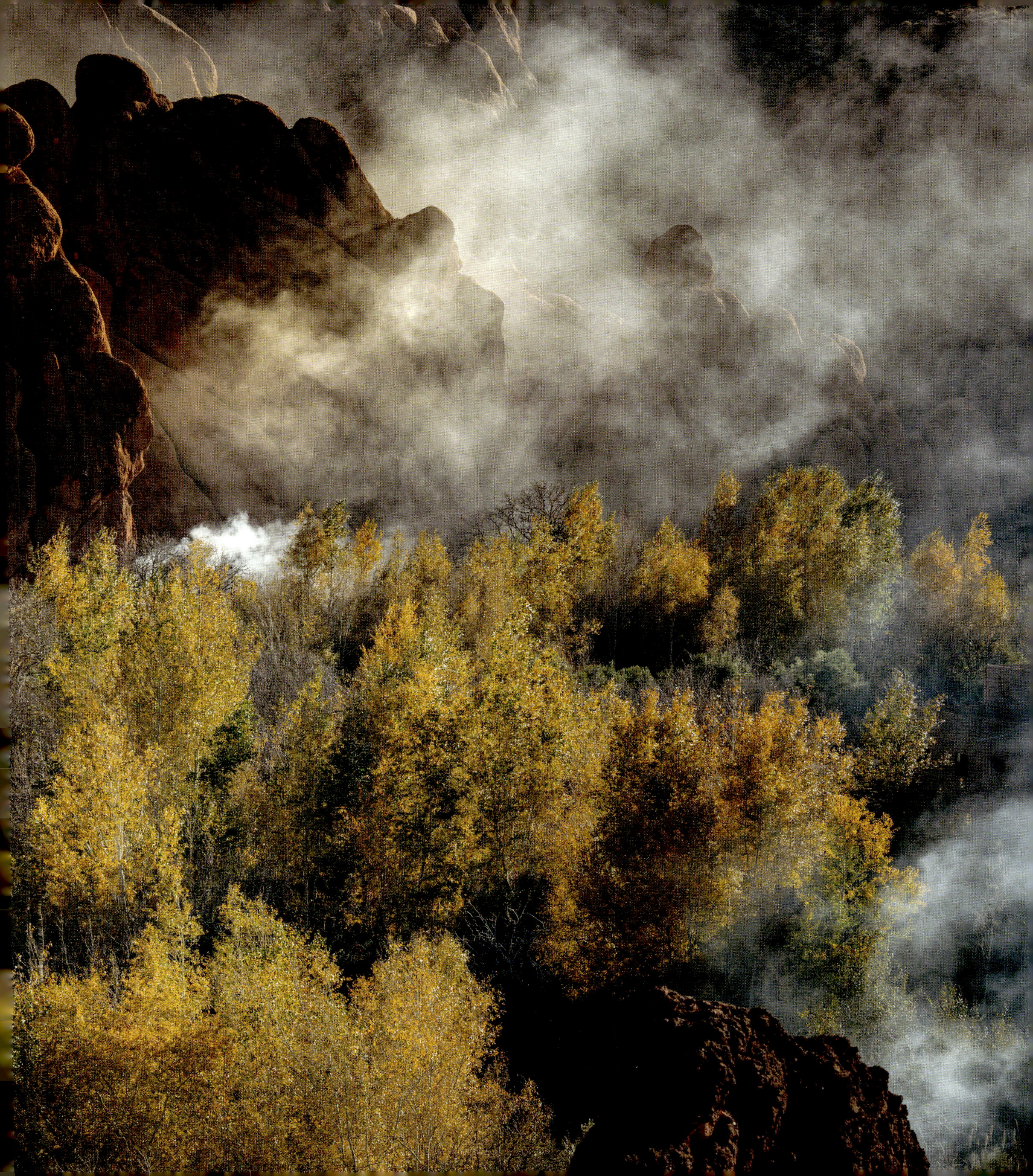

KORREKT BELICHTETE FOTOS

Zuerst wird das Licht **kontrolliert** und **„gebändigt“**, um zu vermeiden, dass es zum Problem für unsere Fotos wird und eine zu große oder zu kleine Lichtmenge auf den Sensor trifft.

ÜBERBELICHTETE FOTOS

Überbelichtete Fotos, die also einer zu großen Lichtmenge ausgesetzt sind, werden nämlich zu hell und verlieren in den hellsten Bereichen an Detailtreue.

UNTERBELICHTETE FOTOS

Unterbelichtete Fotos haben hingegen zu wenig Licht erhalten, sie wirken dunkel und verlieren an den zu schwach belichteten Stellen an Detailtreue.

Einfach ausgedrückt: **Über- oder unterbelichtete Fotos kommen heller beziehungsweise dunkler** heraus als das fotografierte Motiv.

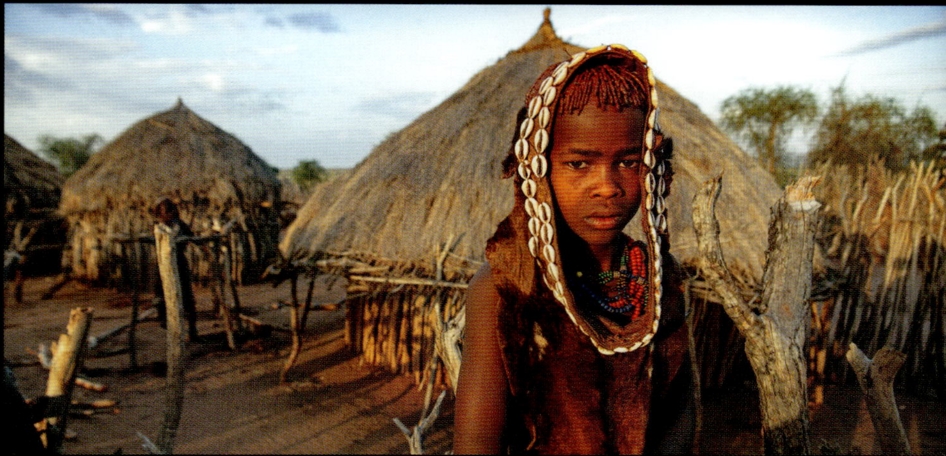

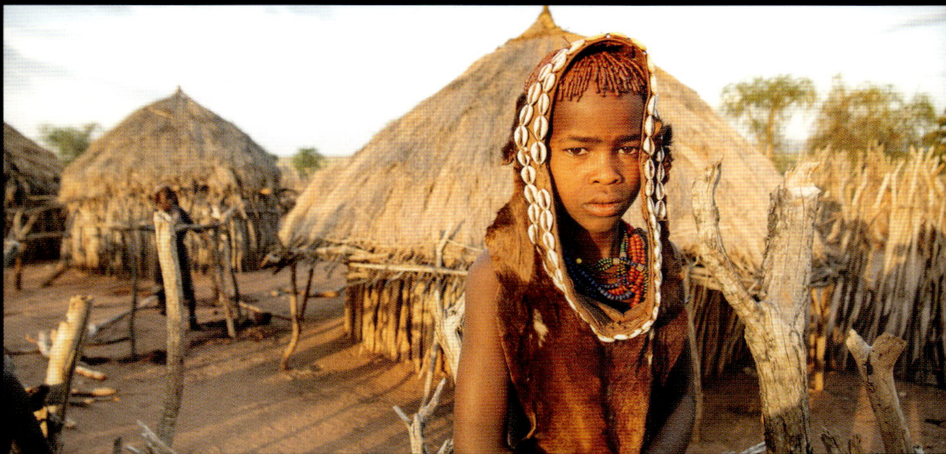

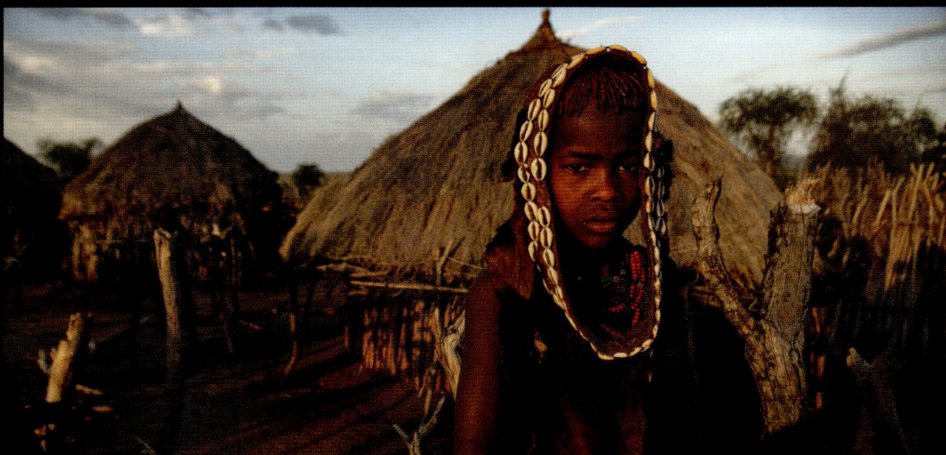

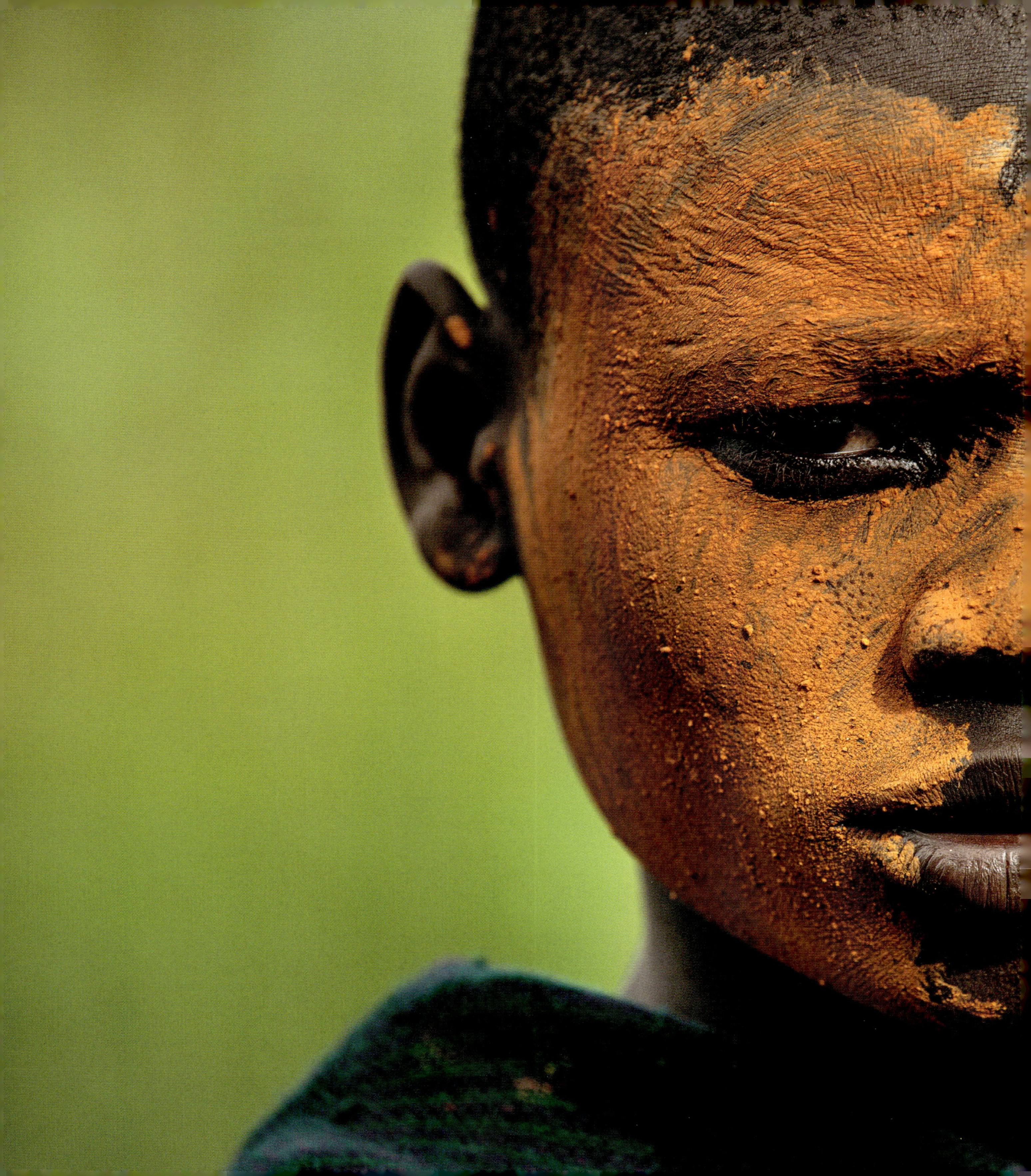

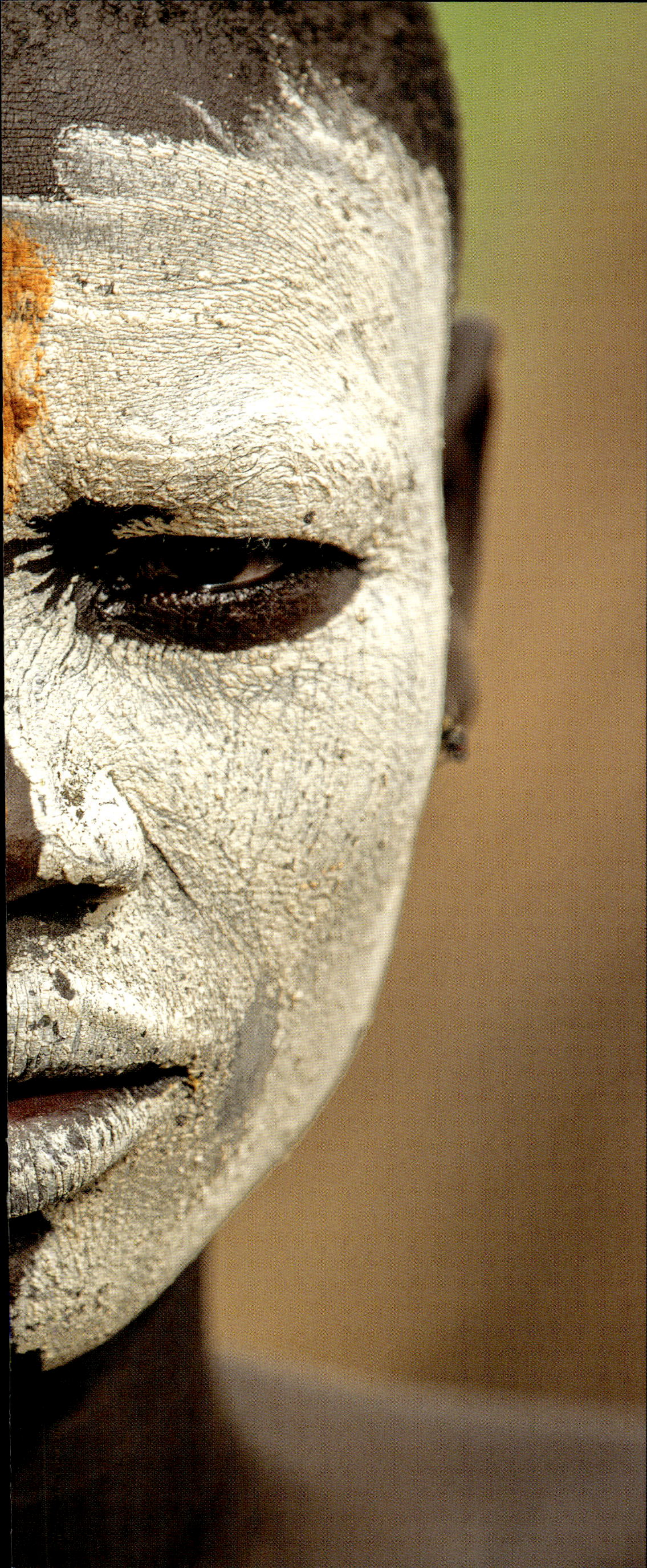

BELICHTUNG

Fotos brauchen also die richtige Belichtung – nicht zu viel und nicht zu wenig –, damit man sie „lesen“ kann, damit das **Gleichgewicht zwischen hellen und dunklen Stellen** gewahrt bleibt und eine perfekte Grauabstufung und ein perfekter Kontrastumfang erhalten bleiben. Unsere Kamera und unser Objektiv verfügen über zwei äußerst **wirkungsvolle und gleichermaßen wichtige Instrumente**, mit deren Hilfe wir die **LICHTMENGE**, die das Objektiv durchquert und auf den Sensor (oder Film) fällt, **PERFEKT STEUERN** können. Bei diesen beiden fantastischen Instrumenten handelt es sich um die **BLENDE** und die **VERSCHLUSSZEIT**.

Äthiopien, Ethnie der Suri

Nikon D850 • 300 mm f/4
1/250 bei f/5,6 • ISO 100

BLENDE

DIE PFORTE DES LICHTS

Die Blende ist eine Vorrichtung im Objektiv, die **unverzichtbar** ist, um die Lichtzufuhr, die den Sensor erreicht, zu regulieren. Ihre Kontrollwirkung bei der Passage des Lichts ähnelt der eines Wasserhahns: Ihn zu öffnen oder zu schließen vergrößert beziehungsweise verringert die Wassermenge, die herausfließt. Ebenso ist es mit der Blende und dem Licht. Die Blende kann auch mit der Iris des menschlichen Auges verglichen werden, der Membran, die sich weitet oder zusammenzieht und so **die eintretende Lichtmenge steuert**, um zu verhindern, dass die Netzhaut Schaden nimmt. Auf diese Weise sorgt sie für die bestmögliche Sicht bei Tag und bei Nacht.

Indien, Orchha

Nikon D810 • 400 mm f/2,8
1/1000 bei f/11 • ISO 64

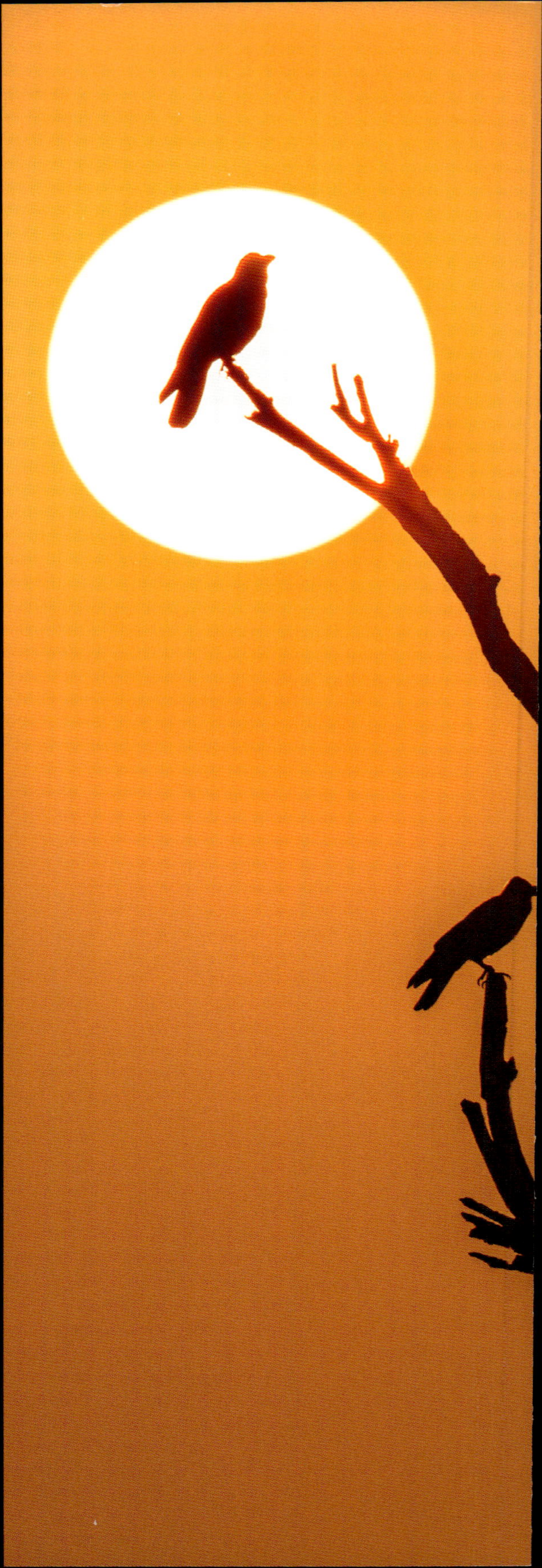

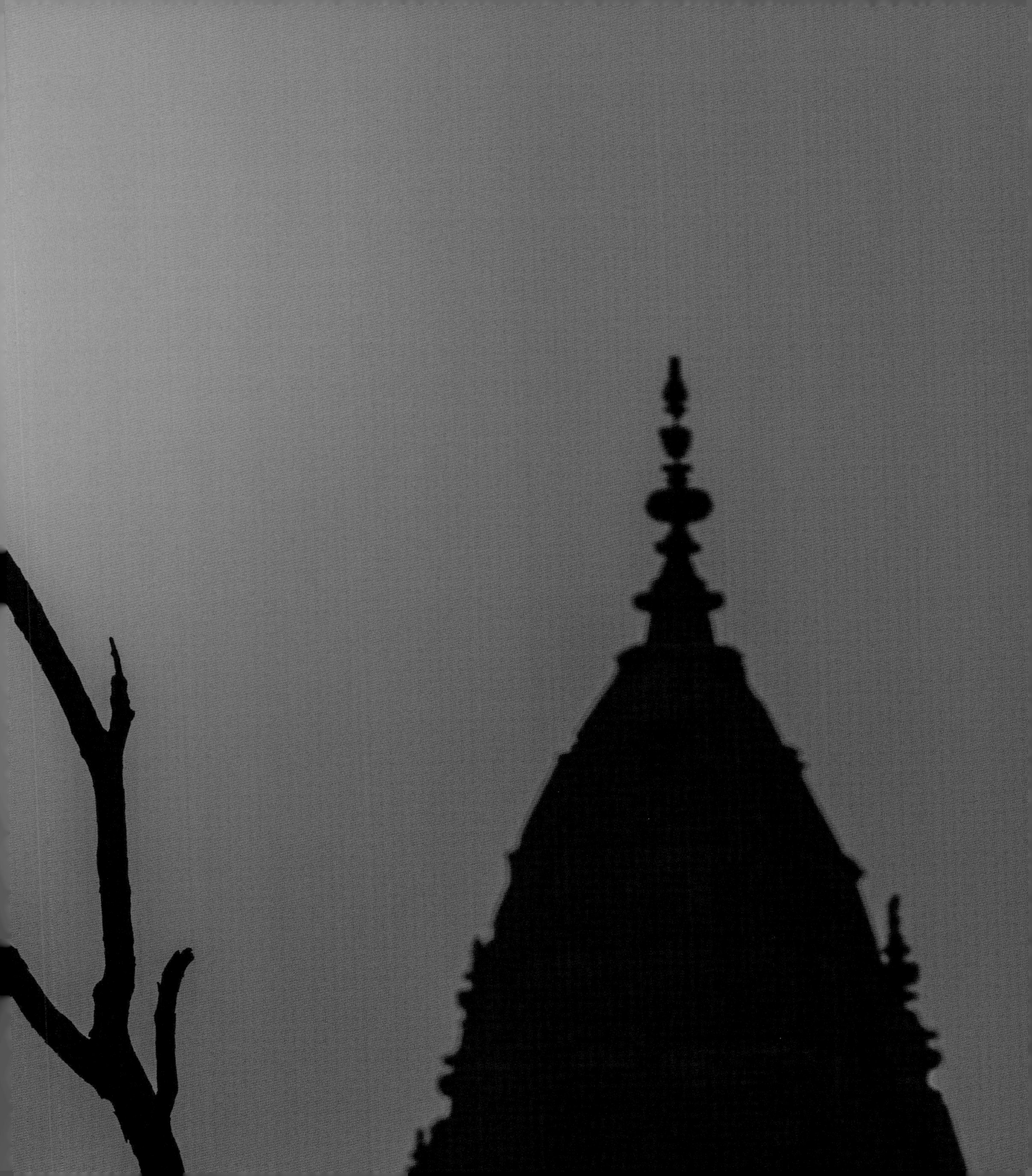

BLENDE

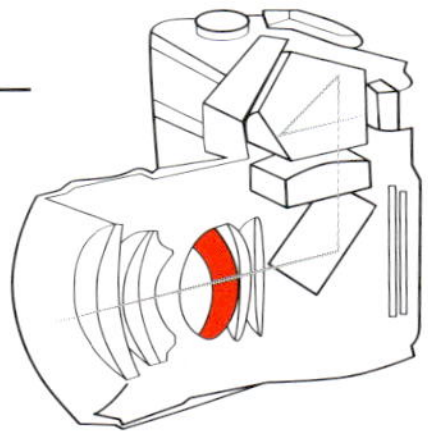

Die Öffnung der Blende kann mittels eines eigens dafür vorgesehenen Einstellrings am Objektiv gesteuert werden oder – was häufiger und bequemer ist – über das Display. Die Referenzwerte, durch die der Durchmesser dieser Öffnung bestimmt wird, werden durch **ganz spezielle Zahlen** ausgedrückt; sie scheinen zwar keine logische Folge zu ergeben und müssen deshalb auswendig gelernt werden, aber sie bieten die Kontrolle über viele wichtige Parameter und grundlegende Funktionen.

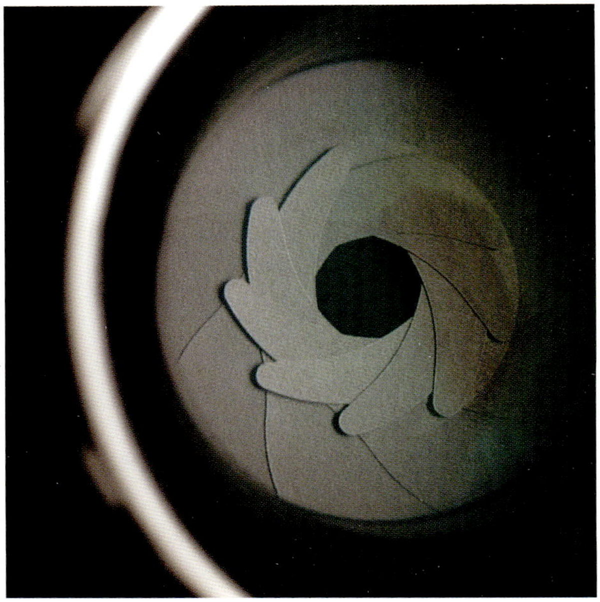

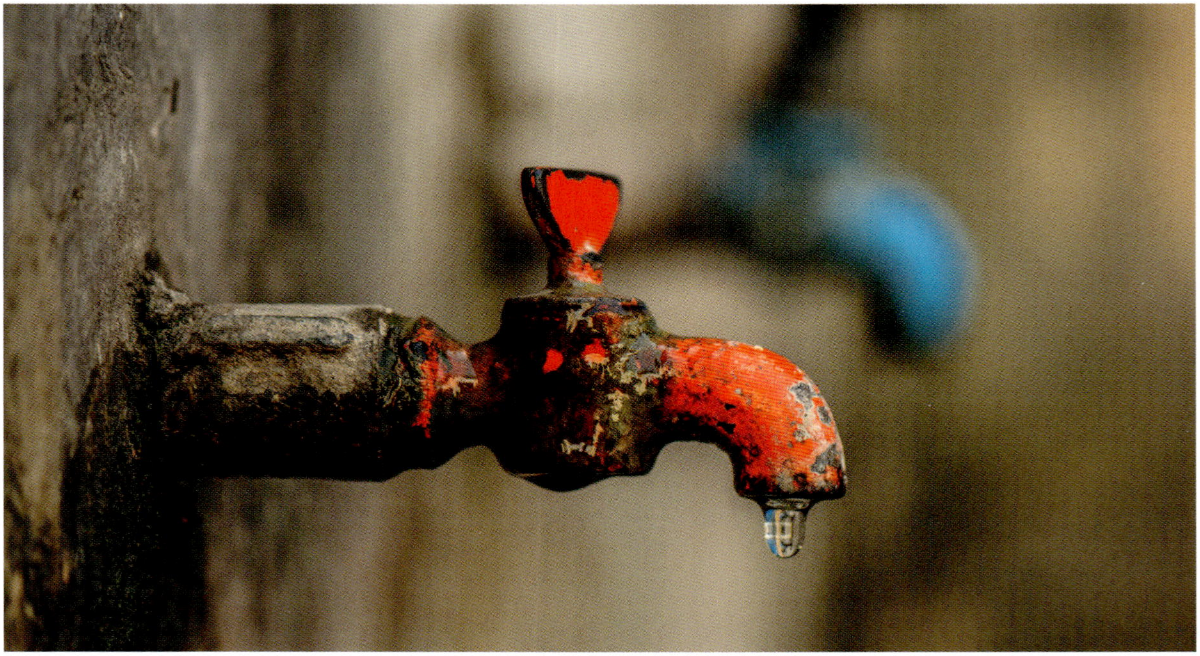

Diese Zahlen lauten:

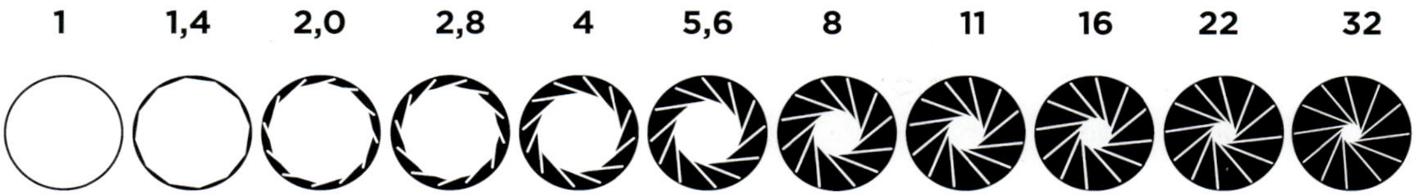

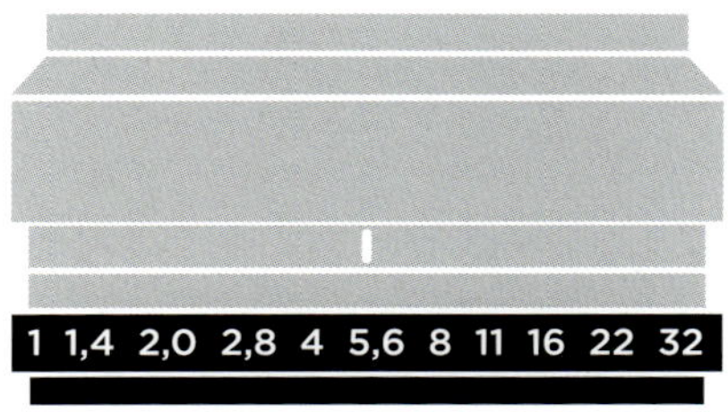

Diese Zahlen (vor denen immer **„f/“** oder **„1:“** steht und die bei vielen Kameras in englischen Bezeichnungen – also beispielsweise „1.3“ anstatt „1,3“ – angegeben werden) **steuern den Durchmesser** der Blendenöffnung, und wie bereits im vorangegangenen Kapitel über Objektive erklärt, kann man anhand der kleinsten Zahl („maximale Blende“ oder „maximale Apertur“) die Lichtstärke erkennen und die **Qualität des Objektivs einschätzen**. Natürlich verfügen nicht alle Objektive über all diese Blendenöffnungen. Während nämlich minderwertigere Objektive mit Müh und Not eine Lichtstärke und damit eine maximale Blendenöffnung von f/5,6 erreichen, haben manche eine Öffnung von f/2,8, was bedeutet, dass sie über **erstklassige Linsen** verfügen. Nur sehr hochwertige Objektive erreichen also Werte von f/1,4 oder f/1, oft haben sie eine feste Brennweite.

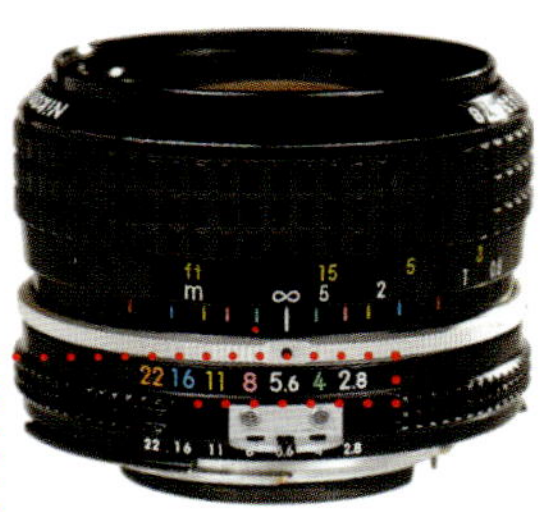

Blendensteuerung
mittels Einstellring

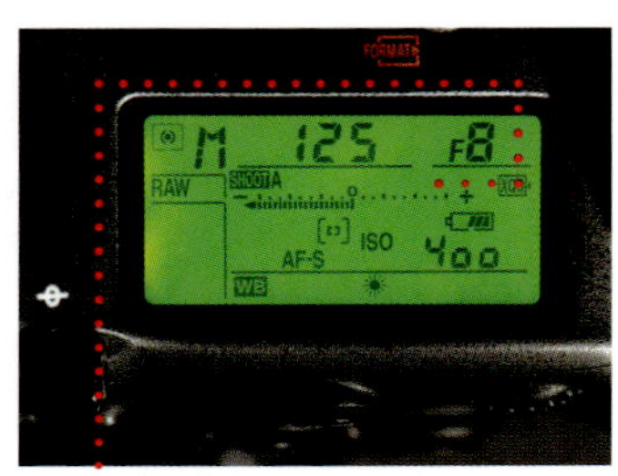

Blendensteuerung
mittels Display

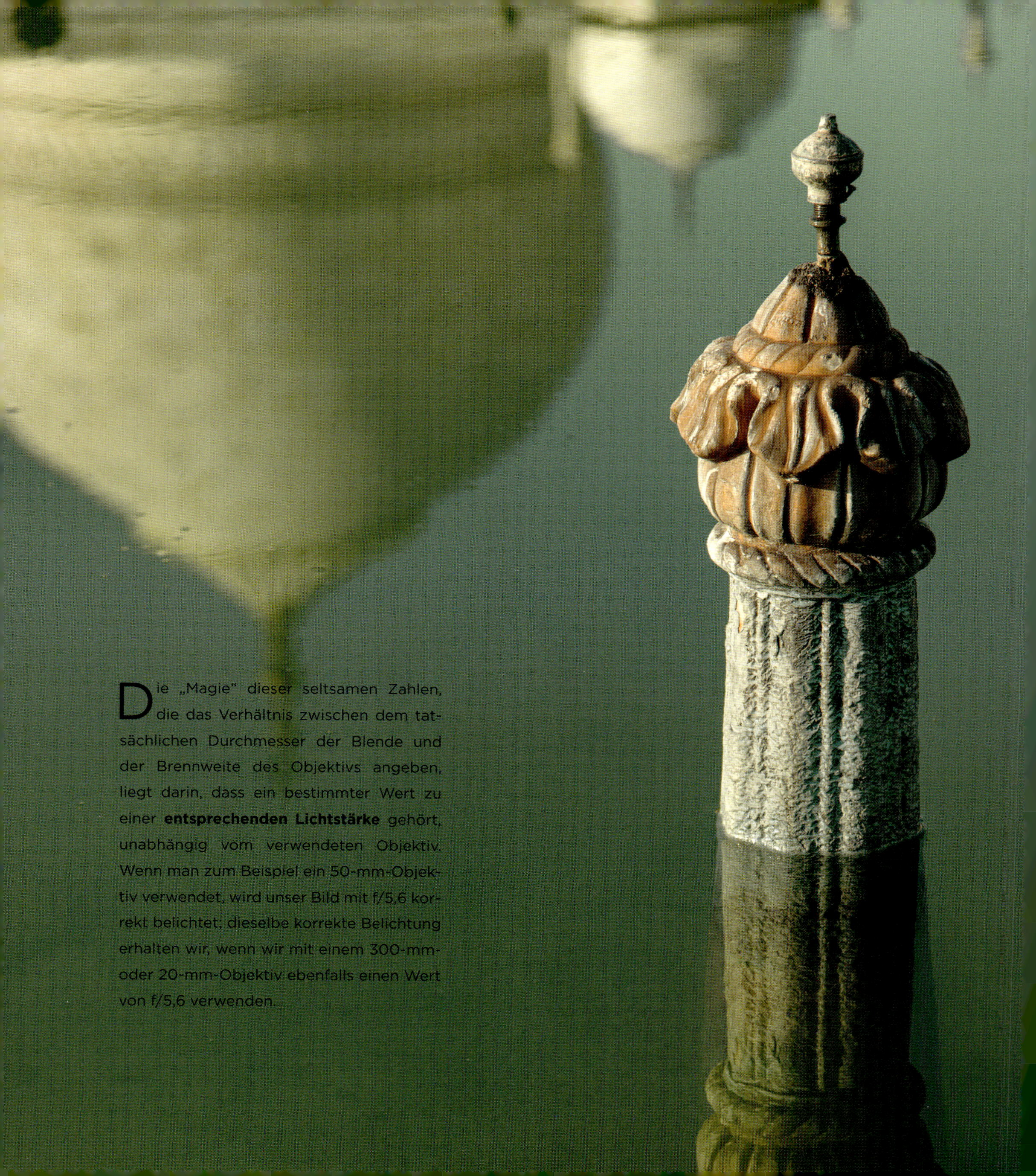

Die „Magie" dieser seltsamen Zahlen, die das Verhältnis zwischen dem tatsächlichen Durchmesser der Blende und der Brennweite des Objektivs angeben, liegt darin, dass ein bestimmter Wert zu einer **entsprechenden Lichtstärke** gehört, unabhängig vom verwendeten Objektiv. Wenn man zum Beispiel ein 50-mm-Objektiv verwendet, wird unser Bild mit f/5,6 korrekt belichtet; dieselbe korrekte Belichtung erhalten wir, wenn wir mit einem 300-mm- oder 20-mm-Objektiv ebenfalls einen Wert von f/5,6 verwenden.

Am wichtigsten ist es jedoch, in Bezug auf die seltsamen Zahlen für die unterschiedlichen Blendenöffnungen zu wissen, dass jeder Zahlenwert (in diesem Fall ***„Stop“*** genannt), genau **halb so viel** Licht einlässt wie der vorhergehende Wert und **doppelt so viel** wie der nächste.

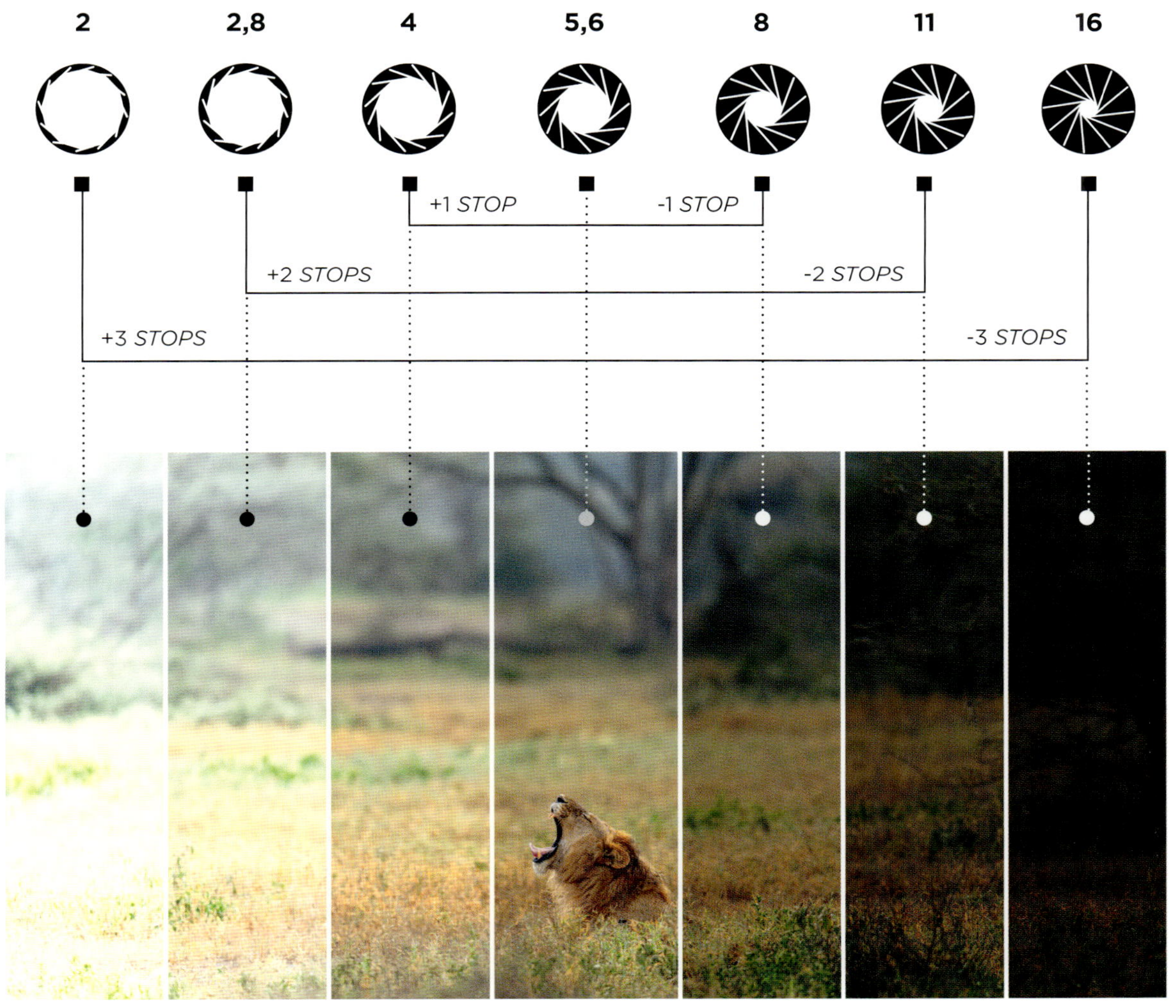

Wenn man also die Blende um einen *Stop* weniger öffnet, zum Beispiel von f/5,6 auf f/8 verändert, wird der Sensor nur noch der **halben Lichtmenge** ausgesetzt und das **Foto wird dunkler**. Bringt man die Blende hingegen von f/5,6 auf f/4, öffnet also um einen *Stop* weiter, **verdoppelt** sich die Lichtmenge, die auf den Sensor trifft, und **das Foto wird heller**.

VERSCHLUSS-ZEIT

DER ZEITMESSER DER BILDER

Im vorigen Kapitel haben wir gelernt, dass die Blende eines der beiden Instrumente ist, die es ermöglichen, die **LICHTMENGE** zu steuern, die auf unseren Sensor fällt. Indem wir ihren Durchmesser bestimmen, können wir das Licht regulieren, das durch das Objektiv einfällt und unser Foto prägt. Doch für **WIE LANGE** muss diese festgelegte Lichtmenge auf unseren Sensor fallen? Wenn die Zeit, in der der Sensor dem Licht ausgesetzt ist, sehr kurz ist, kann es passieren, dass auch eine weit geöffnete Blende nicht genug Licht durchlässt, damit das Bild richtig belichtet ist. Wenn umgekehrt die Verschlusszeit zu lang ist, lässt auch eine extrem kleine Blendenöffnung zu viel Licht ein und das Bild wird überbelichtet, das heißt zu hell. Deshalb **braucht man ein zweites Instrument**, mit dem festgelegt werden kann, wie lange das Licht durch die Blende hindurch auf den Sensor fällt. Dieses zweite Instrument ist der **Kameraverschluss**. Hier wird deutlich, dass **diese beiden Instrumente** zur Steuerung des Lichts **– die Blende und der Verschluss – miteinander korrelieren** und voneinander abhängen: Eins kommt nicht ohne das andere aus.

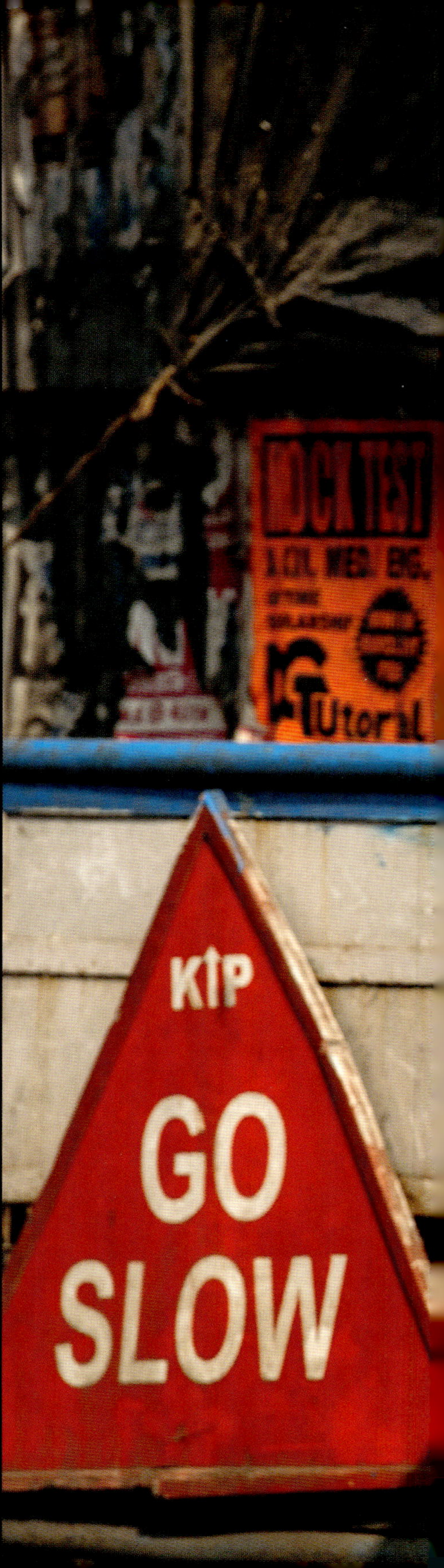

Indien, Kolkata

Nikon D800 • 70–200 mm f/2,8
1/2000 bei f/4 • ISO 800

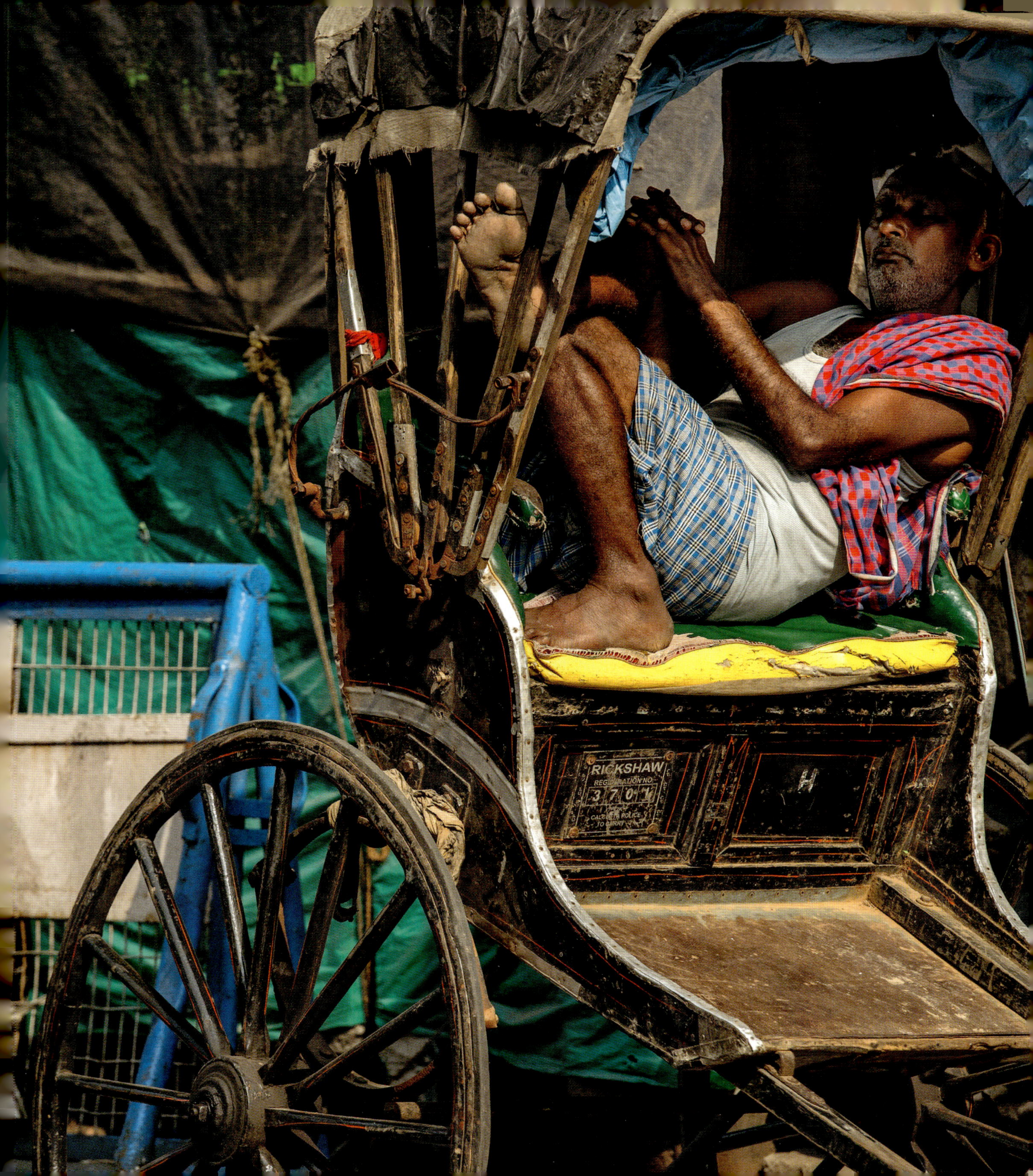
RICKSHAW

VERSCHLUSSZEIT

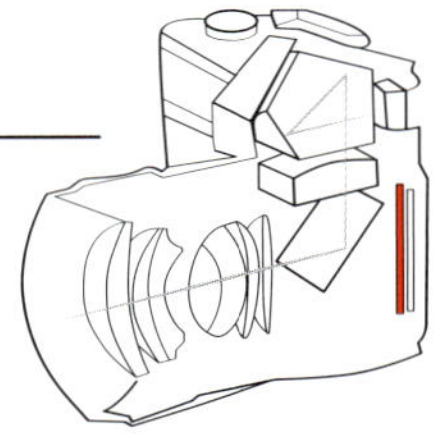

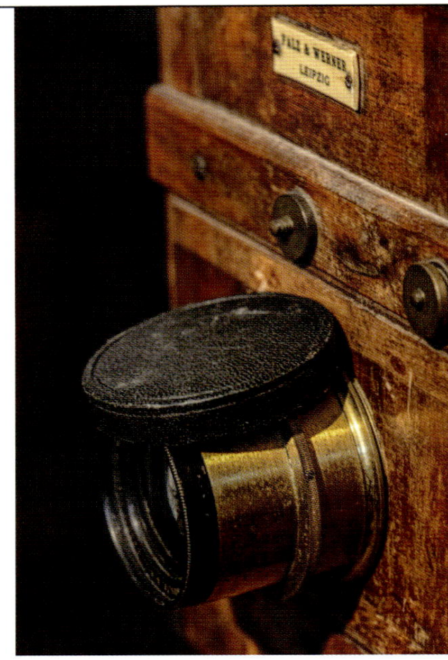

DER VERSCHLUSS

Vor vielen Jahren, als noch mit Plattenkameras gearbeitet wurde, wurde eine - relativ - lichtempfindliche Emulsion auf eine Glasplatte aufgetragen. Die benötigten Verschlusszeiten waren damals sehr lang und zwangen den Fotografen, ausschließlich **unbewegte Motive** aufzunehmen. Zur Bestimmung der Verschlusszeit wurden die Sekunden gezählt oder eine Taschenuhr zu Hilfe genommen. Belichtung bedeutete: Objektivdeckel abnehmen, zählen, Deckel wieder aufsetzen. Das elektronische Äquivalent zu diesem Deckelchen heißt **Kameraverschluss**, ein Mechanismus, der sich im Moment der Aufnahme öffnet und dann wieder schließt - wie wir das mit unserem Augenlid tun.

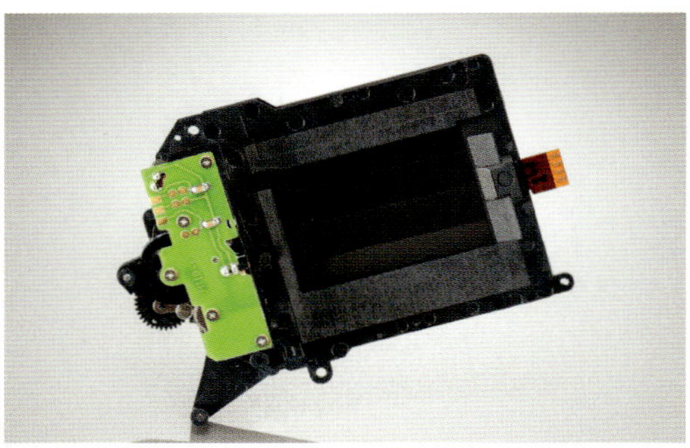

Der Verschluss, der sich vor dem Sensor befindet, besteht aus einer kleinen Serie von Metalllamellen, die während der Aufnahme offen bleiben, damit das Licht auf den Sensor fallen kann. Bei jeder Aufnahme lässt der Verschluss das Licht für genau die Dauer einfallen, die der Fotograf zuvor festlegt und einstellt. In der Regel handelt es sich dabei um eine sehr kurze Zeitspanne, die in Sekundenbruchteilen berechnet und **Verschlusszeit** genannt wird.

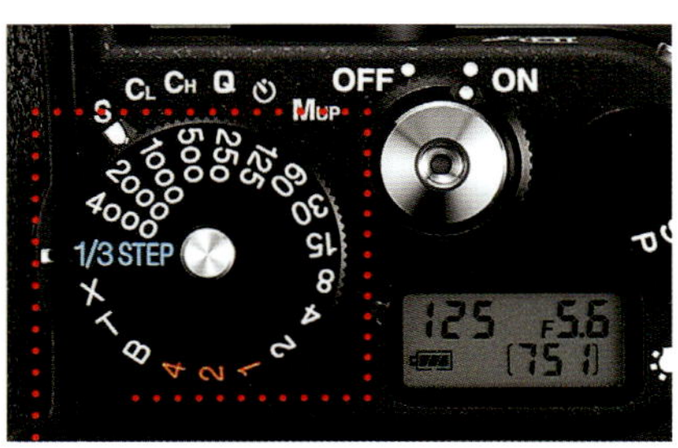

Steuerung der Verschlusszeit mittels Einstellrad

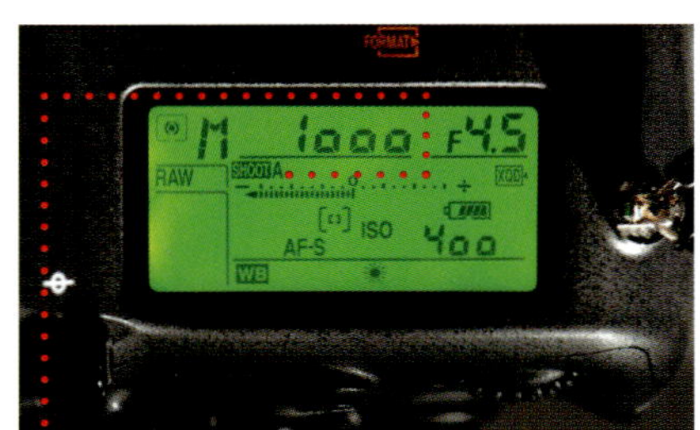

Steuerung der Verschlusszeit über das Display

Wie die Blende wird auch die Verschlusszeit in einigen wenigen Zahlenwerten ausgedrückt, hier jedoch in **Sekundenbruchteilen** oder – wenn die Dauer von einer Sekunde überschritten wird – **in ganzen Sekunden** (Symbol für Sekunde: ").

1/8000 - 1/4000 - 1/2000 - 1/1000 - 1/500 - 1/250 - 1/125 - 1/60 - 1/30 -1/15 - 1/8 - 1/4 - 1/2 - 1" - 2" - 4" - 8" - 15" - 30" - B

Wenn man diese Zahlenfolge betrachtet, wird klar, dass jeder Wert immer halb so viel Licht einlässt wie der vorhergegangene und doppelt so viel wie der nächste, genau wie bei den Bezugswerten der Blende (auch in diesem Fall bezeichnet man diese Werte als ***Stops***). Bei einer Verschlusszeit von einer Tausendstelsekunde lässt der Verschluss beispielsweise genau **halb so viel** Licht ein wie bei einer Verschlusszeit von einer Fünfhundertstelsekunde, aber **doppelt so viel** wie bei einer Einstellung von einer Zweitausendstelsekunde.

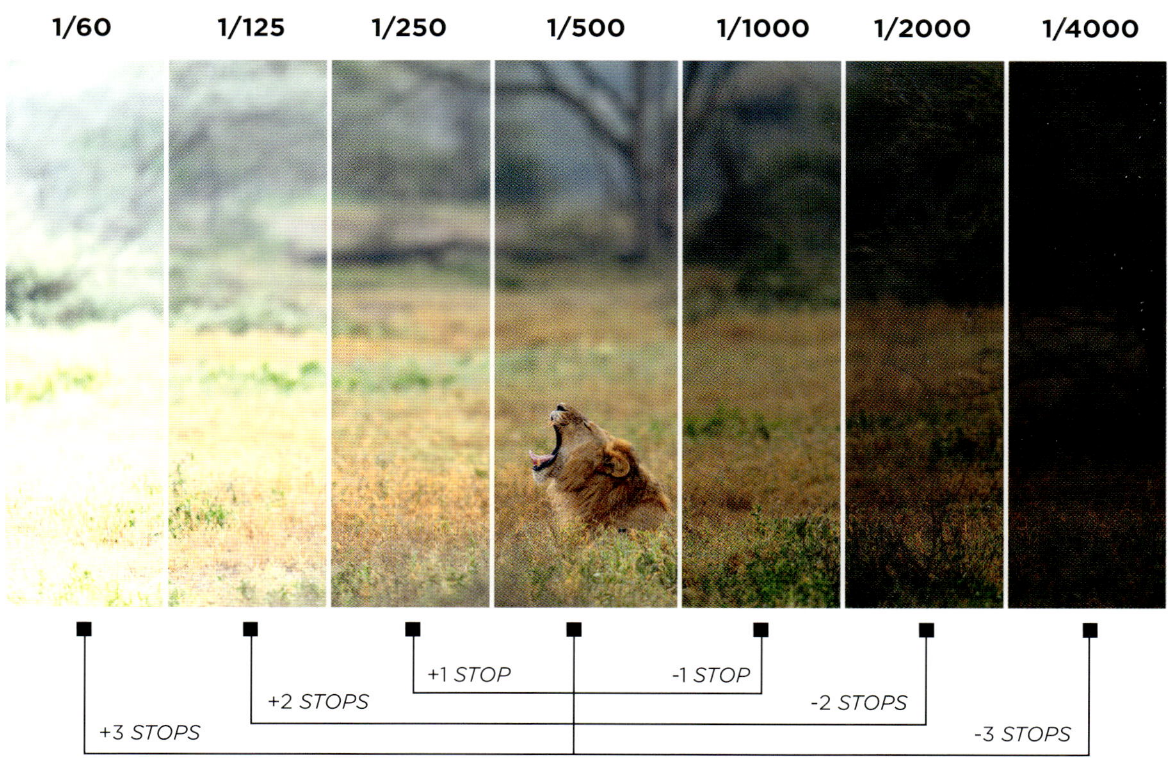

Der Verschluss vieler Kameras erreicht eine maximale Öffnungszeit von 30 Sekunden. Für **längere Belichtungen**, wie zum Beispiel für Nachtaufnahmen oder für Fotos mit Neutraldichtefilter, verwendet man die Einstellung **„B“** *(Bulb)*.

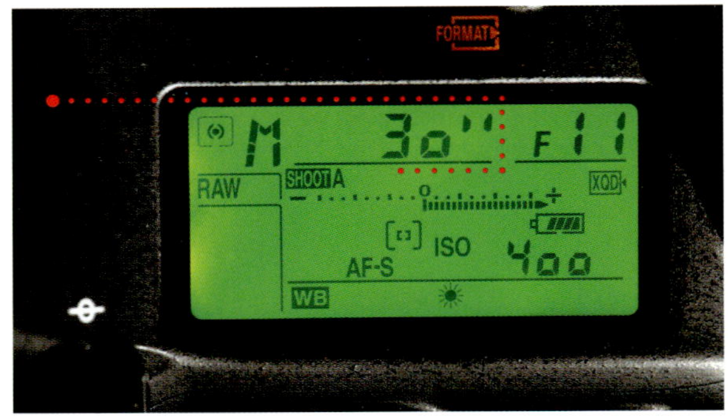

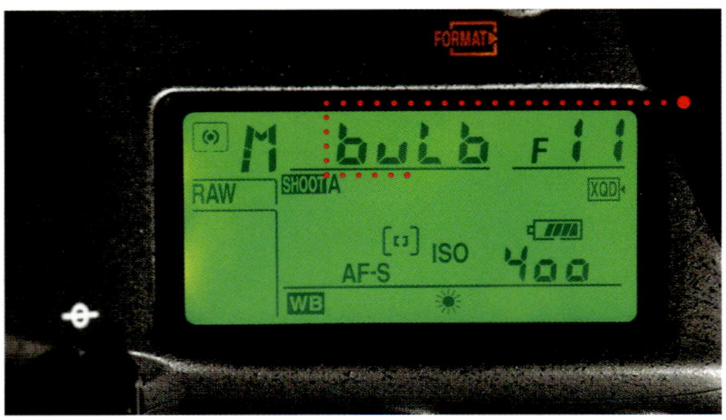

Diese Option, die sich normalerweise ganz unten auf der Skala der Verschlusszeiten befindet, ermöglicht eine individuelle Wahl der Verschlusszeit. In dieser Einstellung öffnet sich der Verschluss nämlich beim Auslösen und bleibt so lange offen, bis man den Aufnahmeknopf wieder loslässt.

Natürlich benötigt man für Aufnahmen mit der Einstellung „B“ ein Stativ und einen Selbstauslöser (Fernauslöser oder Funkauslöser), der den Auslöser die ganze Zeit gedrückt hält und erst am Ende der Belichtung wieder loslässt. Alle Erschütterungen des Stativs müssen vermieden werden.

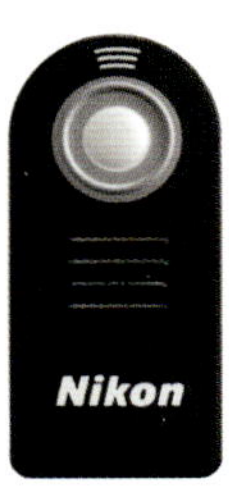

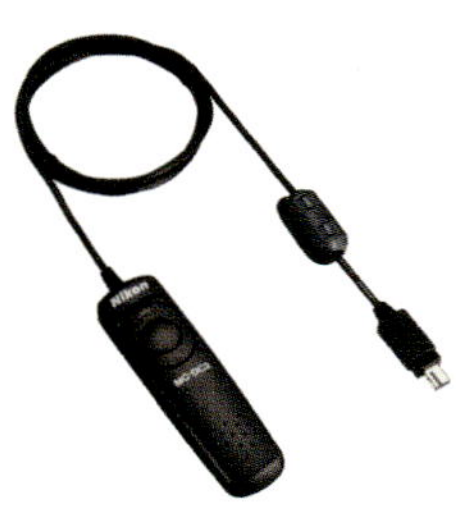

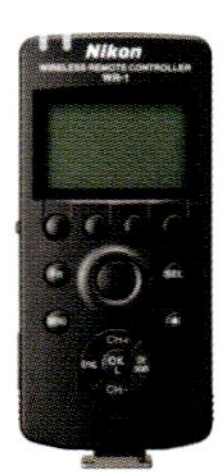

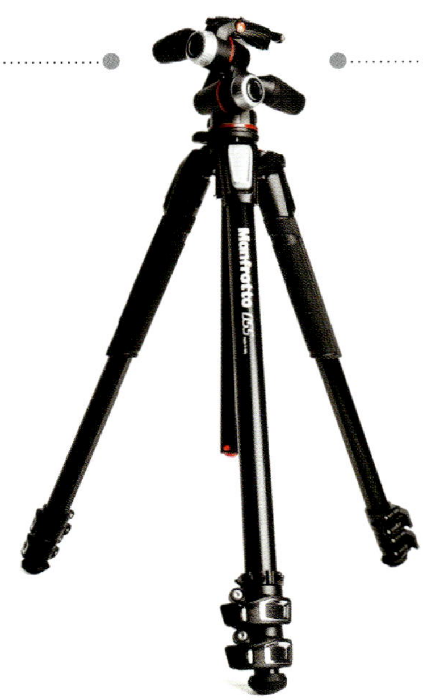

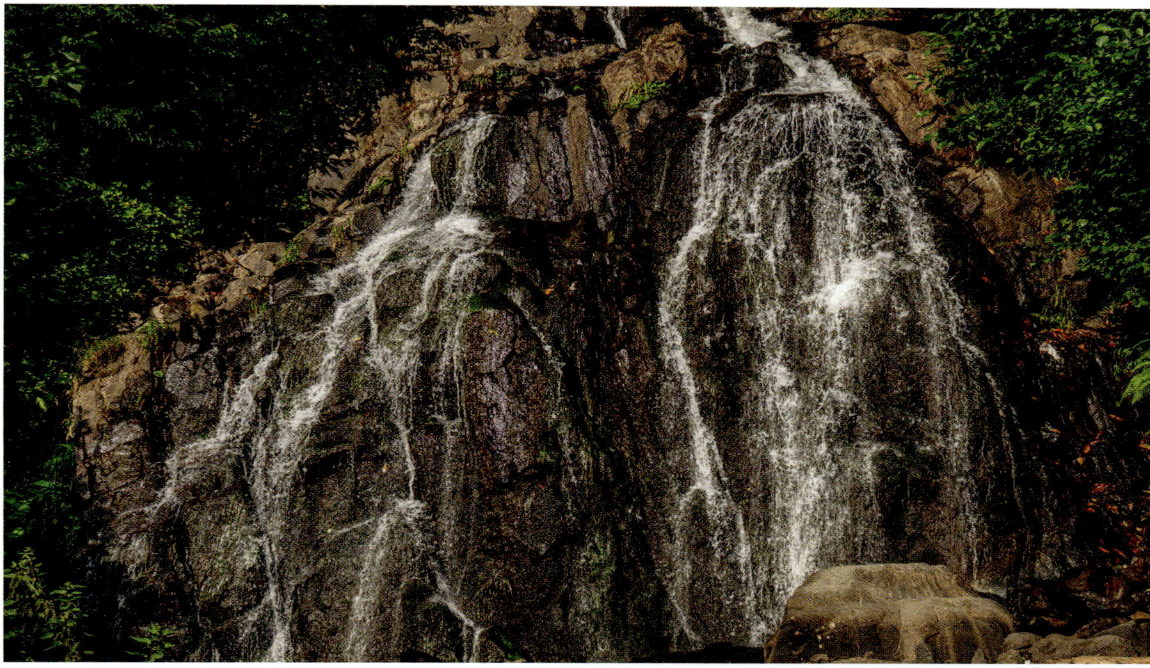

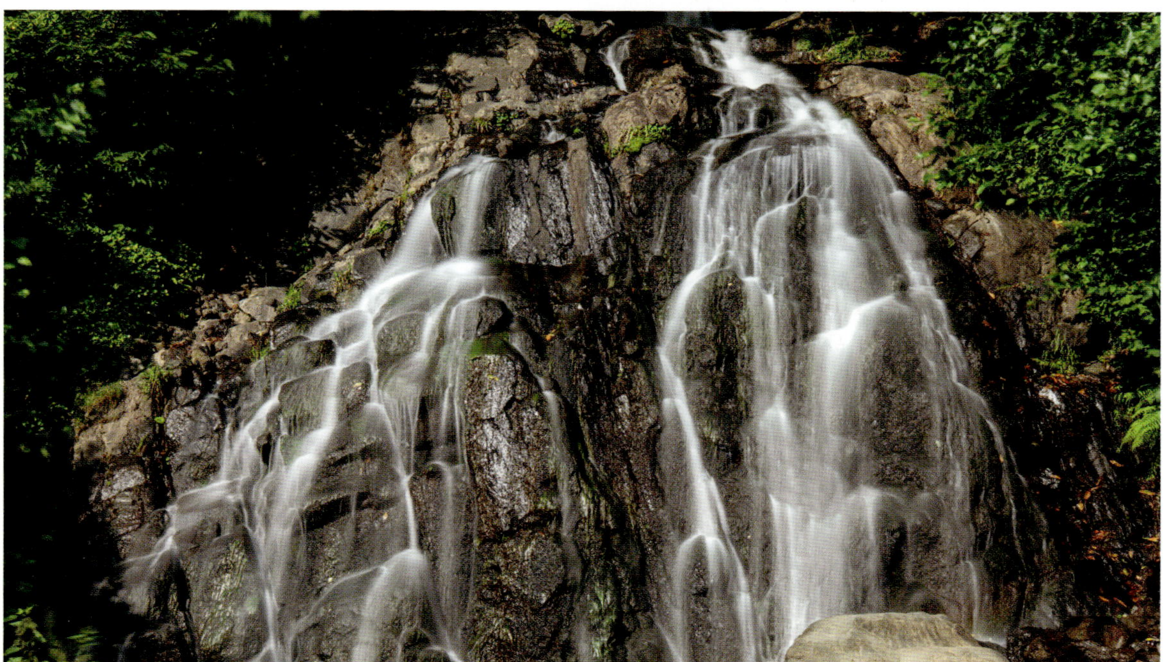

BLENDE-VERSCHLUSS-RELATION

EINE STABILE BEZIEHUNG

Es besteht eine **DIREKTE Beziehung** zwischen den Werten der Verschlusszeit und denen der Blende, beide verhalten sich absolut und direkt proportional zueinander. Deshalb ist es unmöglich, den einen Wert zu verändern, ohne dass dies Auswirkungen auf den anderen hätte. Es gibt **ein ZUSAMMENSPIEL aus Verschlusszeit und Blende**, die voneinander **untrennbar** sind, und dieses Verhältnis müssen wir beim Fotografieren immer berücksichtigen.

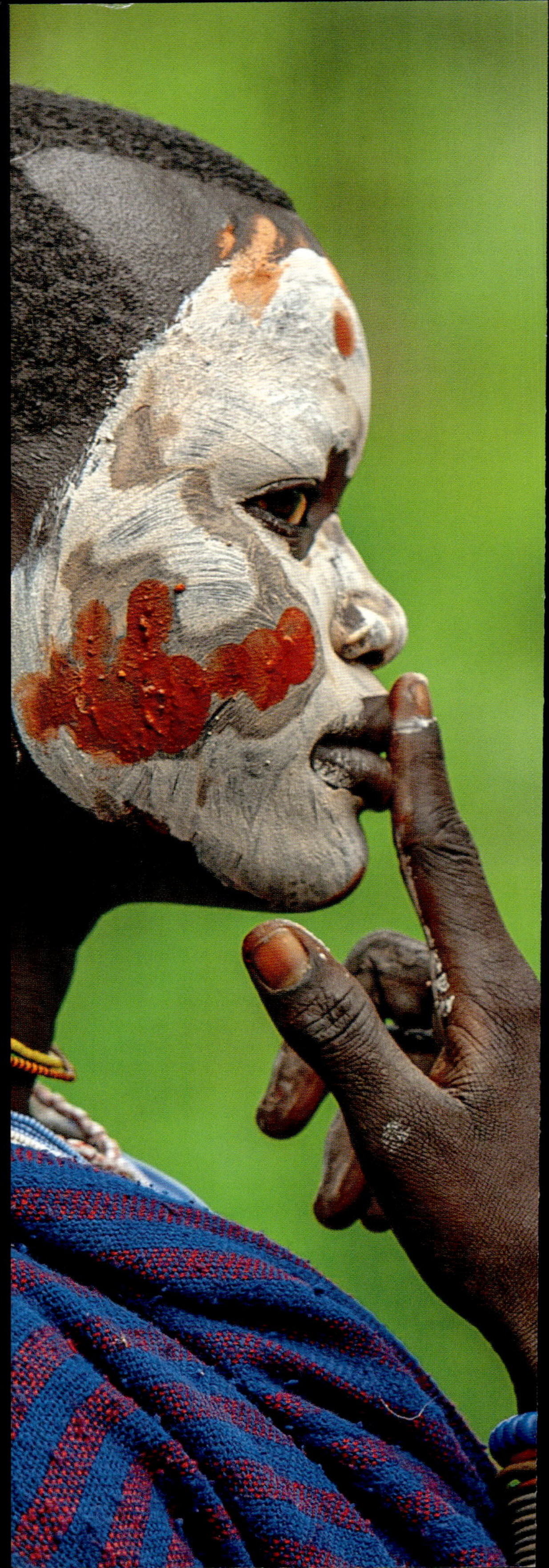

Äthiopien, Dorf Suri

Nikon D700 • 70–200 mm f/2,8
1/400 bei f/4 • ISO 200

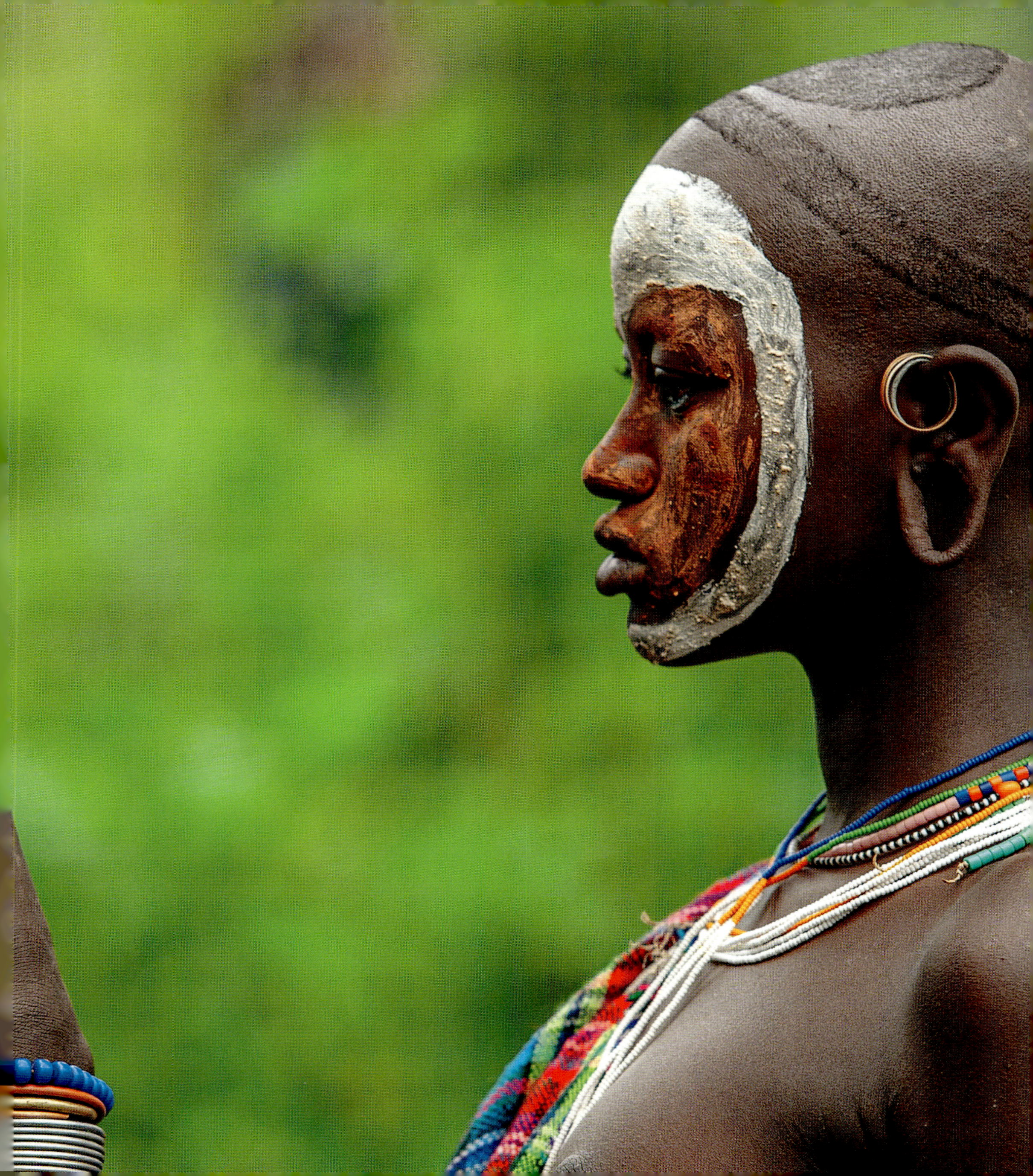

Zur Steuerung des Lichts, das auf den Sensor trifft, gibt es also zwei Möglichkeiten, die zu einer **identischen Lichtmenge** führen:

- Nach den ***Stops* der Blende** vorgehen, das heißt die Blendenöffnung regulieren, durch die das Licht fallen muss, um den Sensor zu erreichen

- Nach den ***Stops* der Verschlusszeit** vorgehen, das heißt, sobald über die Blende entschieden wurde, festlegen, wie lange diese geöffnet bleibt

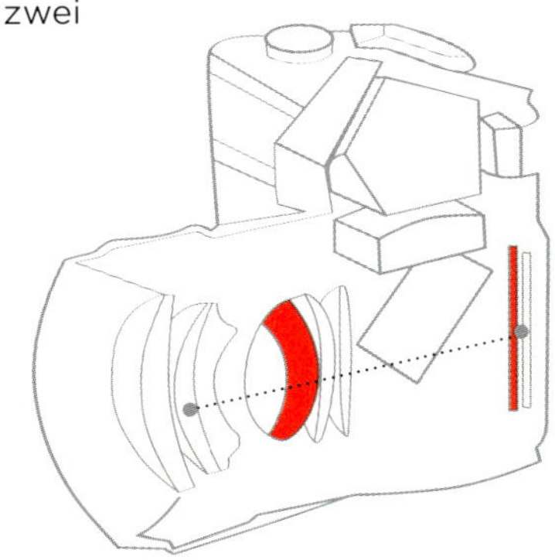

Durch eine **große Öffnung**, die ganz **kurze Zeit** offen ist, eine **mittlere Öffnung**, die für eine **mittlere Zeitspanne** offen ist, oder eine **kleine Öffnung**, die **lange Zeit** offen ist, fällt die gleiche Lichtmenge.

BEISPIELE FÜR GLEICHWERTIGE KOMBINATIONEN

f/1	**f/1,4**	**f/2**	**f/2,8**	**f/4**	**f/5,6**	**f/8**	**f/11**	**f/16**	**f/22**	**f/32**
1/8000	**1/4000**	**1/2000**	**1/1000**	**1/500**	**1/250**	**1/125**	**1/60**	**1/30**	**1/15**	**1/8**

Alle **in diesem Beispiel** beschriebenen Verschlusszeit-Blenden-Kombinationen lassen eine identische Lichtmenge durch. Noch deutlicher wird es, wenn wir erneut die Blende mit einem Wasserhahn und die Lichtmenge mit der Wassermenge vergleichen, die ins Becken fließt:

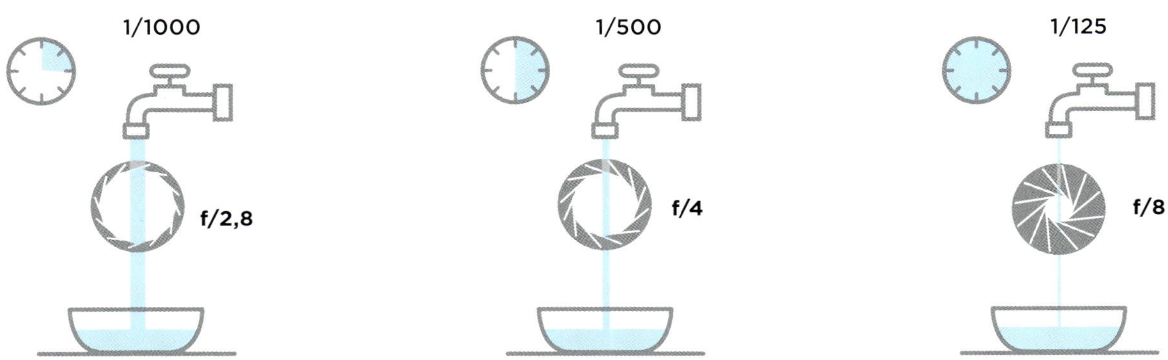

Beide Werte werden verändert: Die Blendenöffnung verändert sich umgekehrt zur Verschlusszeit.

Wenn jedoch einer der beiden Werte **UNVERÄNDERT** bleibt und wir nur beim anderen eingreifen, zum Beispiel bei der Verschlusszeit, **ändert sich folglich auch die Lichtmenge, die den Sensor erreicht**:

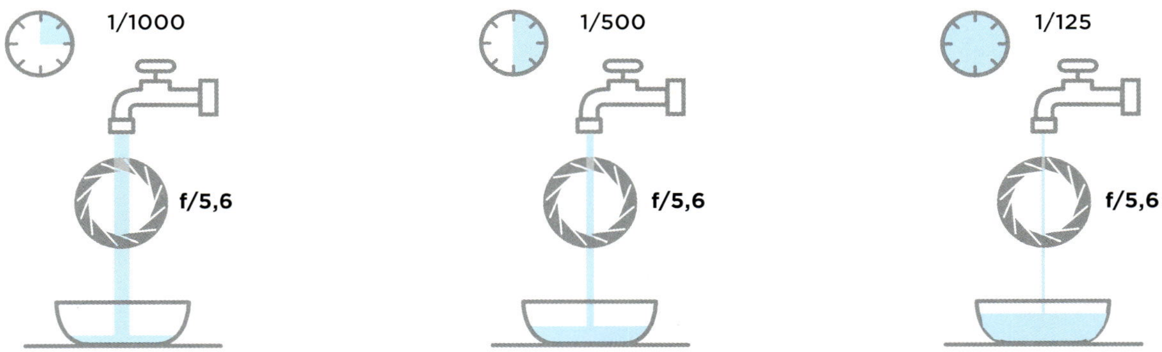

Nur die Verschlusszeit wird verändert. Die Blende bleibt jedoch gleich.

Natürlich erhalten wir ebenfalls eine **Veränderung der Lichtmenge**, die den Sensor erreicht, wenn wir nur den Blendenwert verändern:

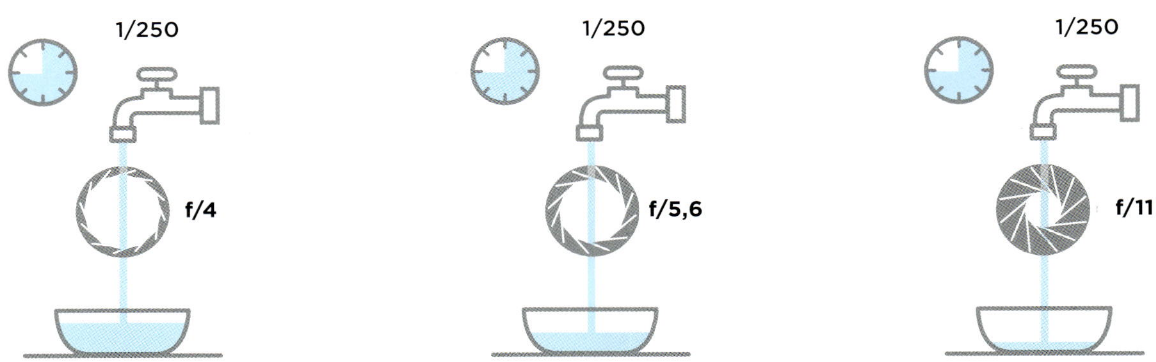

Nur der Blendenwert wird verändert. Die Verschlusszeit bleibt jedoch gleich.

BLENDE-VERSCHLUSS-RELATION

Von der Menge her entspricht ein ***Stop* beim Blendenwert** ganz genau einem ***Stop* bei der Verschlusszeit**. Wenn unser Foto zum Beispiel **um einen *Stop* überbelichtet** herauskommt, können wir dies korrigieren, indem wir um einen *Stop* kürzer belichten oder – **was auf dasselbe herauskommt** – die Blende um einen *Stop* weiter schließen.

1. **1/500 – f/5,6**
   Um 1 Stop *überbelichtetes Foto*

2. **1/1000 – f/5,6**
   Korrekt belichtetes Foto

3. **1/500 – f/8**
   Korrekt belichtetes Foto

Wenn unser Foto jedoch zum Beispiel **um zwei *Stops* unterbelichtet** herauskommt, können wir auf dieselbe Weise entweder die Verschlusszeit um zwei *Stops* verlängern oder die Blende um zwei *Stops* **weiter öffnen**, oder man kann die **Verschlusszeit um einen *Stop* verlängern** und **die Blende um einen *Stop* weiter öffnen**, dann addieren sich diese beiden Veränderungen **in dieselbe Richtung** (in diesem Fall zu einer größeren Lichtmenge hin), **um die zwei *Stops* an Lichtmenge zu erhalten**, die für eine Korrektur unseres Fotos nötig sind.

4. **1/500 – f/5,6**
   Um 2 Stops *unterbelichtetes Foto*

5. **1/125 – f/5,6 oder 1/500 – f/2,8**
   Korrekt belichtetes Foto

6. **1/250 – f/4**
   Korrekt belichtetes Foto

1

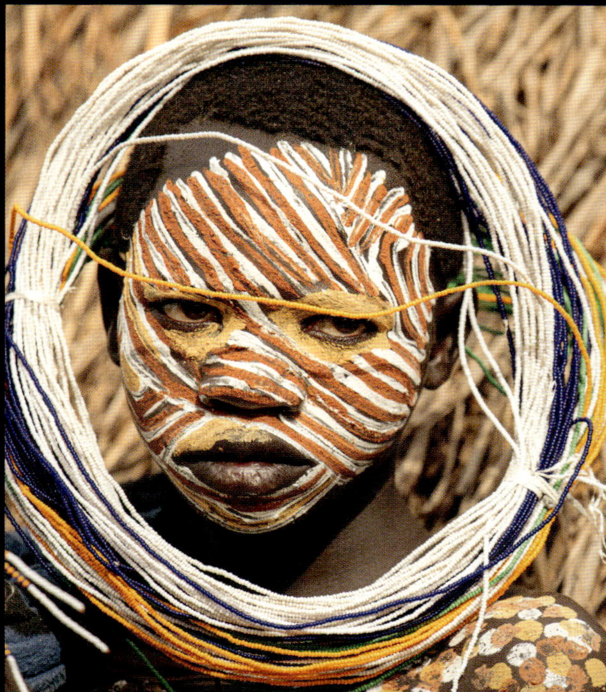

2

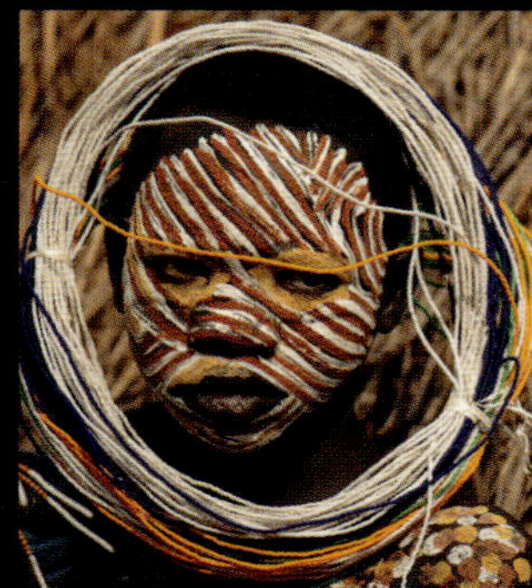

3

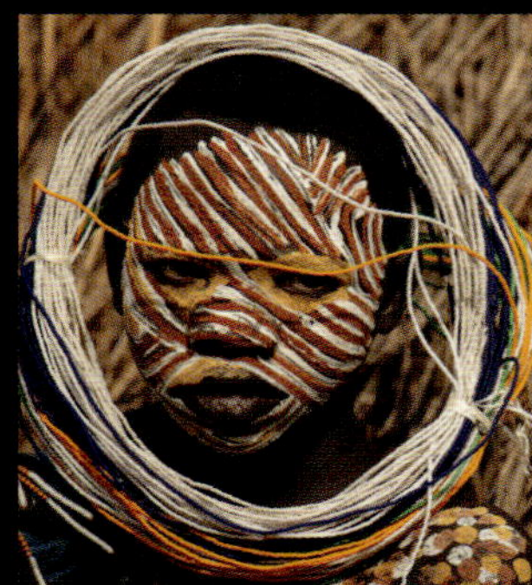

4

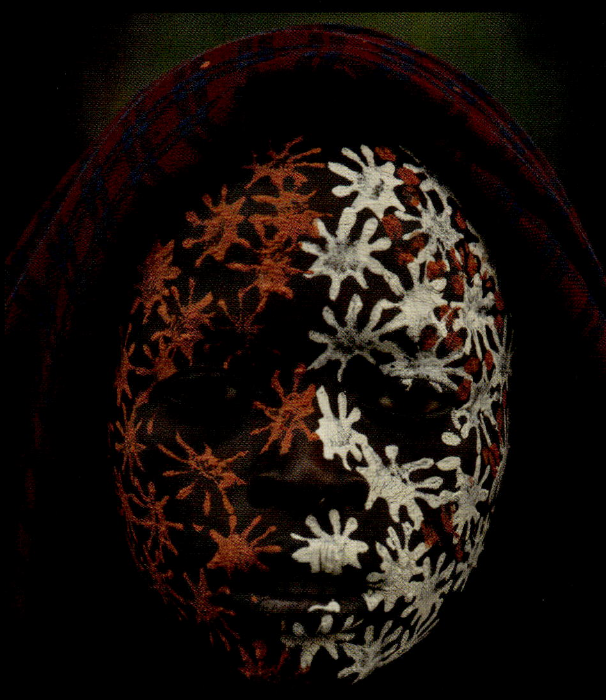

5

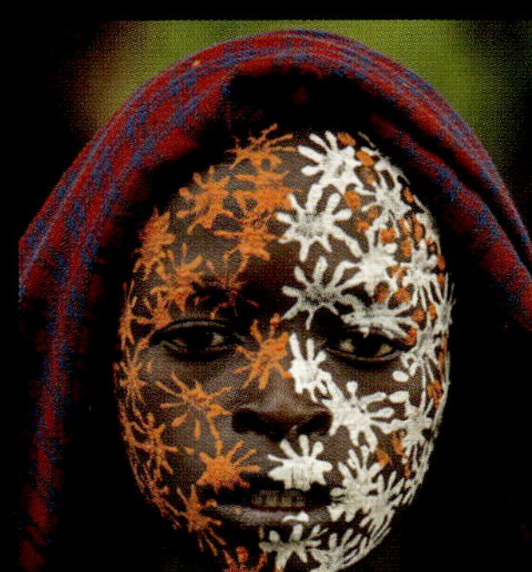

6

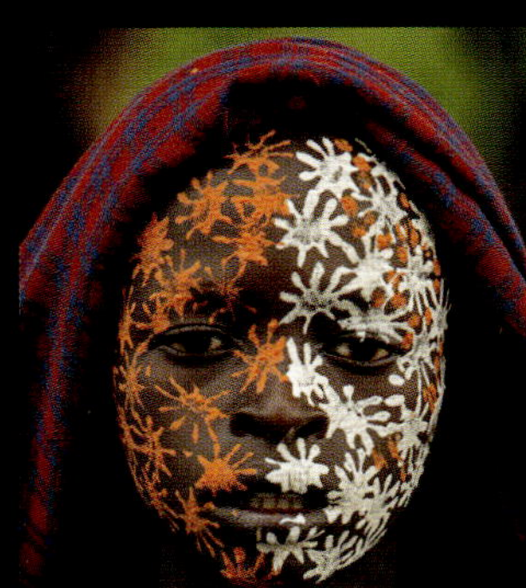

Wir haben inzwischen ein äußerst wichtiges Grundprinzip der Fotografie entdeckt: **Die eine korrekte Vorgehensweise** bei der Belichtung unserer Fotos **gibt es nicht**, das heißt, man kann sich nicht auf **eine „richtige" Lichtmenge einigen, die auf den Sensor oder den Film treffen muss**, weil es nicht die eine Verschlusszeit-Blenden-Kombination gibt, die eine exakte Lichtmenge durchlässt, sondern es existiert für jedes Bild **EINE GANZE REIHE an möglichen Kombinationen**.

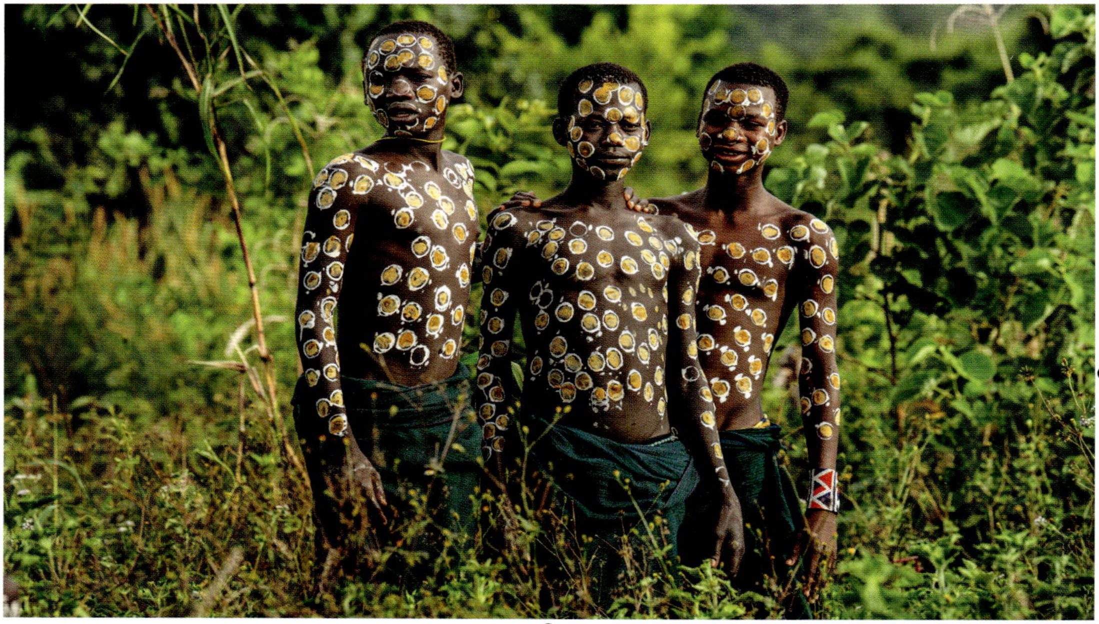

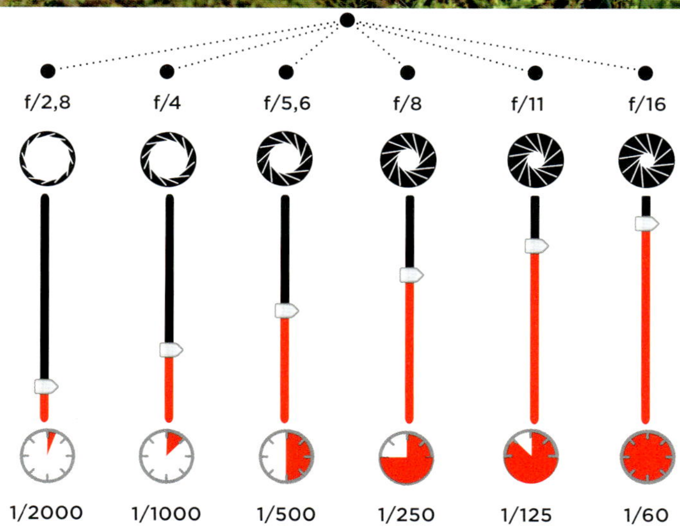

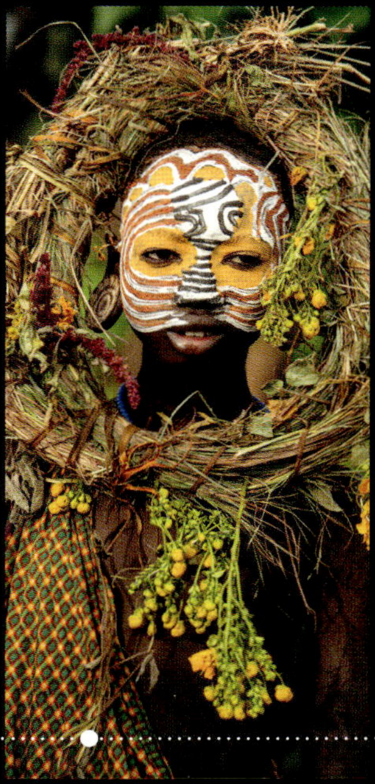

1/2000 – f/2,8

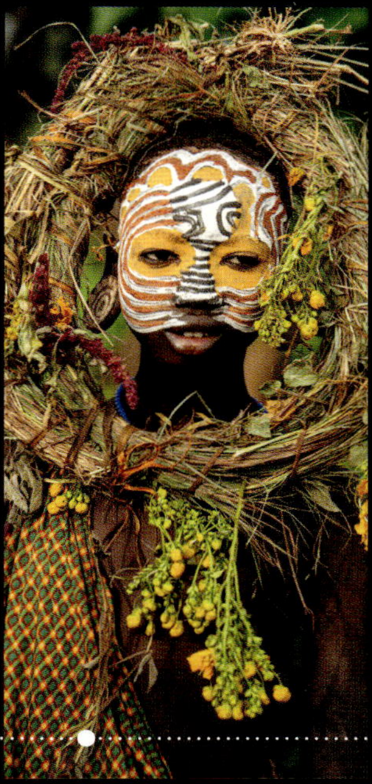

1/1000 – f/4

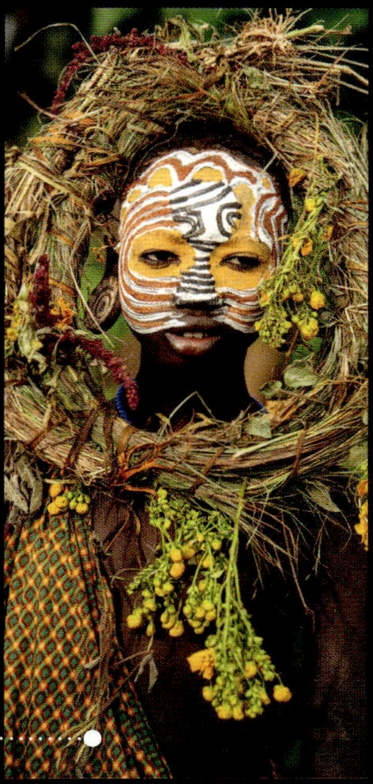

1/500 – f/5,6

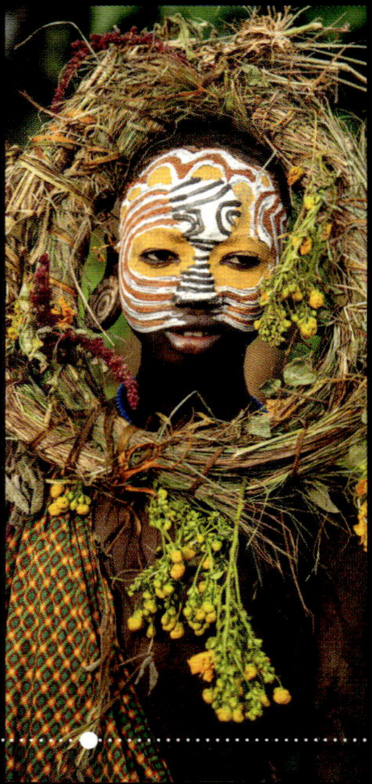

1/250 – f/8

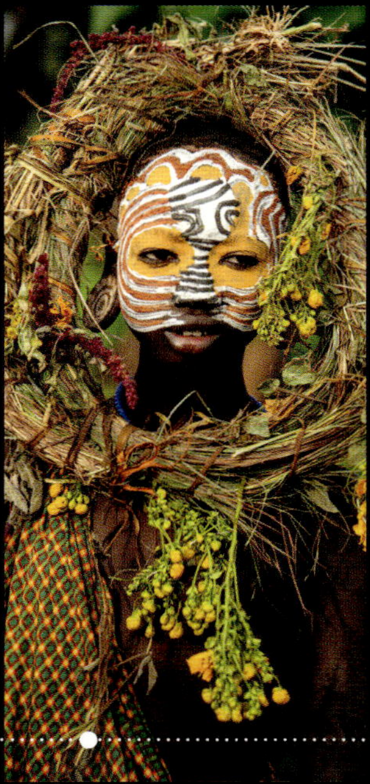

1/125 – f/11

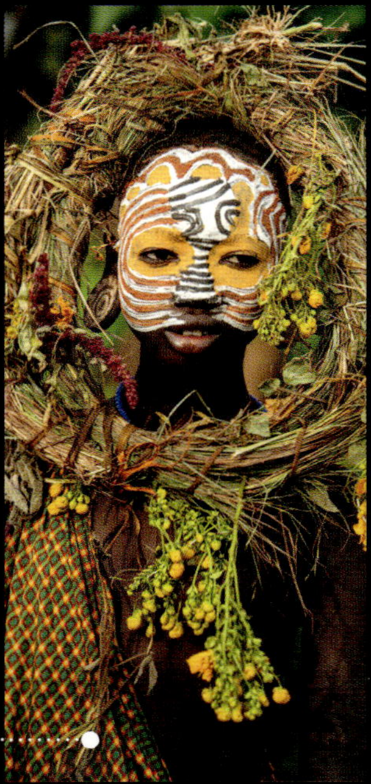

1/60 – f/16

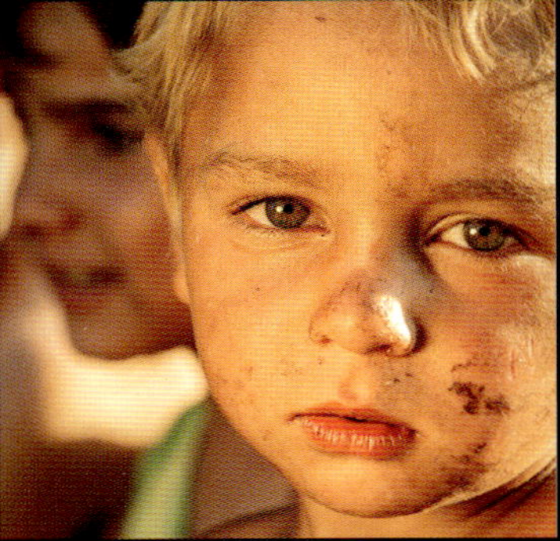
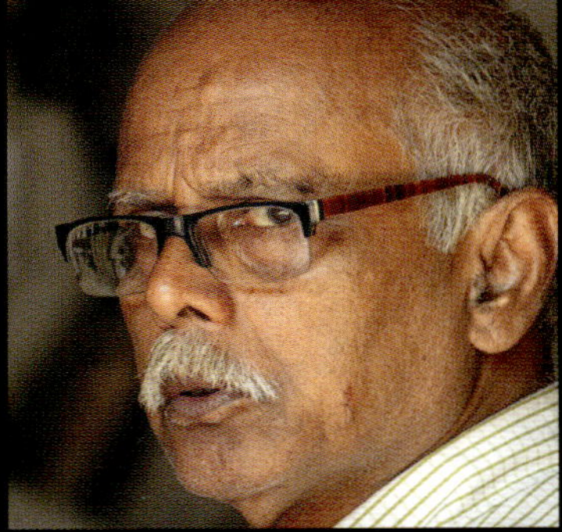
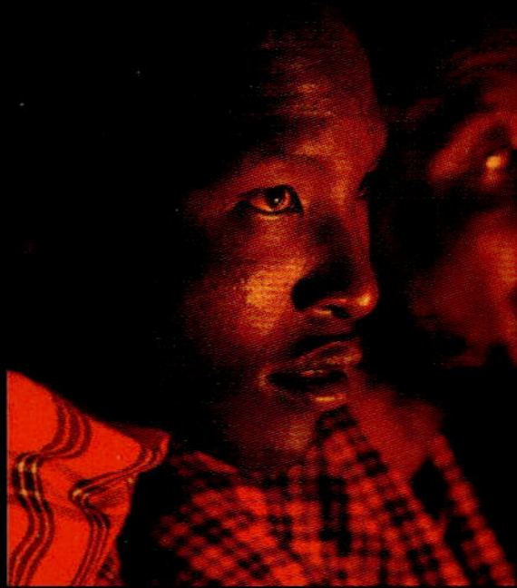
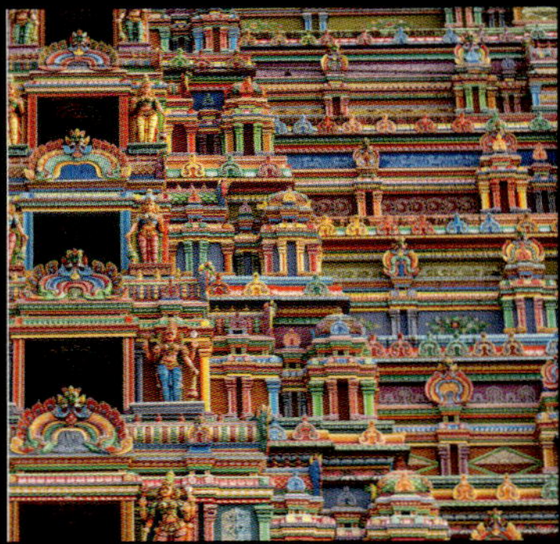
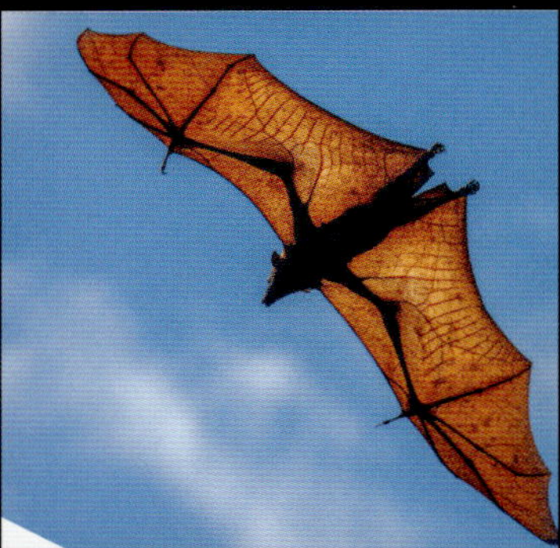
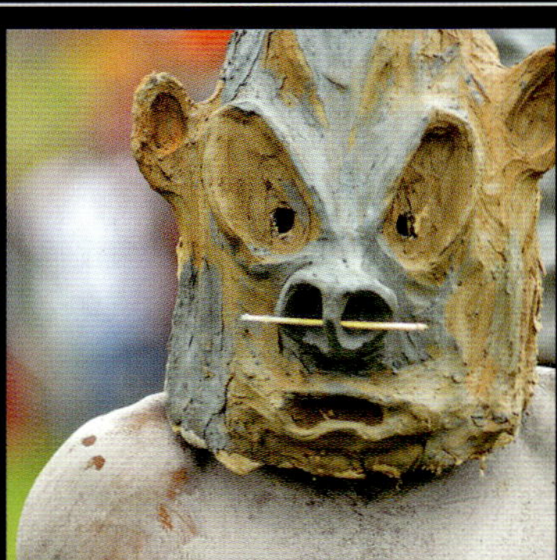
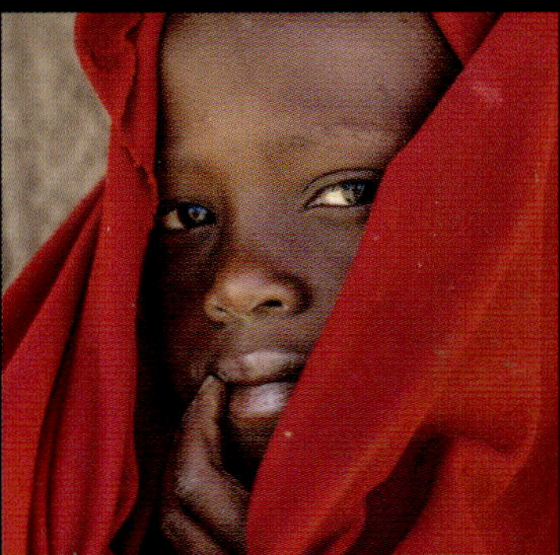
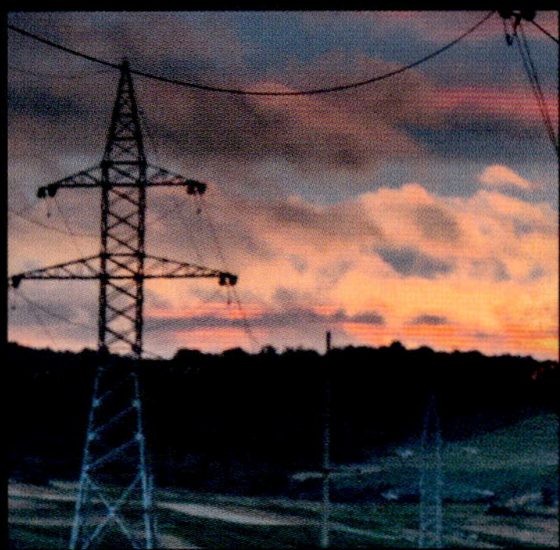

DIE RICHTIGE BELICHTUNG

UNSER WISSEN ANWENDEN

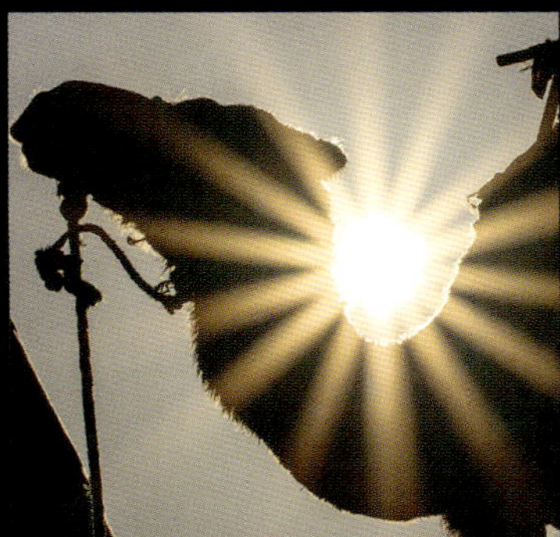

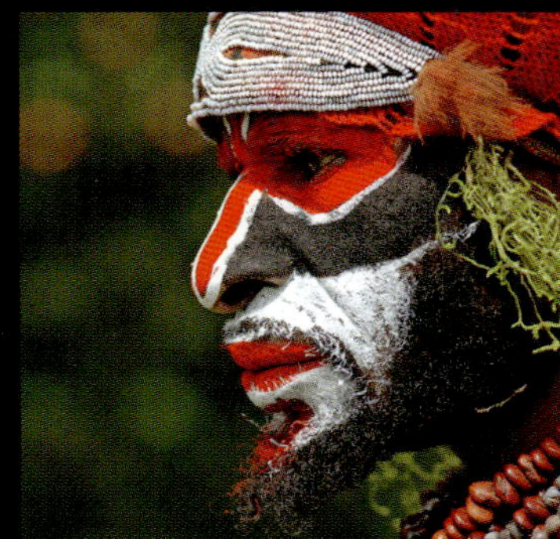

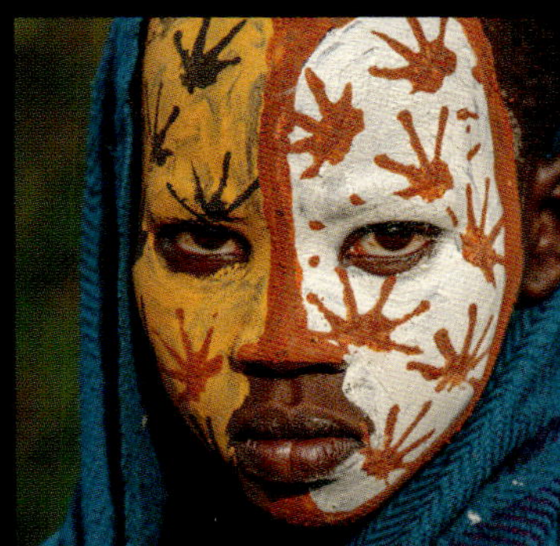

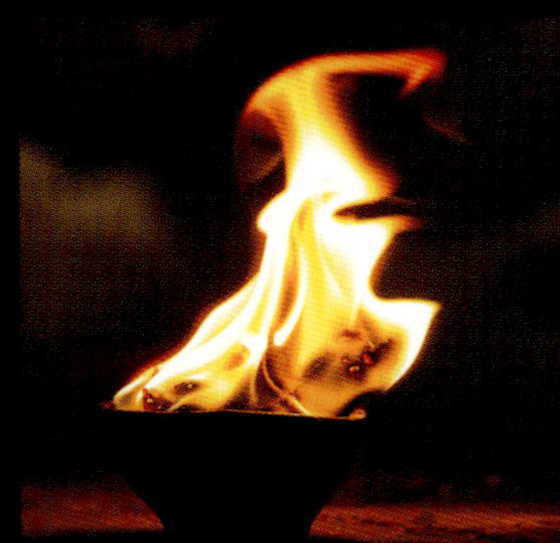

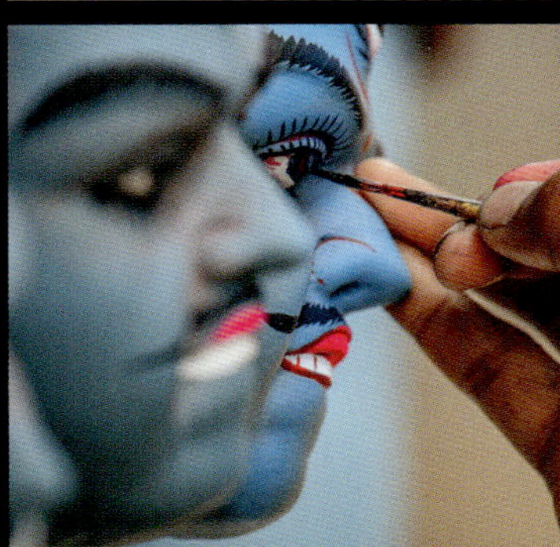

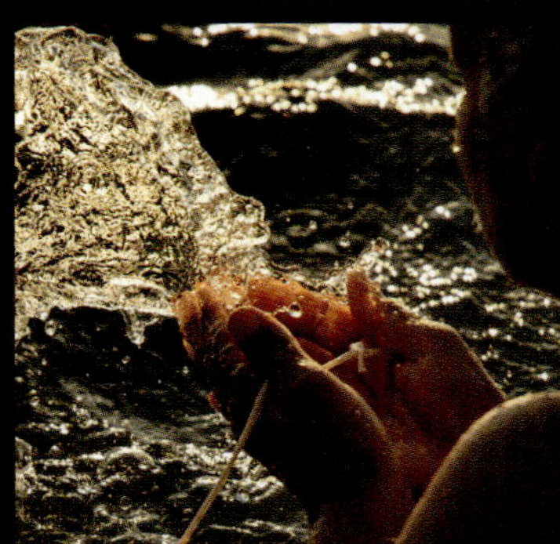

DER ISO-WERT

EINE KOSTBARE HILFE

Der Kamerasensor hat eine eigene **Lichtempfindlichkeit**, die von Modell zu Modell, von Kamera zu Kamera unterschiedlich ist. Der Wert, durch den diese Lichtempfindlichkeit ausgedrückt wird, wird als ISO *(International Organization of Standard)* bezeichnet. Der ISO legt für alle Fotokameras identische Bezugswerte fest. Jeder Sensor hat also seine eigene nominale ISO-Empfindlichkeit, gekennzeichnet durch einen Wert, der bei besonders lichtempfindlichen Sensoren bei ISO 64 beginnt und bis zu einem Wert von ISO 100 reicht, den die meisten Kameras haben. Bei Amateurfotoausrüstungen kann er auch bis ISO 200 gehen. Die nominale Empfindlichkeit des Sensors, die ihm in der Planungs- und Bauphase zugeteilt wird, kann jedoch mittels Software vergrößert werden, einfach indem man den in jeder Kamera angelegten **Befehl** gibt, **den ISO-Wert zu erhöhen**.

Indien, Fatehpur Sikri

Nikon D800 • 70-200 mm f/2,8
1/1000 bei f/11 • ISO 1000

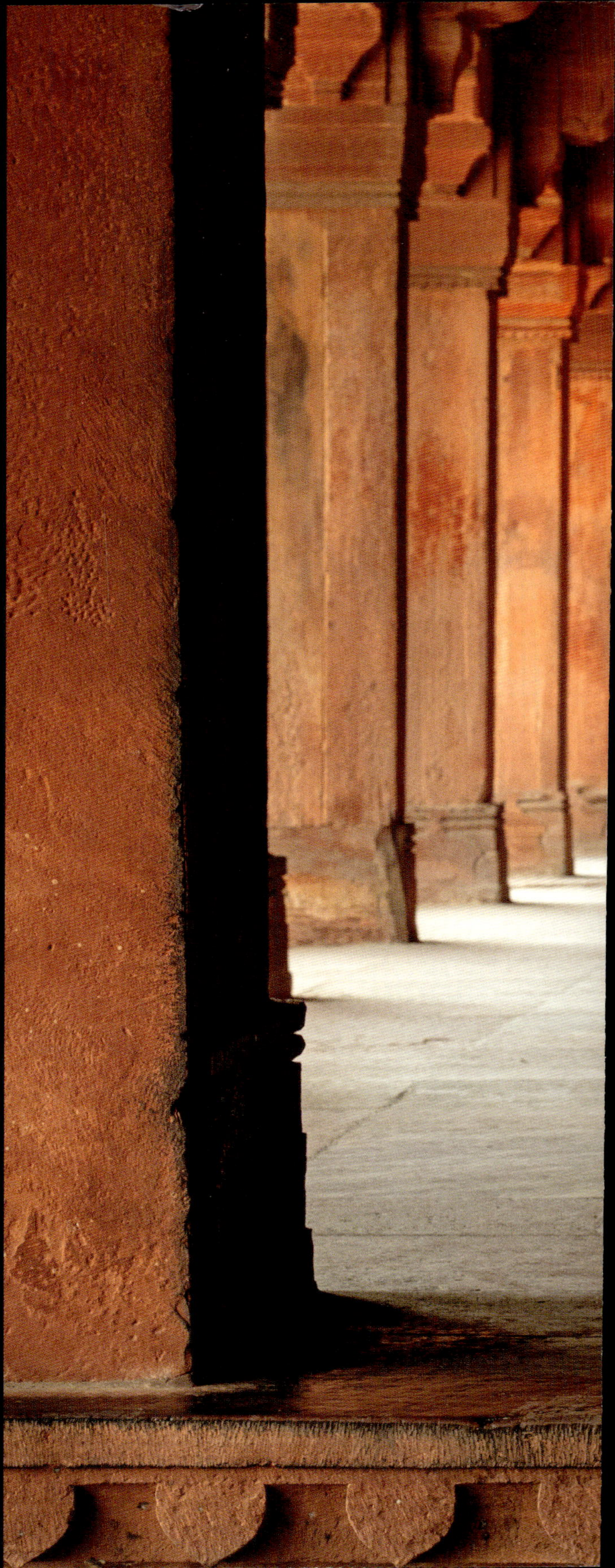

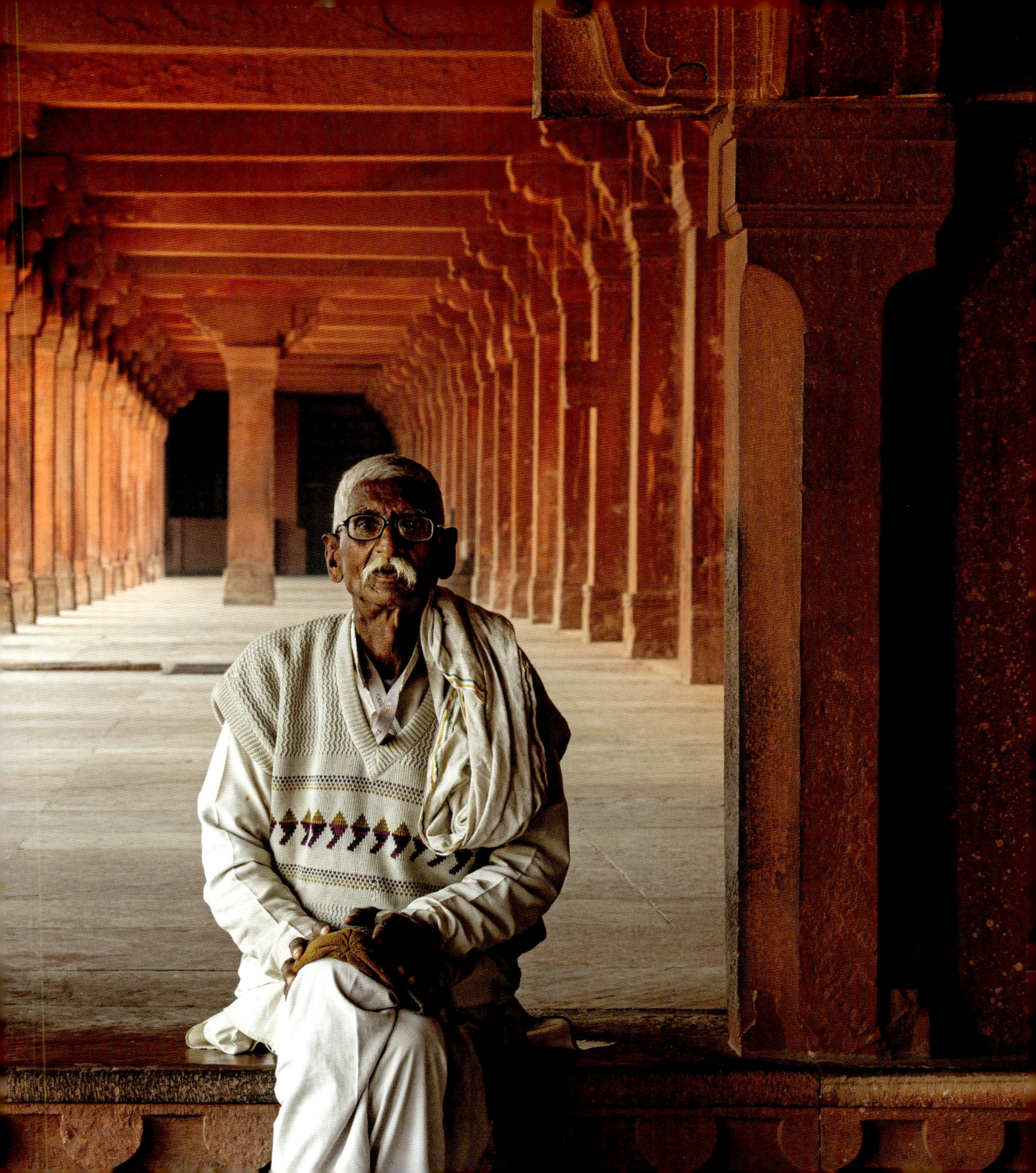

DER ISO-WERT

Die Standardskala der allgemein verwandten ISO-Werte, die man auf dem Display oder auf dem Einstellring findet, lautet wie folgt:

64 - 100 - 200 - 400 - 800 - 1600 - 3200 - 6400 - 12.800 - 25.600

Betrachtet man diese Zahlenfolge, die die Lichtempfindlichkeit des Sensors ab dem zweiten mit jedem Schritt verdoppelt, wird erneut deutlich, dass jeder Übergang von einem Wert zum anderen (auch hier sprechen wir von ***Stops***) genau **halb so viel Licht** einlässt wie der vorhergehende Wert und **doppelt so viel** wie der nachfolgende. Das ist genau so, wie wir es bei Blende und Verschlusszeit gesehen haben. **Ein *Stop* bei der Lichtempfindlichkeit ISO** entspricht genau **einem *Stop* bei der Blende** und **einem *Stop* bei der Verschlusszeit**. Wenn unser Foto zum Beispiel um einen *Stop* überbelichtet ist, können wir dies korrigieren, indem wir die Lichtempfindlichkeit ISO um einen *Stop* verringern oder die Verschlusszeit um einen *Stop* kürzer machen **oder aber** die Blende um einen *Stop* weiter schließen.

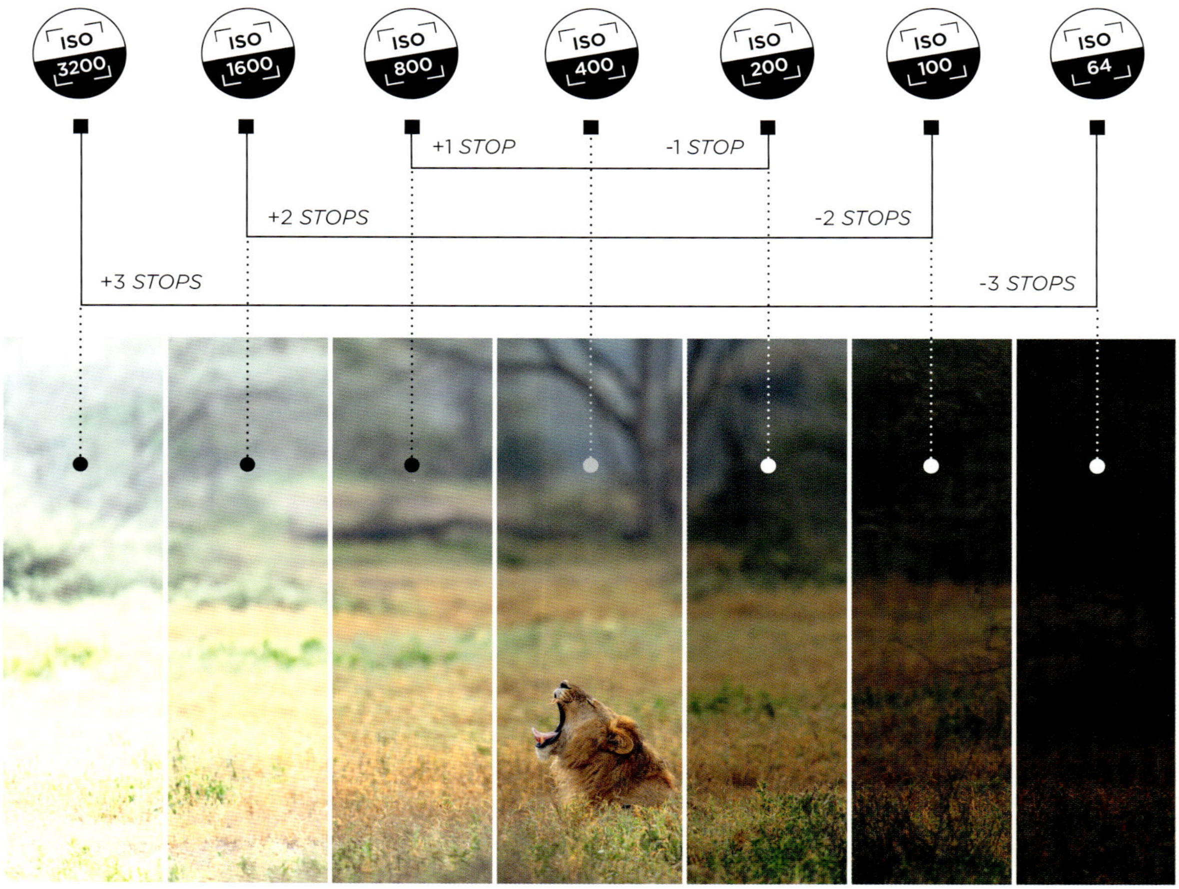

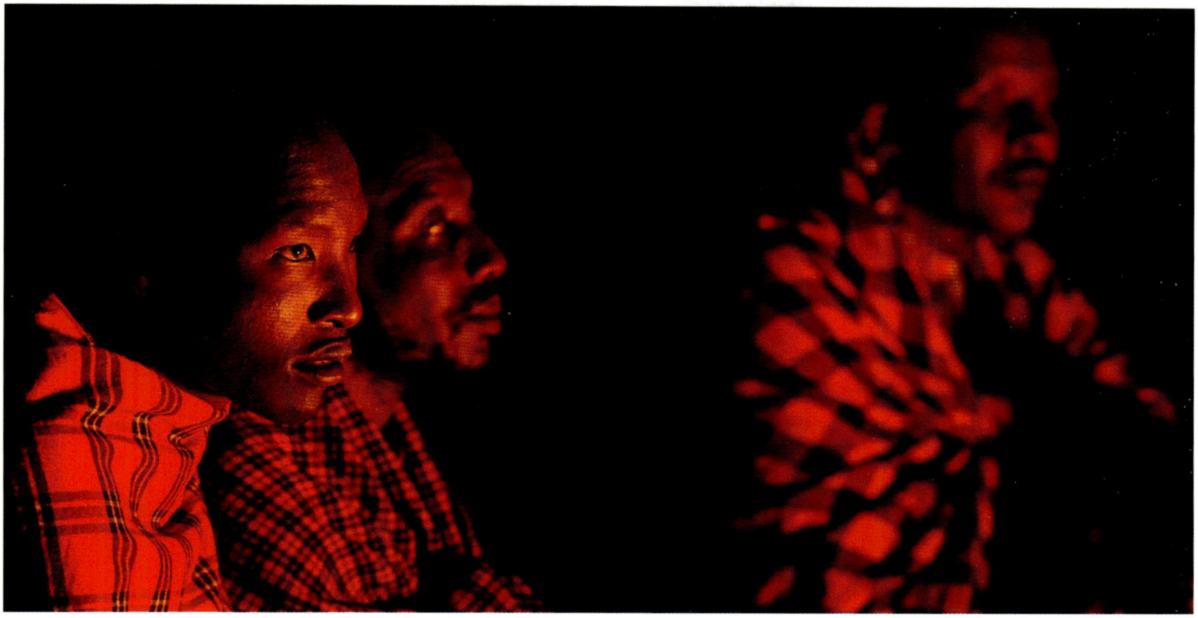

Den ISO-Wert zu erhöhen und den Sensor empfindlicher zu machen, erlaubt uns, auch unter schlechten Lichtbedingungen zu fotografieren, kürzere Verschlusszeiten oder kleinere Blenden zu verwenden.

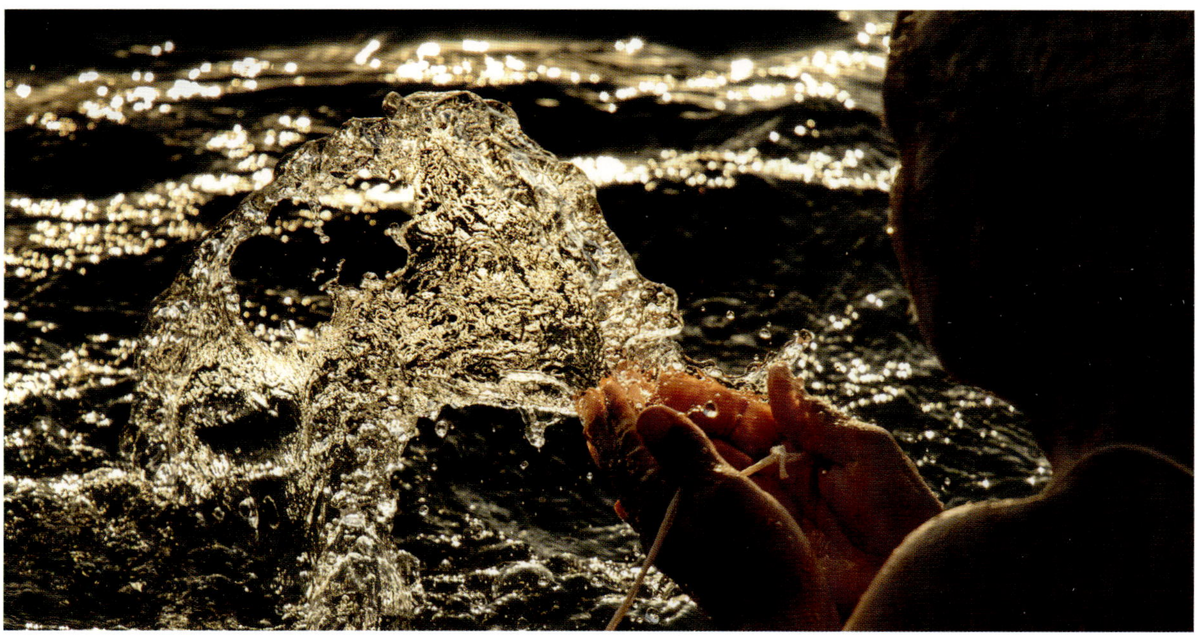

DER ISO-WERT

Die Technologie, mit der die Sensorempfindlichkeit nach Belieben variiert werden kann, ist sehr nützlich, **hat aber ihren Preis**. Wenn man die Helligkeit durch Öffnen der Blende oder Verlängerung der Verschlusszeit vergrößert, entstehen dadurch für unsere Bilddatei keinerlei Probleme. Erhöht man hingegen den ISO-Wert, kommt es zu einer schrittweisen Verschlechterung des Bildes, auch **„Bildrauschen"** genannt, die sich in Form von **„Körnigkeit"** manifestiert, genau wie bei analogen Filmen. Qualitativ hochwertige Sensoren können die Lichtempfindlichkeit auf einen **ISO-Wert von 1600** erhöhen, ohne dass wahrnehmbare Beeinträchtigungen entstehen. Bei Standardkameras kommt es schon bei **ISO 800** zu einer offensichtlichen Körnigkeit, während Einstiegskameras schon bei **ISO 400** nur mit Mühe eine akzeptable Qualität aufrechterhalten können.

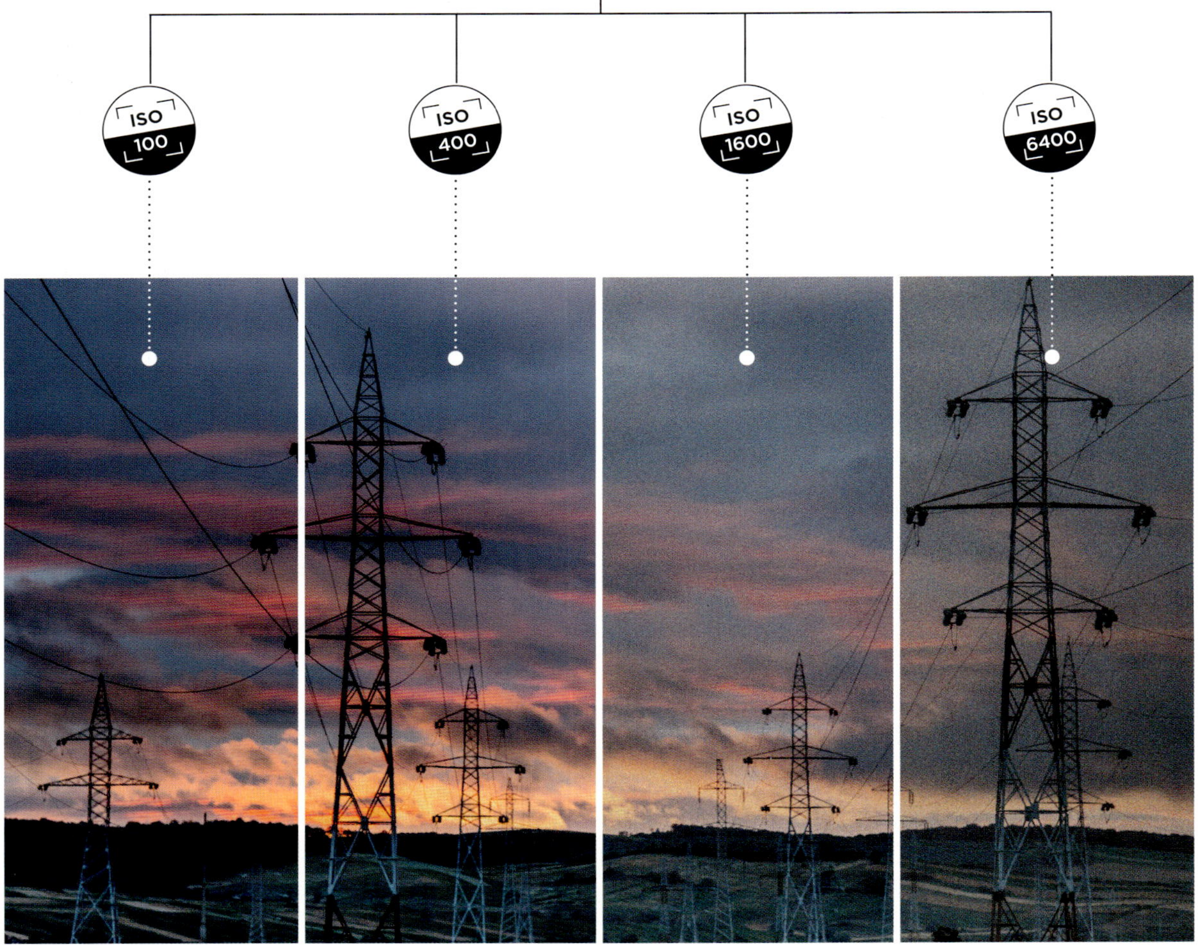

Abgesehen von den **ISO-Nennwerten**, die die reale Sensorempfindlichkeit kennzeichnen, verfügen vielen Kameras auch noch über die Möglichkeit, diesen Wert **künstlich zu senken**. Hierfür stehen unter den ISO-Nennwerten Angaben wie **„Low 0.3“, „Low 0.7“, „Low 1.0“** beziehungsweise **„L1“**, **„L2“**, **„L3“**, die nützlich sein können, wenn man lange Verschlusszeiten verwenden will, ohne einen ND-Filter zu haben, oder wenn man lange Verschlusszeiten und zugleich eine weit geöffnete Blende einsetzen möchte. Ähnlich gibt es neben dem Wert für die maximale Lichtempfindlichkeit auch Aufschriften wie **„H1“**, **„H2“**, **„H3“**, die eine **extreme Empfindlichkeit** anzeigen, die aber selten zum Einsatz kommt, weil die Qualität des Fotos dadurch stark beeinträchtigt wird.

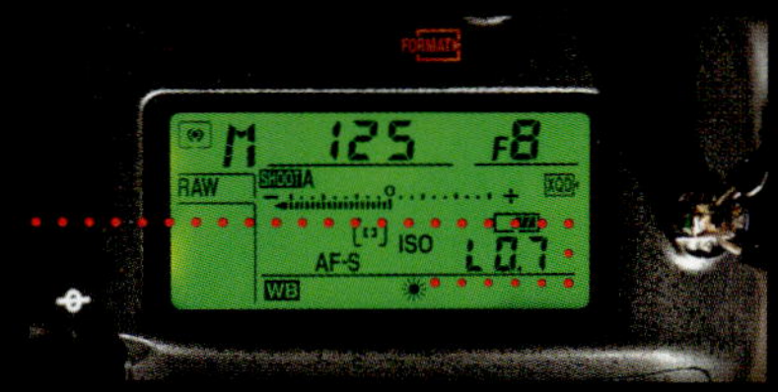

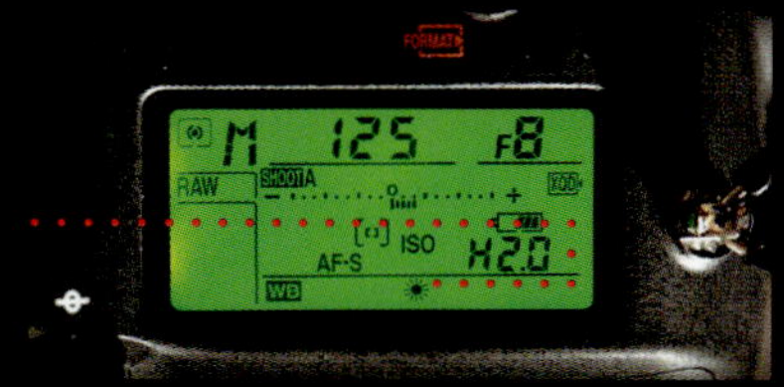

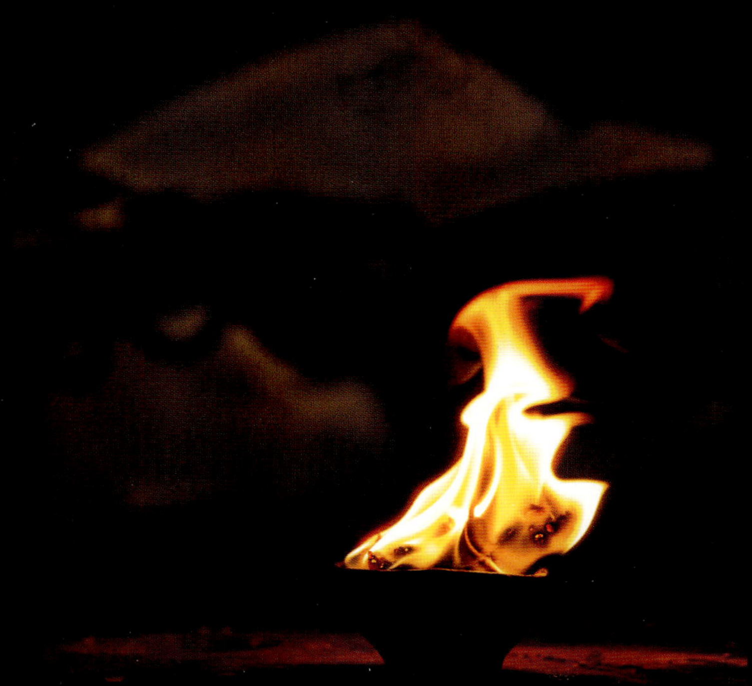

Es ist daher ratsam, **mit den nominalen ISO-Werten zu arbeiten** – also mit denjenigen, über die unser Sensor ohne Veränderungen durch die Software verfügt – oder zumindest mit möglichst niedrigen ISO-Werten. Auf diese Weise schießt unsere Kamera bessere Fotos **ohne Bildrauschen**, dafür **reich an Details**. Oft ist es jedoch vor allem in der Reportagefotografie so, dass sich die interessantesten und ungewöhnlichsten Szenen bei Nacht oder in dunklen, geschlossenen Räumen abspielen, und schlechte Lichtbedingungen stellen eine nicht unerhebliche Einschränkung dar. In diesen Fällen ist es daher besser, körnige Fotos zu haben als verwackelte oder verschwommene.

Inzwischen wurde deutlich, dass es absolut unmöglich ist, in Bezug auf die Belichtung nur eine der drei maßgeblichen Größen – **Verschlusszeit, Blende und ISO-Empfindlichkeit** – zu betrachten. Diese Werte ergeben **nur in der Zusammenschau** einen Sinn. Folglich müssen wir, wenn wir einen von ihnen verändern, auch die anderen berücksichtigen. Daher kann man von einem regelrechten **„Dreieck der Belichtung“** sprechen, einer geometrische Form, die uns auf unserer ganzen Reise durch die Fotografie begleiten wird.

Das Dreieck der korrekten Belichtung

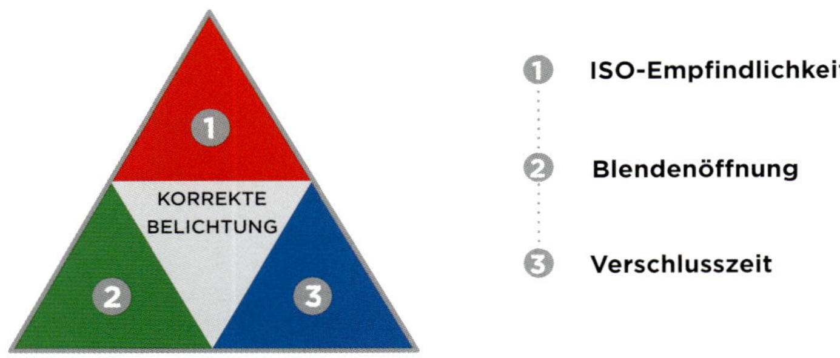

Viele Digitalkameras verfügen über die Möglichkeit, die wichtigsten Verschlusszeiten, Blenden und ISO-Werte anzuzeigen, eingeteilt in **Drittel-*Stops***. Diese Option, die praktisch immer abschaltbar ist, kann anfangs für Verwirrung sorgen, weil es mental einfacher ist, diese Werte in Zusammenhang zu bringen, indem man sich auf ganze Zahlen bezieht, aber man lernt schnell zu visualisieren und letztlich nur die Grundwerte zu verwenden. Natürlich können die in Drittel unterteilten *Stops* mehr Genauigkeit bei der Belichtung garantieren, deshalb ist es besser, diese Funktion eingeschaltet zu lassen, vor allem wenn mit Halbautomatik gearbeitet wird. Hier ein Beispiel für Werte, die in Drittel-*Stops* zerlegt sind; die roten sind dabei die wichtigsten Bezugswerte.

f:	**2.8**	3.2	3.5	**4**	4.5	5	**5.6**	6.3	7.1	**8**	9	10	**11**	13	14	**16**
T:	**1/125**	1/160	1/200	**1/250**	1/320	1/400	**1/500**	1/640	1/800	**1/1000**	1/1250	1/1600	**1/2000**	1/2500	1/3200	**1/4000**
ISO	**100**	125	160	**200**	250	320	**400**	500	640	**800**	1000	1250	**1600**	2000	2500	**3200**

Die Kamera verfügt außerdem über einen **Automatikmodus für den ISO-Wert**. Dieser ermöglicht es dem Belichtungsmesser, diesen Wert von Mal zu Mal willkürlich zu ändern, damit auch unter schlechten Lichtverhältnissen eine korrekte Belichtung erzielt wird und unerfreuliche Verwacklungen – wenn auch noch so kleine – vermieden werden. Von diesem Modus wird **Anfängern** in der Kunst der Fotografie **in der Regel abgeraten**, weil er didaktisches Vorgehen erschwert und zu einem **Verlust der Kontrolle** über die verschiedenen fotografischen Größen sowie der Bildqualität führt.

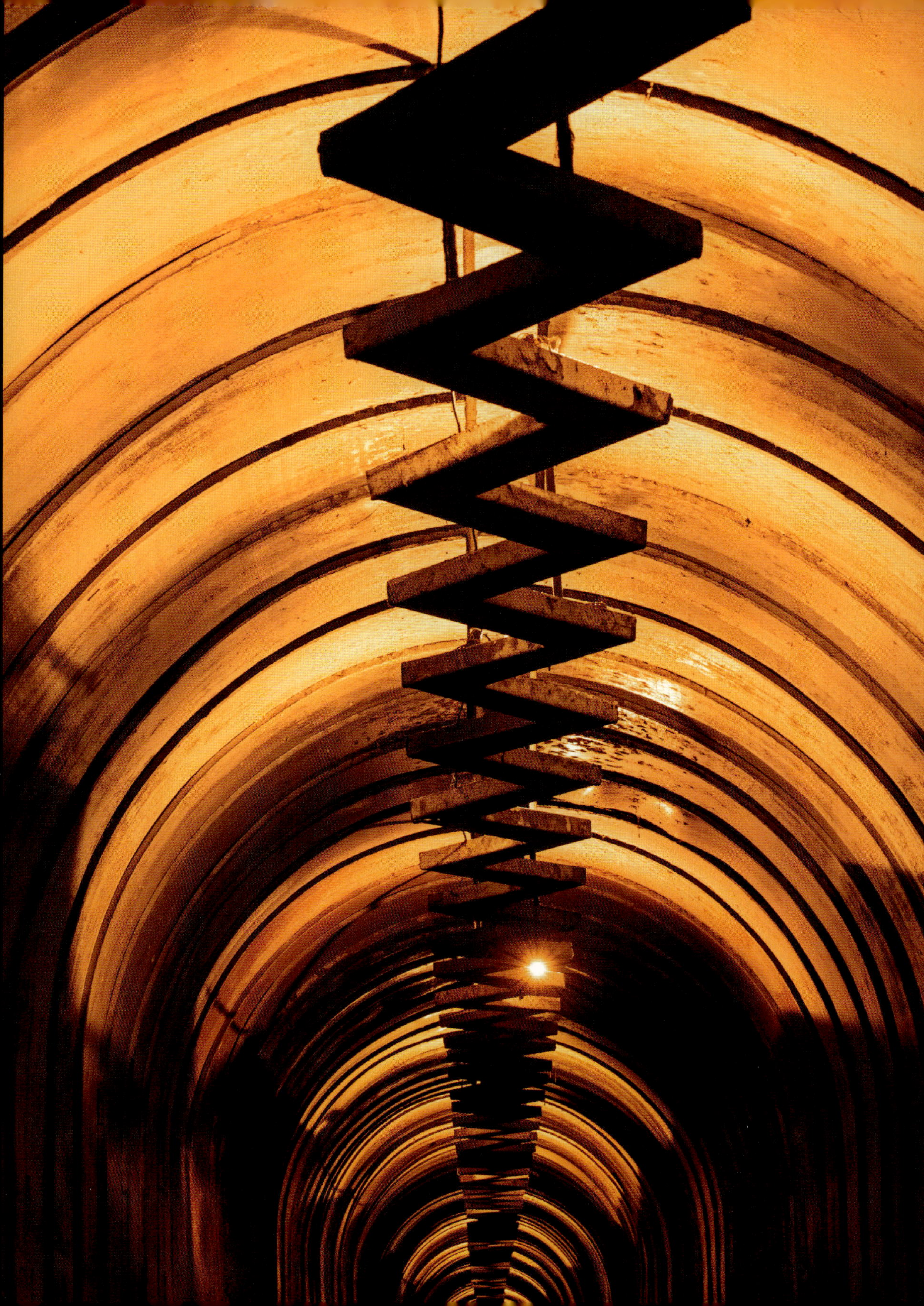

DER BELICHTUNGS-MESSER

EIN UNERSETZLICHES INSTRUMENT

Wir können unsere Motive nur sehen, wenn Licht auf sie fällt, das auf irgendeine Weise von ihnen reflektiert wird. Trotz seiner wundersamen Fähigkeit, sich schnell an verschiedene Lichtbedingungen anzupassen, kann jedoch selbst das **menschliche Auge nicht genau einschätzen**, wie intensiv das Licht ist, das von Mal zu Mal unsere Szene beleuchtet. Deshalb brauchen wir für eine exakte Messung der von unserem Objekt reflektierten Lichtmenge ein präziseres, technischeres Instrument: den **Belichtungsmesser**.

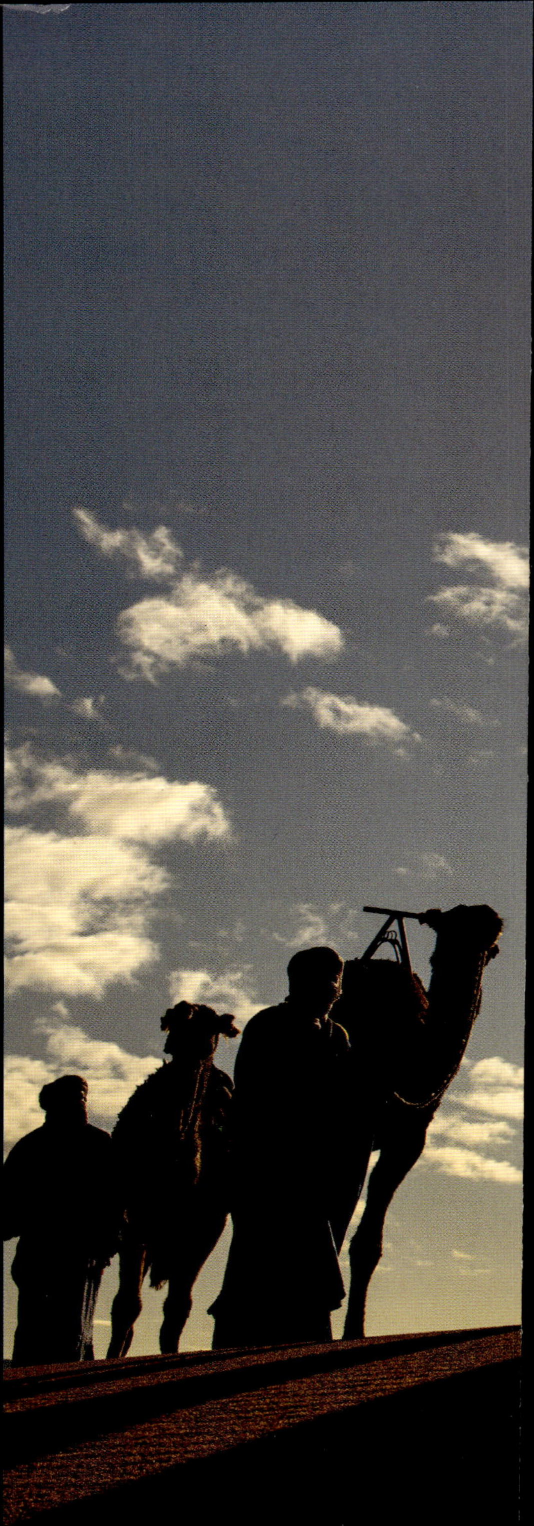

Marokko, Dünen von Tinfou

Nikon D850 • 35 mm f/1,8
1/1000 bei f/11 • ISO 64

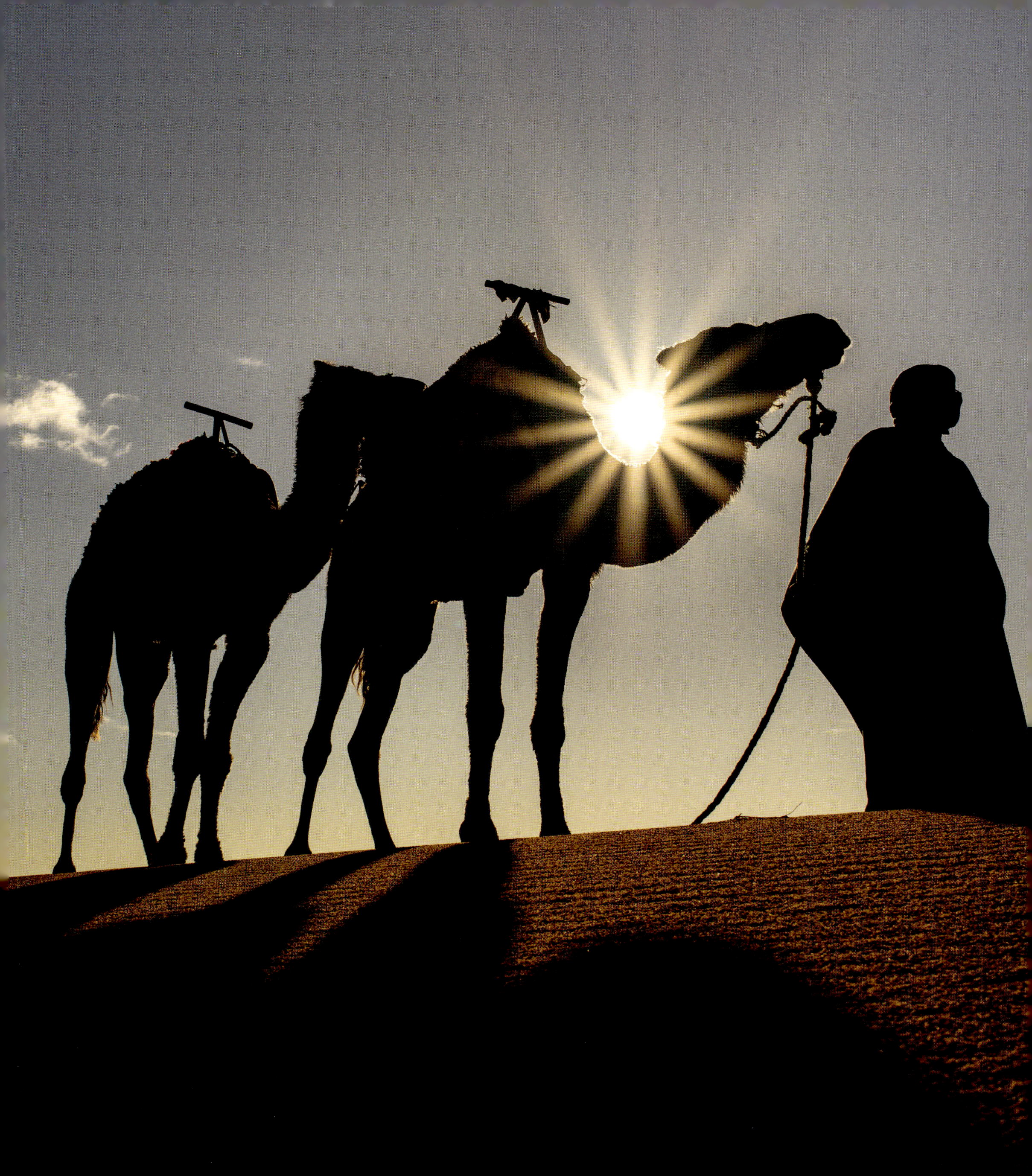

Alle Kameras verfügen über einen Belichtungsmesser, der bei richtiger Verwendung aufgrund seiner Lichtempfindlichkeit die **unterschiedlichen Kombinationen von Blende und Verschlusszeit** anzeigt, um unsere Fotos richtig zu belichten. Diese unverzichtbare Technologie richtig einzusetzen, bedeutet, **dem Belichtungsmesser das Objekt genau zu zeigen**, damit er es analysieren und auswerten kann, um ein zuverlässiges Ergebnis zu erhalten. Dies scheint selbstverständlich zu sein, doch in der Realität sieht es anders aus: Viele verwenden das Instrument falsch oder **holen letztendlich nicht das Beste aus ihm heraus**.

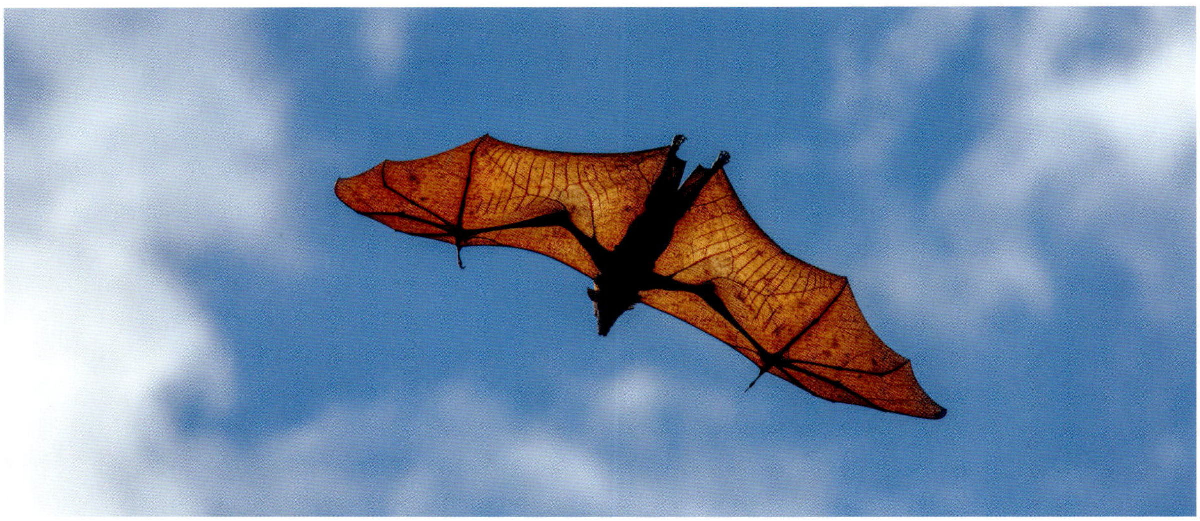

Um den Belichtungsmesser zu betätigen, genügt es, die Kamera einzuschalten, den Bildausschnitt zu wählen und **den Auslöser halb zu drücken**. Der Belichtungsmesser analysiert dann das, **was wir ihm gezeigt haben**, und teilt uns rasch die korrekten Belichtungswerte für dieses Foto mit.

**Das Problem ist aber:
Was genau haben wir unserem Belichtungsmesser gezeigt?**

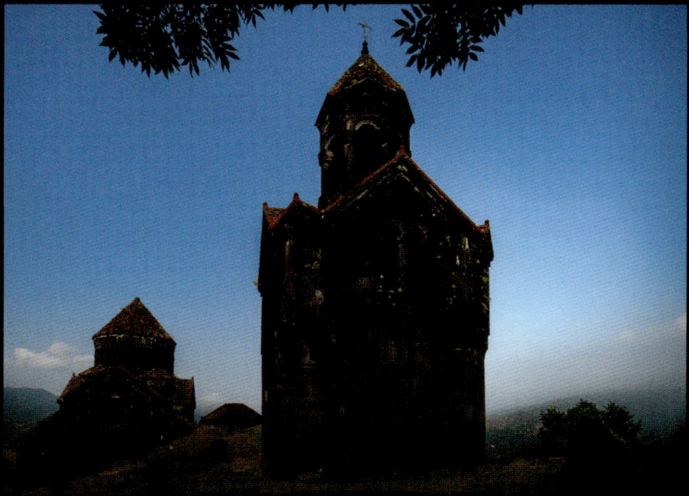

Wenn auf dem Bildausschnitt zum Beispiel eine beträchtliche Menge Himmel zu sehen ist, analysiert der Belichtungsmesser natürlich auch dieses **intensive Licht** und bewertet es prozentual viel höher als das etwaige Objekt. Wenn man nun mit den bei dieser Messung erhaltenen Werten fotografiert, **kommt das Objekt dunkel** und wahrscheinlich undeutlich heraus.

Wenn hingegen das Bild, das wir dem Belichtungsmesser vorlegen, **dunkle Flächen enthält** – in diesem Fall der Wald –, die weit größer sind als unser Objekt, wird er auch hier wieder dem größeren Flächenanteil der ausgewählten Szene gerecht werden. Dies hat für unser Bild zur Folge, dass das Objekt, das uns am wichtigsten ist, **überbelichtet** wird.

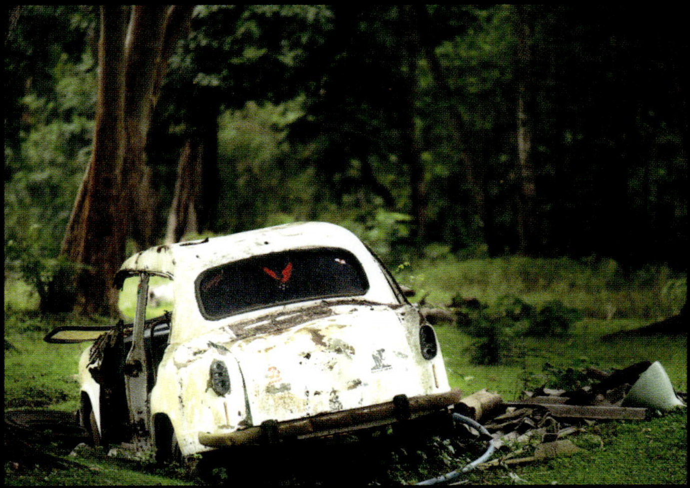

In beiden Fällen – und vielen anderen – **liegt der Fehler daher beim Fotografen** und nicht beim Messinstrument: Wir haben nämlich von unserem Belichtungsmesser verlangt, dass er den falschen Bereich des Bildes analysiert, und eine der Grundregeln der Belichtung vergessen.

Man muss das Objekt belichten, nicht das Foto!

Daher ist es notwendig, dass unser Belichtungsmesser in der Lage ist, **das Hauptmotiv und nicht das gesamte Bild** zu sehen und zu beurteilen. Nur so kann er die richtigen Belichtungswerte genau berechnen.

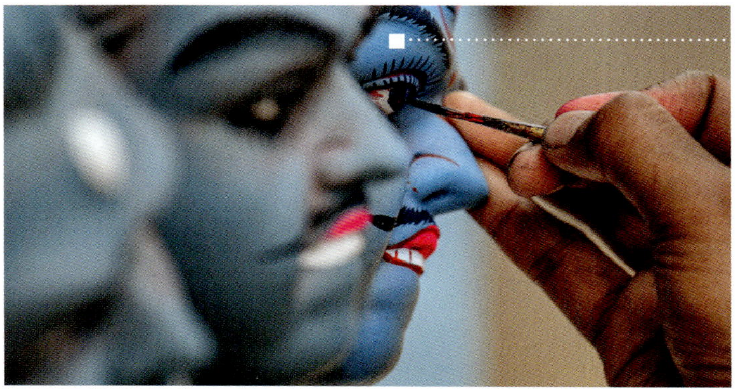

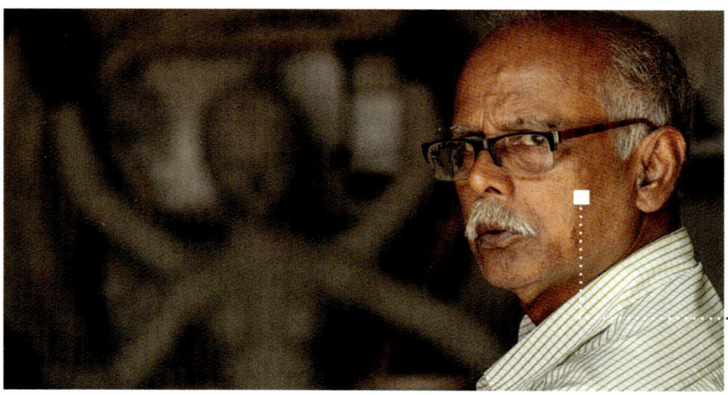

Wir müssen deshalb unserem Belichtungsmesser den **genauen Messbereich** zeigen, das heißt den Teil des Bildausschnitts, für den er die Helligkeit angeben soll (höchstwahrscheinlich das Objekt selbst), und zwar so, dass der Rest des Bildes vernachlässigt und **nicht in die Berechnung der Blenden-/Verschlusszeitwerte** miteinbezogen wird. Es ist also notwendig, dass der Belichtungsmesser unser Objekt und nicht einfach nur das ganze Bild erkennen kann.

Um dies zu erreichen, besitzt der Belichtungsmesser einer jeden Kamera die Möglichkeit, mit mindestens **drei Messbereichen** zu arbeiten. So können die Flächen des Bildes, die gemessen werden sollen, vergrößert oder verkleinert werden, und die Messung findet entsprechend unserer Auswahl statt.

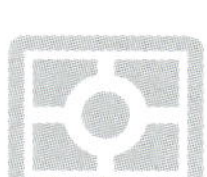

Mehrfeld-messung

Mittenbetonte Messung

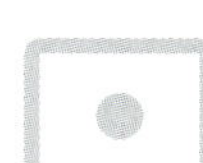

Spot-Messung

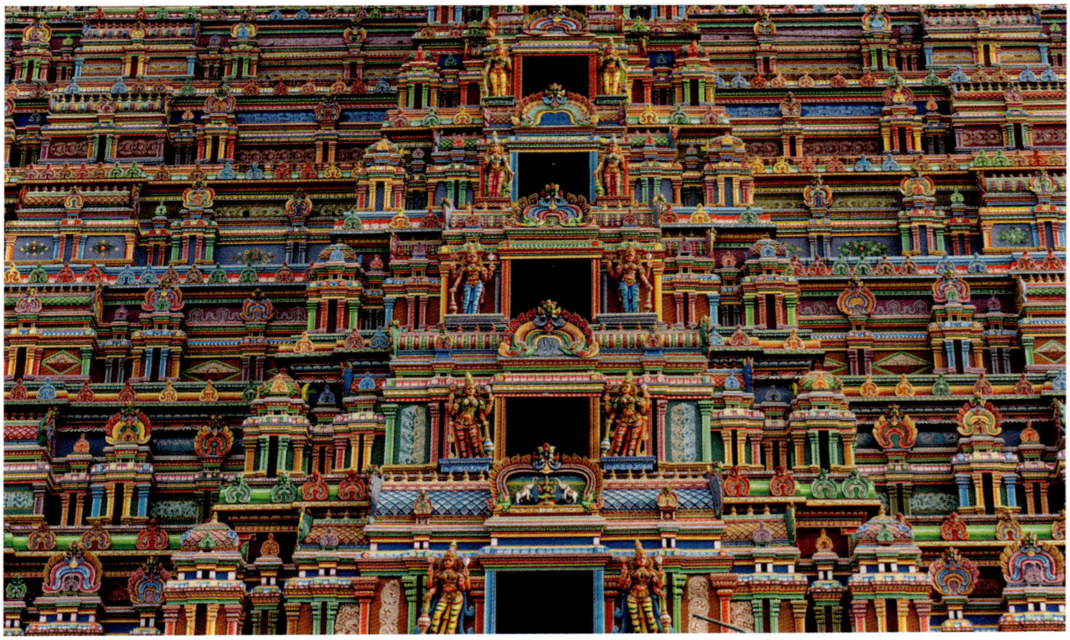

MEHRFELDMESSUNG

Dieses Objekt nimmt den **größten Teil des Fotos ein** und ist überall ungefähr gleich hell. Hier können wir getrost die **Mehrfeldmessung** einsetzen. Der Belichtungsmesser kann so **alle Bildbereiche messen** und uns mit nützlichen Werten versorgen, um in allen Zonen des Fotos eine durchschnittlich korrekte Belichtung zu erhalten.

Bei der Mehrfeldmessung – je nach Hersteller auch „Matrixmessung“, „Multizone“ oder „Multi-Pattern“ genannt – **bewertet der Belichtungsmesser das gesamte Bild**, und indem er es in unterschiedliche Zonen einteilt, erhebt er die relative Helligkeit. Dank raffinierter Algorithmen erhält er so allgemeine Belichtungswerte.

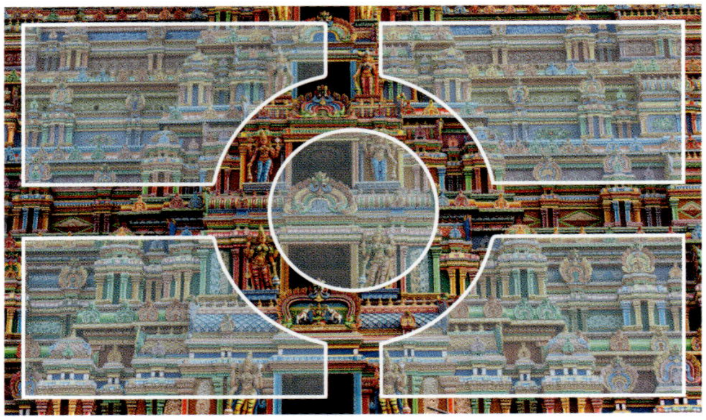

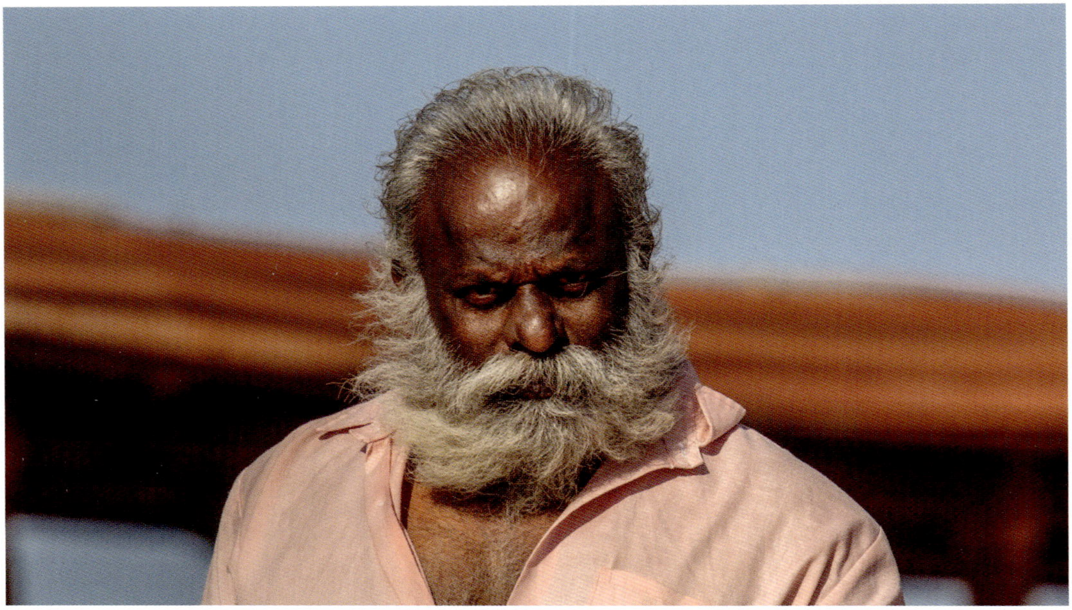

MITTENBETONTE MESSUNG

Dieses Motiv nimmt einen **relativ kleinen Teil der Bildfläche** ein, deshalb müssen wir die **mittenbetonte Messung** verwenden, damit der Belichtungsmesser den Bildausschnitt auswerten kann, ohne den Hintergrund zu stark mit einzubeziehen. Auf diese Weise liefert er eine **präzise Belichtungsmessung**.

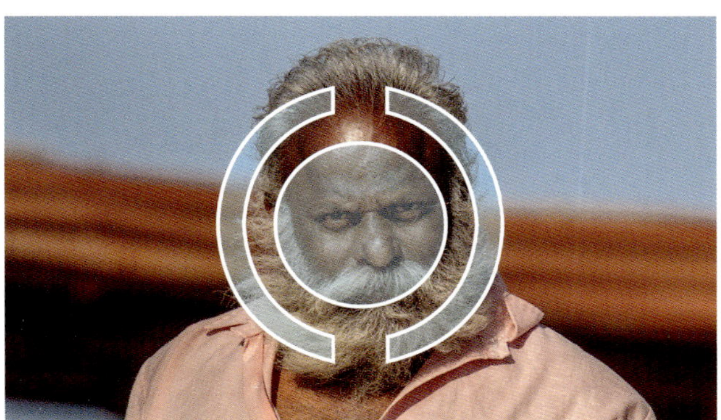

Bei der mittenbetonten Messung legt der Belichtungsmesser bei der Analyse des gesamten Bildes **mehr Gewicht auf den zentralen Bereich**. Dadurch kann faktisch die Helligkeit eines begrenzteren Bereichs des Fotos bewertet werden, und der Fokus liegt auf dem Objekt.

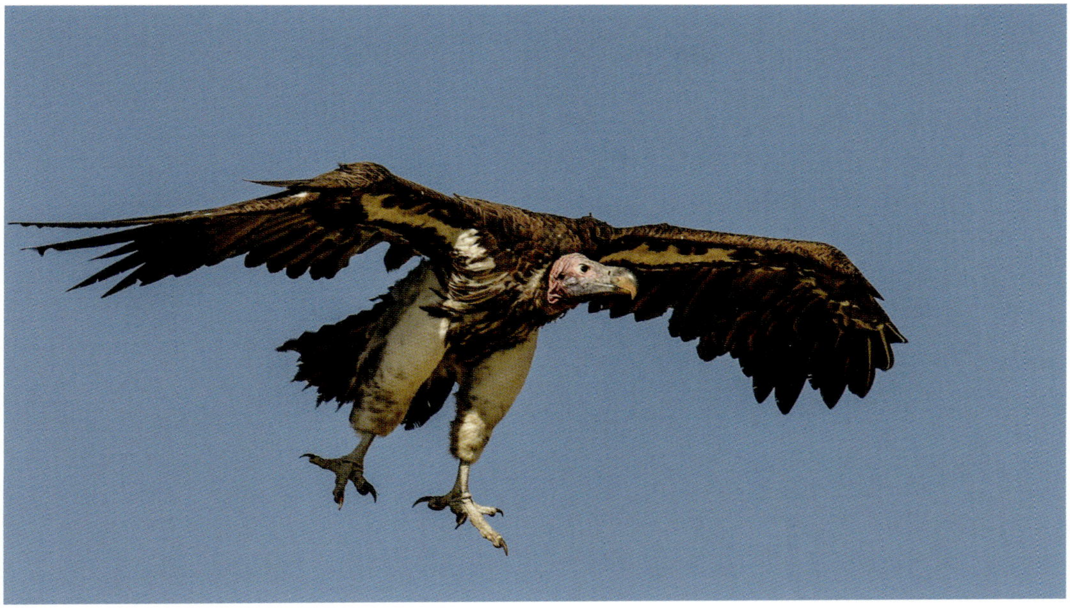

SPOT-MESSUNG

Da das Motiv in diesem Fall **viel kleiner** ist, können wir die **Spot-Messung** verwenden, um es zu isolieren und dem Belichtungsmesser zu ermöglichen, eine Messung durchzuführen, ohne von anderen Lichtern oder der Hintergrundhelligkeit beeinflusst zu werden. Auf diese Weise beschränkt sich die Analyse auf einen **zentralen Bereich**, **der so klein ist**, dass wir das Punktsymbol für die Fokussierung, das in allen Kameras als kleines Quadrat oder Ring in der Mitte des Bildausschnitts erscheint, als Anhaltspunkt verwenden können.

Wenn wir die Spot-Messung verwenden, ist der gemessene Bereich **sehr klein**, er entspricht einer zentralen Zone, die etwa **zwei Prozent des Gesamtbilds** ausmacht. Diese Einstellung ermöglicht eine sehr präzise Messung, die **auf einen genauen Punkt auf dem Foto beschränkt** ist. Dadurch kann man dem Belichtungsmesser auch ein winziges Objekt angeben und **den gesamten Rest ausschließen**.

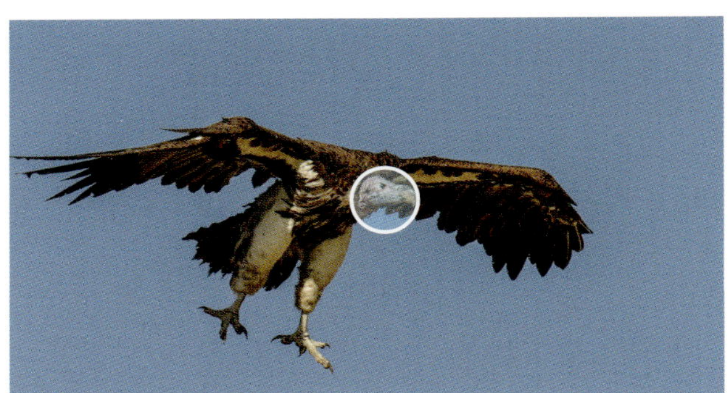

Der Messbereich wird also anhand des Bildausschnitts gewählt und dann anhand des **Größenverhältnisses des Objekts zum Rest des Bildes**. Wenn man sich nämlich erst mal für den Bildausschnitt entschieden hat, wird es einfach, den richtigen Bereich zu wählen, damit der Belichtungsmesser seine Arbeit richtig macht.

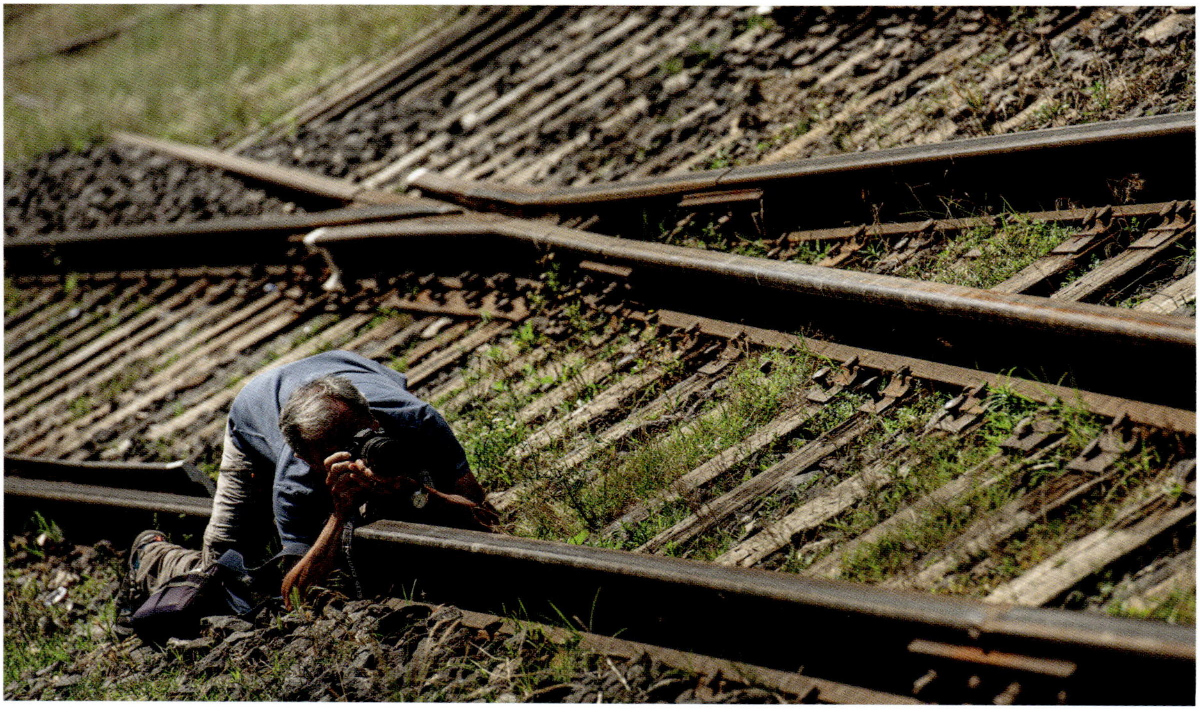

Der Messbereich des Belichtungsmessers **ändert sich jedes Mal**, je nach der Größe des Objekts im Verhältnis zum Bildausschnitt, damit der Belichtungsmesser **NUR** für diesen Bereich das Licht ermittelt und misst und **NICHT** für die anderen Bereiche des Fotos. Daraus folgt eine andere Grundregel der Belichtung:

Man muss den Großteil des Objekts messen, nicht den Bereich außerhalb des Objekts!

Wenn wir bei diesem Foto eine Mehrfeldmessung anwenden, wertet der Belichtungsmesser **hauptsächlich den Hintergrund** aus (der in diesem Fall dunkel ist) und nur zu einem kleinen Teil das Objekt. Dadurch entsteht ein Foto, auf dem das Motiv **sehr überbelichtet** herauskommt.

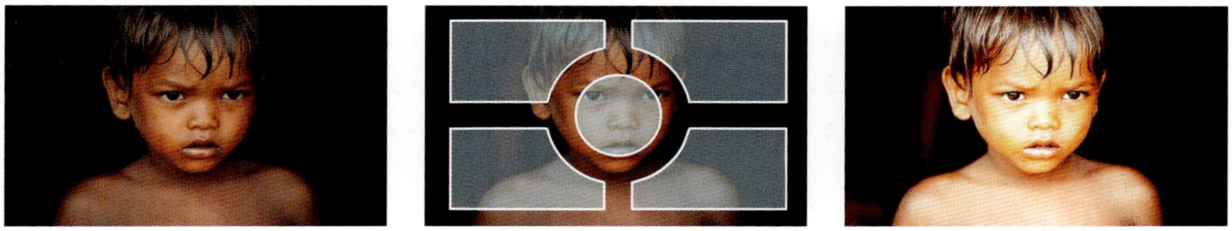

Verwendet man hingegen eine mittenbetonte Messung, wertet der Belichtungsmesser **hauptsächlich das Objekt** aus, doch sein Urteil wird letztlich **durch die Auswertung eines kleinen Teils des dunklen Hintergrunds verändert**. Daher kommt das Objekt leicht überbelichtet heraus.

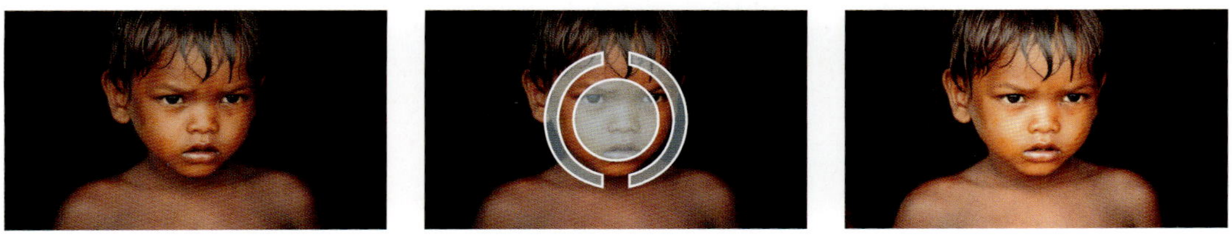

Die richtige Methode für die Belichtungsmessung dieses Bildes ist daher die Spot-Messung. Der Belichtungsmesser wertet hier **nur die Helligkeit des Objekts** aus, ohne von anderen Zonen des Fotos beeinträchtigt zu werden. Endlich ist das Motiv korrekt belichtet.

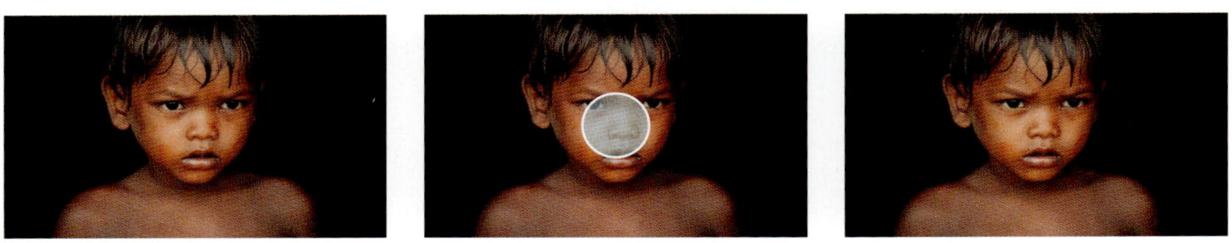

Auf diesem anderen Foto ist jedoch die mittenbetonte Messung die beste Wahl. Das Objekt nimmt einen großen Teil der Bildfläche ein, daher muss auch **EIN GRÖSSERER BEREICH** ausgewertet werden. Außerdem gibt es hier keine anderen Bereiche, die die Berechnung der richtigen Belichtung verfälschen könnten.

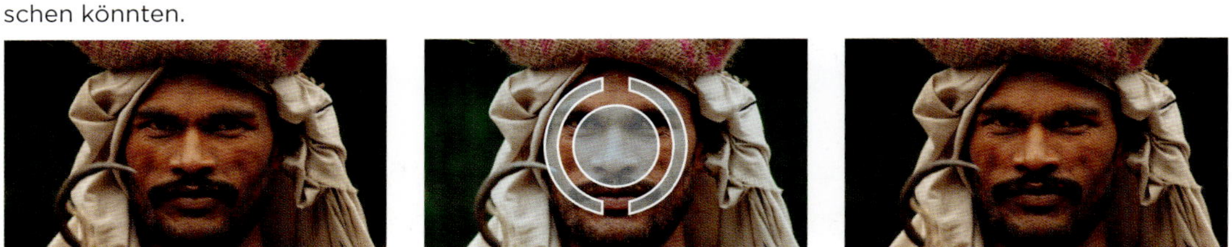

Es mag vielleicht nützlich und bequem erscheinen, immer und in **jedem Fall die Spot-Messung** zu verwenden. Man profitiert dann von ihrer Präzision, das Objekt besser in den Mittelpunkt der Aufmerksamkeit zu rücken, und stellt sicher, dass die Messung nicht über die Auswertungsfläche hinausgeht. **Aber die Idee ist nicht so gut, wie sie scheint.** Der Grund: Bei einem Objekt, das einen Großteil der Fläche einnimmt, wird es mit der Spot-Messung **sehr schwierig**, weil trotzdem immer unterschiedlich helle Bereiche vorliegen, und die Entscheidung, einen davon den anderen vorzuziehen, kann zu **erheblichen Problemen bei der Belichtung** führen.

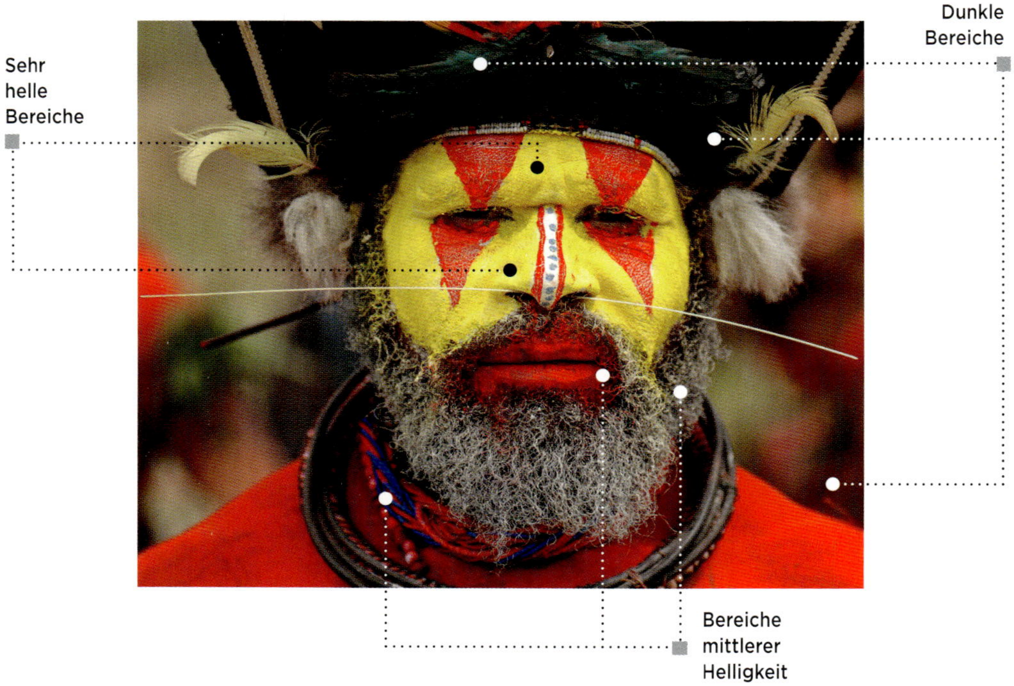

Wenn ein **Großteil des Objekts** gemessen wird, verschafft uns dies **einen Mittelwert** und als Ergebnis eine angemessene Belichtung, die wir mit einer Spot-Messung nicht erzielt hätten – außer wir hätten anhand einer Reihe unterschiedlicher Auswertungen umständlich den Mittelwert errechnet. Wenn wir die Kamera auf den interessantesten Bereich richten, um zu versuchen, eine korrekte Spot-Messung durchzuführen, entstehen außerdem **Probleme in Bezug auf die Fokussierung**, die höchstwahrscheinlich anhand eines anderen Punktes durchgeführt wird.

Der Belichtungsmesser, der natürlich die **Lichtempfindlichkeit** des Sensors kennen muss, um korrekte Daten liefern zu können, wird **automatisch über den ISO-Wert informiert**, den wir verwenden wollen, deshalb ist keine weitere Regulierung notwendig. Die Software der Kamera übermittelt diese Information in Echtzeit an das Belichtungssystem.

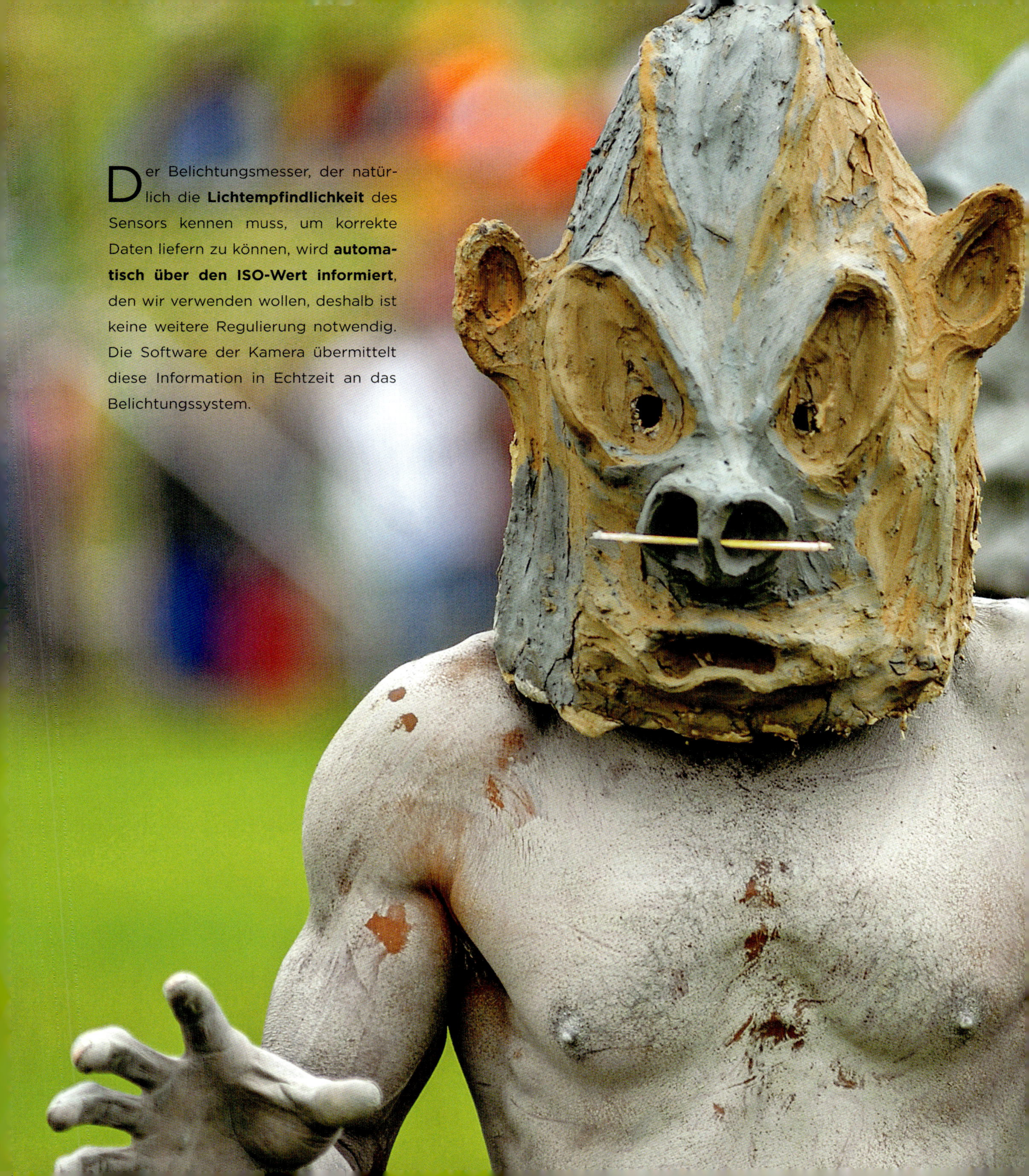

Um die Helligkeit des Motivs auszuwerten, genaue Informationen über dessen Belichtung zu erhalten und dann ein Foto zu machen, auf dem das Motiv richtig belichtet ist, müssen wir:

- **den Messbereich wählen, der für unser Motiv geeignet ist,**
- **das Objekt in die Mitte setzen und den Auslöser halb drücken,**
- **die Belichtungsdaten auswerten und den Auslöser ganz drücken.**

Wenn der Belichtungsmesser unter Berücksichtigung des zuvor gewählten ISO-Werts die Messung durchgeführt hat, übermittelt er uns auf diese Weise nützliche Werte für Blende und Verschlusszeit, damit wir unser Motiv korrekt belichten können. Das ist eine **einfache und präzise Prozedur**, die wir mit der Zeit jedes Mal, wenn es notwendig wird, ganz automatisch ausführen werden.

EIN KLEINES, ABER ZENTRALES PROBLEM

Ein kleines Problem haben wir noch: Wenn wir diesem im Grunde richtigen Prozedere folgen, müssen wir das Objekt in der **Mitte des Bildausschnitts** positionieren, weil sich die Auswertung unseres Belichtungsmessers auf die Bildmitte bezieht. Mit der Zeit lernen wir jedoch, dass es – außer in einigen Spezialfällen – keine gute Idee ist, das Objekt in die Bildmitte zu setzen, denn dadurch werden Dynamik und Aussage eingeschränkt, wodurch **die Komposition leidet**. Außerdem geht das oft nicht, weil es sich um zwei oder mehr Objekte handelt oder es die Geometrie des Bildausschnitts nicht erlaubt.

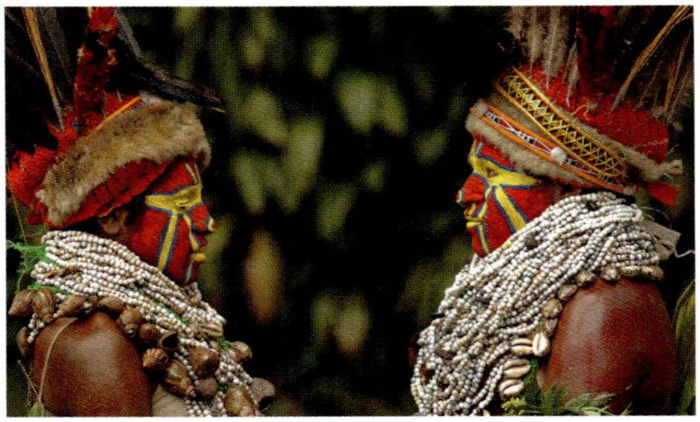

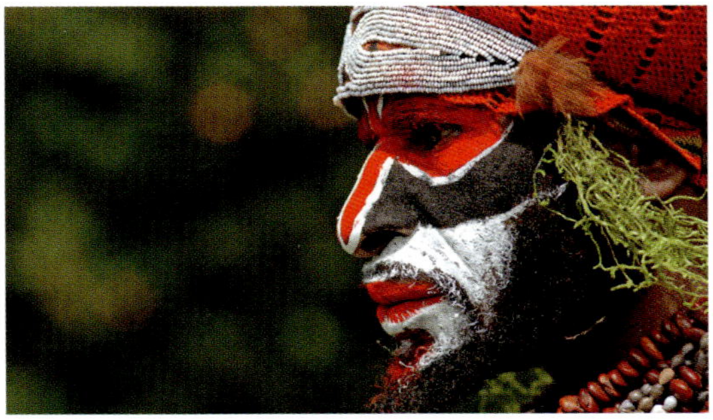

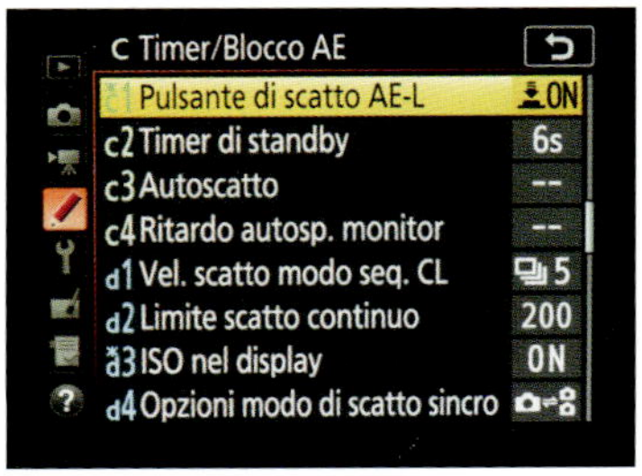

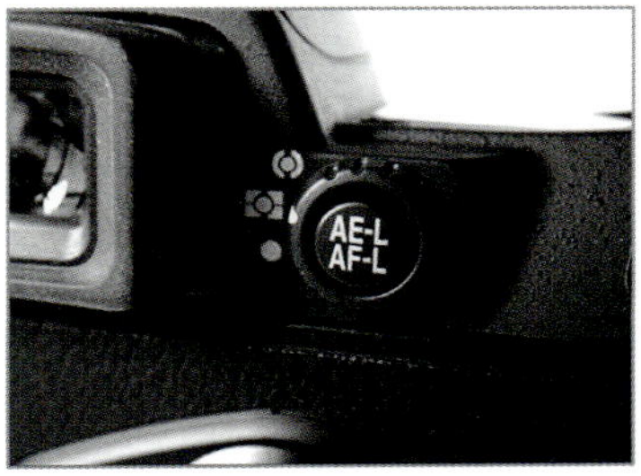

Dem lässt sich ganz einfach abhelfen, indem man im Moment der Belichtungsmessung **Fokusfunktion und Belichtung bis zum Zeitpunkt des Auslösens sperrt**. Bei einigen Kameras legt man hierfür auf dem inneren Menü ein für alle Mal die Funktion AE LOCK *(Auto Exposure Lock)* für den Auslöser fest; normalerweise ist hier „Autofokus sperren" eingestellt. Kameras, die nicht über diese bequeme Menüfunktion verfügen, haben auf ihrer Rückseite einen leicht erreichbaren **Schalter mit der Aufschrift „AE LOCK"**; wenn man diesen **zusammen mit dem Auslöser drückt** (der normalerweise sowieso die Fokusfunktion blockiert, wenn man ihn nicht loslässt), wird zudem auch die Belichtung blockiert. Wenn wir dann das Objekt **vorübergehend** in zentraler Position ins Bild nehmen, anschließend den Auslöser halb drücken und **NICHT LOSLASSEN**, merkt sich die Kamera sowohl die Fokussierung als auch die Belichtung. Nun reicht es aus, **den Bildausschnitt neu zu wählen**, das Objekt an seinen richtigen Platz zu versetzen, ohne jedoch den Auslöser loszulassen, und diesen anschließend ganz zu drücken. Die Kamera nimmt das Bild auf und wendet auf das Objekt sowohl die Fokussierung als auch die Belichtungswerte an, die **zuvor ermittelt und gespeichert** wurden. Das funktioniert auch dann, wenn sich das Objekt inzwischen nicht mehr in der Mitte der Komposition befindet.

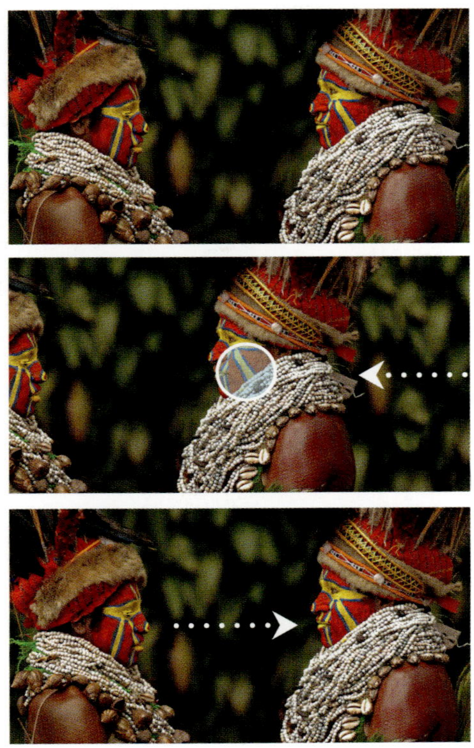

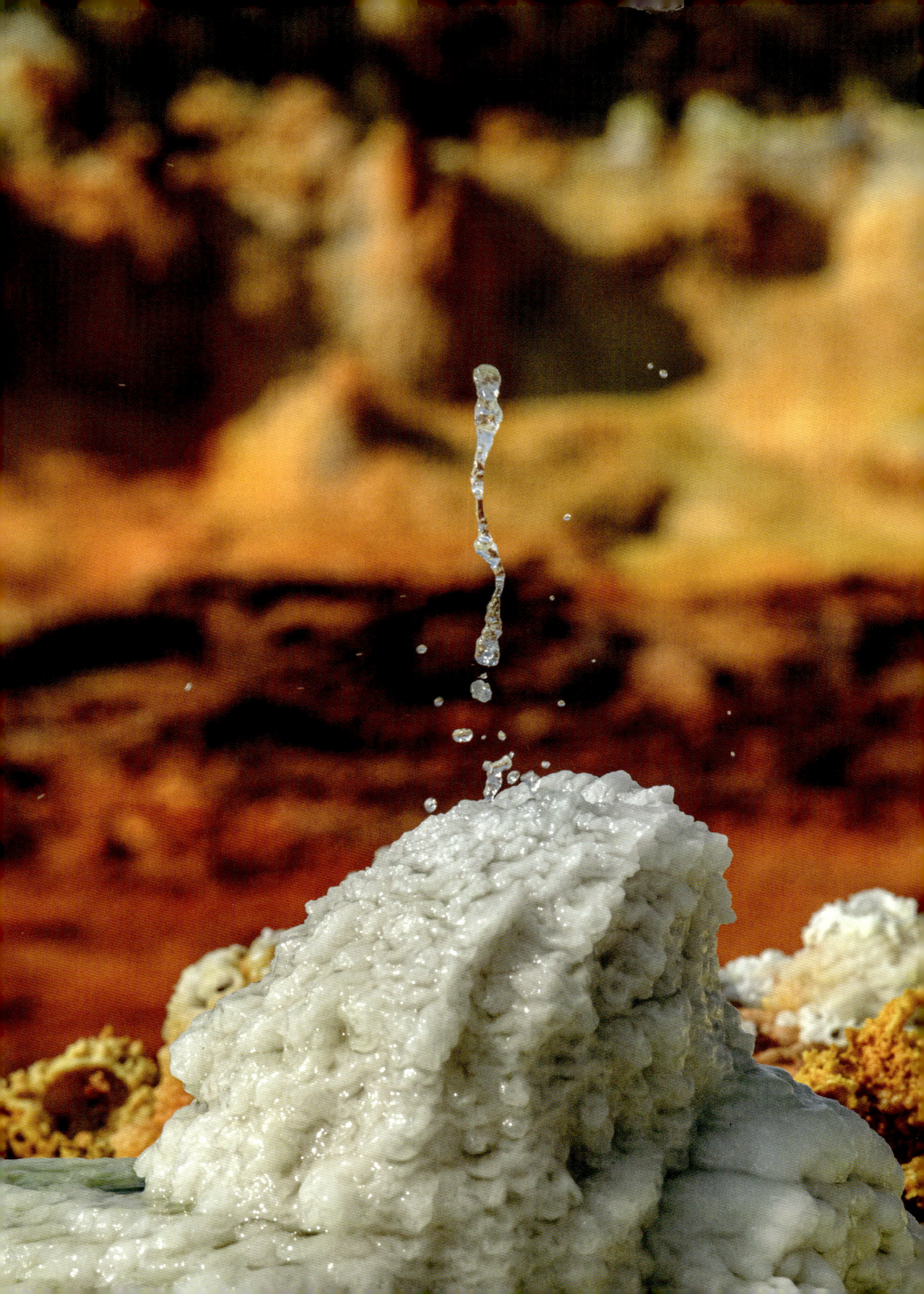

Zusammenfassend lässt sich über die korrekte, systematische Vorgehensweise bei der Aufnahme eines Fotos Folgendes sagen:

Um die Helligkeit des Motivs auszuwerten, genaue Informationen über seine Belichtung zu erhalten und folglich ein Foto aufzunehmen, auf dem das Objekt korrekt belichtet ist, müssen wir:

- **einen Messbereich wählen, der für unser Motiv geeignet ist,**
- **das Objekt in die Mitte setzen und den Auslöser halb drücken, um Fokussierung und Belichtung zu sperren (beziehungsweise den Auslöser halb + den Schalter AE LOCK drücken),**
- **den Bildausschnitt neu komponieren (dabei den Auslöser halb gedrückt halten),**
- **die Belichtungsdaten auswerten und den Auslöser ganz drücken.**

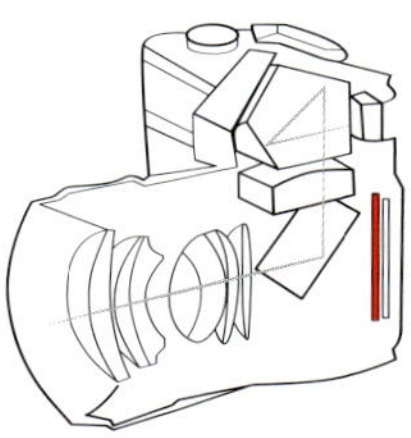

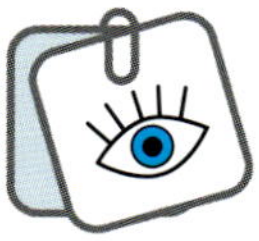

Fast alle hochwertigen Kameras verfügen über einen **Belichtungsausgleich**, einen Befehl, der die Belichtungsmessung verändert, um das Bild weniger oder mehr zu belichten, als der Belichtungsmesser anzeigt. Dieser Befehl dient dazu, ganze Bilderserien zu korrigieren, die aufgrund eines **dauerhaften und unvermeidlichen Messfehlers** mangelhaft sind. Wenn man zum Beispiel ein Skirennen fotografiert und vorauszusehen ist, dass sich der Belichtungsmesser vom Widerschein des Schnees blenden lässt, kann man mithilfe des Belichtungsausgleichs alle Fotos überbelichten, um zu verhindern, dass das Motiv zwangsläufig unterbelichtet ist. **Ein schwerer Fehler** ist es jedoch, diese Funktion dazu zu nutzen, die Belichtung unserer Fotos zu korrigieren, **wenn der Messfehler bei uns selbst liegt**, zum Beispiel wenn wir nicht den **korrekten Bereich** für die Belichtungsmessung gewählt haben. Die Funktion erfasst dann nicht den wahren Fehlergrund, und es wird unmöglich, die Lösung gezielt zu suchen und zu verstehen. Wenn man auf diese Weise herumprobiert, bleibt die Aufnahme korrekt belichteter Bilder darüber hinaus **dem Zufall überlassen und dauert lang**.

BETRIEBSMODI

DEN PASSENDEN MODUS WÄHLEN

Zuvor haben wir dieses korrekte Vorgehen für die Aufnahme unserer Fotos gesehen:

1. **einen Messbereich wählen, der für unser Motiv geeignet ist,**
2. **das Objekt in die Mitte setzen, und den Auslöser halb drücken, um Fokussierung und Belichtung zu sperren (beziehungsweise den Auslöser halb + den Schalter AE LOCK drücken),**
3. **den Bildausschnitt neu komponieren (dabei den Auslöser halb gedrückt halten),**
4. **die Belichtungsdaten auswerten und den Auslöser ganz drücken.**

Auf diese Weise können wir **bestmöglich von unserem Belichtungsmesser profitieren**, um die Helligkeit des Motivs auszuwerten und korrekte Daten zu dessen Belichtung zu erhalten. Doch **wie kommuniziert der Belichtungsmesser diese Daten? Wie vermittelt er das Ergebnis seiner Berechnungen**, damit wir die wichtigen Entscheidungen treffen können, die den einen Fotografen vom anderen unterscheiden? Das hängt vom **„Ambiente“** ab, in dem wir uns befinden, vom **„Modus“**, den wir verwenden wollen, und damit davon, wie wir die Kamera eingestellt haben.

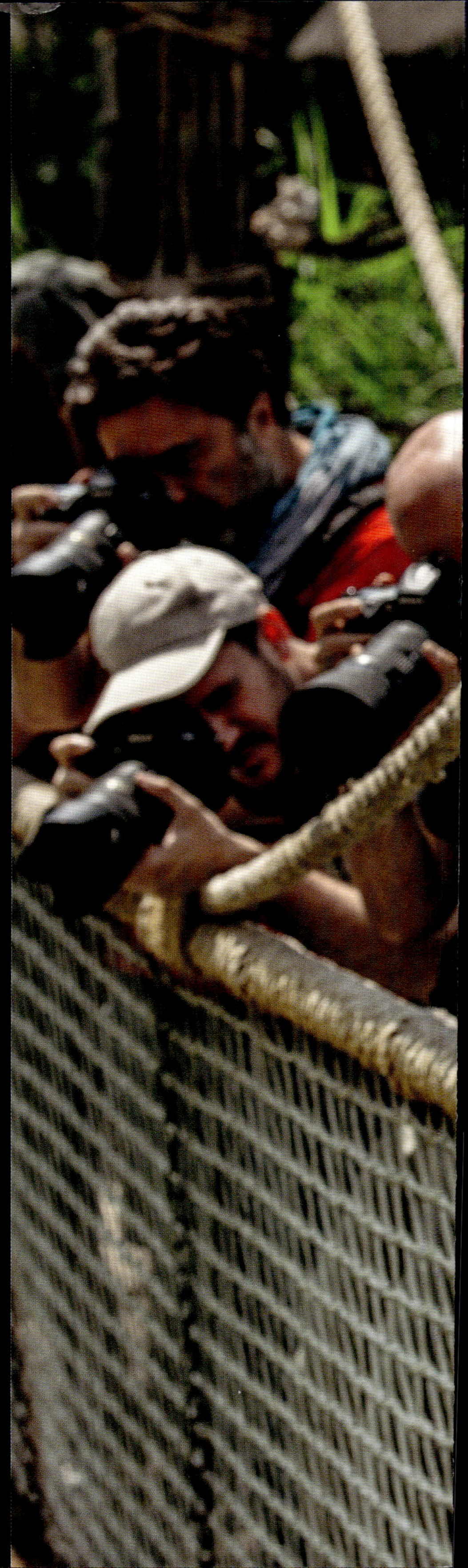

Südafrika, Kurland

Nikon D850 • 70–200 mm f/2,8
1/125 bei f/7,1 • ISO 64

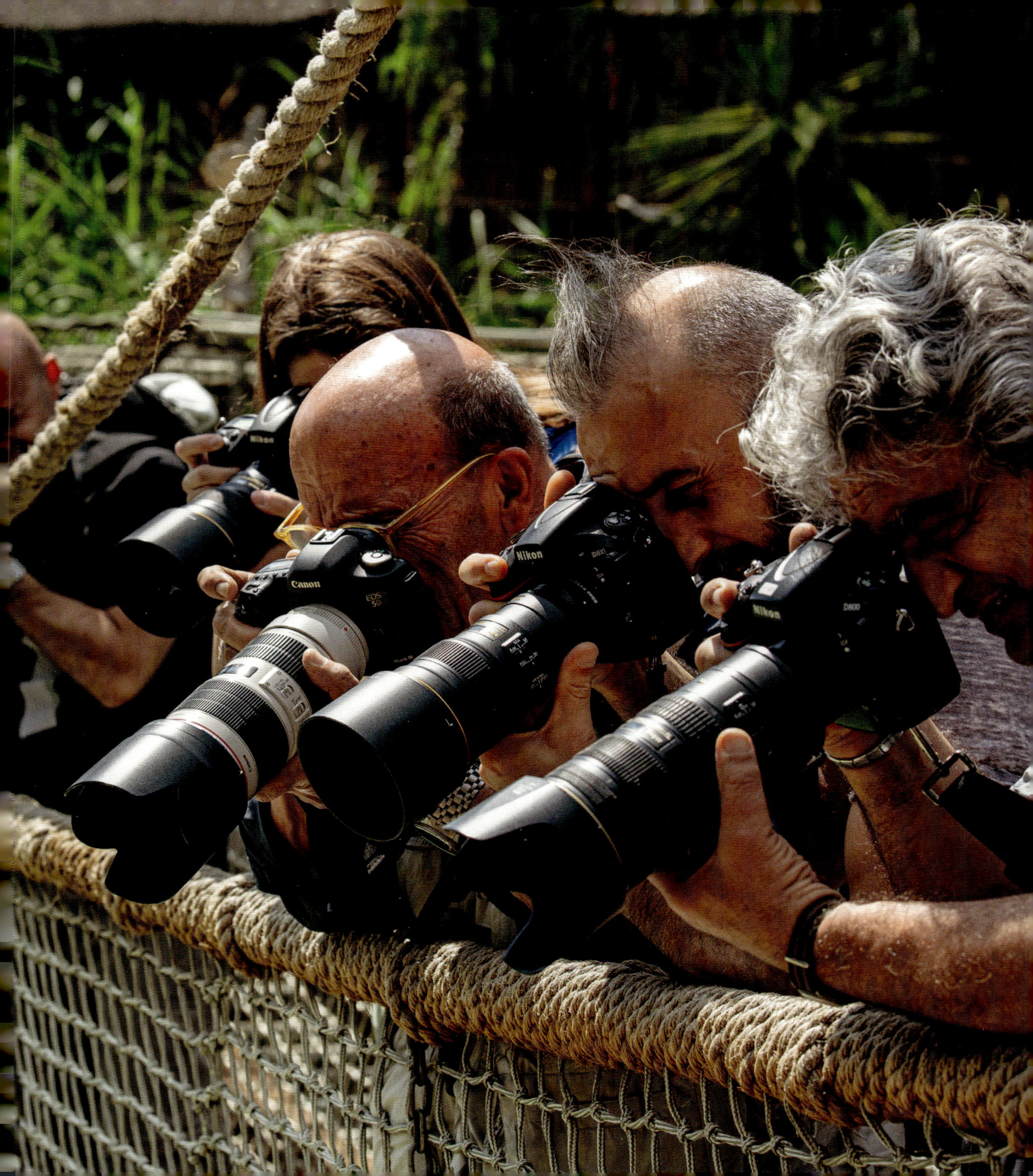
Canon
EOS 5D
Nikon
D810
Nikon
D800

BETRIEBSMODI

Alle hochwertigen Kameras verfügen über **verschiedene MODI**. Diese Modi sind eigentlich vorkonfigurierte Umgebungen, in denen die Kamera in verschiedener Art und Weise auf unsere Bedürfnisse reagiert, um die Präzision und Geschwindigkeit unserer Arbeit in sehr unterschiedlichen Situationen zu begünstigen. In manchen Umgebungen sind **Automatikfunktionen** vorzuziehen, weil sie leichter zu einem unmittelbaren Resultat führen, wobei jedoch Exaktheit, Präzision und Kontrolle auf der Strecke bleiben können. Andere unterstützen uns wirksam bei manchen Vorgängen, überlassen aber alle **wichtigen Entscheidungen** uns selbst. Den richtigen Betriebsmodus zu wählen ist von **großer taktischer und technischer Bedeutung** und kann erheblich zum Erfolg einer Reportage beitragen. Ein Fotograf mit einer guten Technik kann die **Betriebsmodi dauernd wechseln, auch innerhalb ein und derselben Reportage**, um seinen Bildern eine fesselndere Dynamik zu verleihen.

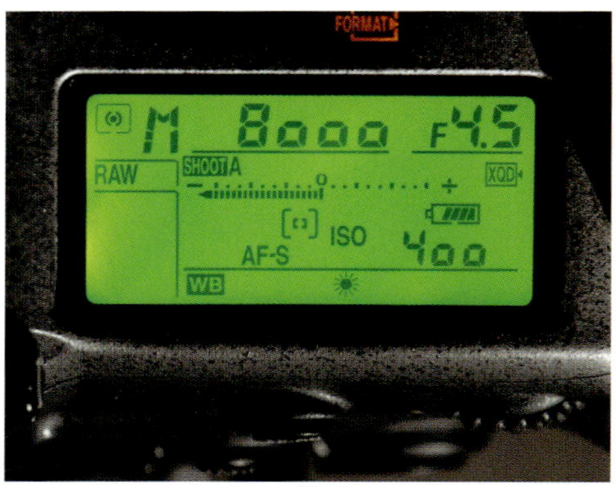

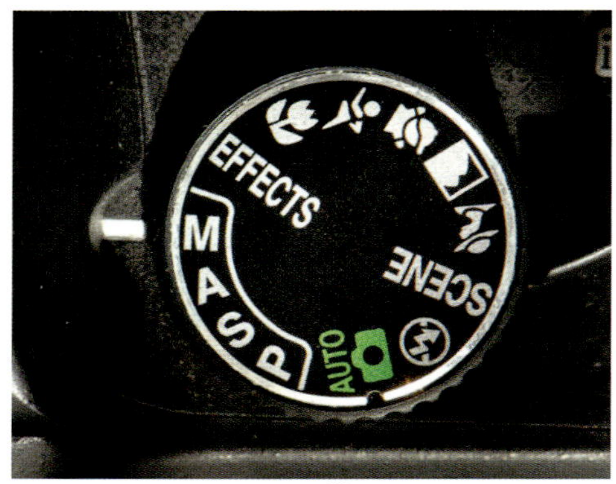

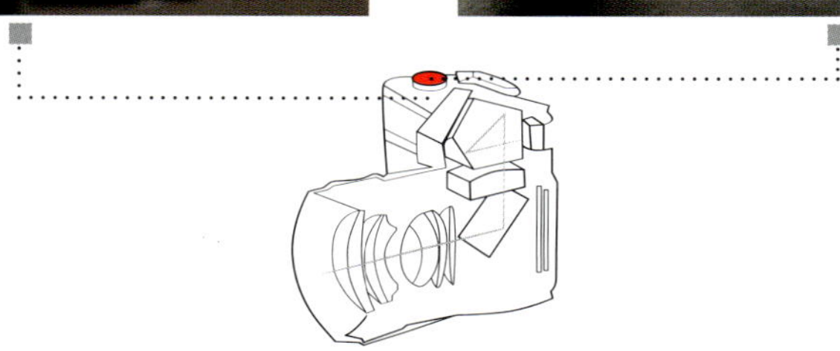

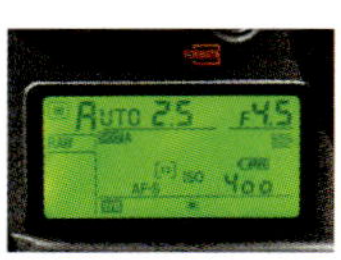

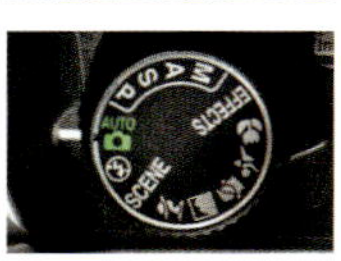

AUTOMATIK

Der Automatikmodus **eignet sich für Anfänger** oder Menschen, die sich einfach fotografische „Notizen" machen wollen. Blenden, Verschlusszeiten, ISO, Weißabgleich und die eventuelle Verwendung von Blitzlicht werden voll und ganz der Software überlassen. Dem Fotografen bleiben somit nur die Wahl des Bildausschnittes und das Scharfstellen überlassen.

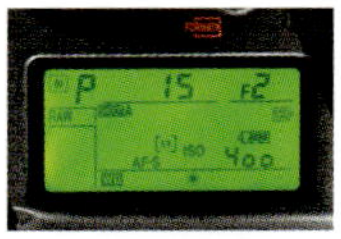
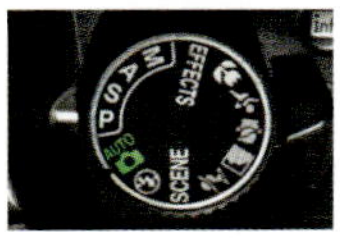

PROGRAMMAUTOMATIK (P)

Die Programmautomatik ist praktisch **eine komplette Automatikfunktion**, die jedoch im Gegensatz zur Vollautomatik dem Fotografen noch einige Entscheidungen überlässt, zum Beispiel die Wahl des ISO-Werts, den Weißabgleich und den Einsatz von Blitzlicht. Außerdem erlaubt es die Software vieler Kameras, **die vom Belichtungsmesser vorgeschlagene Blende-Verschlusszeit-Kombination zu ändern**.

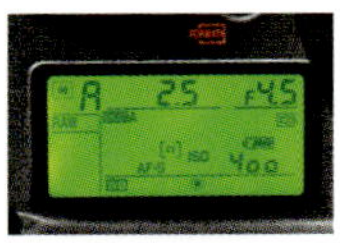
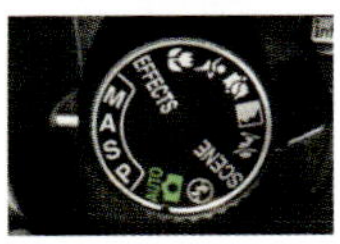

BLENDENVORWAHL (A - AV)

Die Blendenvorwahl ist eine **Halbautomatik**. Der Fotograf entscheidet über die Blende, die verwendet werden soll, und der Belichtungsmesser wirkt automatisch auf den Kameraverschluss ein, indem er die entsprechende Verschlusszeit einstellt. Der Fotograf kann auf alle anderen Funktionen einwirken, behält jedoch die absolute Kontrolle über die Blenden und damit über die Schärfentiefe. Diese Funktion ist sehr nützlich, wenn sich die Helligkeit des Motivs ständig ändert oder der Bildausschnitt häufig variiert wird.

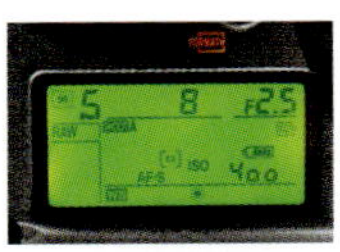
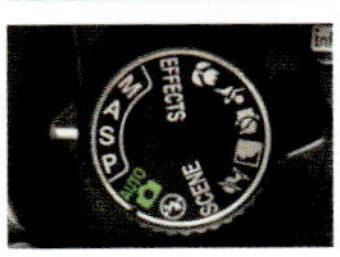

ZEITVORWAHL (S - TV)

Die Zeitvorwahl ist eine **Halbautomatik**. Der Fotograf legt die Verschlusszeit fest, die verwendet werden soll, und der Belichtungsmesser wirkt automatisch auf den Kameraverschluss ein, indem er die entsprechende Blende einstellt. Der Fotograf kann alle anderen Funktionen selbst steuern und behält die absolute Kontrolle über die Verschlusszeiten. Dadurch kann er auch auf Bewegung angemessen reagieren.

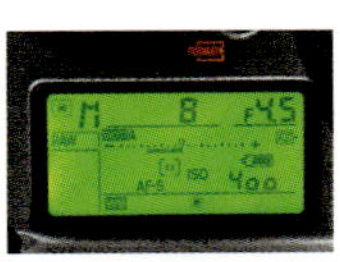
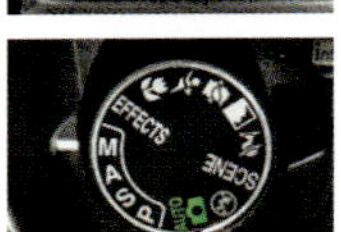

MANUELLER MODUS (M)

Im manuellen Modus kann der Fotograf alle Funktionen selbst steuern. Er **behält die Kontrolle** über Blende und Verschlusszeiten und damit über Schärfentiefe und Bewegung. Dieser Modus wird von Fotografen mit guter technischer Ausrüstung verwendet. Er erlaubt Entscheidungen zu fällen, die den Angaben des Belichtungsmessers vollständig zuwiderlaufen.

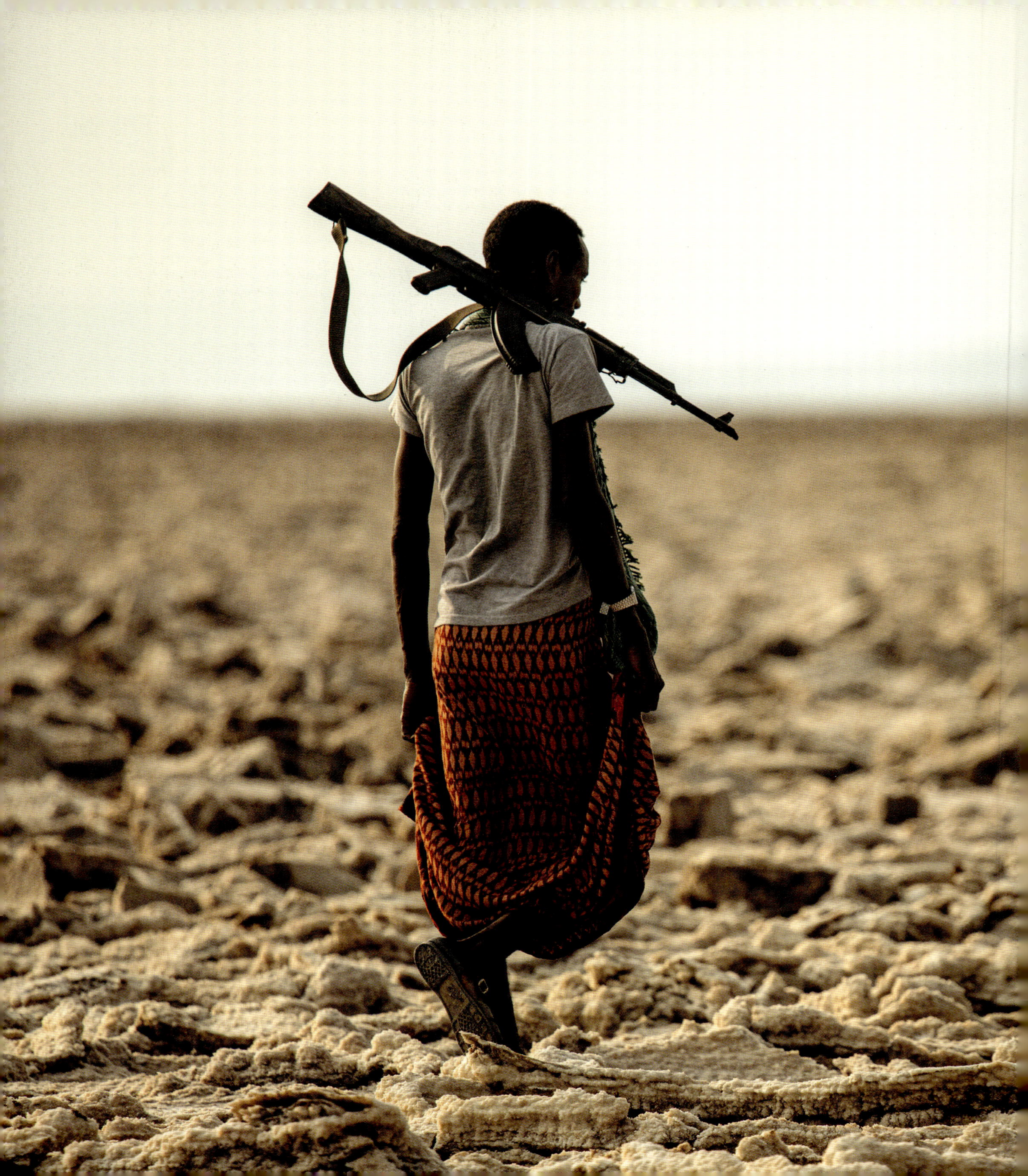

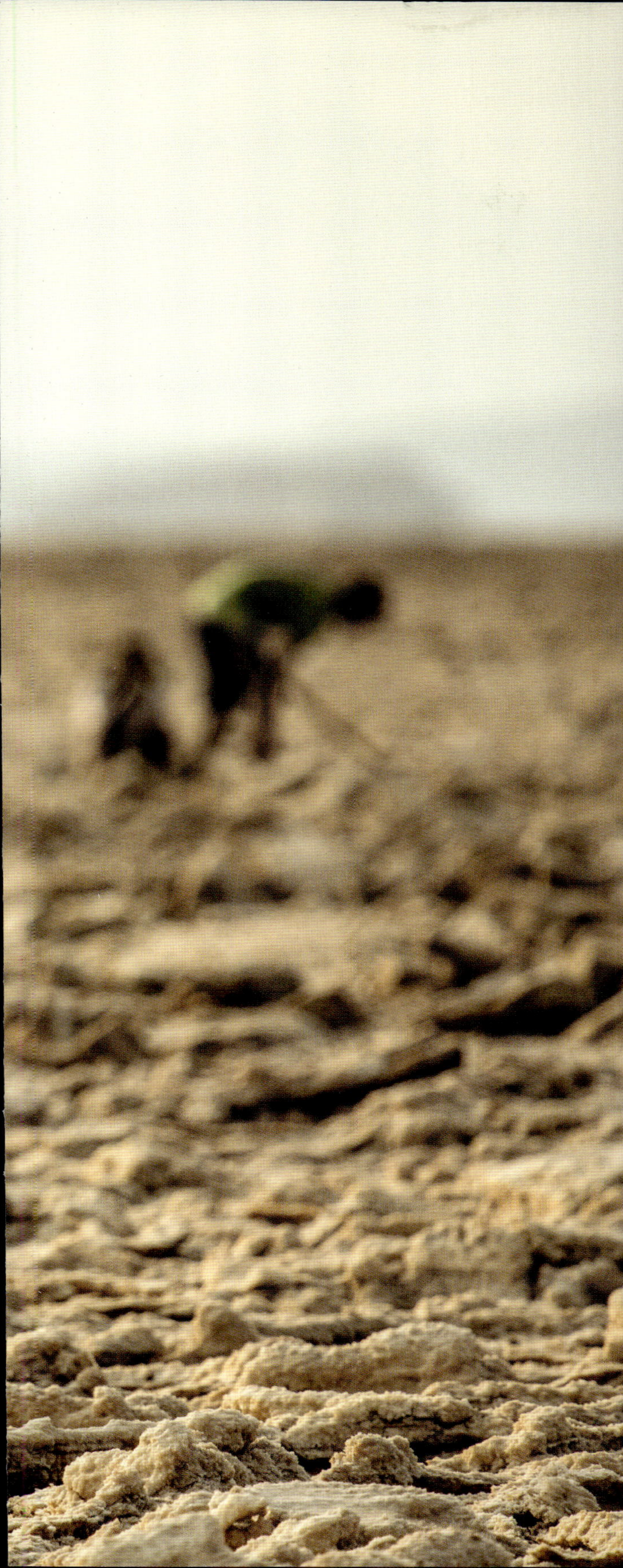

BETRIEBSMODI

Die Wahl des Betriebsmodus **liegt also beim Fotografen** und variiert je nach Situation. Wer vorwiegend einen einzigen Betriebsmodus verwendet, verrät praktisch immer, dass er sich mit der Fototechnik nicht auskennt und daher im selben Betriebsumfeld verharrt. Das führt zwangsläufig zu Einschränkungen der Qualität der Bilder und reduziert ihre Dynamik. Ein fortgeschrittener Fotograf, der die Möglichkeiten der technischen Mittel von Grund auf kennt, **wechselt zwischen dem manuellen Modus und der Blendenvorwahl**. Mit diesen beiden Methoden ist es nämlich möglich, **jede Situation präzise und schnell zu meistern, ohne die Kontrolle über die Blende abzugeben**, die für einen Profi eine **unabdingbare Voraussetzung** für hochwertige Fotografie darstellt. Dies gilt auch für diejenigen, die Objekte fotografieren, die sich schnell bewegen, vorausgesetzt, die Verschlusszeiten können trotzdem durch den Kamerasucher gesteuert werden, was **eine Verwendung der Zeitvorwahl überflüssig** macht.

Äthiopien, Afar-Dreieck

Nikon D850 • 300 mm f/4
1/4000 bei f/5,6 • ISO 800

Wir sehen also, dass der **Belichtungsmesser** durch diese beiden Hauptbetriebsmodi mit uns in Dialog tritt und uns dank der Belichtungsanzeige im Sucher über die Ergebnisse informiert, die für die Belichtung unseres Motivs erfasst wurden.

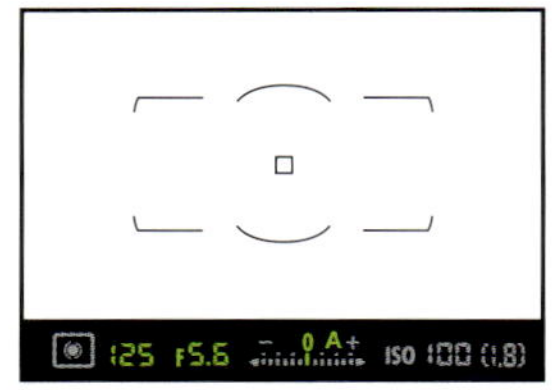

BLENDENVORWAHL

Der Belichtungsmesser zeigt uns durch die Informationen im Sucher die Verschlusszeit an, die er ausgewählt und bereits eingestellt hat, während die Belichtungsanzeige auf „0" steht. Bei der Blenden- und der Zeitvorwahl sowie bei der Programmautomatik ist die Belichtungsanzeige **immer** auf „0" eingestellt, weil der Belichtungsmesser in **Echtzeit** arbeitet, damit die Blenden-Verschlusszeit-Kombination stets korrekt ist. Bei sehr wenig oder sehr hellem Licht, wenn der Belichtungsmesser nicht korrekt arbeiten kann, wird der Fotograf durch das **Aufleuchten der Anzeige** verständigt.

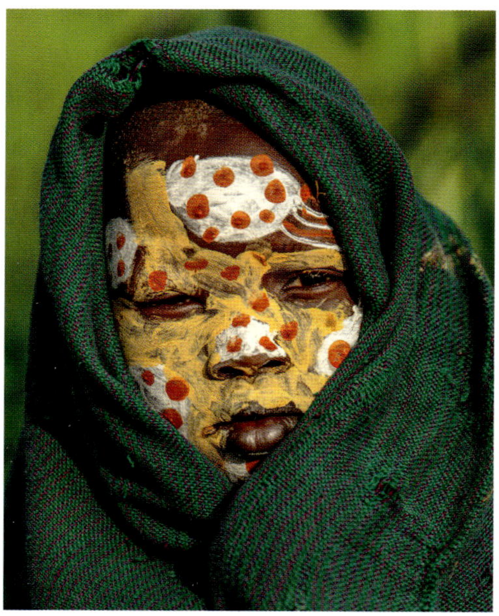

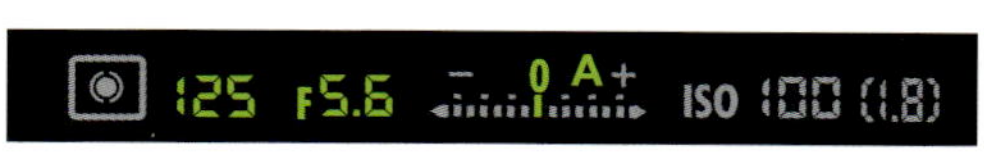

Bei der Blendenvorwahl bleibt die Belichtungsanzeige auf „0", weil der Belichtungsmesser nicht zum Einsatz kommt.

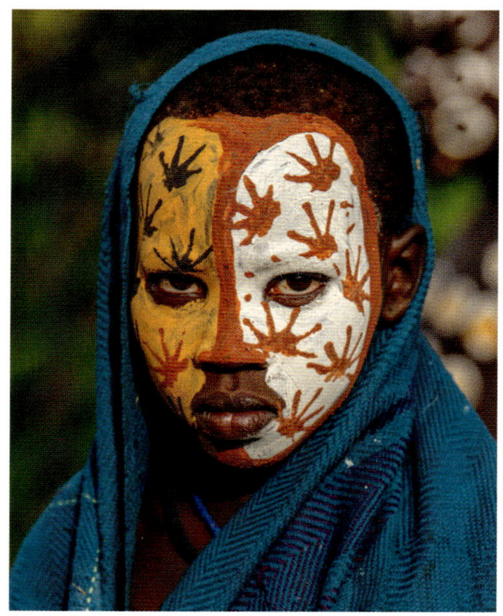

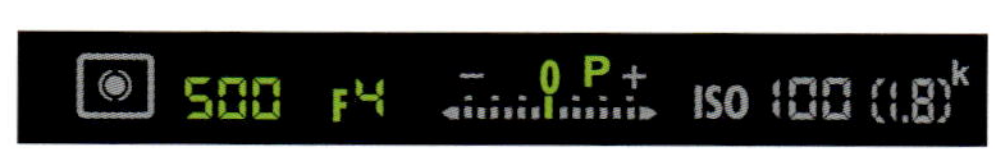

Aus demselben Grund bleibt auch bei der Zeitvorwahl und der Programmautomatik die Belichtungsanzeige auf „0".

MANULLER MODUS

Da der Belichtungsmesser im manuellen Modus auf die Steuerung von Verschlusszeiten, Blende und ISO keinen direkten Einfluss hat, zeigt er im Sucher an, wie stark unser Foto über- beziehungsweise unterbelichtet wäre, **wenn es mit den in diesem Moment eingestellten Werten aufgenommen würde**. Die **Belichtungsanzeige** kann in einer Unterteilung in **Drittel-*Stops*** die Unterbelichtung beziehungsweise die Überbelichtung – beleuchtete Abschnitte in Richtung Minuszeichen beziehungsweise Pluszeichen – anzeigen. Mit den Einstellringen für Blende, Verschlusszeit und ISO lassen sich diese Unterteilungen **vergrößern oder verringern, bis „0" angezeigt wird** und damit die korrekte Belichtung erreicht ist. Doch der manuelle Modus **sieht nicht immer vor**, was wir gerne hätten. Dann verwenden wir den manuellen Modus, um die Belichtung gegen **die Empfehlung des Belichtungsmessers zu erzwingen**. Auf diese Weise können wir einen bestimmten Effekt erzielen oder eine bestimmte Lichtquelle ganz bewusst hervorheben.

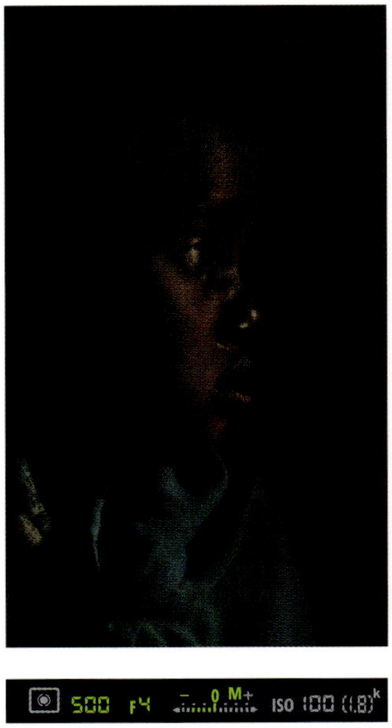

Verwendet man 500/f/4 im manuellen Modus, besagt die Belichtungsanzeige, dass das Objekt, das gerade ausgewertet wird, um zwei *Stops* unterbelichtet sei.

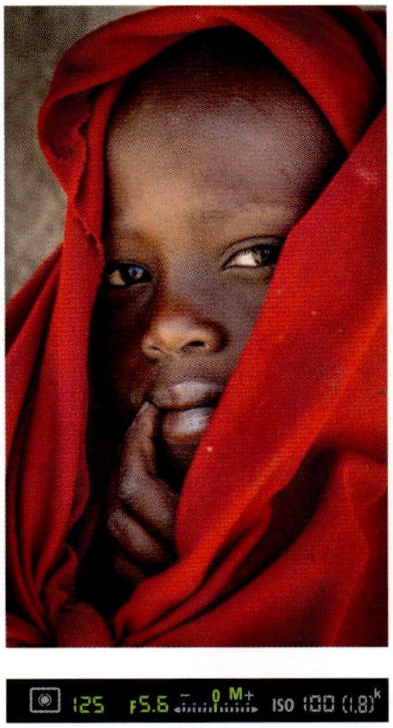

Verwendet man 125/f/5,6 im manuellen Modus, besagt die Belichtungsanzeige, dass das Objekt, das gerade ausgewertet wird, korrekt belichtet sei.

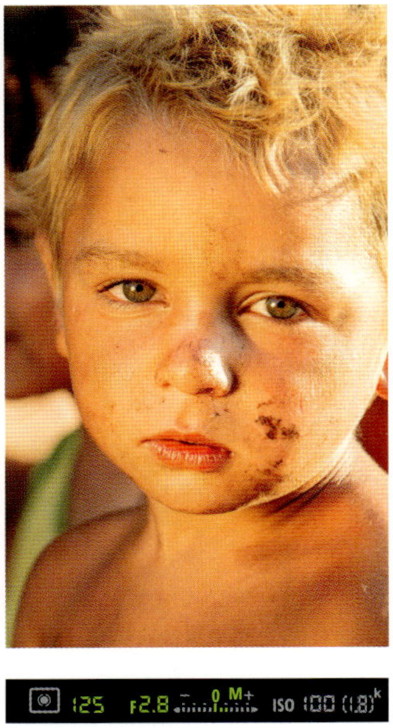

Verwendet man 125/f/2,8 im manuellen Modus, besagt die Belichtungsanzeige, dass das Objekt, das gerade ausgewertet wird, um einen *Stop* überbelichtet sei.

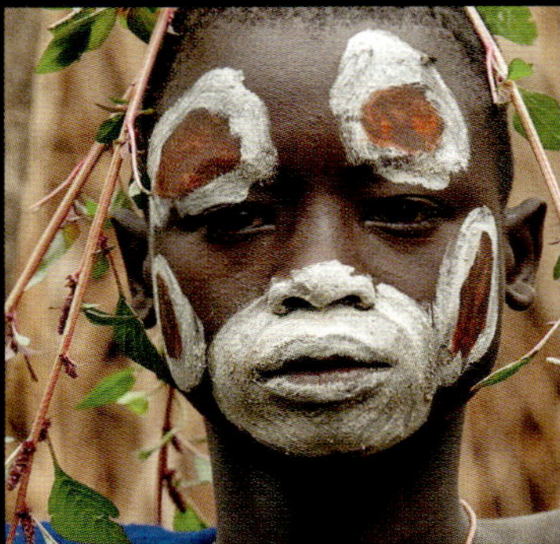
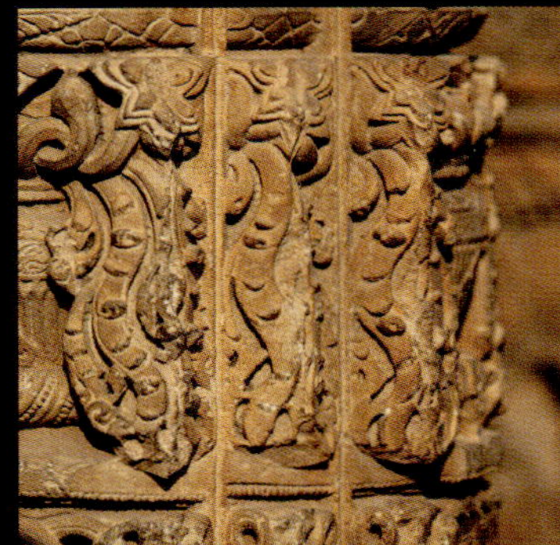
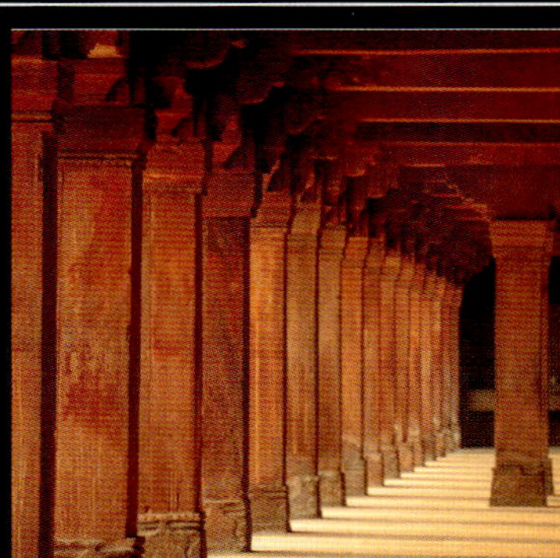
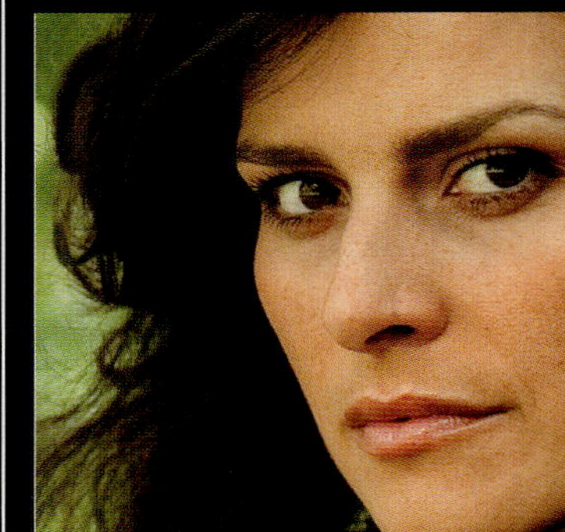
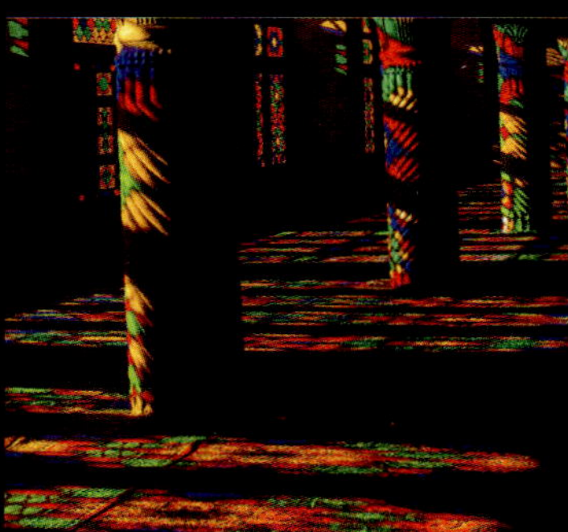
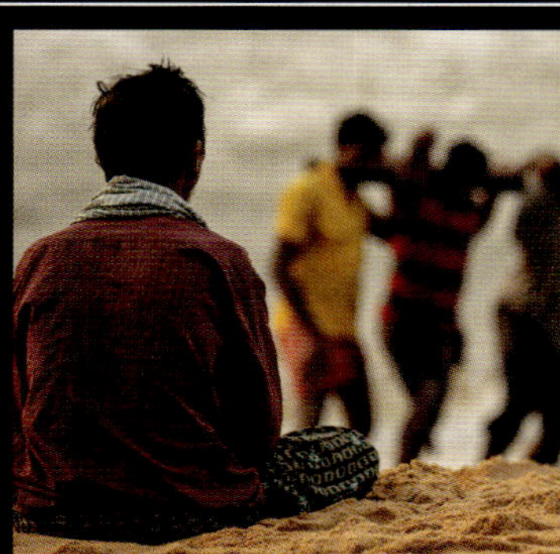
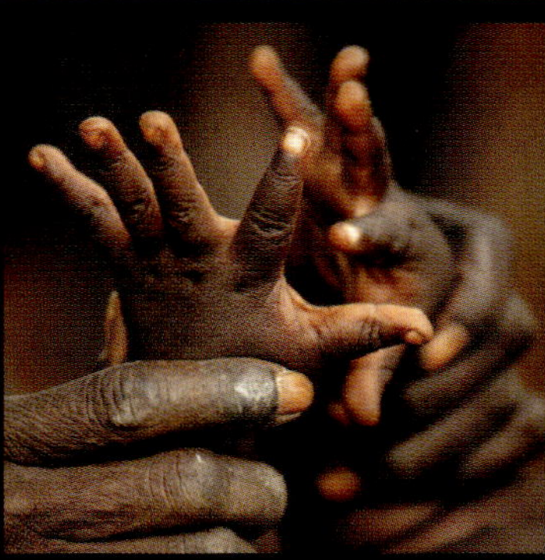
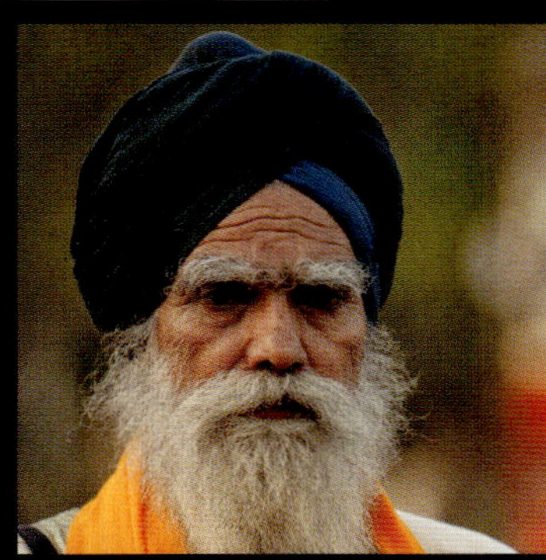

WEITERE MÖGLICHKEITEN

NEBENEFFEKTE

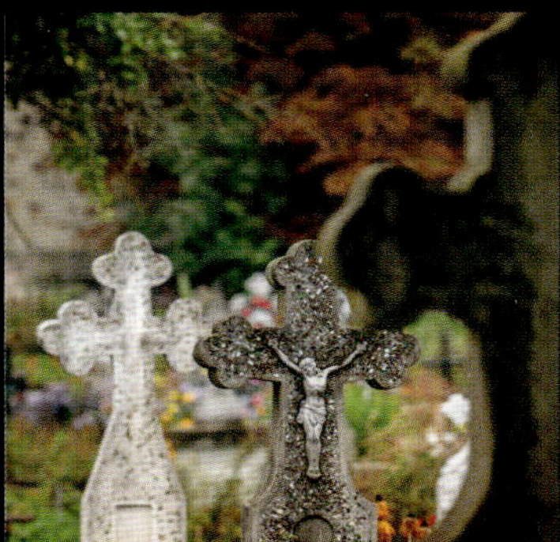

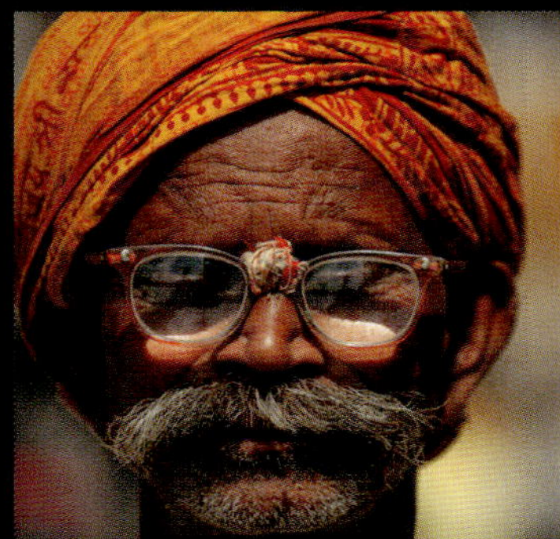

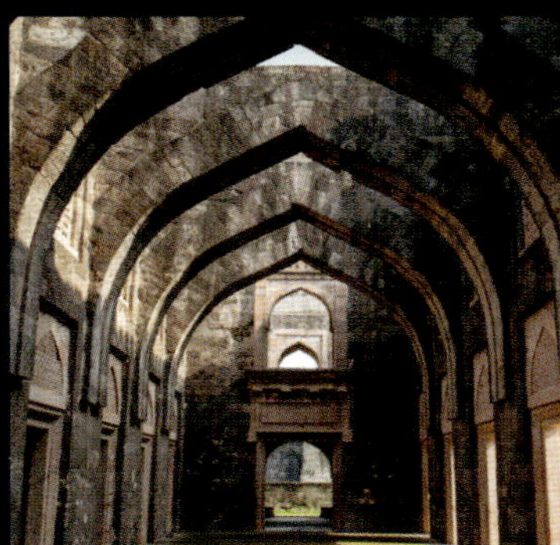

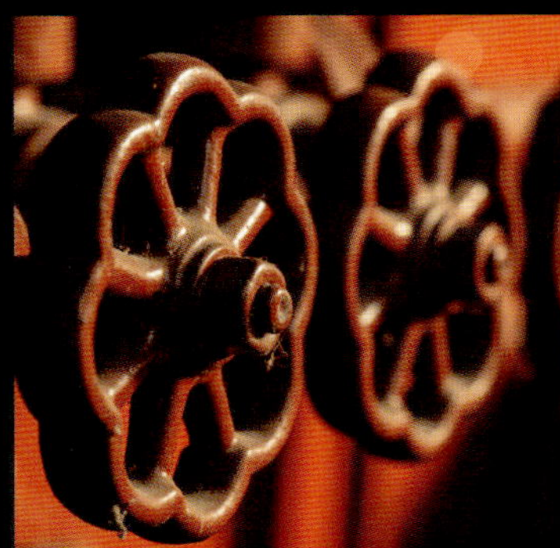

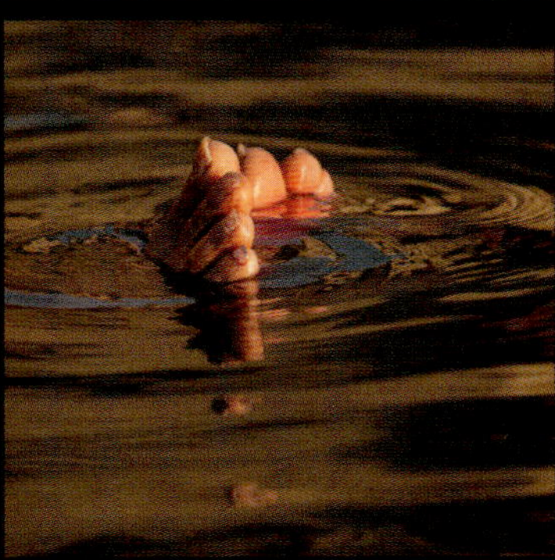

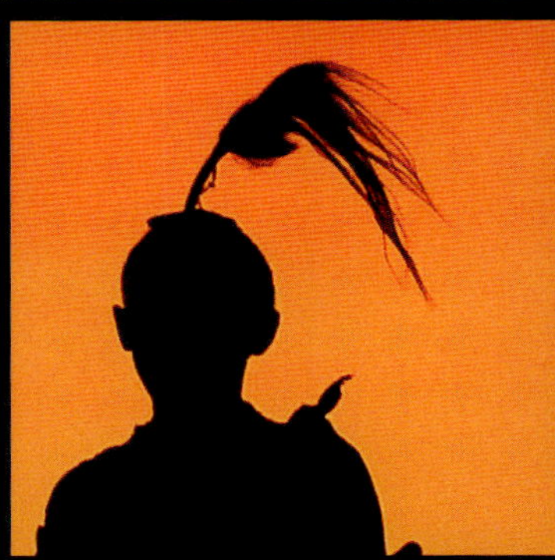

MEHR ALS NUR DIE KORREKTE BELICHTUNG

DIE MAGIE LIEGT IN DER FREIEN WAHL

Wir wissen nun, dass es möglich ist, die **Belichtung zu steuern** – sie ist ein essenzieller Faktor, um ein Foto aufzunehmen und ein Motiv zu würdigen. Wichtig sind hier die Hauptfaktoren: Blendenöffnung, Verschlusszeit und die Lichtempfindlichkeit des Sensors (ISO). Außerdem haben wir festgestellt, dass wir auf jeden dieser Werte gleichermaßen Einfluss nehmen können, da die *Stops*, das heißt die Intervalle zwischen dem einen und dem anderen Wert bei Verschlusszeit, Blende und ISO-Wert im Hinblick auf die Belichtung gleich sind. Daher läuft es auf dasselbe hinaus, ob wir die *Stops* von Blenden, Verschlusszeiten oder ISO-Werten erhöhen oder verringern, um **die Lichtmenge**, die beim Sensor ankommt, zu vergrößern oder zu verkleinern. Außerdem wissen wir, dass es – wenn wir erst einmal den Belichtungsmesser zurate gezogen haben – nicht nur eine einzige Blende-Verschlusszeit-Kombination gibt, die die richtige Belichtung unseres Fotos gewährleistet, sondern **eine ganze Reihe gleichwertiger Kombinationen**, mit denen wir in Bezug auf die Belichtung absolut identische Fotos erzielen können. Doch jetzt müssen wir uns auf ein **wirklich wichtiges Thema** konzentrieren, weil davon die Magie der Fotografie und ihre wahre Schönheit abhängen.

Iran, Nasir-ol-Molk-Moschee

Nikon D850 • 24-120 mm f/4
1/30 bei f/11 • ISO 64

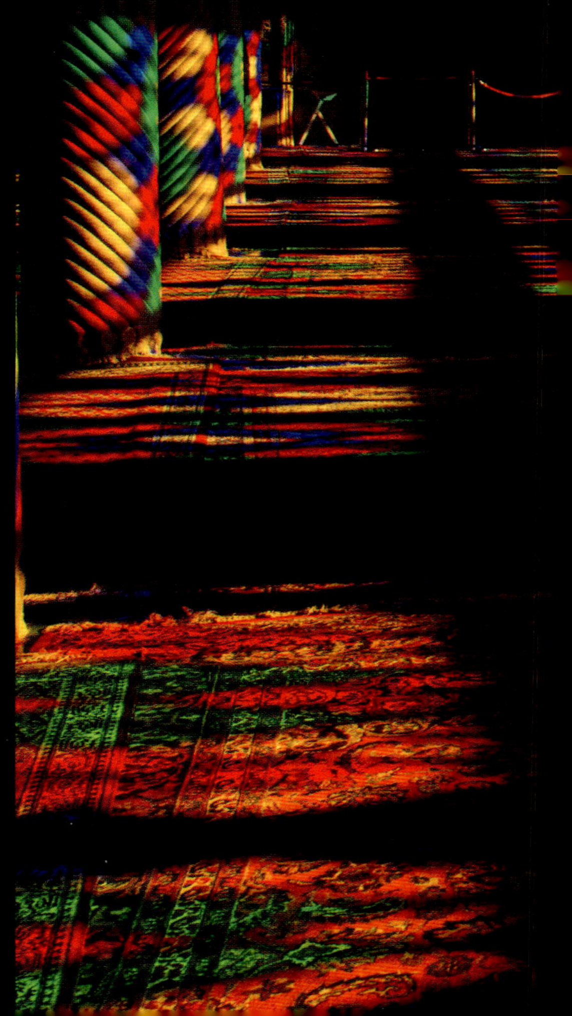

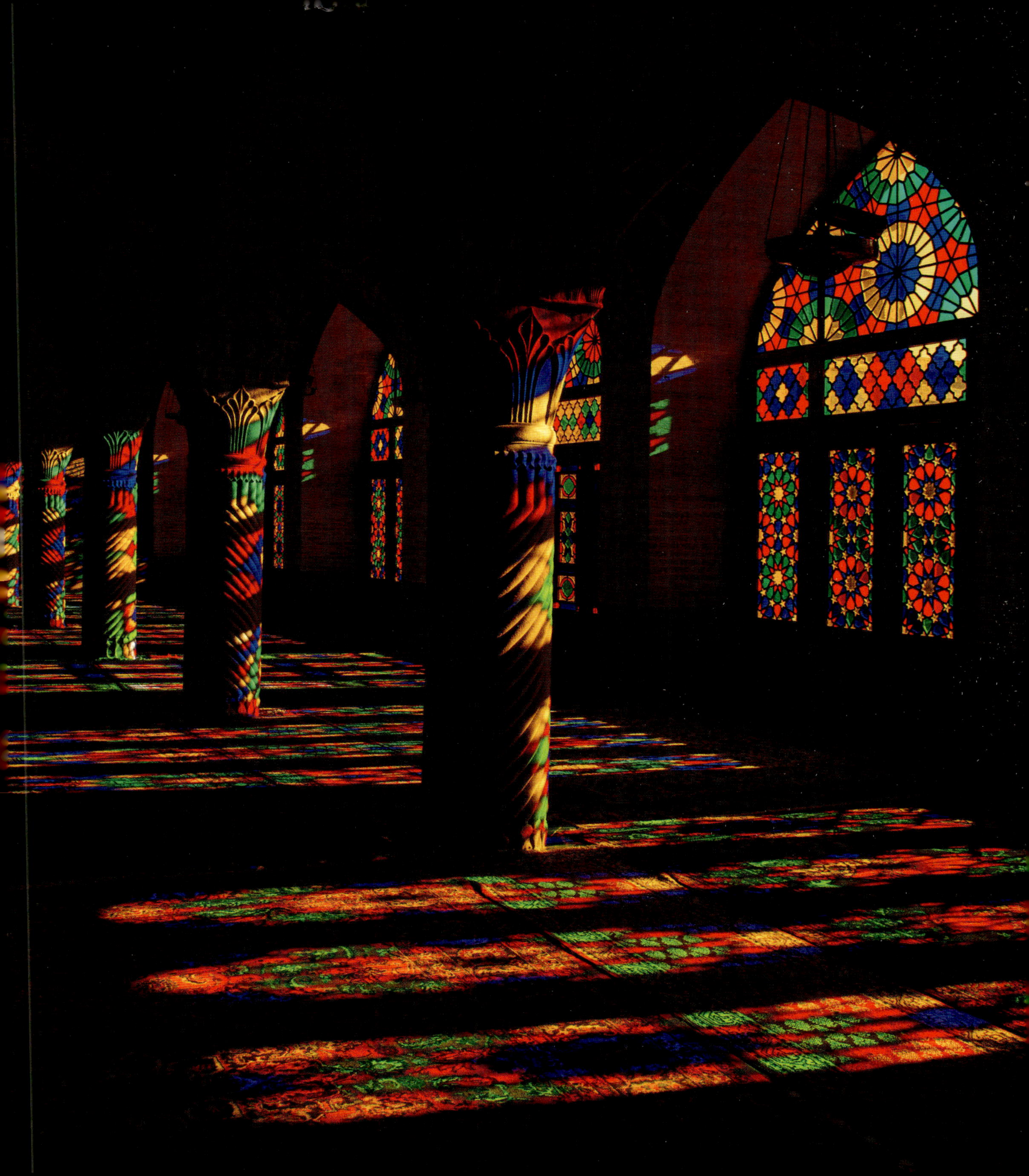

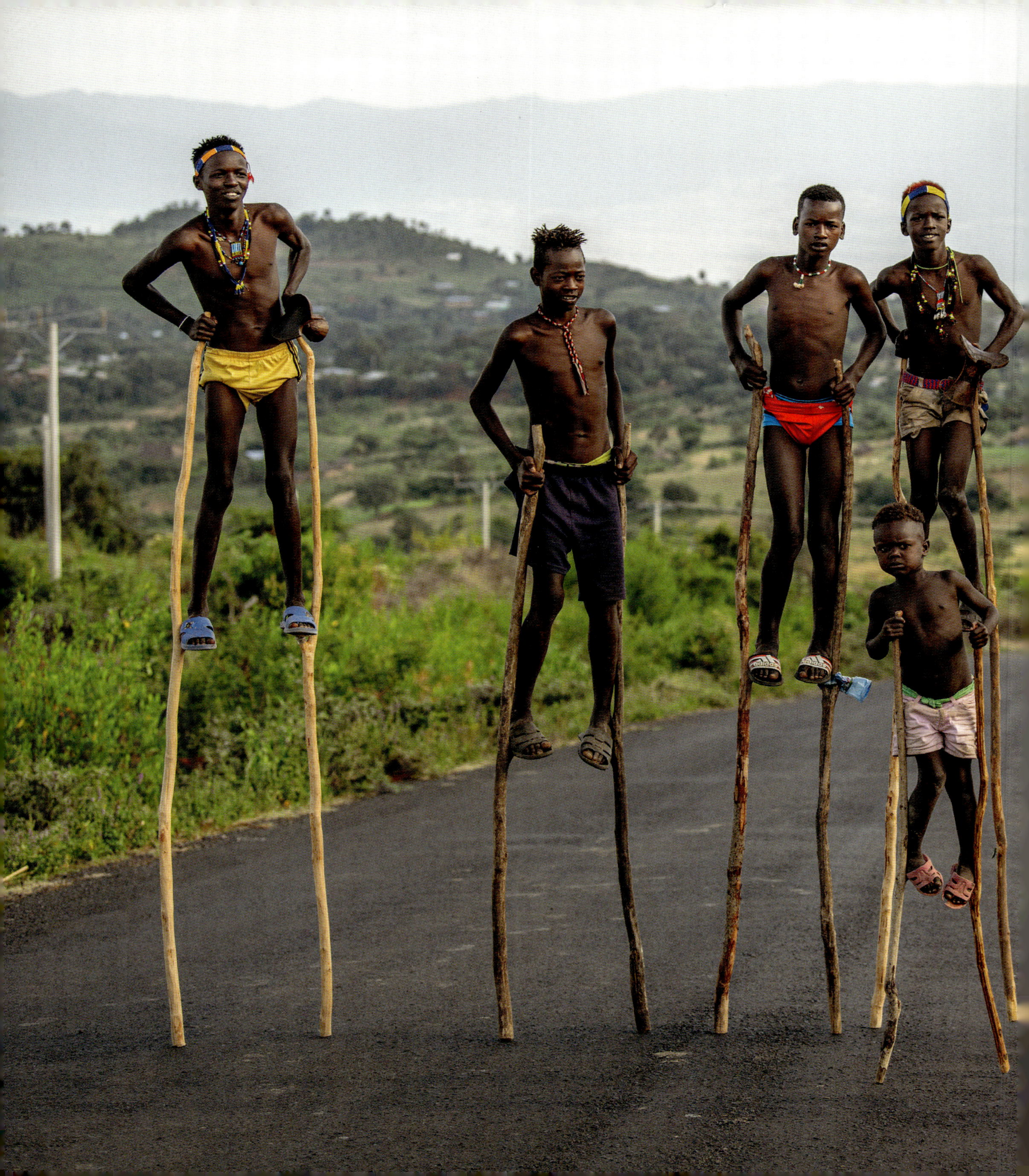

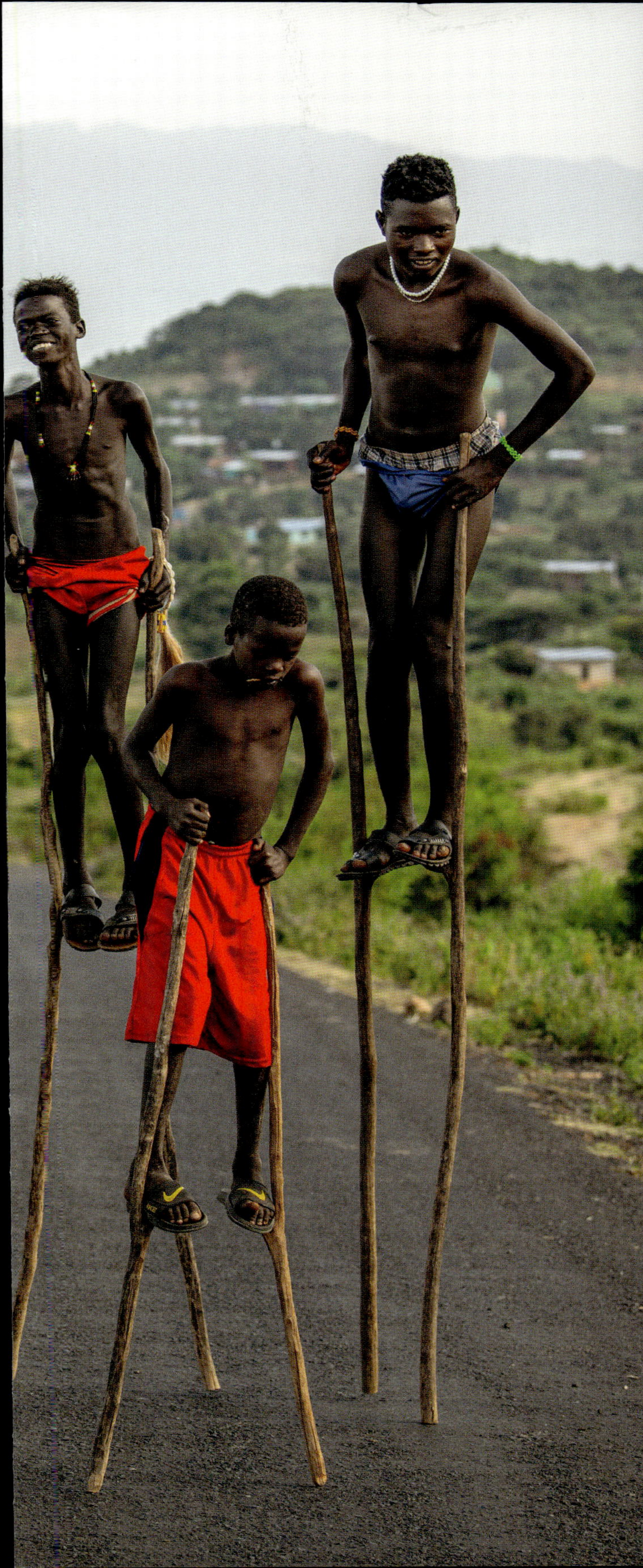

MEHR ALS NUR DIE KORREKTE BELICHTUNG

Bisher kamen nur die **LICHTMENGE** und die unterschiedlichen Einstellungen zur Sprache, die uns der Belichtungsmesser als gleichwertig vorschlägt, nicht jedoch die **LICHTQUALITÄT** und die ästhetische und emotionale Wahrnehmung unserer Bilder. Unter dem Qualitätsaspekt sind nämlich die vom Belichtungsmesser angegebenen Werte zwar alle richtig und perfekt ausbalanciert, und dennoch sind sie **VOLLKOMMEN UNTERSCHIEDLICH**. Und unsere Fähigkeit, für jede Aufnahme die geeignete Kombination auszuwählen und zu nutzen, macht hier den eigentlichen Unterschied. **Die Wahl der richtigen Blende-Verschlusszeit-Kombination** ermöglicht es uns, einzigartige und absolut persönliche Fotos zu machen, und dies auch dank der Möglichkeit, **den ISO-Wert zu variieren**, wodurch wir Kombinationen verwenden können, die wir zwar als perfekt ansehen, die aber unter schlechten Lichtbedingungen nicht zum Einsatz kommen würden. Und all dies dank wichtiger **NEBENEFFEKTE**, die durch die Einstellung verschiedener Blenden und unterschiedlich langer Verschlusszeiten auf unseren Bildern erzielt werden können.

Äthiopien, Hawassa

Nikon D850 • 70–200 mm f/2,8
1/400 bei f/4 • ISO 200

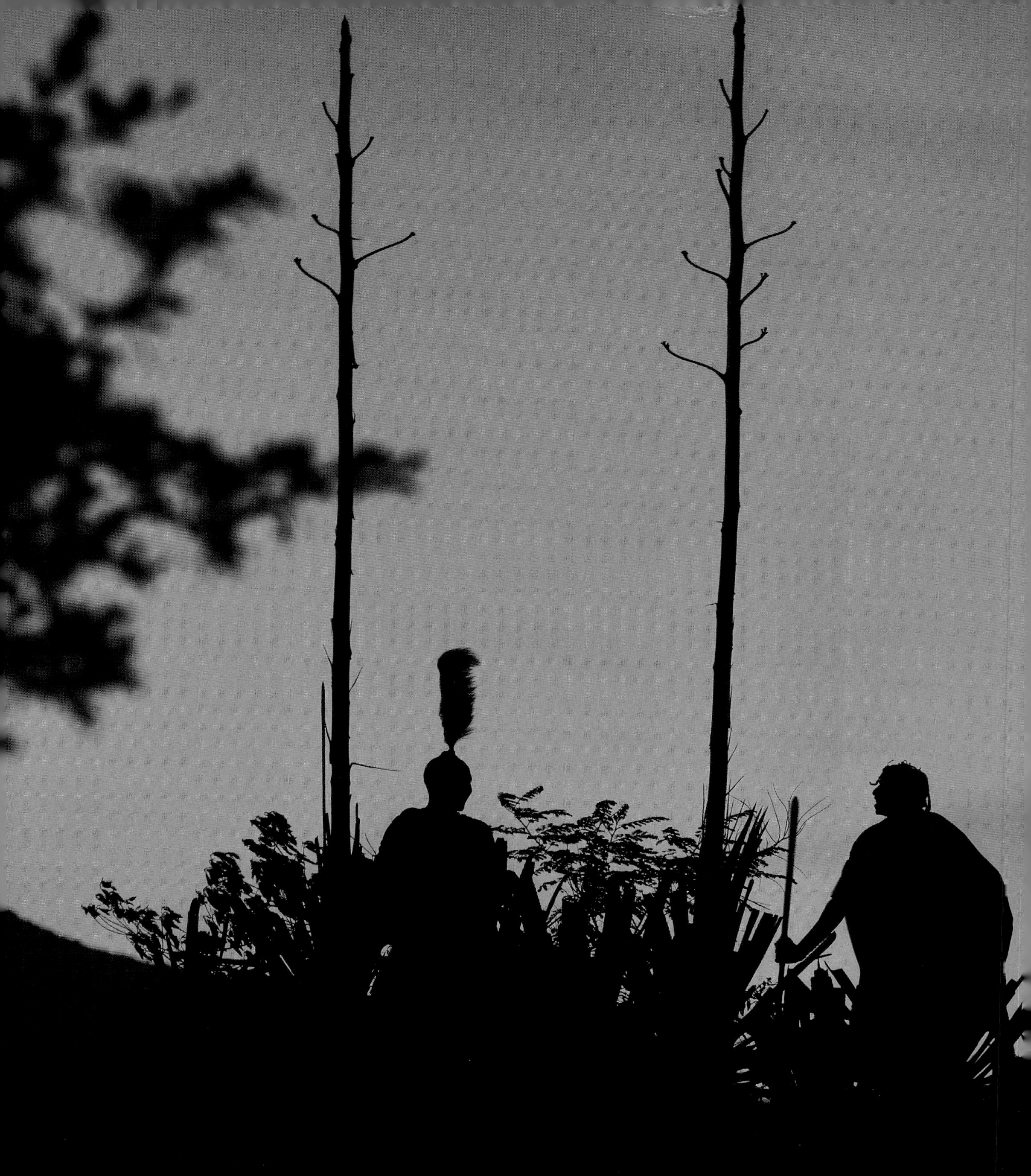

Wir müssen lernen, diejenigen **Effekte** von Blende und Verschlusszeit, die wir vielleicht zuerst als **zweitrangig** angesehen haben, besser zu managen. Sie sind unverzichtbar, wenn es darum geht, unsere Gefühle so zum Ausdruck zu bringen, dass man sie **allein durch die Kraft unserer Fotografie** unmittelbar versteht.

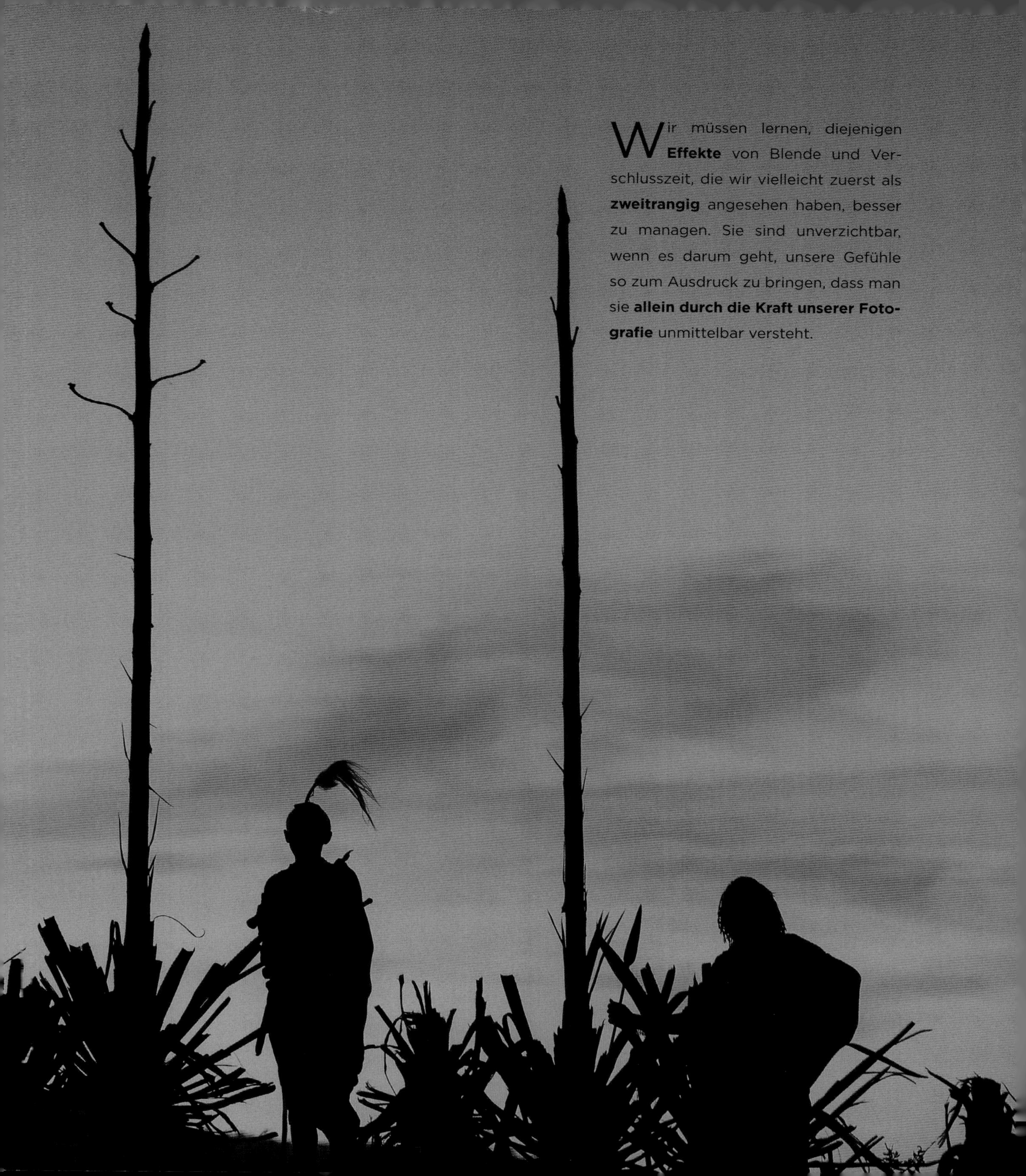

MEHR ALS NUR DIE BLENDE

DIE SCHÄRFENTIEFE

Wie wir bereits wissen, reguliert das Öffnen und Schließen der Blende die Lichtmenge, die durch das Objektiv den Sensor erreicht. Doch dieses Variieren des Öffnungsdurchmessers bringt auch einen interessanten **optischen Nebeneffekt** mit sich, der sich in ein fantastisches Mittel zur Steuerung der Bildqualität umsetzen lässt: die **SCHÄRFENTIEFE DER FOKUSSIERUNG**. Bei der allmählichen Veränderung der Blendenöffnung vergrößert beziehungsweise verkleinert sich nämlich die Schärfe des Raums vor und hinter dem Objekt, auf das wir scharf gestellt haben, indem wir den Bildausschnitt gewählt und den Auslöser zur Hälfte gedrückt haben. Auch Objekte, die mehr oder weniger weit vom eigentlichen Motiv entfernt sind, können dadurch scharf herauskommen. Wie von uns festgelegt, bleibt das eigentliche Motiv natürlich immer im Fokus, doch **der Raum**, der um dieses herum scharf herauskommt, **vergrößert sich nach hinten und vorne**. Man kann sich das vorstellen wie die Kreise, die das Wasser beschreibt, wenn man einen Stein in einen Teich geworfen hat. Oder die Schärfe ist allein auf dem Objekt gebündelt, sodass es der einzige Gegenstand auf dem Bild ist, der scharf herauskommt. Mithilfe der Blende können wir diesen Effekt sehr nuanciert steuern. Natürlich gibt der Belichtungsmesser jedes Mal an, welche Verschlusszeit für die Blende, die wir gewählt haben, benötigt wird, damit das Bild korrekt belichtet wird.

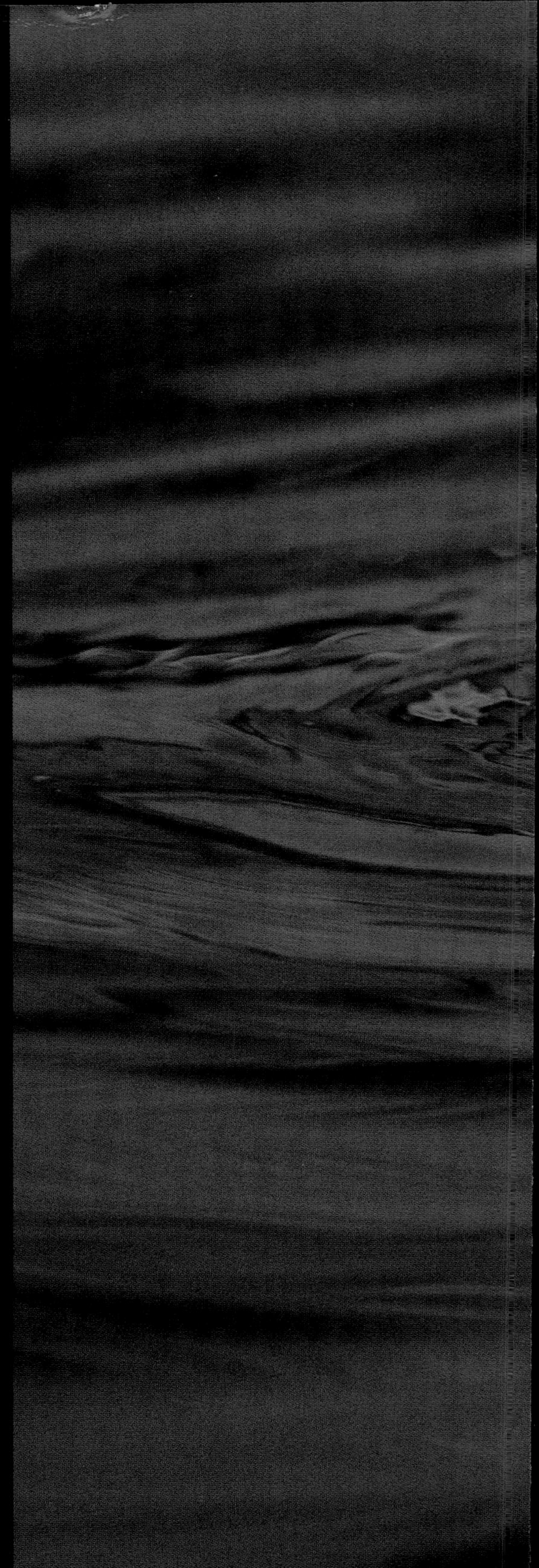

Indien, Varanasi

Nikon D810 • 400 mm f/2,8
1/800 bei f/4 • ISO 400

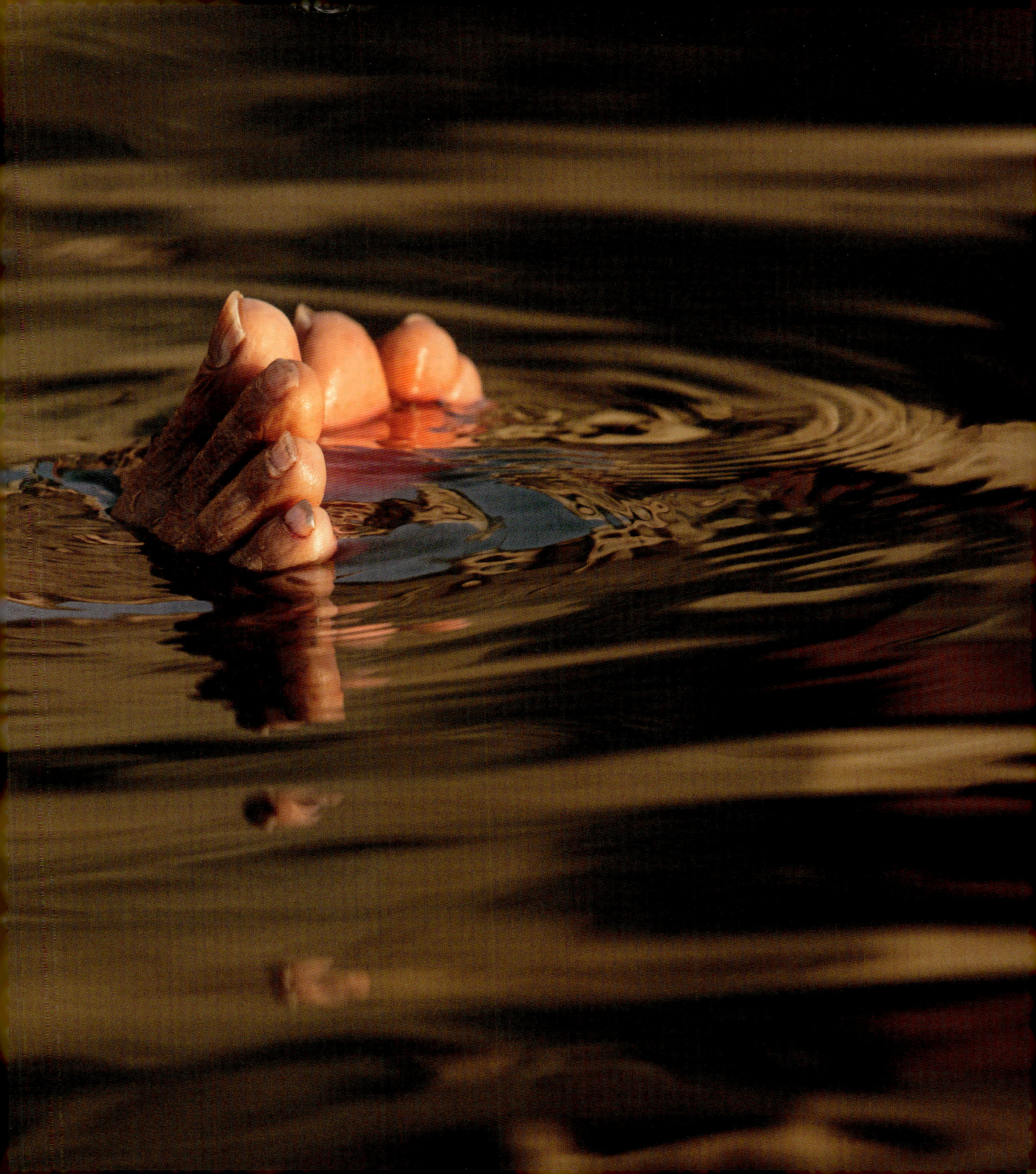

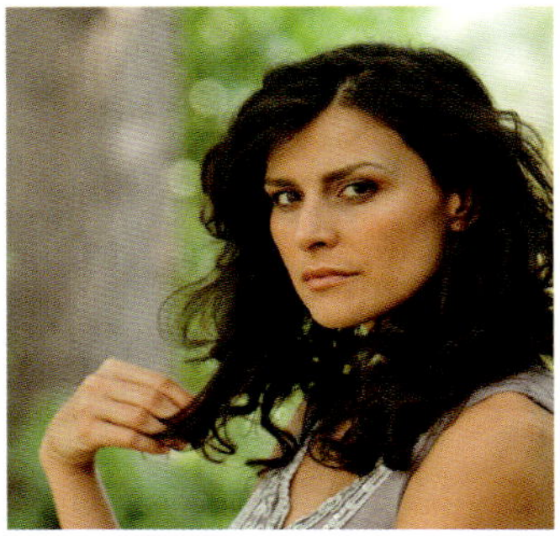
1/4000 f/2,8

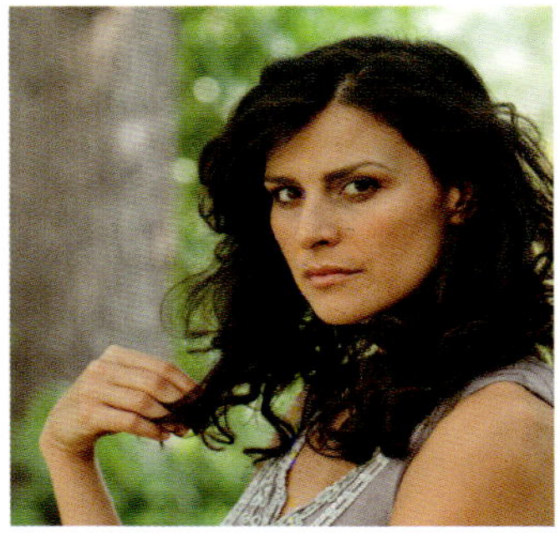
1/2000 f/4

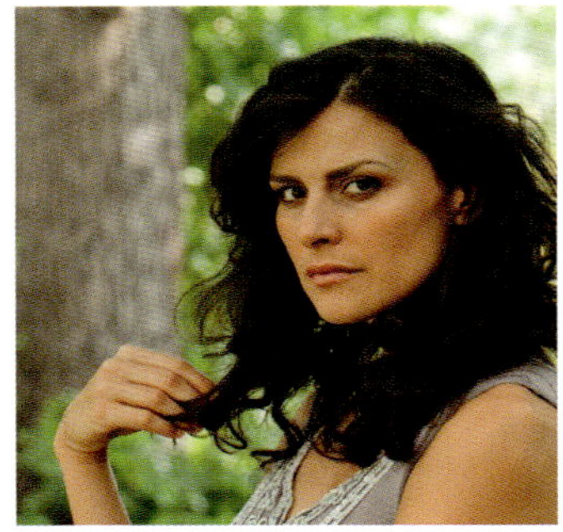
1/1000 f/5,6

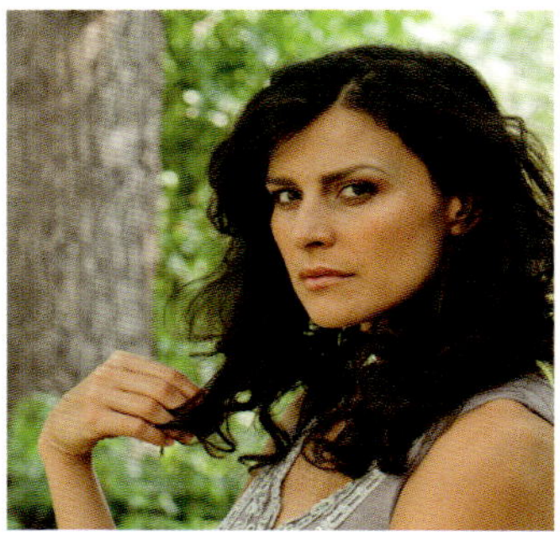
1/500 f/8

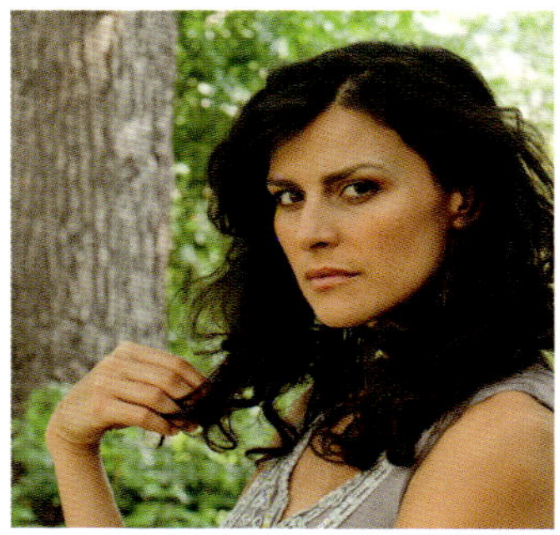
1/250 f/11

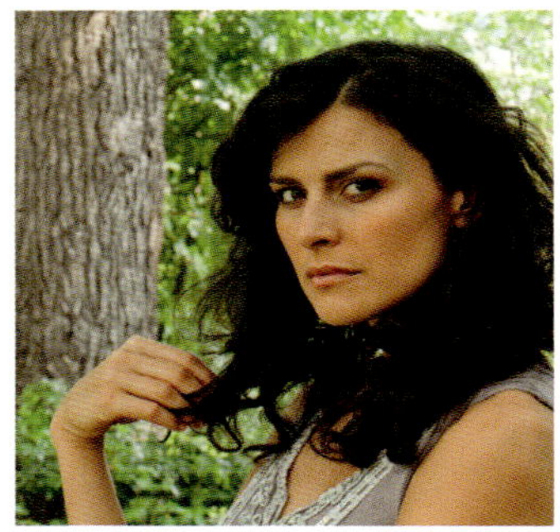
1/125 f/16

Die Blende steuert also die Schärfentiefe. Vereinfachend lässt sich sagen, dass, **je weiter die Blende geöffnet wird** (zum Beispiel f/2,8 ○ oder f/4 ○), **desto weniger Elemente** neben dem eigentlichen Motiv scharf erscheinen, seien sie nun weiter vorn oder weiter hinten. **Je geringer der Blendendurchmesser** (zum Beispiel f/11 ● oder f/16 ●), **desto größer wird der Bereich**, der scharf ist. Das heißt, es erscheinen auch Elemente, die recht weit vom Objekt entfernt sind, scharf – egal, ob sie sich vor oder hinter ihm befinden.

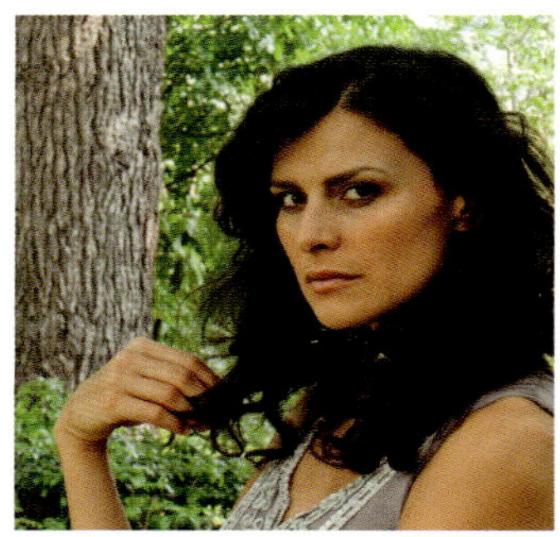
1/60 f/22

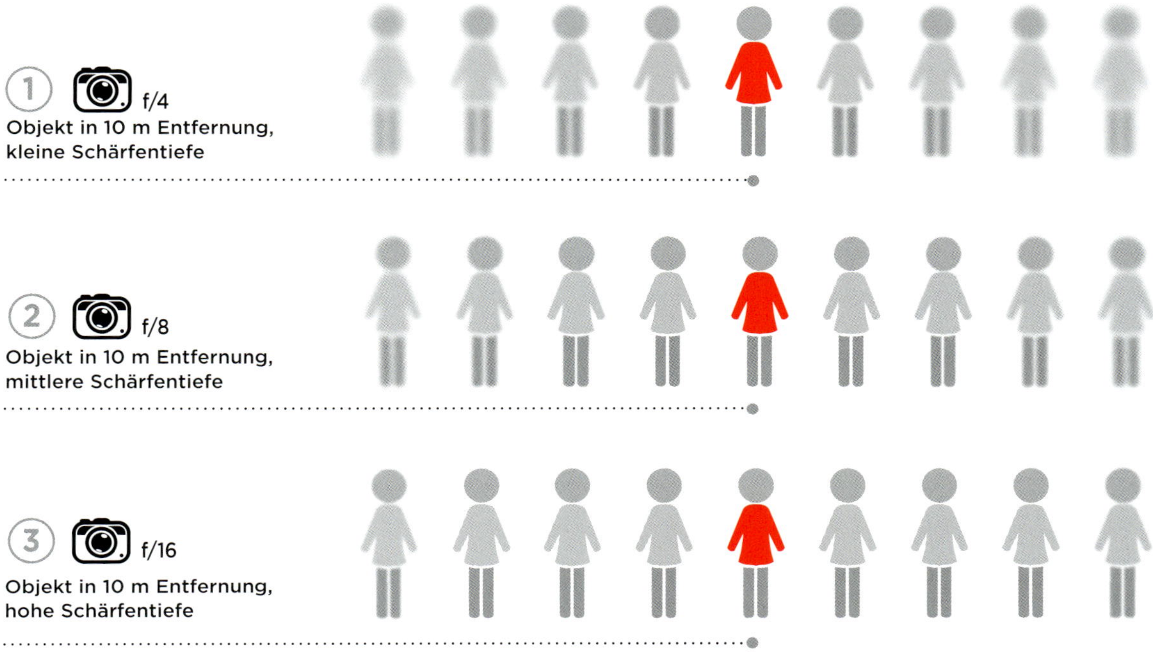
1 f/4
Objekt in 10 m Entfernung,
kleine Schärfentiefe
2 f/8
Objekt in 10 m Entfernung,
mittlere Schärfentiefe
3 f/16
Objekt in 10 m Entfernung,
hohe Schärfentiefe

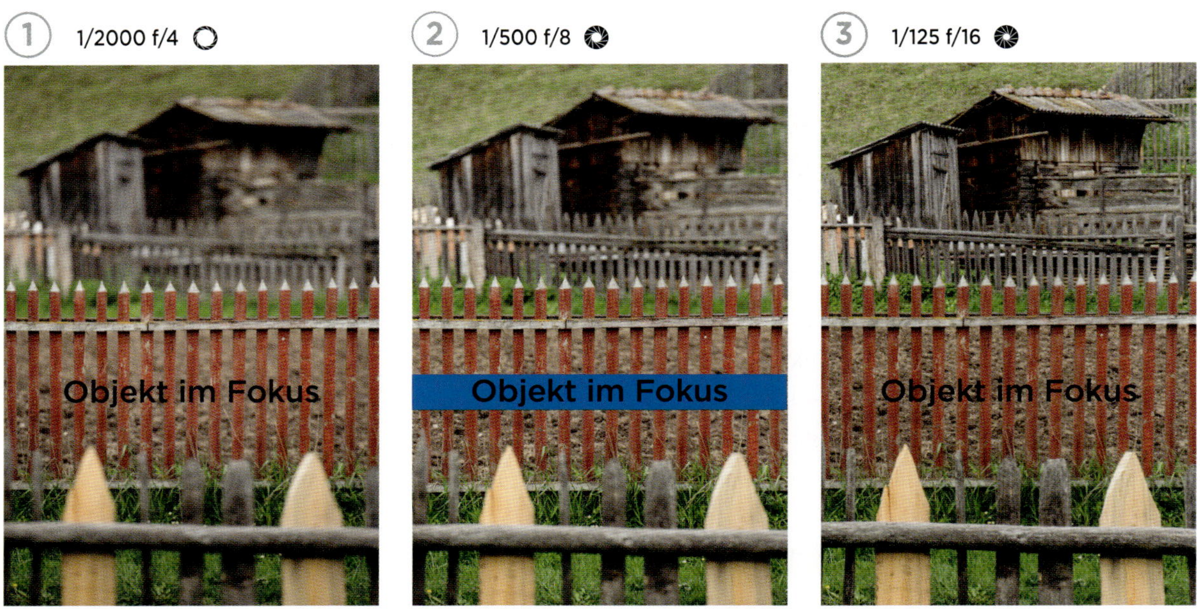
1 1/2000 f/4
2 1/500 f/8
3 1/125 f/16
Objekt im Fokus
Objekt im Fokus
Objekt im Fokus

MEHR ALS NUR DIE BLENDE

Der Effekt der zunehmenden Unschärfe, der von der Blende ausgeht, ist sowohl hinter als auch vor dem Objekt **vorhanden und wahrnehmbar**, wenn auch unterschiedlich deutlich. Wenn man die Blende weit genug öffnet, ist es nämlich sogar möglich, etwas **verschwinden zu lassen**, das sich zwischen Fotograf und Objekt befindet.

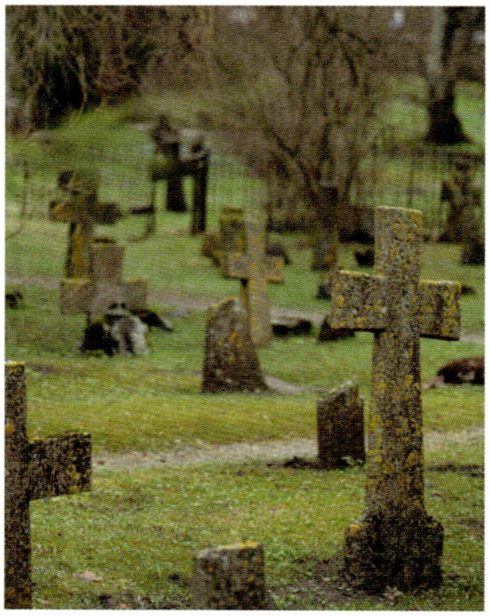

1/4000 f/2,8
Der Maschendrahtzaun ist so verschwommen, dass er unsichtbar ist.

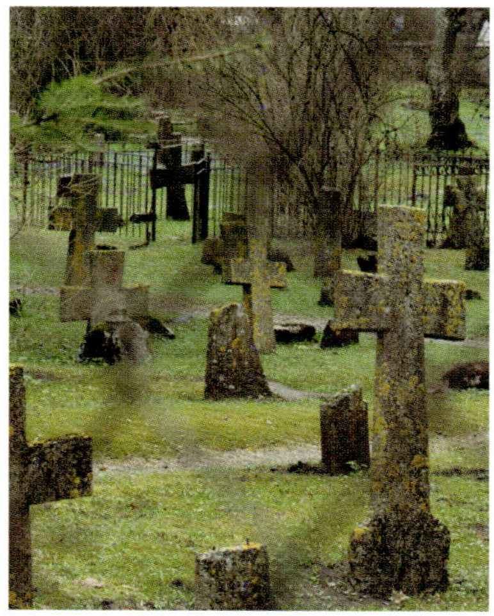

1/500 f/8
Der Maschendrahtzaun ist verschwommen und gerade noch sichtbar.

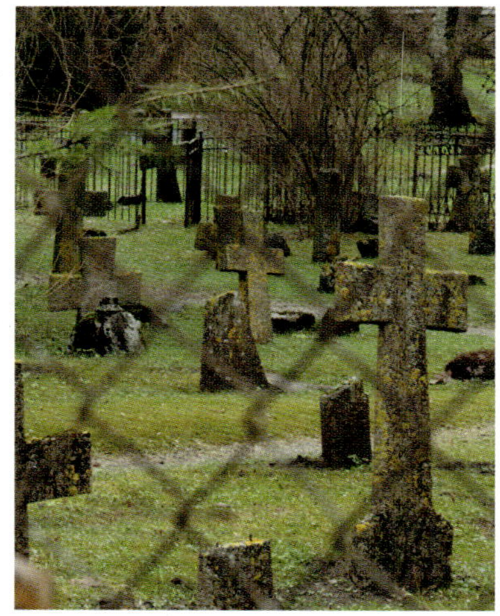

1/125 f/16
Der Maschendrahtzaun ist fast im Fokus und gut sichtbar.

Wenn wir unseren Fotos Leben und Tiefe einhauchen wollen, ist die Wahl der richtigen Schärfentiefe jedoch alles andere als einfach und muss aus einer **Bandbreite möglicher Unschärfen** sorgfältig ermittelt werden. Diese Bandbreite hängt von der Anzahl der Blenden ab, über die das verwendete Objektiv verfügt.

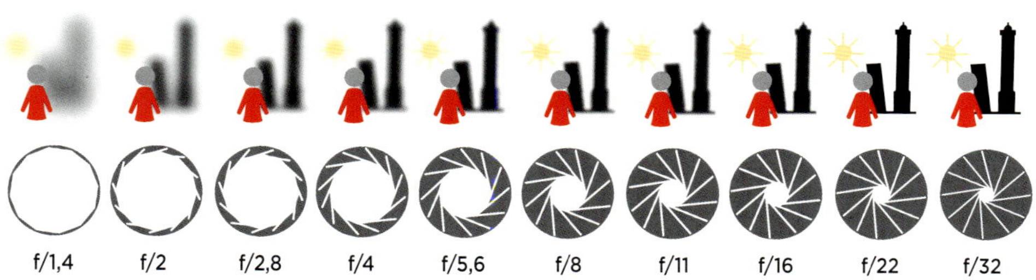

Nur besonders lichtstarke Objektive verfügen über die gesamte Bandbreite an Blenden, deshalb bieten sie auch hinsichtlich der Schärfentiefe die meisten Wahlmöglichkeiten. Preisgünstige Objektive verfügen über keine großen Blendenöffnungen (wie f/2, f/2,8 oder f/4), sodass man gezwungen ist, auf kleine Blendenöffnungen zwischen f/5,6 und f/22 zurückzugreifen. Dies bedeutet, dass wir **nicht in jeder Situation die richtige Blende zur Verfügung haben** – ein Problem, das für alle, die die Sprache der Fotografie sprechen, ein Problem darstellt.

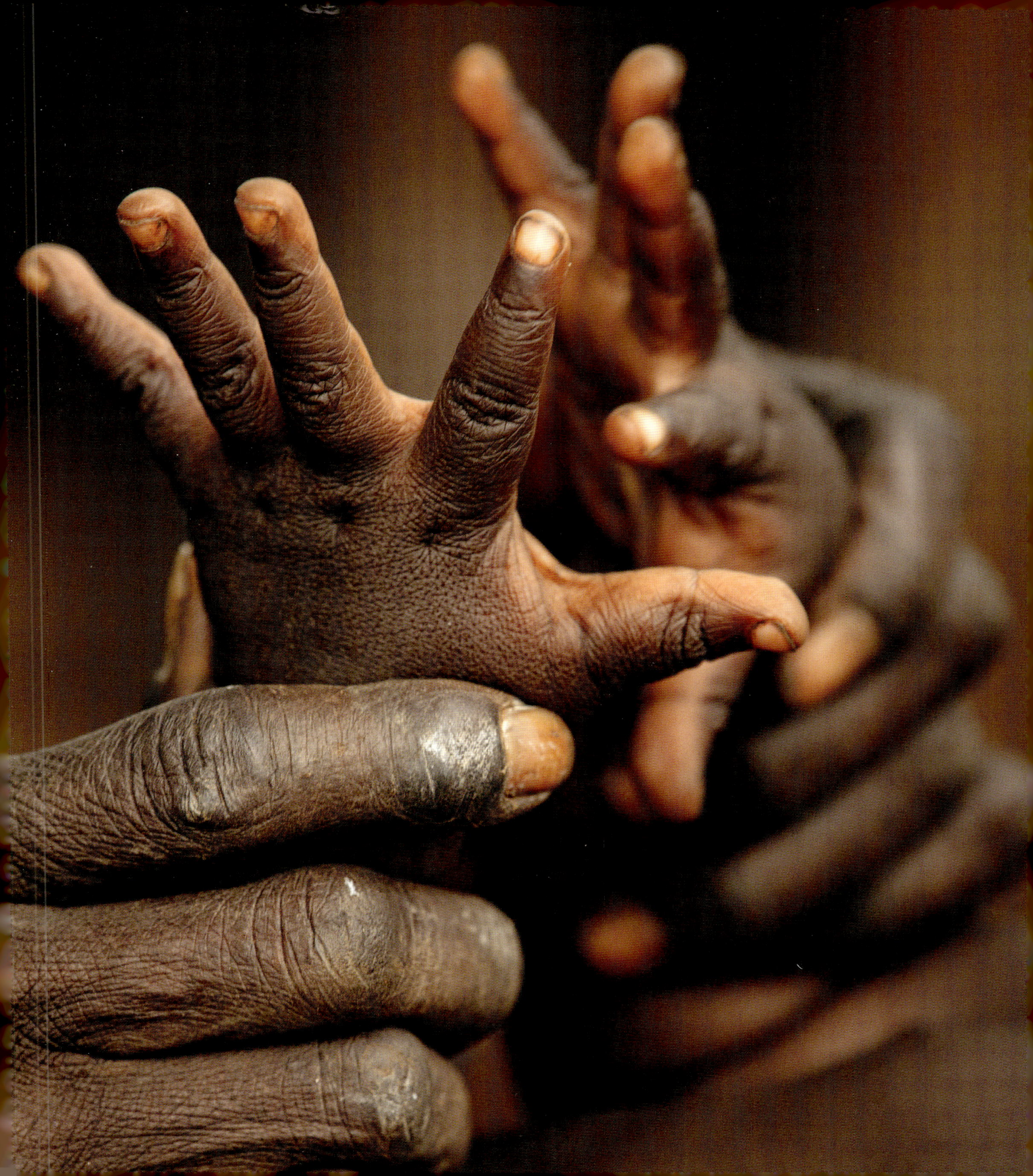

Was veranlasst uns also dazu, eine **Blende der anderen vorzuziehen**? Wie bereits festgestellt, ist sicherlich nicht die Helligkeit der Grund für unsere Entscheidungen, **denn Lichtmangel können wir in den meisten Fällen kompensieren**, indem wir die Verschlusszeit oder den ISO-Wert erhöhen. Was uns antreibt, die perfekte Blende für unser Foto zu suchen, ist in Wirklichkeit der Wunsch, für alle, die in diesem Moment nicht mit uns an diesem Ort waren, einen Augenblick festzuhalten, eine Erfahrung zu rekonstruieren, **ein Gefühl zu vermitteln**. Kurz gesagt ist es der Wunsch, **von einem Moment zu erzählen, der ein Gefühl in uns hervorgerufen hat** und den wir durch ein einziges Foto vermitteln wollen. Wenn nun dieses Bild die Wirklichkeit, wie wir sie wahrgenommen haben, zu vermitteln vermag, ist die Erzählung gelungen und die Botschaft kommt beim Empfänger an. **Wie sah die Realität also in diesem Moment aus?** War das Objekt in seine Umgebung eingebettet? War es ein Teil von ihr? Hatten wir das Gefühl, es wollte sich von dem, was es umgibt, befreien und isolieren? Ein weiser Einsatz der Blende kann all dies besser mitteilen als tausend Worte.

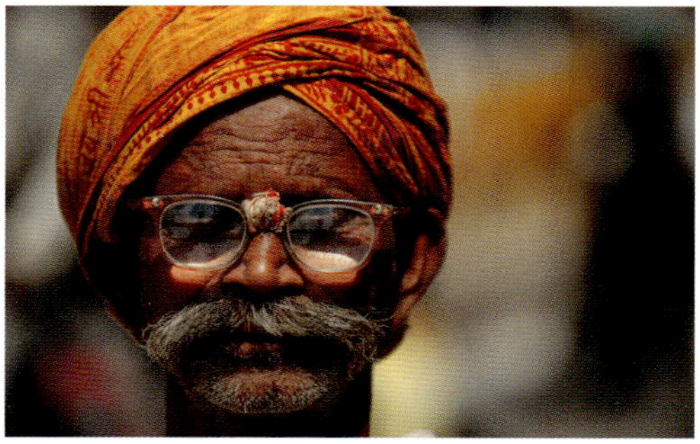

1/500 f/2,8

Das Motiv hatte einen schlechten Hintergrund – einen Müllwagen. Davon wurde es jedoch befreit, und die Brille wurde auch gleich entspiegelt. Um eine sehr geringe Schärfentiefe zu erhalten und somit eine vollständige Auflösung des Hintergrunds, wurde Blende f/2,8 verwendet. Das Objekt erscheint so vollkommen aus dem Kontext isoliert.

1/2000 f/4

Kumar arbeitet auf Indiens Straßen. Um seinen Lebensunterhalt zu verdienen, fährt er jeden Tag zehn Stunden und schläft seit 34 Jahren in seinem Lastwagen. Um diese Persönlichkeit angemessen wiederzugeben, ist es unmöglich, den Fahrer von seinem Fahrzeug zu trennen, das aber unauffällig im Hintergrund bleiben soll. Mit Blende f/4 bleibt der Lastwagen erkennbar, ohne jedoch das Porträt von Kumar zu stören.

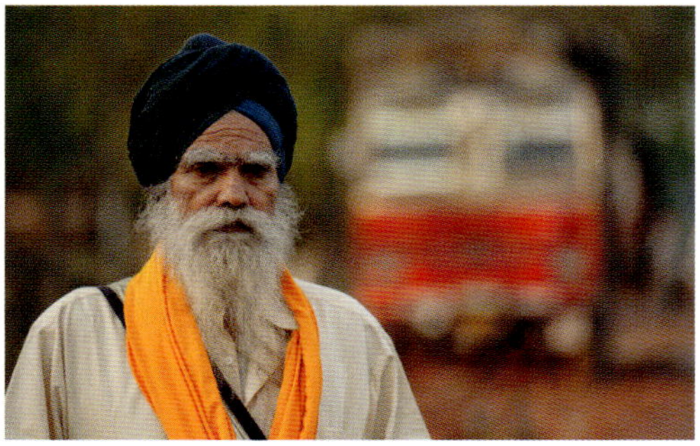

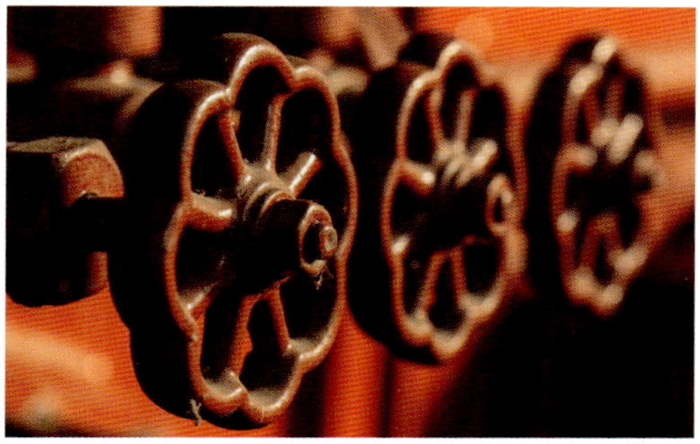

1/60 f/5,6

An diesem alten Kessel sind nur drei Ventile, doch indem man sie schrittweise auf die richtige Art verschwimmen lässt, wirkt es so, als seien sie Teil einer langen Reihe. Sobald das erste Ventil scharf gestellt ist, ermöglicht eine Blende von 5,6 eine Schärfentiefe, die die nächsten Objekte – hier das zweite Ventil – im Fokus behält und die weiter entfernten – hier das dritte Ventil – allmählich verschwimmen lässt.

1/125 f/8

Dieser Fischer am Golf von Bengalen hatte heute Pech. Auch wenn es einen Stolz verletzt, wartet er nun auf die Rückkehr einiger Kollegen, die mehr Glück hatten, um sie um ein paar Fische für seine Familie zu bitten. Durch den Einsatz von Blende f/8 kann man die Rückkehr der Fischer erahnen. Auch das Meer hinter ihnen bleibt noch sichtbar, bei Blende f/5,6 wäre es zum Beispiel verloren gegangen.

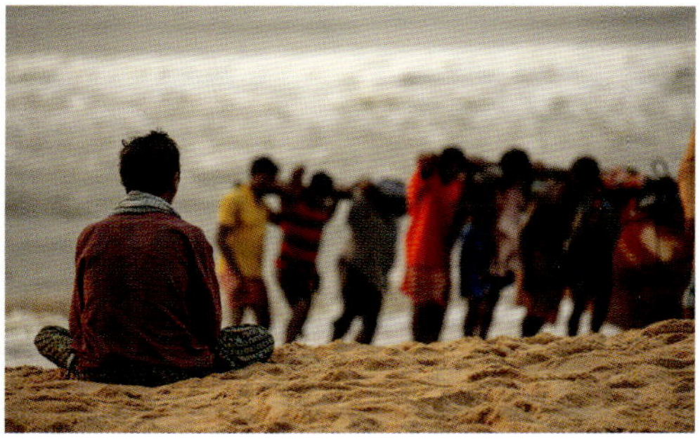

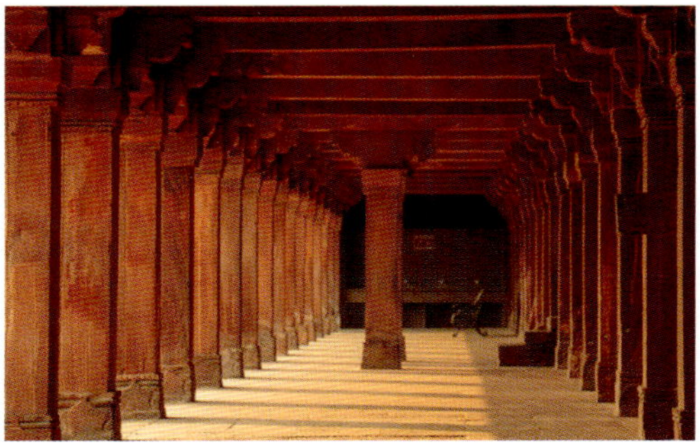

1/60 f/11

Der „Tunneleffekt", der durch diese architektonische Struktur entsteht, wird durch Blende f/11 optisch vertieft. Wenn man mit dieser Blende das erste Kapitell als Objekt auswählt, kommen die ersten Säulen scharf heraus, aber je weiter sie in den Hintergrund rücken, desto verschwommener werden sie, wodurch Tiefe entsteht. Eine kleinere Blendenöffnung hätte einen grafischen Effekt erzielt, aber das Foto hätte dadurch weniger Tiefe, wie das folgende Beispiel zeigt.

1/125 f/22

Der grafische Effekt dieser Abfolge von Arkaden irritiert unsere Wahrnehmung. Er entsteht dadurch, dass die Schärfentiefe sehr groß ist und sich dadurch praktisch alles im Fokus befindet. Durch Blende f/22 werden die Ebenen, die alle scharf gestellt sind, gestaucht, und der Eindruck der Tiefe geht zugunsten einer konzentrischen Geometrie verloren.

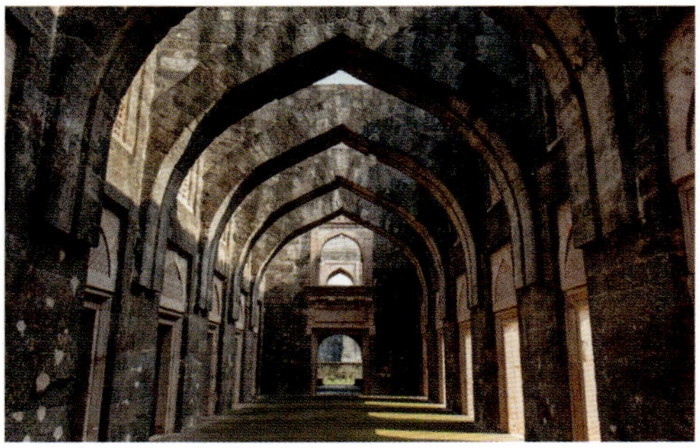

Wie zu Beginn dieses Kapitels erwähnt, ist der **Nebeneffekt der Blende**, die in erster Linie die durch das Objektiv einfallende Lichtmenge reguliert, **keinesfalls nur nebensächlich**! Durch eine **sorgfältige und durchdachte Wahl** der Inhalte und der Bedeutung unserer Fotos können wir aus dem Gefängnis der Zweidimensionalität ausbrechen und unseren Aufnahmen mehr Leben, neue Kraft und zusätzliche Dimensionen hinzufügen. Das Bild dreidimensional zu gestalten ist in der Tat eine **technische und intellektuelle Errungenschaft**, die einen großen Einfluss auf den Betrachter ausübt, weil es ihm das Objekt näherbringt und gleichzeitig von der Abbildung selbst ablenkt. Bei einem intelligenten Einsatz der Schärfentiefe verfügt die Blende über diese Macht, und wer diese Technik einzusetzen weiß, kann viel erreichen. Wenn wir die Blende selektiv einsetzen, können wir darüber hinaus **auf einen ganz bestimmten Punkt des Fotos hinweisen** und die Aufmerksamkeit des Betrachters dahingehend lenken, dass er von diesem Blickwinkel aus das gesamte Bild erkundet.

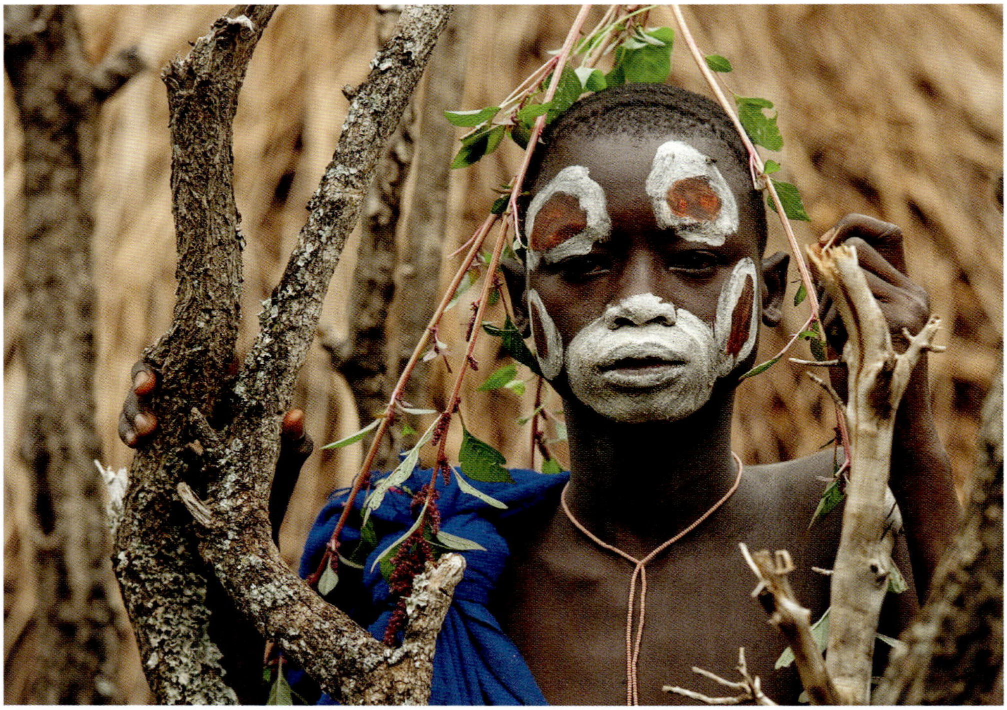

Die praktisch dreidimensionale Tiefe dieses Fotos ist hauptsächlich den zahlreichen unterschiedlichen Ebenen geschuldet, auf die fokussiert wird. Fotografiert wurde hier mit einem 180-mm-Objektiv und Blende f/4.

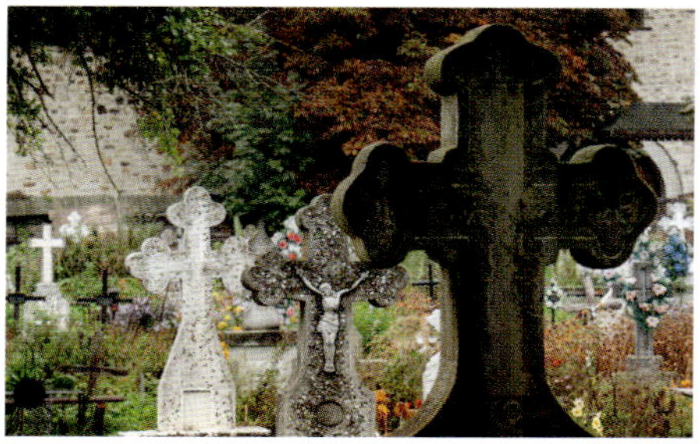

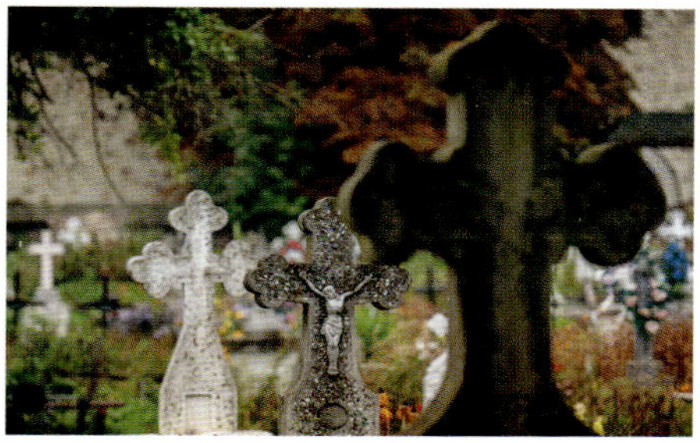

Der Tiefenunterschied, der bei einem Vergleich dieser beiden Fotos gut herauskommt, wird einfach durch das Variieren der Blende erreicht. Die linke Aufnahme wurde mit einem 105-mm-Objektiv und f/11 angefertigt. Die drei Kreuze erscheinen alle im Fokus, und insgesamt wirkt das Bild platt und wenig ergreifend. Die Aufnahme rechts wurde hingegen mit Blende f/4 aufgenommen. Man bemerkt sofort einen Zuwachs an Tiefe, und das Motiv wird ersichtlich. Ungeachtet des Gegenstands erwacht das Foto zum Leben. Wenn wir die Blende selektiv einsetzen, können wir darüber hinaus auf einen ganz bestimmten Punkt des Fotos hinweisen und die Aufmerksamkeit des Betrachters dahingehend lenken, dass er von diesem Blickwinkel aus das gesamte Bild erkundet.

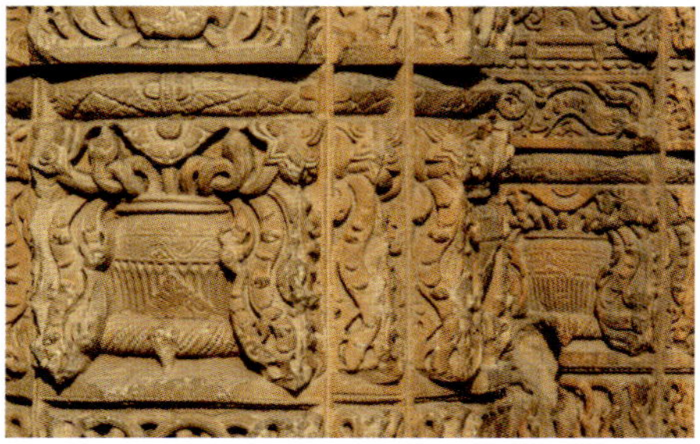

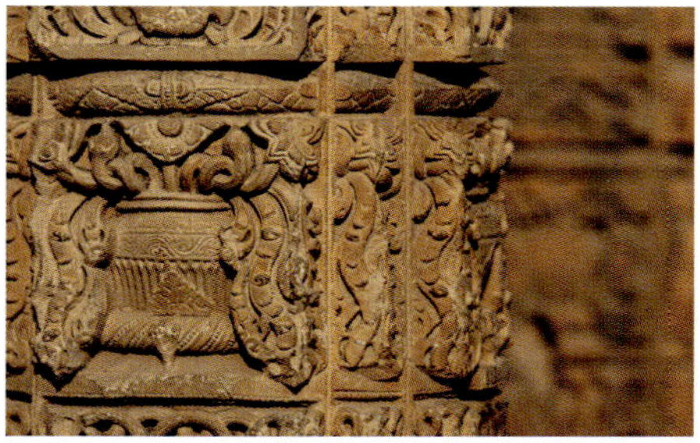

Mit der Verschlusszeit-Blende-Kombination 1/125 f/11, die für die Belichtung richtig berechnet ist, aber hinsichtlich der Blendenwahl falsch, erscheint das linke Bild wie eine Wand - ohne Tiefe und schwer begreiflich. Für das rechte Bild wurde derselbe Bildausschnitt gewählt, dazu die gleichwertige Kombination 1/2000 f/2,8. Hier ist deutlich zu erkennen, dass sich die beiden Säulen auf verschiedenen Ebenen befinden, was dem Bild eine große Tiefe verleiht.

Die Blende ist nicht der einzige Faktor, der die Schärfentiefe beeinflusst. Drei weitere Elemente tragen manchmal nicht unerheblich dazu bei, die Ebenen zu definieren, die auf den Fotos scharf herauskommen sollen:

- **die Änderung der Brennweite des verwandten Objektivs,**
- **das Verhältnis zwischen dem Abstand von Fotograf und Objekt und dem Abstand von Objekt und Hintergrund,**
- **die Größe des Sensors.**

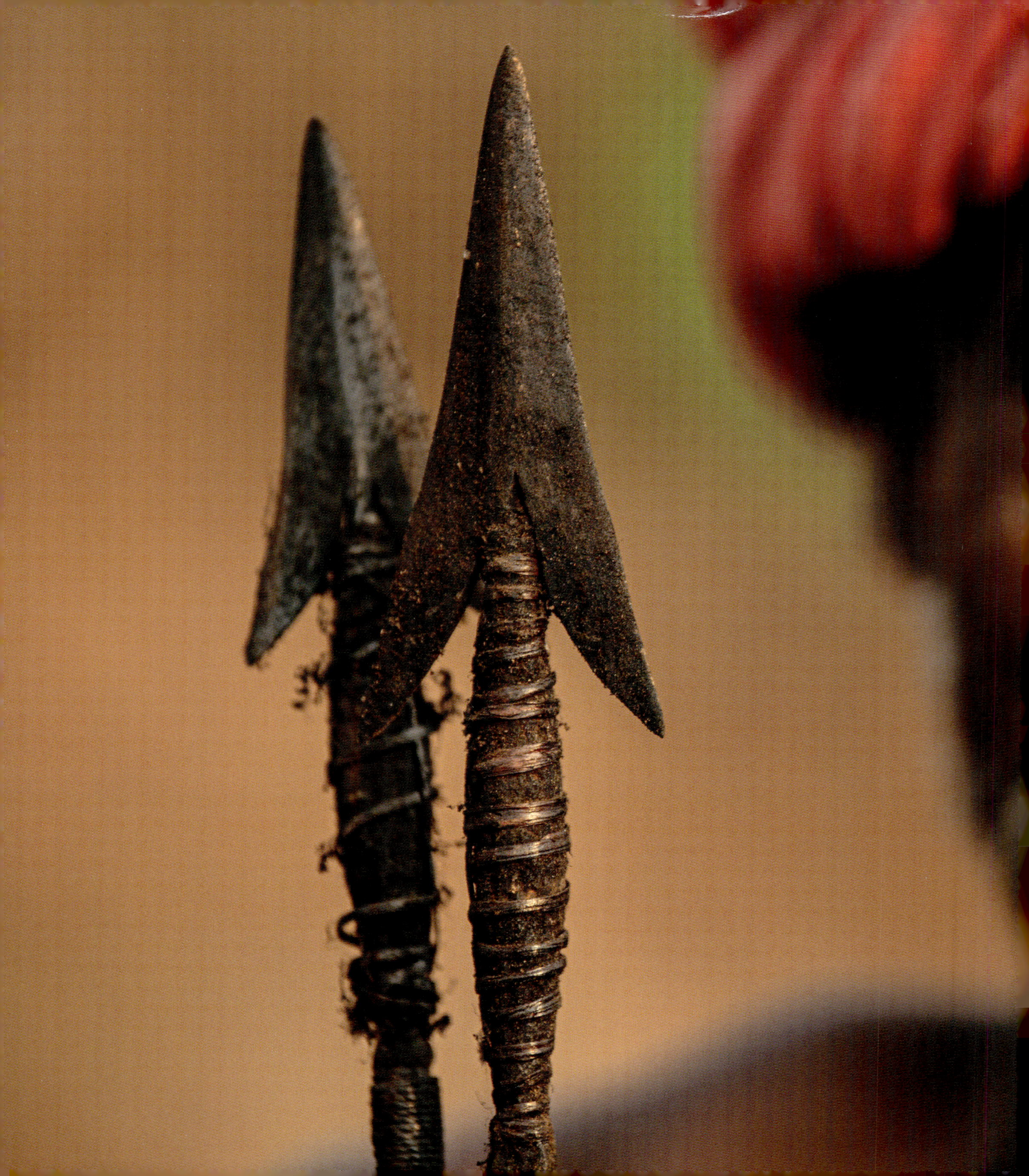

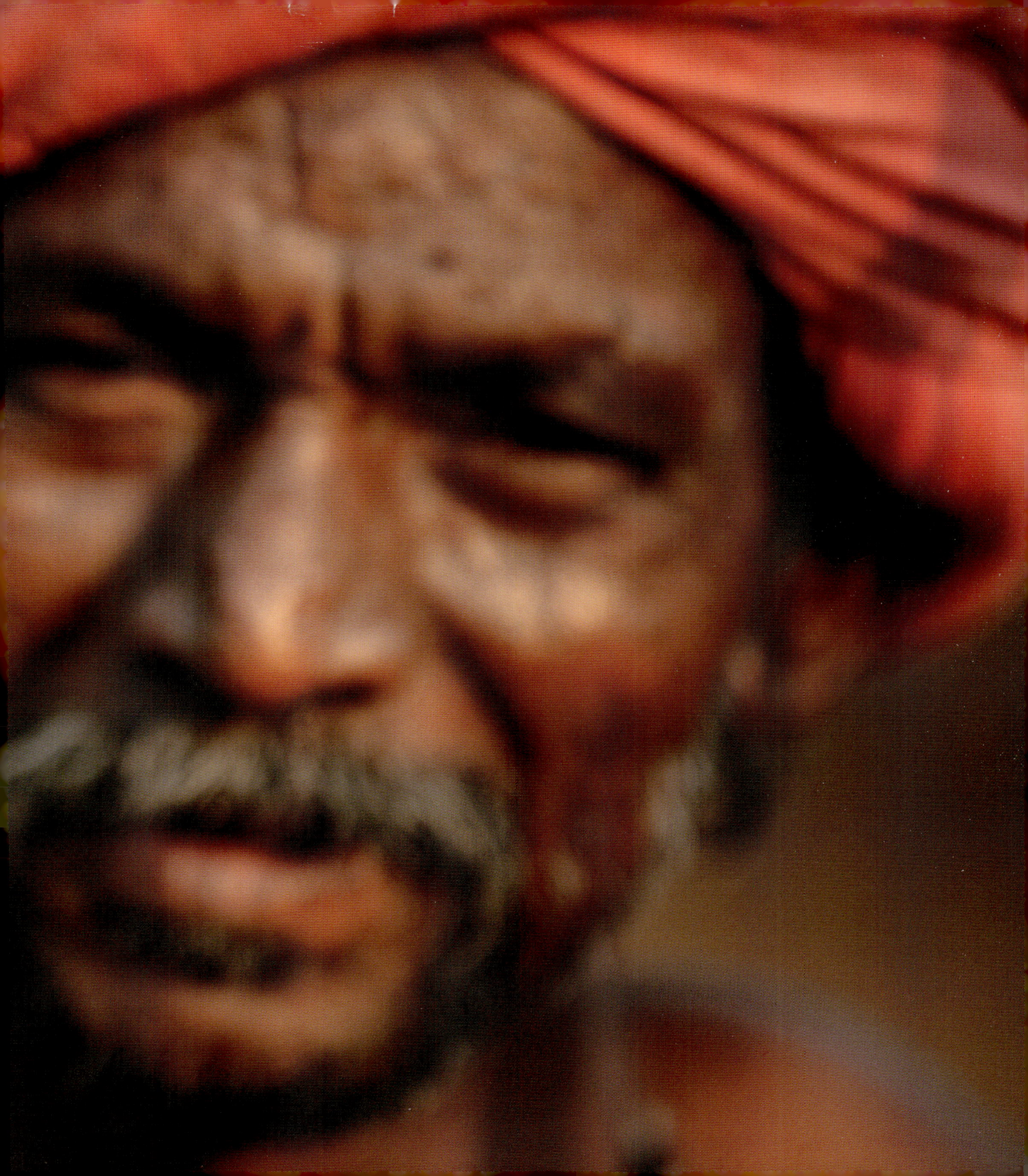

MEHR ALS NUR DIE VERSCHLUSSZEIT

BEWEGUNGEN KONTROLLIEREN

Im vorherigen Kapitel sind wir der Frage nachgegangen, warum verschiedene vom Belichtungsmesser angezeigte Blende-Verschlusszeit-Kombinationen zwar von der **LICHTMENGE** her gleich sind, aber keineswegs in Bezug auf die Steuerung der Schärfentiefe – ein spektakulärer Nebeneffekt der Blende. Doch auch die Verschlusszeit, die – genau wie die Blende – vor allem die Lichtmenge bestimmt, die auf den Sensor trifft, bringt einen **wichtigen Nebeneffekt** mit sich: Durch ihn lässt sich **Bewegung kontrollieren** und bewusst einsetzen.

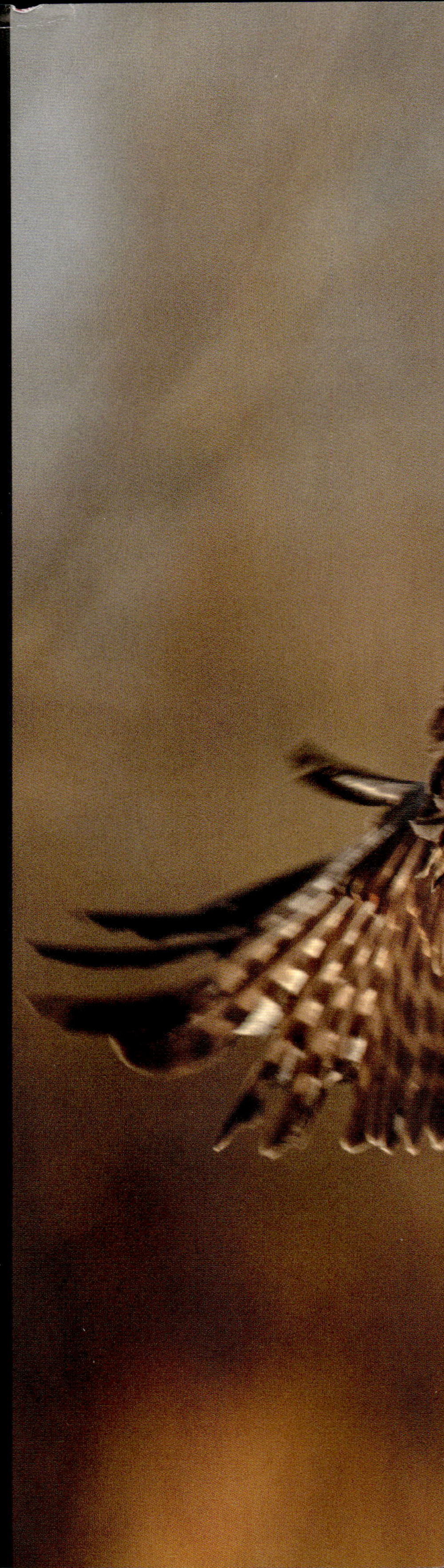

Italien, Emilia-Romagna

Nikon D810 • 300 mm f/4
1/1000 bei f/5,6 • ISO 400

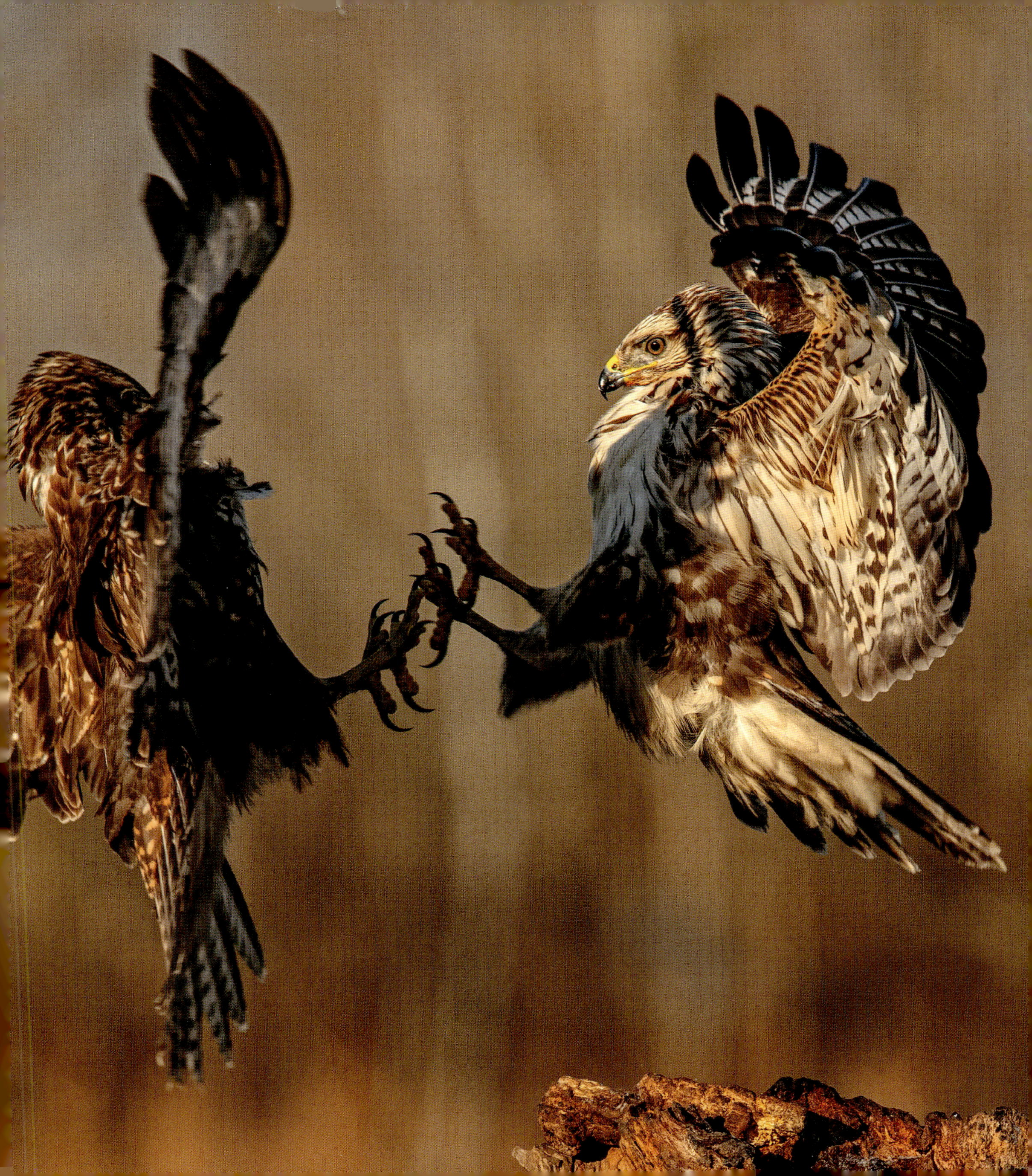

Bewegung kann beim Fotografieren schwerwiegende Probleme verursachen, und wenn man falsch damit umgeht, kann dies zu **Fotos mit Verwacklungen und Mikroverwacklungen** führen. Aber vergessen wir nicht, dass der gezielte Einsatz von Bewegung auch eine großartige Gelegenheit für den Fotografen sein kann, denn sie bietet die **Möglichkeit**, die eigenen Emotionen noch intensiver zu vermitteln.

Zunächst einmal müssen wir drei Arten von Bewegungen unterscheiden:

DIE BEWEGUNG DES OBJEKTS

Wenn das **Objekt nicht statisch** ist, muss man nicht nur die Schnelligkeit seiner Bewegung berücksichtigen, sondern auch deren Richtung. Wenn man nämlich ein Objekt „einfriert", das sich der Kamera nähert, braucht man eine kürzere Verschlusszeit, als wenn sich das Objekt mit derselben Geschwindigkeit bewegt, aber der Abstand gleich bleibt. Wenn das Objekt in Bewegung ist, ist uns ein Stativ keine Hilfe, und deshalb ist es notwendig, durch Erfahrung seine **Geschwindigkeit und seine Richtung einschätzen** zu lernen, um eine gerade noch ausreichende Verschlusszeit zu wählen, die ein Verwackeln der Bilder verhindert.

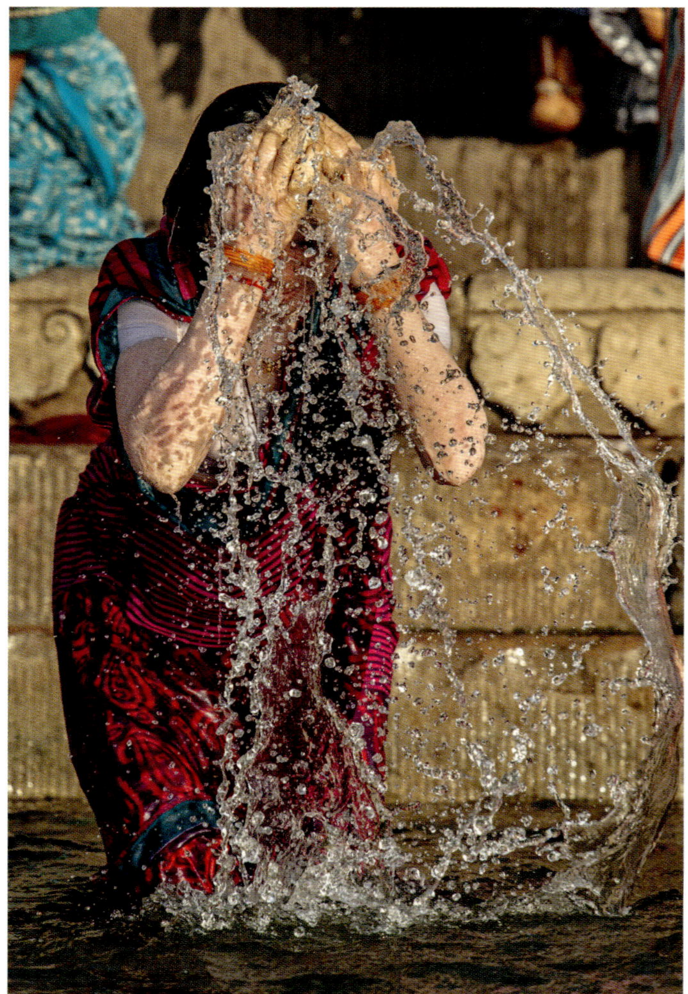

Indien, Varanasi

Nikon D810 • 300 mm f/4
1/2000 bei f/8 • ISO 400

DIE BEWEGUNG DES FOTOGRAFEN

Wenn wir eine Aufnahme **frei aus der Hand** machen, das heißt ohne Stativ und ohne uns irgendwo aufzustützen, können wir nicht absolut reglos bleiben. Unsere Bewegung, auch wenn sie noch so klein ist, kann zu Fotos mit Verwacklungen oder Mikroverwacklungen führen, vor allem wenn die Verschlusszeit nicht kurz genug ist. Mit etwas Übung können wir jedoch lernen, unsere **unwillkürlichen Bewegungen** auf ein Minimum zu reduzieren, vor allem indem wir eine stabile Position einnehmen, die Kamera richtig in der Hand halten und im Moment der Aufnahme die Luft anhalten. Eine wirksame Hilfe stellt außerdem der **Bildstabilisator** dar, sofern die Kamera oder das Objektiv darüber verfügen. Dabei darf man nicht vergessen, dass bei **Objektiven mit großer Brennweite** die Bewegung stärker und deutlicher spürbar ist. Verwendet man nämlich ein Teleobjektiv, muss man kürzere Verschlusszeiten wählen, als wenn man zum Beispiel ein **Weitwinkelobjektiv** einsetzt, damit die Bewegungen nicht das Foto beeinträchtigen.

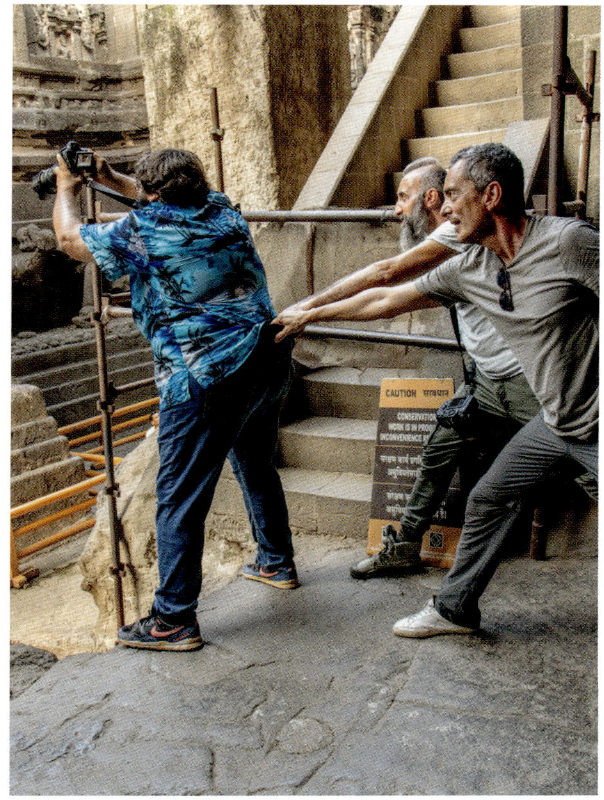

DIE VERÄNDERUNG DES STANDORTS DES FOTOGRAFEN

Die Bewegung kann auch unserem **Standort** geschuldet sein, das heißt der Tatsache, dass man sich in einem fahrenden Zug oder Auto, auf einem Schiff oder in einem Hubschrauber befindet; oder auf der Spitze eines Wolkenkratzers, der im Wind leicht schwankt, oder **auf einem Terrain**, das vibriert, weil Menschen vorübergehen oder schwere Verkehrsmittel, wie Busse oder Lastwagen, vorbeifahren. Diese Art der Bewegung ist **sehr invasiv und heimtückisch**, weil der Fotograf sie nicht sofort registriert und dadurch zu spät gegensteuert oder es ganz versäumt.

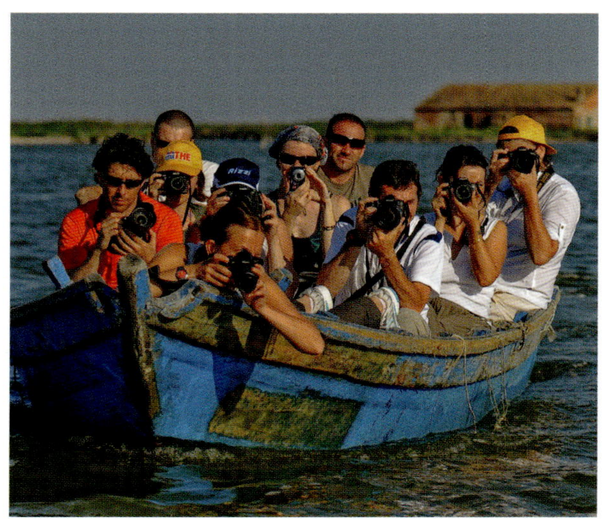

MEHR ALS NUR DIE VERSCHLUSSZEIT

Die Verschlusszeit ist also nicht nur für die Regulierung der Lichtmenge, die auf den Sensor fällt, verantwortlich, sondern **trägt auch wesentlich dazu bei**, dass die Fotos keine Verwacklungen oder Mikroverwacklungen abbekommen oder unscharf herauskommen, es sei denn, dies ist ausdrücklich erwünscht.

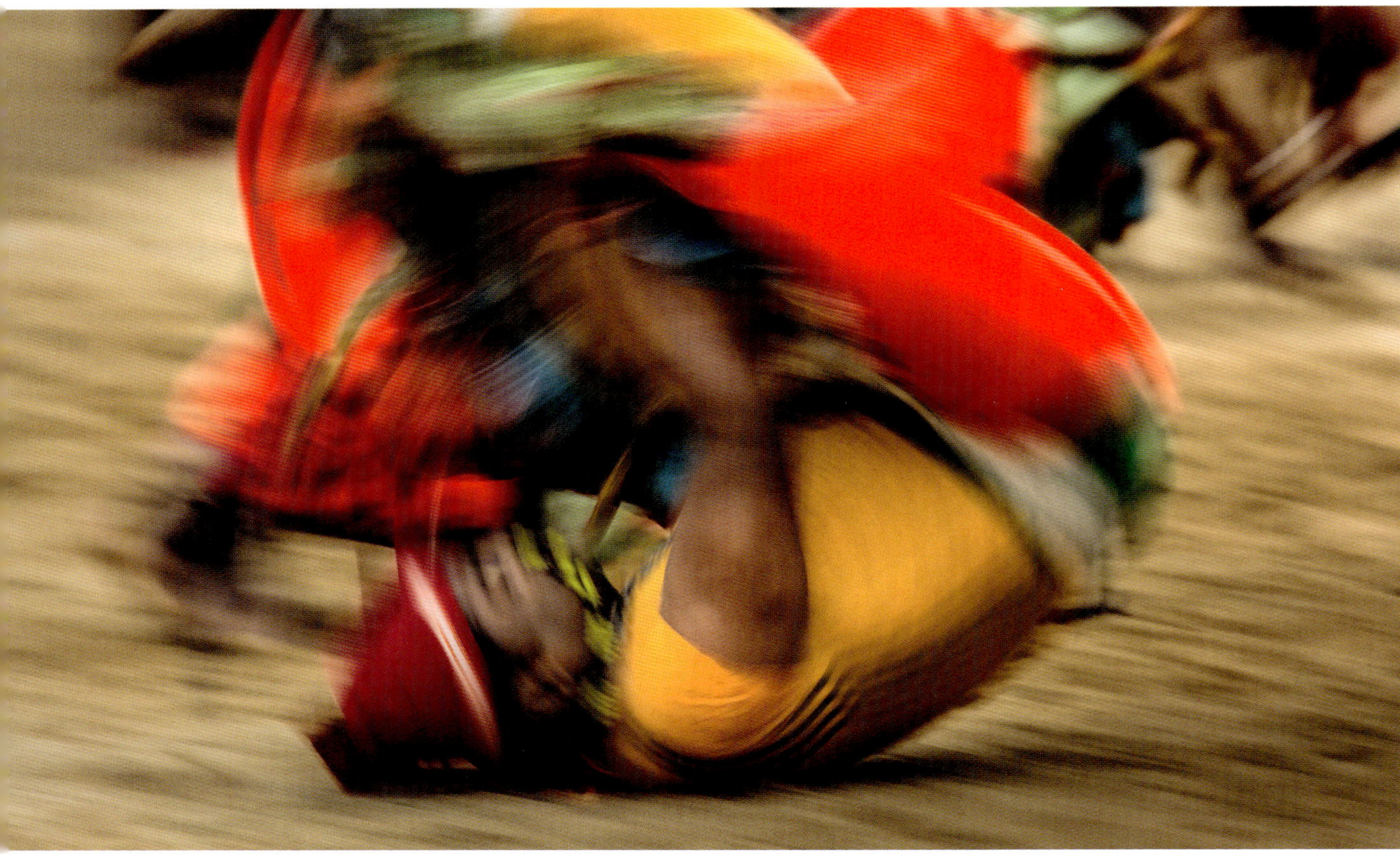

Indien, Tirap

Nikon D850 • 300 mm f/4
1/20 bei f/11 • ISO 64

Wie am Anfang dieses Kapitels erwähnt, stellt die Wahl der richtigen Verschlusszeit für einen technisch versierten Fotografen auch ein sehr vielseitiges **kreatives Werkzeug** dar, nicht nur ein Mittel, um Probleme mit der Bewegung zu vermeiden: Bewegung kann nämlich auch als Thema verstanden und interpretiert werden, sie wird dann beim Fotografieren bewusst eingesetzt.

Natürlich können uns **kurze Verschlusszeiten** vor Bildern mit Verwacklungen oder Mikroverwacklungen bewahren, aber oft reicht das Licht nicht für solche kurzen Verschlusszeiten aus, und man ist gezwungen, **den ISO-Wert zu erhöhen** – worunter die Bildqualität leidet – oder **die Blendenöffnung größer einzustellen** als vorgesehen – wodurch man die Möglichkeit verspielt, die beste Schärfentiefe für die Aufnahme zu wählen.

Wenn jedoch das Licht schlecht, aber das Objekt sowie unsere Position als Fotograf fest stehend sind, können wir auf ein **Stativ** zurückgreifen. Dadurch lassen sich auch unabsichtliche Bewegungen bei der Aufnahme vermeiden, und man kann dann auch Verschlusszeiten verwenden, die nicht möglich wären, wenn man **die Kamera in der Hand halten** würde, also Verschlusszeiten unter 1/15 Sekunden.

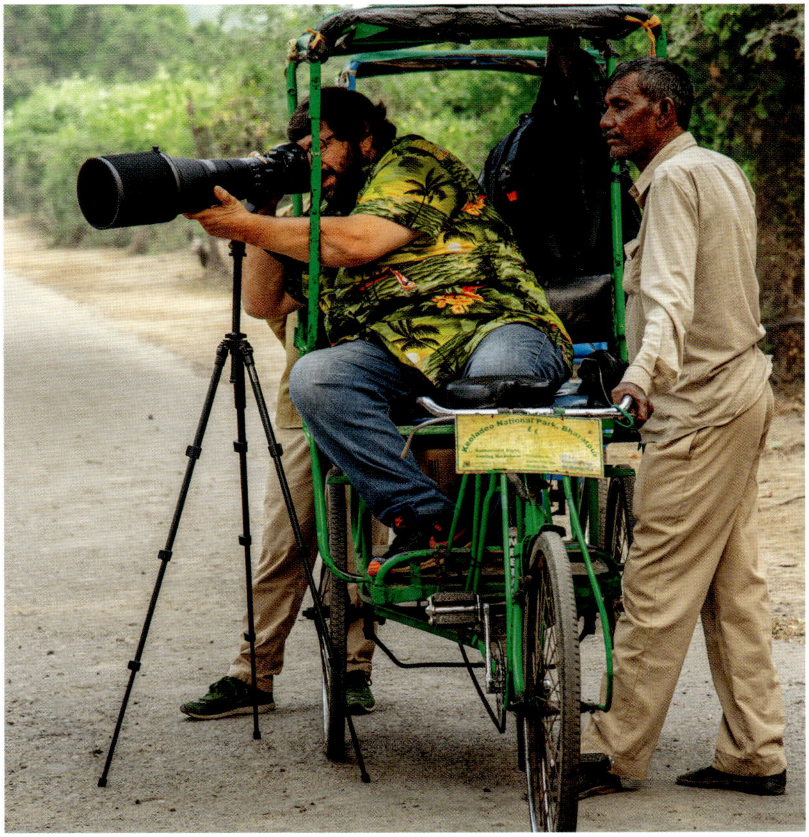

Eine andere Methode, um Bewegung festzuhalten, besteht in der Verwendung von **Blitzlicht**; damit lassen sich sowohl das Objekt als auch die Bewegungen des Fotografen einfrieren. Dies **beeinträchtigt jedoch die Helligkeit vor Ort**, weil der Blitz die Natürlichkeit des Lichts, die Poesie und die Realität der Szene eliminiert. Offensichtlich ist der Einsatz von **Blitzlicht keine akzeptable Wahl** für einen Fotoreporter, es sei denn, es geht darum, didaktische Fotos für Reportagezwecke anzufertigen.

MEHR ALS ALLE AUTOMATISMEN

DIE KAMERA KANN NICHT MITDENKEN

Jenseits aller Automatismen und Servomechanismen, mit denen unsere Kamera ausgestattet ist, fehlt ihr glücklicherweise das wichtigste Element, über das nur wir selbst verfügen: **das Gehirn**. Der Fotograf, der mit einem solchen ausgestattet ist, kann wesentliche Entscheidungen treffen. Er kann **das Was, Wann und Wieviel** bestimmen, er kann seinen Fotos Leben einhauchen und ihnen auf die eine oder andere Weise seinen eigenen Stil verleihen.

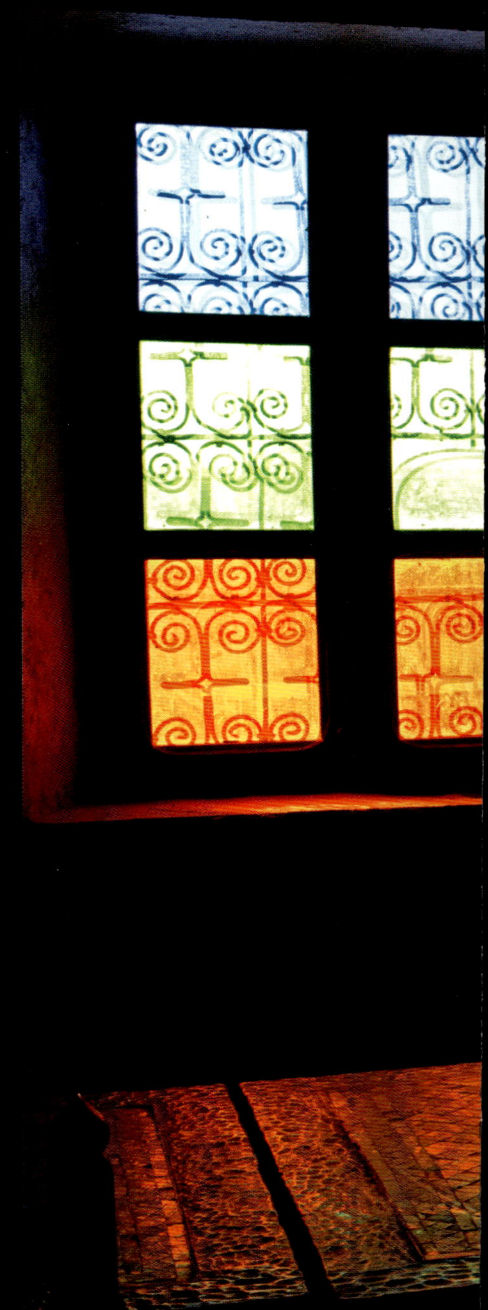

Marokko, Merzouga

Nikon D 850 • 35 mm f/1,8
1/200 bei f/8 • ISO 400

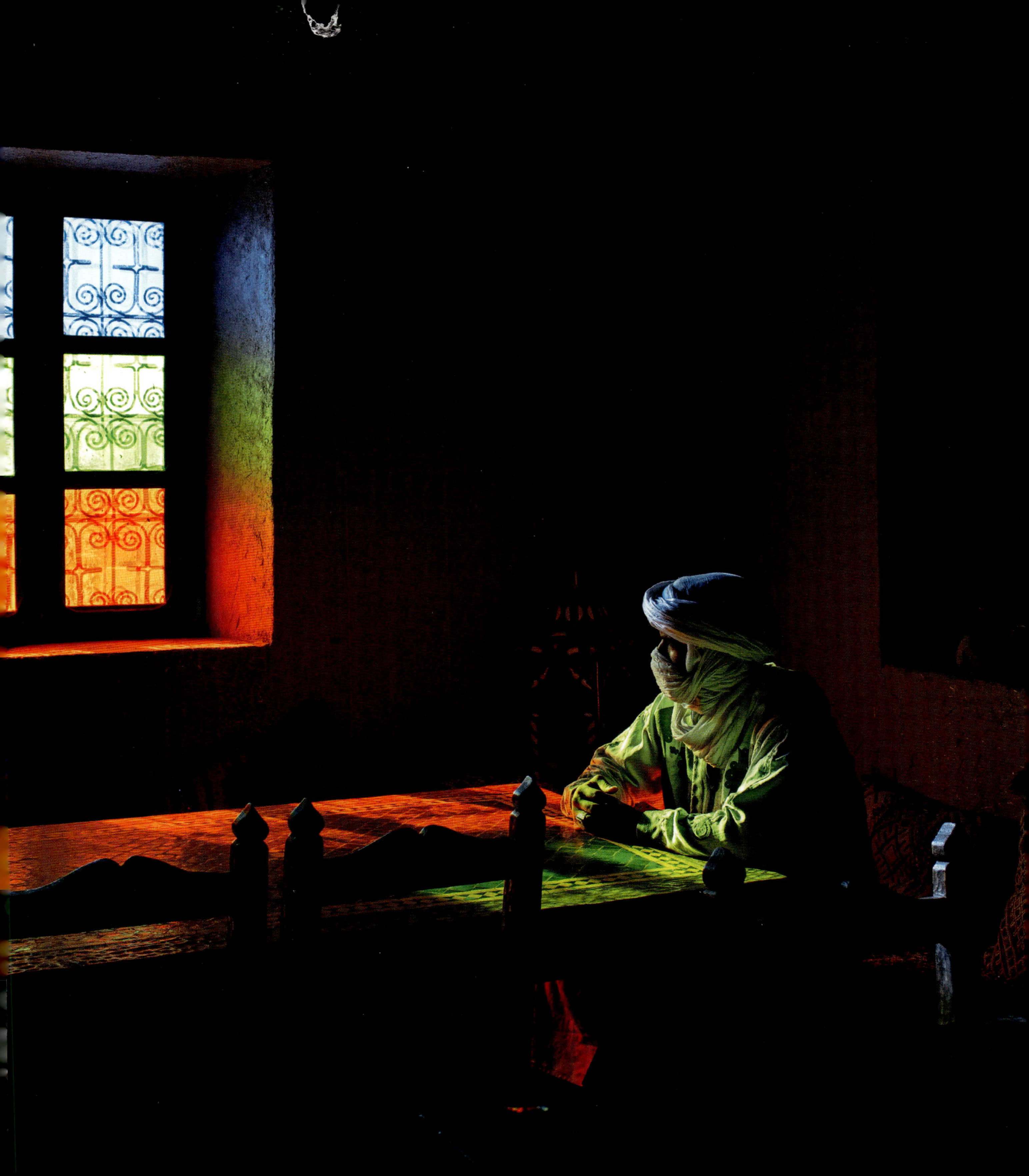

Welche Kombination müssen wir also aus denen, die uns der Belichtungsmesser jedes Mal zur Verfügung stellt, auswählen? Sollen wir **unseren Schwerpunkt** auf die Verschlusszeit oder auf die Blende legen? Sollen wir den ISO-Wert steigern, um **zusätzliche oder unterschiedliche Kombinationen** zu erhalten, weil die vom Belichtungsmesser vorgeschlagenen nicht ausreichen, um das Bild, das wir uns vorstellen, aufzunehmen?

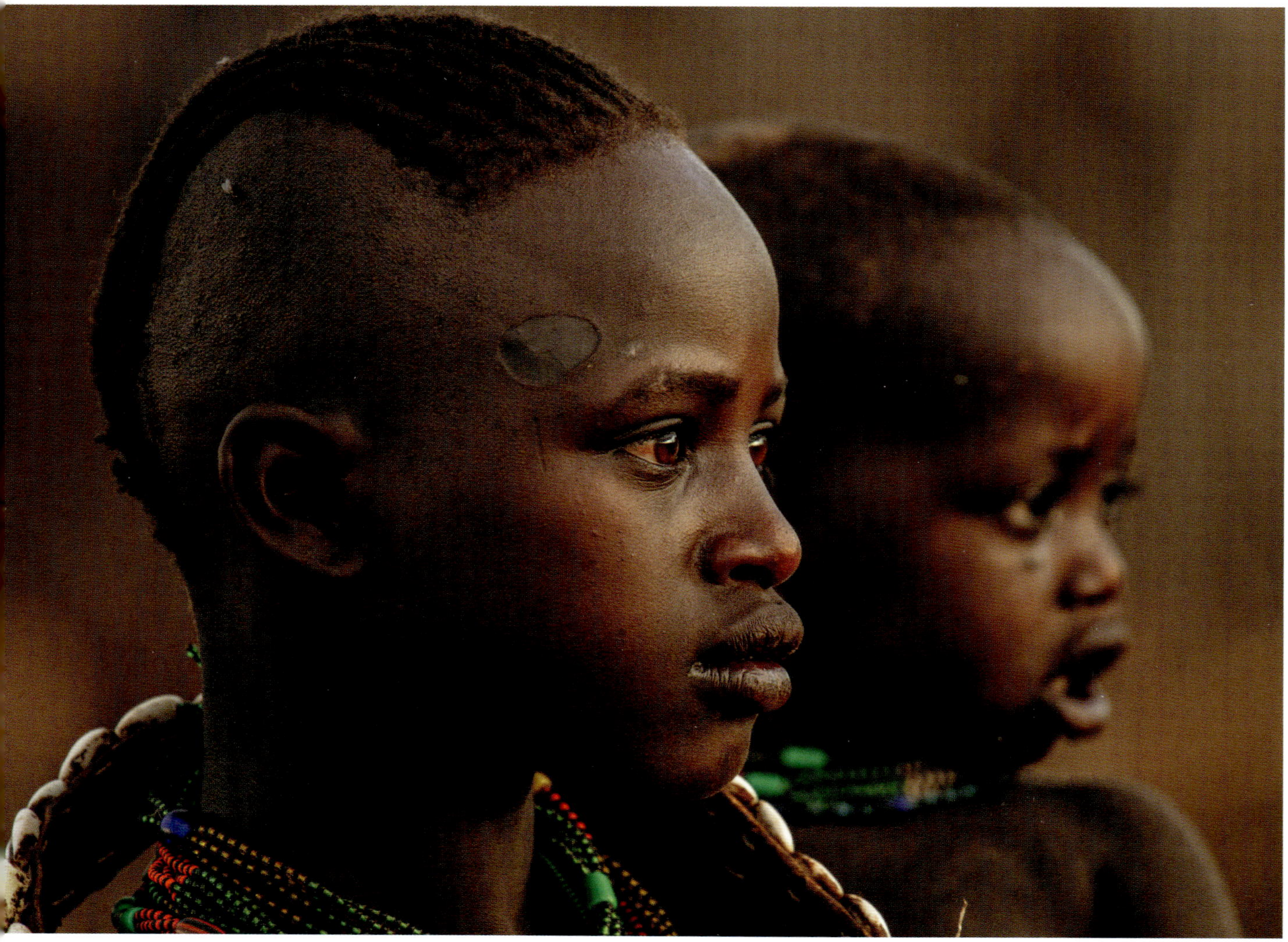

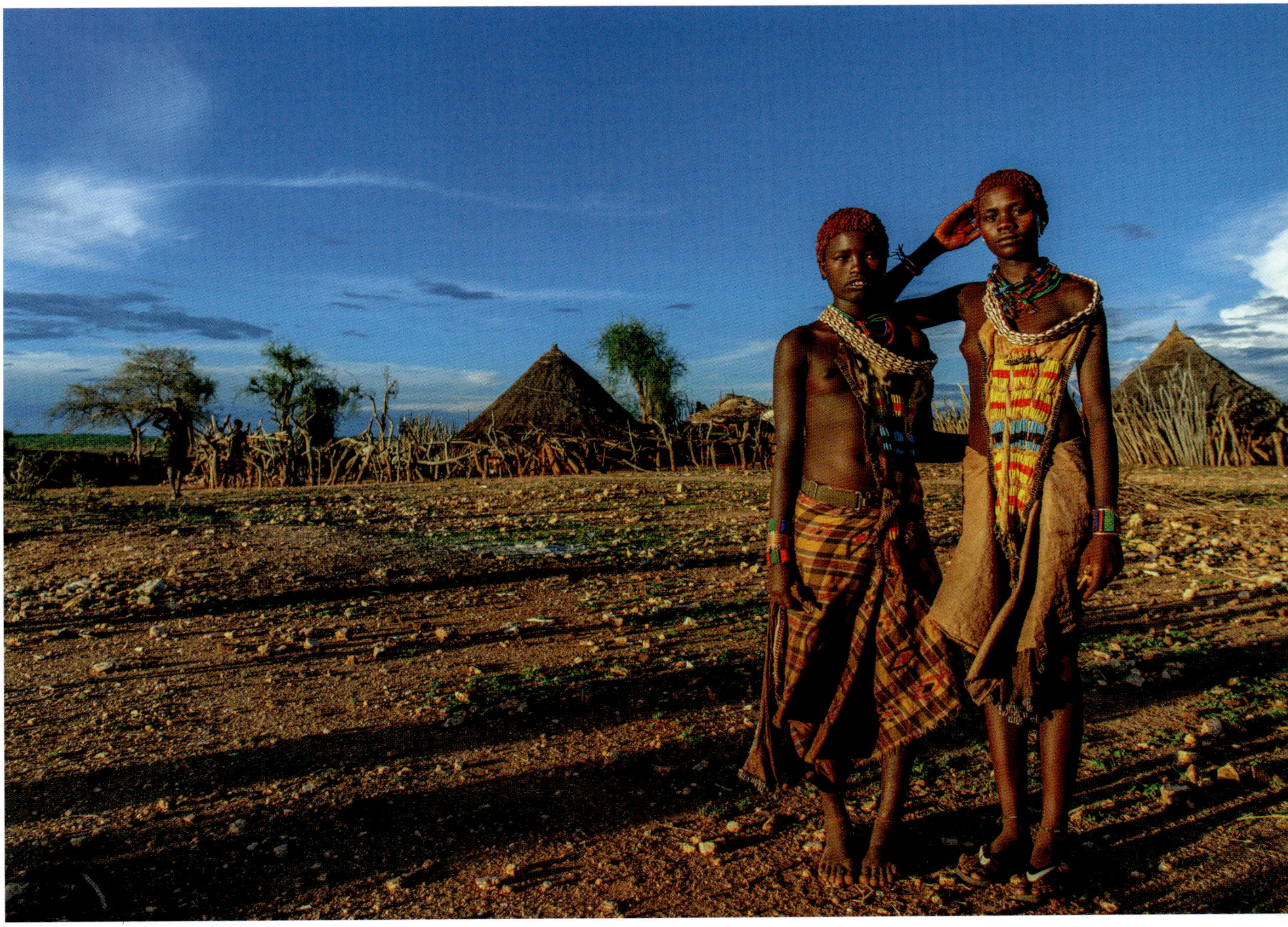

Jedes Mal fällt die Entscheidung anders aus, und genau darin besteht die **Schönheit der Fotografie**. Wir können uns zwischen einer **Vielzahl an Möglichkeiten** entscheiden und ein triviales Bild in eine überraschende Aufnahme verwandeln. Je besser wir die Technik beherrschen, umso größer ist die Anzahl an Lösungen, aus denen wir auswählen können. Die Wahl hängt immer vom Kontext, vom Gefühl und vom Thema ab. Wenn man sich diesem wunderbaren Universum zum ersten Mal nähert, braucht man natürlich Ratschläge, anhand derer man sich **gezielt auf einen Weg** machen kann, der zu persönlichen, einzigartigen Entscheidungen führt, sobald die anfänglichen technischen Schwierigkeiten überwunden sind.

Versuchen wir, praktisch zu sein. Es steht fest, dass die Schönheit, die Ästhetik und viele Inhalte in der Fotografie **dank dem geschickten Einsatz von Schärfentiefe** bei der Komposition ausgedrückt werden. Doch zuerst muss man sich mit der Tatsache beschäftigen, dass das Bild lesbar ist – also im Fokus –, dass es korrekt belichtet ist und dass es vor allem keine Verwacklungen – zumindest keine ungewollten – oder Mikroverwacklungen aufweist, die das **Endergebnis beeinträchtigen**. Dies bringt mit sich, dass man auf die Wahl der Verschlusszeiten **besonderes Augenmerk** legen muss, um zu vermeiden, dass das Foto womöglich eine perfekte Schärfentiefe hat, aber komplett verwackelt ist.

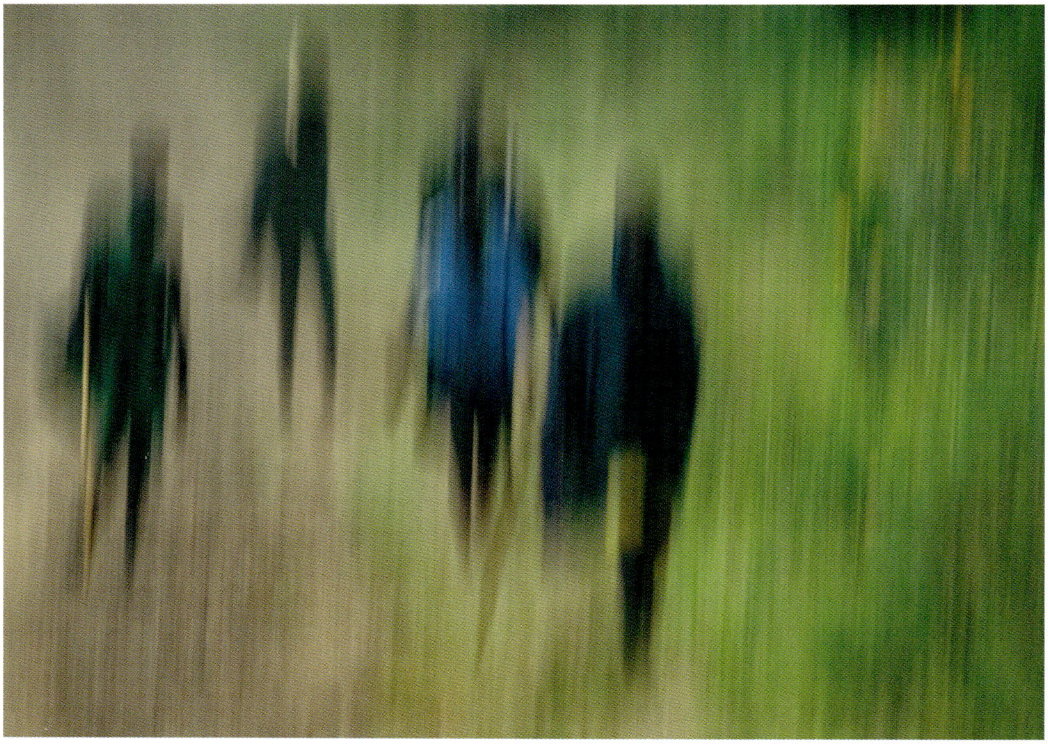

Erst wenn wir uns vergewissert haben, dass die Verschlusszeit ausreichend ist, um unangenehme Verwacklungseffekte zu vermeiden, können wir nach einer geeigneten Schärfentiefe suchen, durch die unser Bild herausragend wird. Dazu müssen wir nun für dieses spezielle Bild **die richtige Blende-Verschlusszeit-Kombination** wählen.

Wenn wir zum Beispiel festgestellt haben, dass, um Verwacklungen und Mikroverwacklungen zu vermeiden, eine Verschlusszeit von mindestens 1/250 **notwendig** ist, können wir also aus allen vom Belichtungsmesser angezeigten Kombinationen diejenigen mit einer **Verschlusszeit von 1/250 oder kürzer** auswählen und somit gewährleisten, dass die Bewegungen einfrieren. Zum Beispiel:

VERWENDBARE KOMBINATIONEN,

f	32	22	16	11	**8**	**5.6**	**4**	**2.8**	**2**	**1.4**
T	1/15	1/30	1/60	1/125	**1/250**	**1/500**	**1/1000**	**1/2000**	**1/4000**	**1/8000**

WENN SICH DAS OBJEKT BEWEGT

Jeder technisch gut ausgestattete Fotograf wird sich, wenn er die Belichtungskombination einstellt, bestimmt möglichst **viele Wahlmöglichkeiten** wünschen, damit er sich mit der Einstellung der geeignetsten Blende für dieses spezielle Foto ausdrücken kann. Dafür ist es wichtig, mit sehr lichtstarken Objektiven zu arbeiten, die nicht nur eine sichere Qualität und die Möglichkeit bieten, unter schlechten Lichtverhältnissen zu fotografieren, sondern auch eine **große Bandbreite** an Blendenöffnungen, damit die Kreativität des Fotografen nicht technisch eingeschränkt wird.

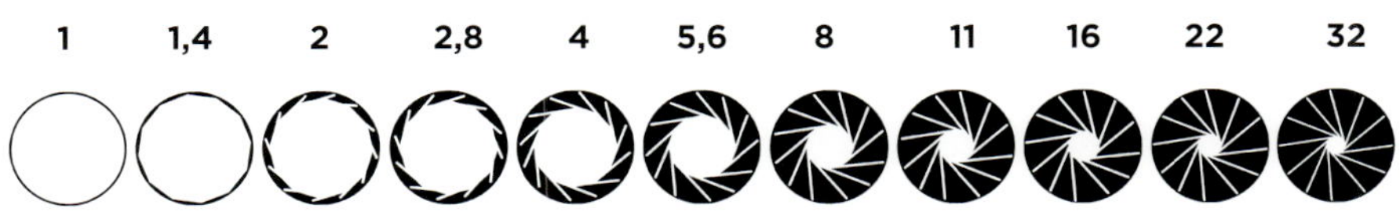

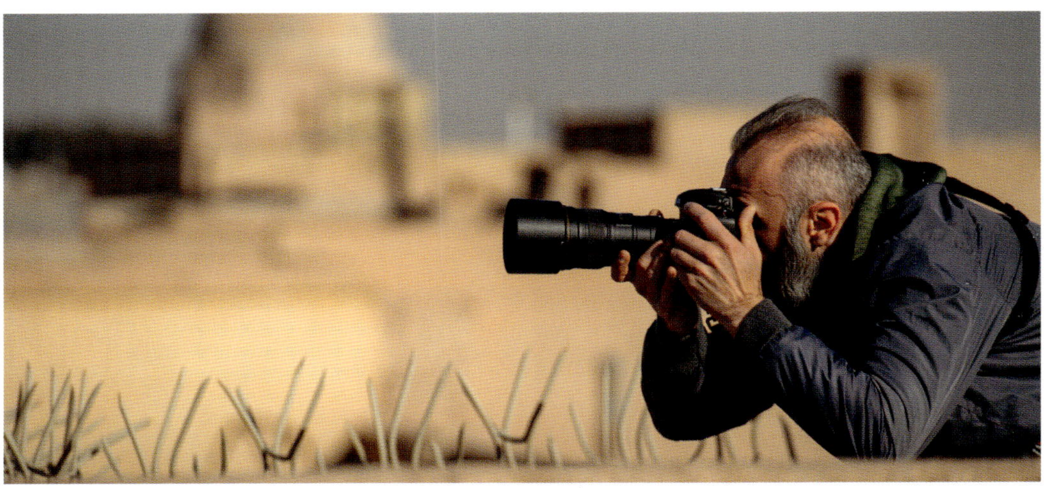

Zweifellos stellt **Bewegung** auf unserem Bildausschnitt eine **Beschränkung der verfügbaren Wahlmöglichkeiten** dar, weil sie uns zwingt, nur Kombinationen mit kurzen Verschlusszeiten zu verwenden und damit folglich oft weit offene Blenden.

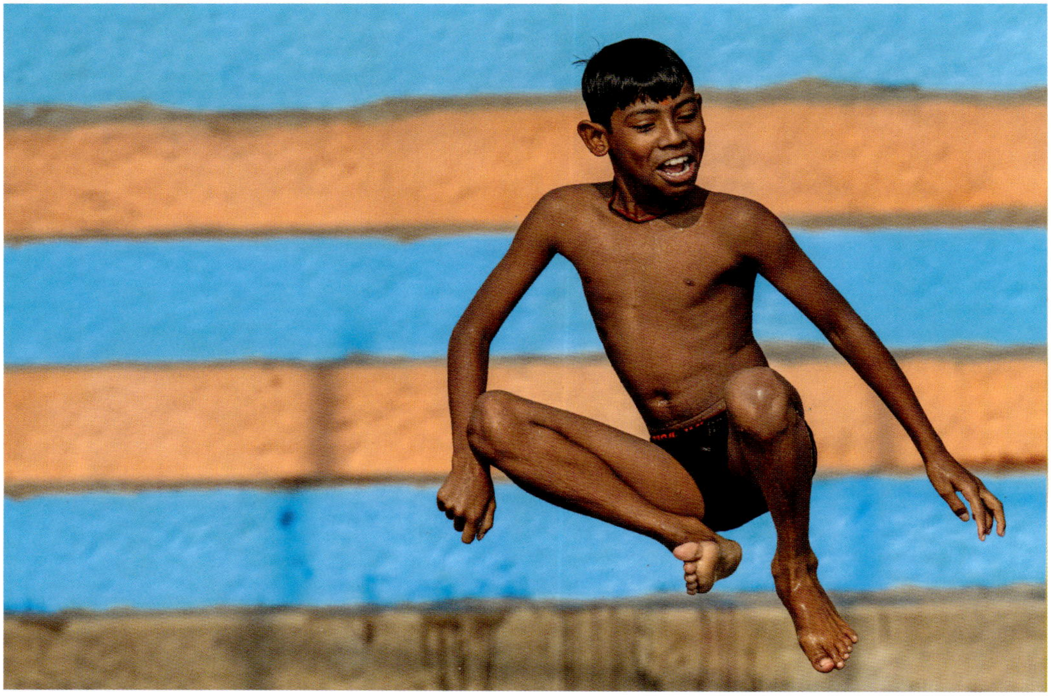

Wenn dann noch **schlechte Lichtbedingungen** dazukommen, welche die verfügbaren Wahlmöglichkeiten noch weiter limitieren, bleibt uns nichts anderes übrig, als Kombinationen zu verwenden, die sowohl lange Verschlusszeiten als auch weit offene Blenden umfassen, vorausgesetzt, unser Objektiv hat eine hohe Lichtstärke. Zum Beispiel:

VOM BELICHTUNGSMESSER GELIEFERTE KOMBINATIONEN BEI 100 ISO

f	16	11	8	5.6	4	2.8	2	1.4			
T	1"	1/2	1/4	1/8	1/15	1/30	1/60	1/125	1/250	1/500	1/1000

UNTER SCHLECHTEN LICHTBEDINUNGEN

Wenn man jedoch diese vom Belichtungsmesser aufgrund der schlechten Lichtbedingungen vorgeschlagenen Kombinationen einstellt, kann man zwar das Belichtungsproblem lösen, aber nicht das Problem des **Objekts in Bewegung**. Die Fotos sind dann **mit Sicherheit verwackelt**.

In diesen extremen Fällen, in denen sowohl die Bewegung des Objekts als auch schlechte Lichtbedingungen Probleme schaffen, können wir **andere Blende-Verschlusszeit-Kombinationen** mit kürzerer Verschlusszeit auswählen und den ISO-Wert erhöhen. Diese einfache Maßnahme eröffnet uns weitere nützliche Kombinationen, mit deren Hilfe wir das Objekt korrekt belichten können, ohne dass es verwackelt. Folglich erhöht sich natürlich das **Bildrauschen**, was sich in Form einer gewissen Körnigkeit niederschlägt, durch die sich Schärfe und Detail verändern. Um drei *Stops* erhöhte ISO-Werte entsprechen bei Blende und Verschlusszeit:

VERWENDBARE KOMBINATIONEN BEI ISO 800

f		32	22	16	11	8	5,6	**4**	**2.8**	**2**	**1.4**
T	1"	1/2	1/4	1/8	1/15	1/30	1/60	**1/125**	**1/250**	**1/500**	**1/1000**

BEI SCHLECHTEN LICHTBEDINUNGEN

Situationen, in denen schlechte Lichtbedingungen und Bewegung unsere Auswahl einschränken, **begegnen uns sehr oft**, wenn wir außerhalb von gut ausgestatteten Studios oder von Umgebungen mit kontrollierbarem Licht fotografieren. Wir müssen also jeweils einschätzen, ob wir es, um mit den gewünschten Werten arbeiten zu können, in Kauf nehmen, den ISO-Wert zu erhöhen und damit eine Verschlechterung dieses speziellen Fotos akzeptieren. Dies hängt natürlich von der **Qualität unserer Ausrüstung** ab, da – wie bereits erwähnt – nur hochwertige Sensoren auch bei hohen ISO-Werten Bilder von guter Qualität liefern.

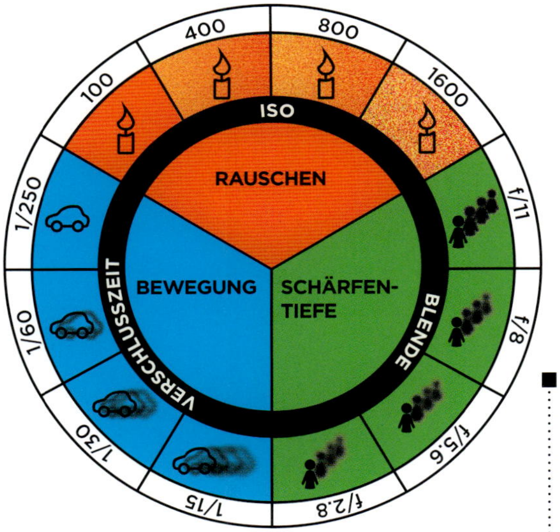

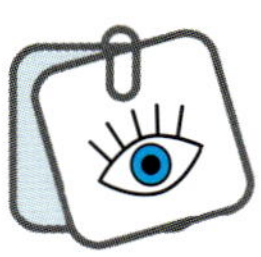

Zusammenfassend lässt sich sagen, dass wir das Licht durch drei verschiedene, aber **quantitativ** gleiche Parameter steuern können, um eine korrekte Belichtung zu erhalten: Blende, Verschlusszeit und ISO-Wert. Jeder von ihnen hat jedoch seinen **Nebeneffekt**: Die Blende wirkt sich auf die Schärfentiefe aus, die Verschlusszeit auf die Kontrolle von Bewegung und der ISO-Wert auf die Qualität und die Deutlichkeit des Fotos. **Die Entscheidung liegt bei uns!**

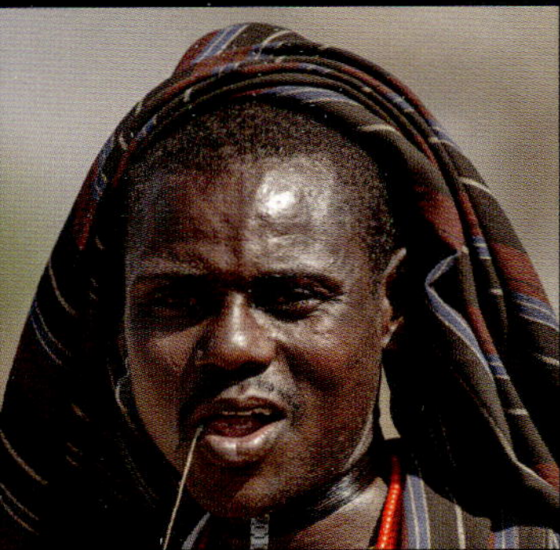
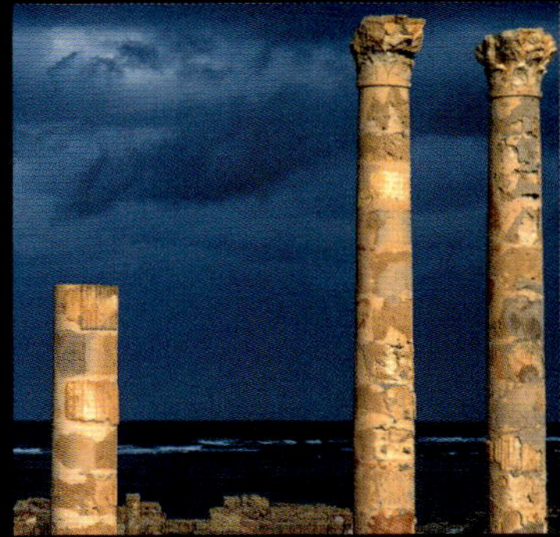
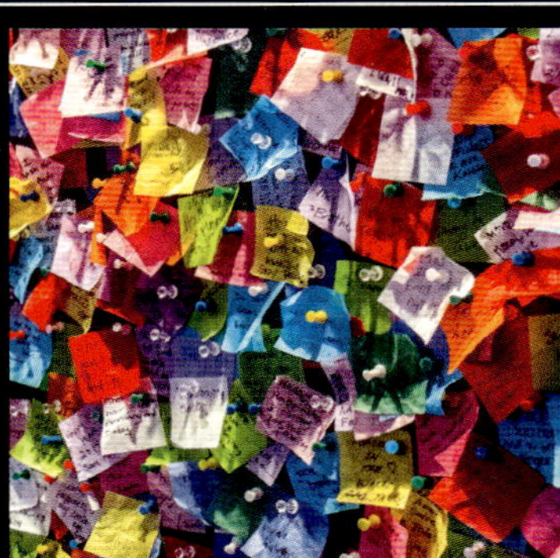
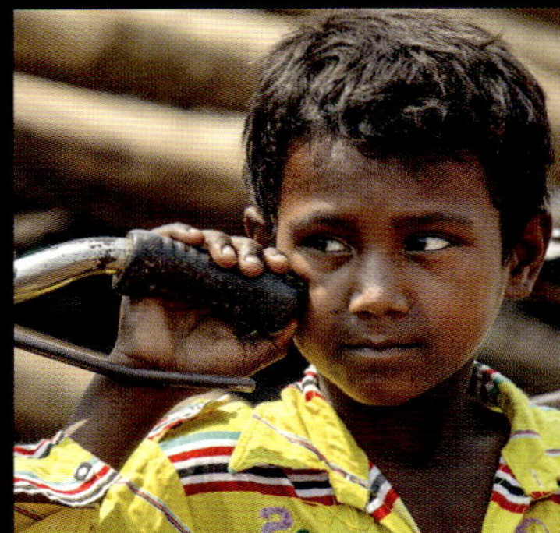
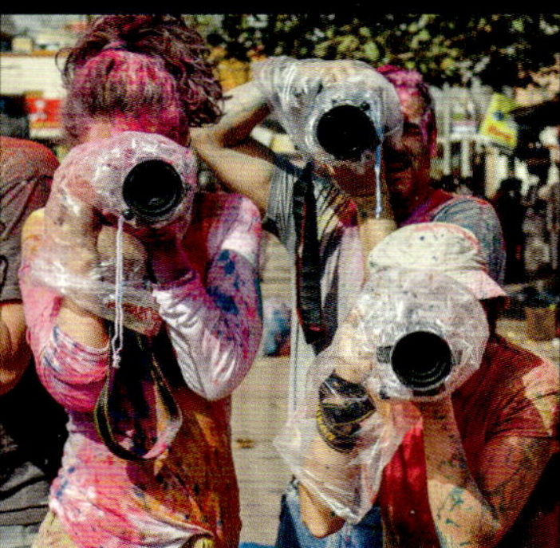
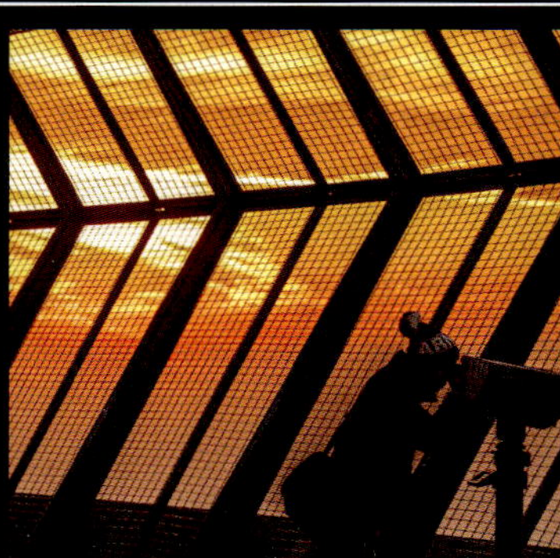
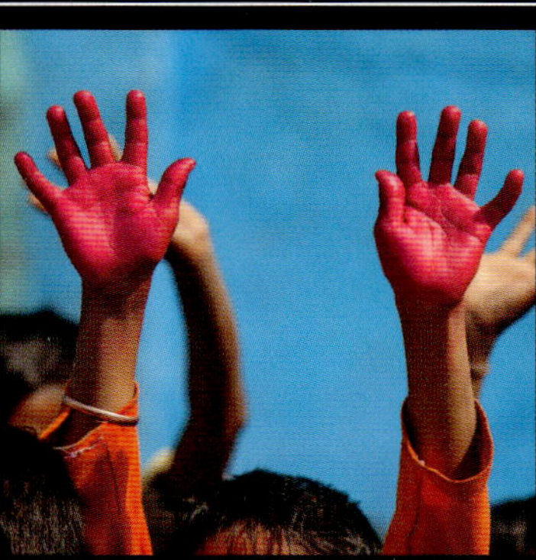
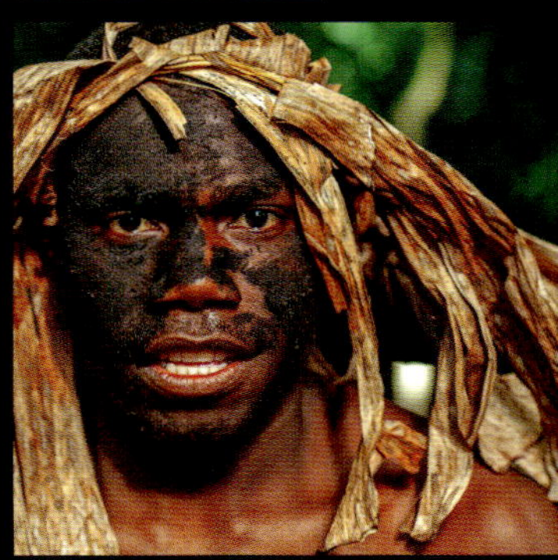

AUS DEM VOLLEN SCHÖPFEN

INFORMATIONEN, TIPPS UND HILFSMITTEL

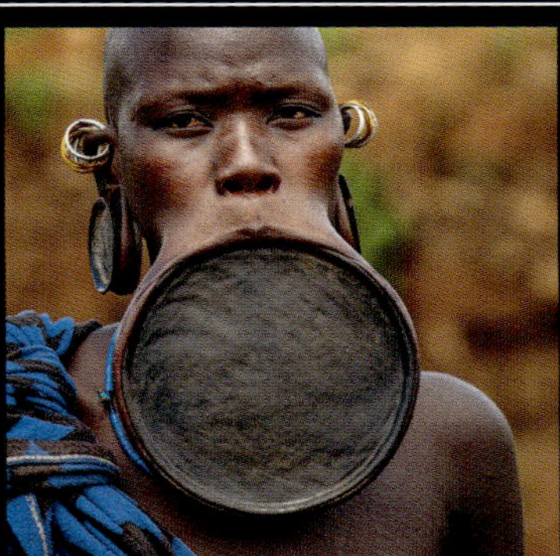

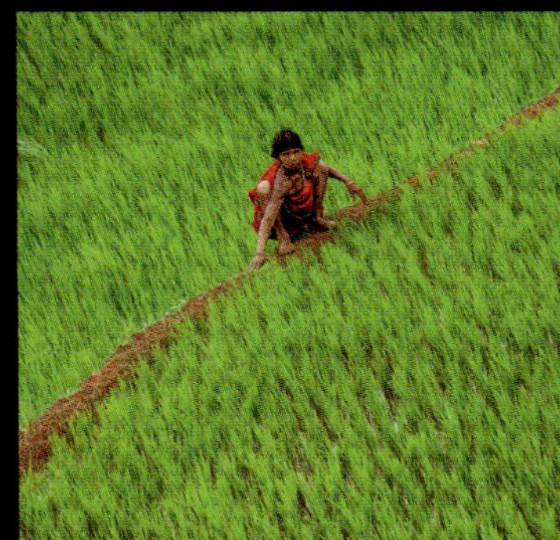

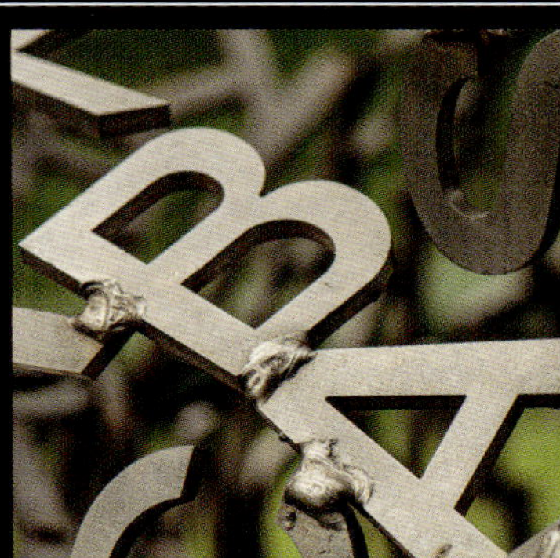

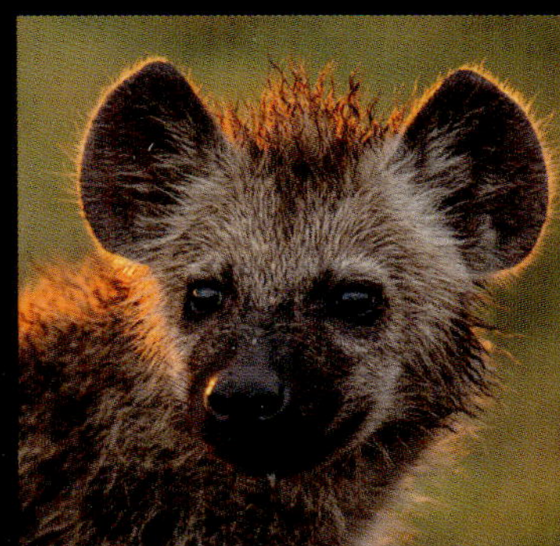

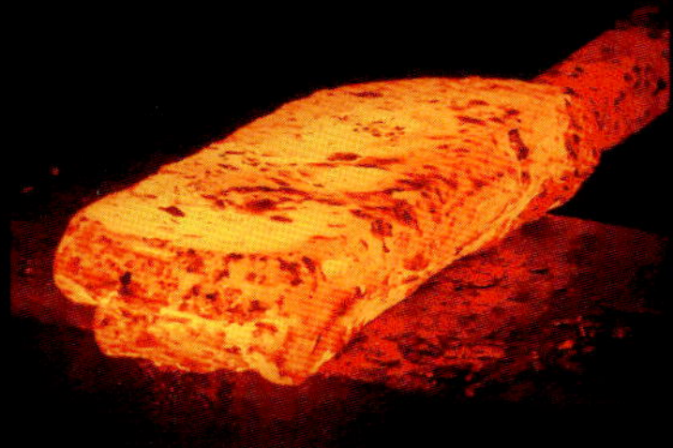

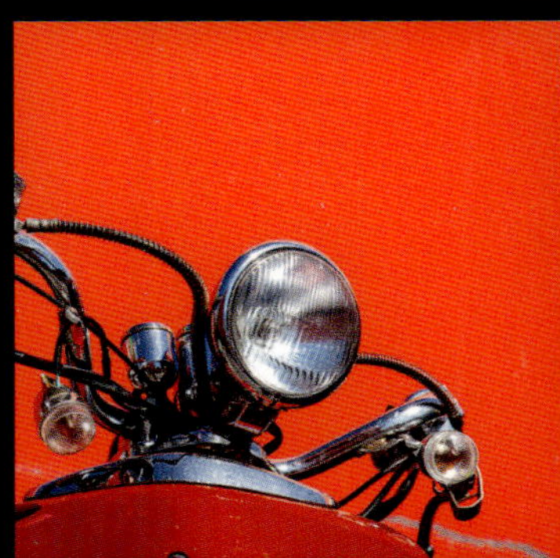

DIE FARBE DES LICHTS

WIRKLICHKEITSTREUE ODER EMOTION

Wie bereits gesehen, misst und beurteilt der Belichtungsmesser die **Intensität des Lichts**, das von einem Objekt reflektiert wird, um nützliche Werte für die korrekte Belichtung zu liefern. Er untersucht jedoch nicht die **Qualität des Lichts und seine Farbtöne**. Um die Farbtöne genau zu bezeichnen, verwendet man nämlich üblicherweise ein Kriterium, das auf der **absoluten Temperatur** eines schwarzen Gegenstands beruht, der Licht aussendet. Diese Referenztemperatur, auch Farbtemperatur genannt, wird in **Kelvin (K)** ausgedrückt, nach dem britischen Physiker William Thomson, genannt Lord Kelvin, der diese Skala absoluter Temperaturen entwickelt hat.

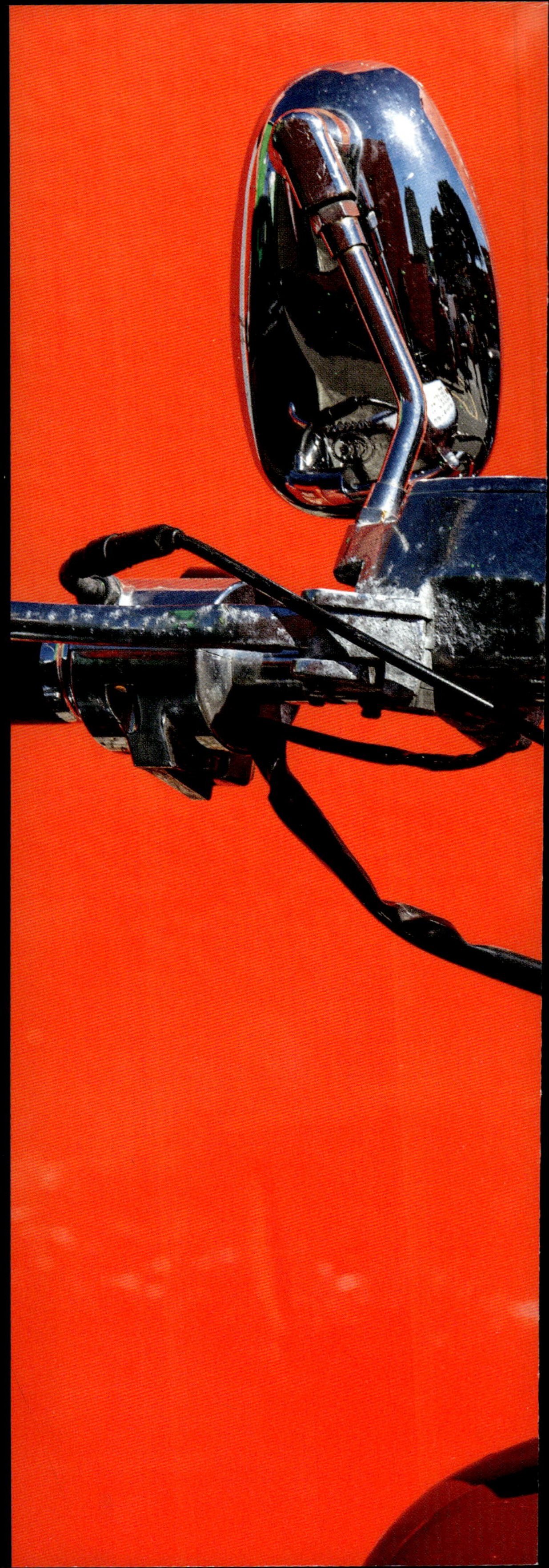

Südafrika, Kapstadt

Nikon D 850 • 70-200 mm f/2,8
1/250 bei f/11 • ISO 64

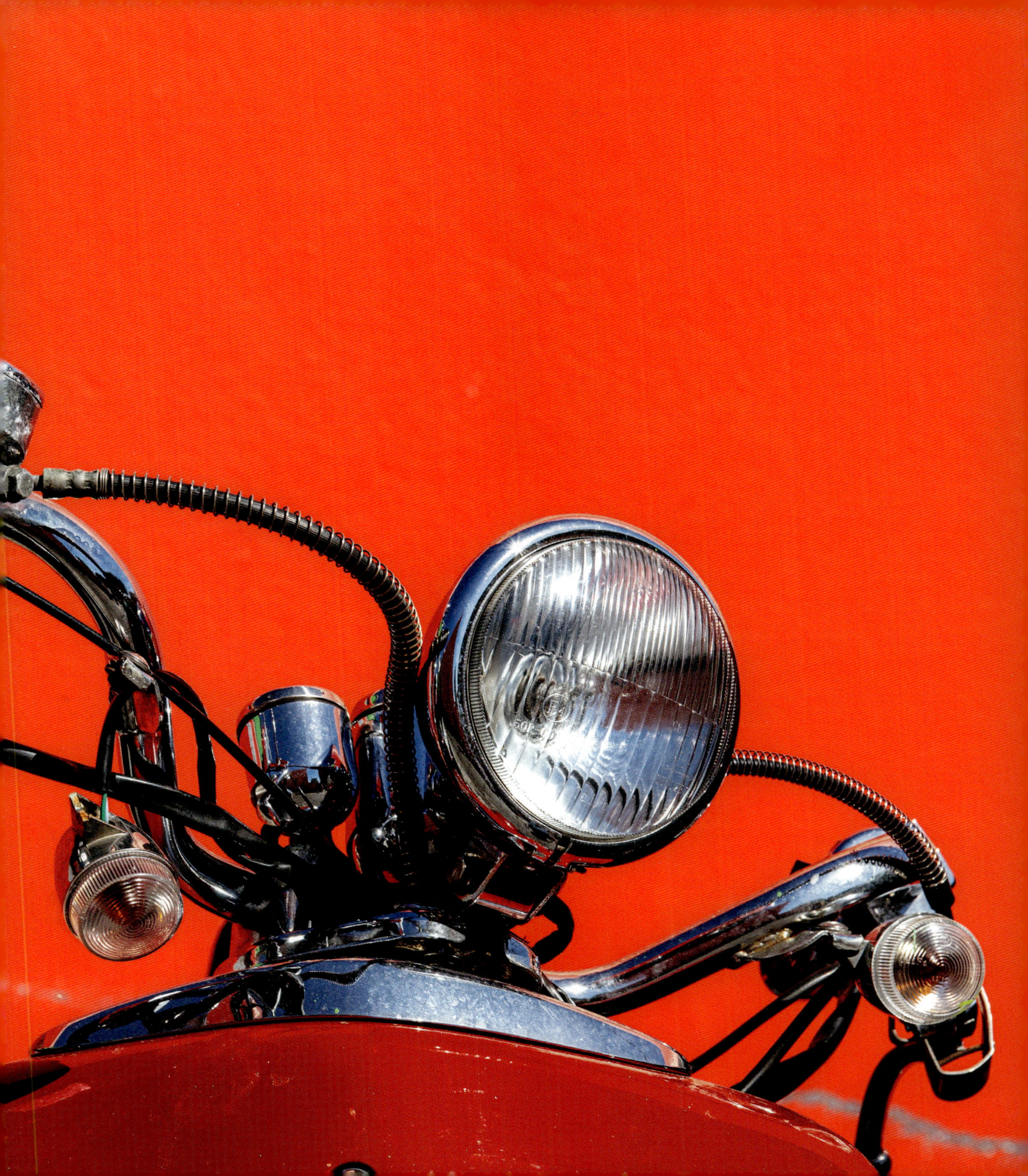

Wenn sich die Temperatur, auf die ein schwarzer Referenzkörper erhitzt wird, abkühlt, nimmt das Licht, das dabei ausgestrahlt wird, zuerst eine gelbe, dann eine rote Farbe an, während er bei einer Erhöhung der Temperatur eine blaue Farbe annimmt. Da man sich in der Fotografie **eher auf die Empfindung** als auf die Physik stützt, sind wir es jedoch gewohnt, genau umgekehrt zu denken und gelb-rotes Licht als warm und blaues Licht als kalt zu definieren.

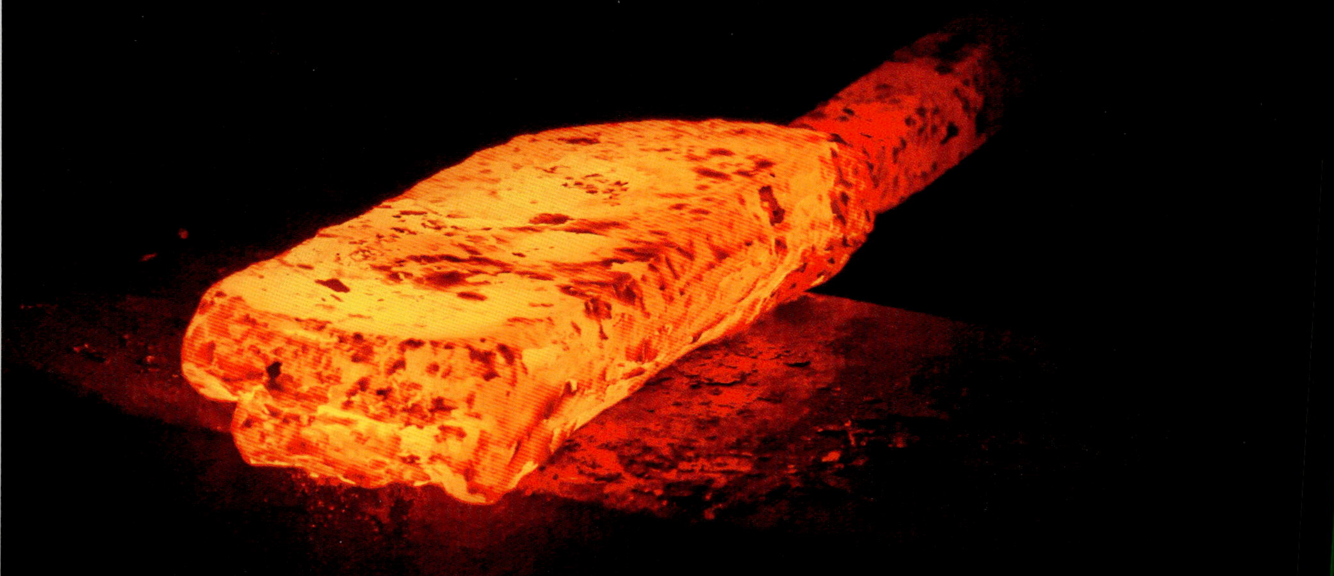

1500 K	**Kerze**	Sehr warm
1800 K	**Sonnenuntergang**	Sehr warm
2000 K	**HPS – Natriumdampflampe**	Sehr warm
2700 K	**Glühlampe**	Warm
3200 K	**Halogenlampe**	Warm
4000 K	**weiße Leuchtstofflampe**	Warm
5600 K	**Mittagssonne**	Tageslichtweiß
6000 K	**Quecksilberdampflampe**	Kalt
6500 K	**Neonröhre, Objekt im Schatten**	Kalt
7500 K	**Bewölkter Himmel**	Sehr kalt

Die Sensoren unserer Kameras sind auf **Neutralweiß** eingestellt, das heißt auf direkte Sonne, die schätzungsweise eine Farbtemperatur von **ungefähr 5600 Kelvin** hat. Doch die Farbe des Lichts ändert sich mehrmals am Tag. Morgens ist es gelb und blass, während es bei Sonnenuntergang wärmer ist, bis es schließlich rot wird. Verdecken die Wolken die Sonne, kühlt sich die Farbtemperatur ab und wird bläulich, während sie bei Nebel richtige Blautöne annimmt. Wenn man diese Dominanten nicht korrigiert, verändern auch die Motive im Tageslauf mehrmals ihre Farbe. Der Sensor unserer Kamera, der bei direktem Sonnenlicht keinerlei Regelung braucht, muss deshalb **über diese Veränderungen informiert** werden und sich an die neuen Lichtbedingungen anpassen können, um ein korrektes Bild wiederzugeben, das nicht von einer dominierenden Färbung verändert wird.

Dasselbe Bild, aufgenommen zu verschiedenen Tageszeiten, ohne Korrektur des Weißabgleichs.

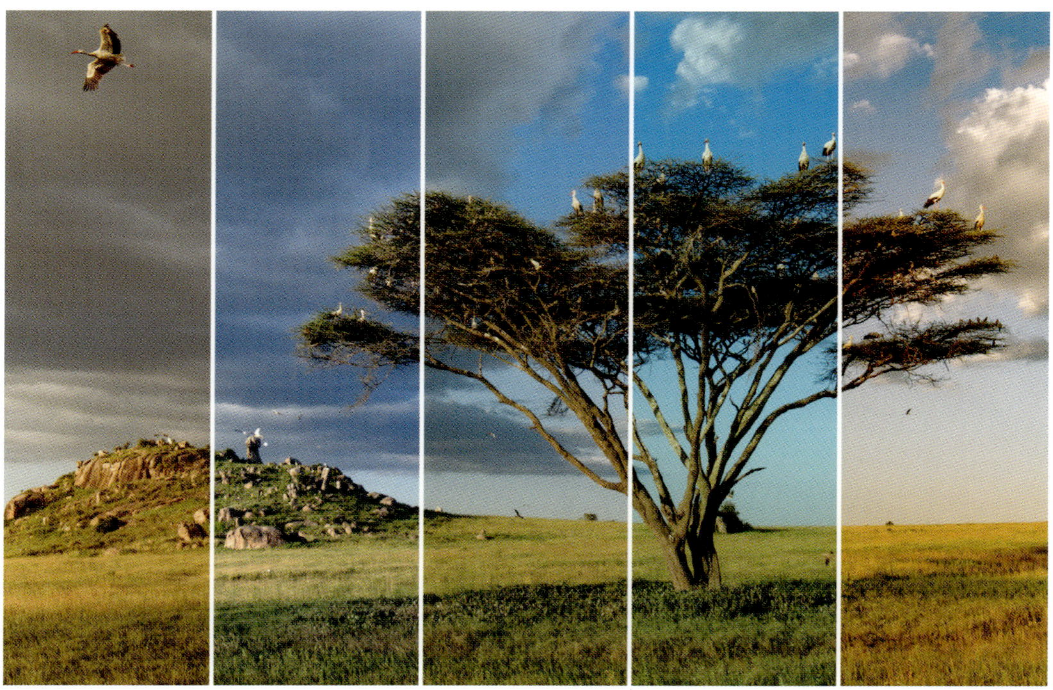

Morgendämmerung Morgen Mittagszeit Nachmittag Sonnenuntergang

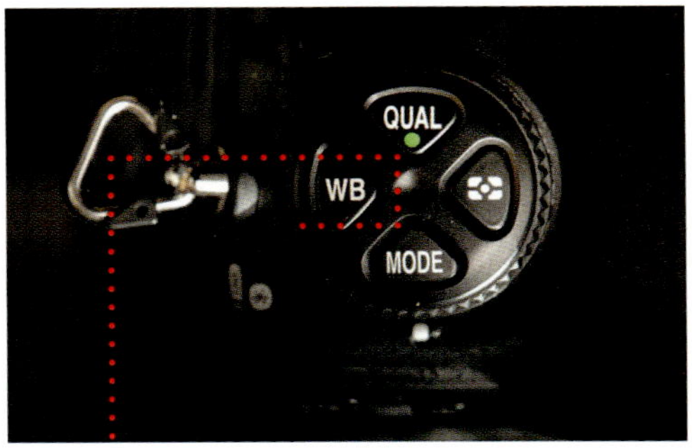

Option Weißabgleich

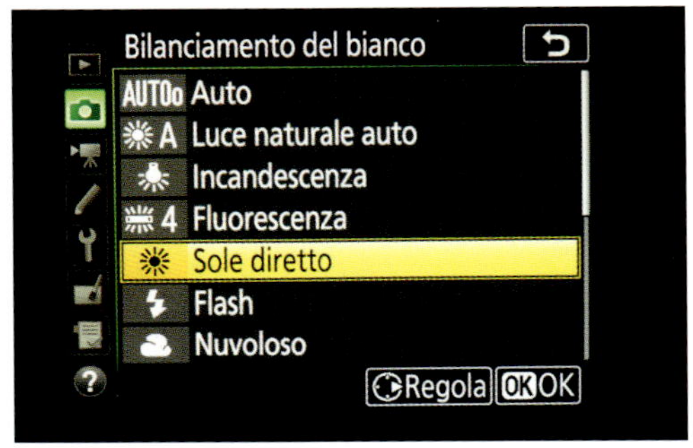

Um den Sensor von Veränderungen in der Farbtemperatur zu unterrichten, können wir die einfachen Optionen des Weißabgleichs verwenden, die bei jedem Kameratyp über die **Schnelltaste WB *(White Balance)*** oder im entsprechenden Menü eingestellt werden kann. Die verschiedenen Optionen werden durch kleine **selbsterklärende Symbole** dargestellt, die die üblichsten Lichtsituationen im Tagesverlauf darstellen.

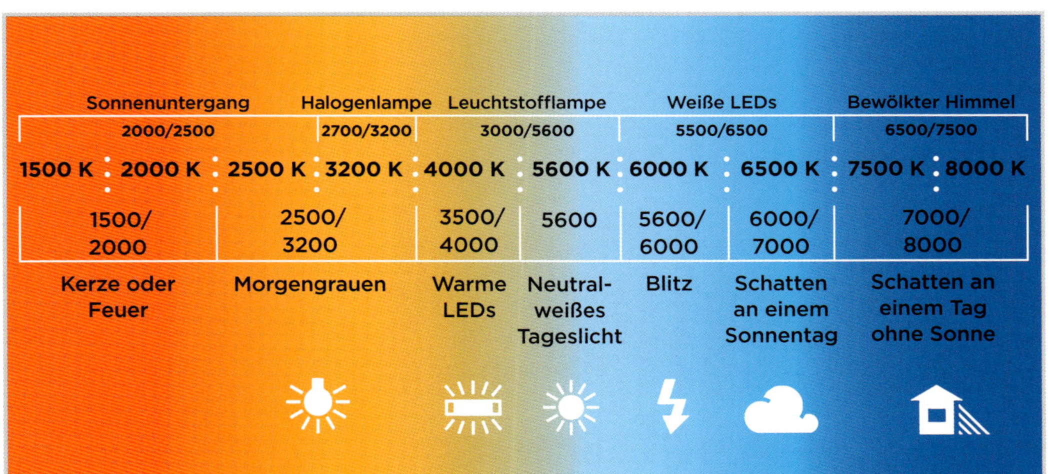

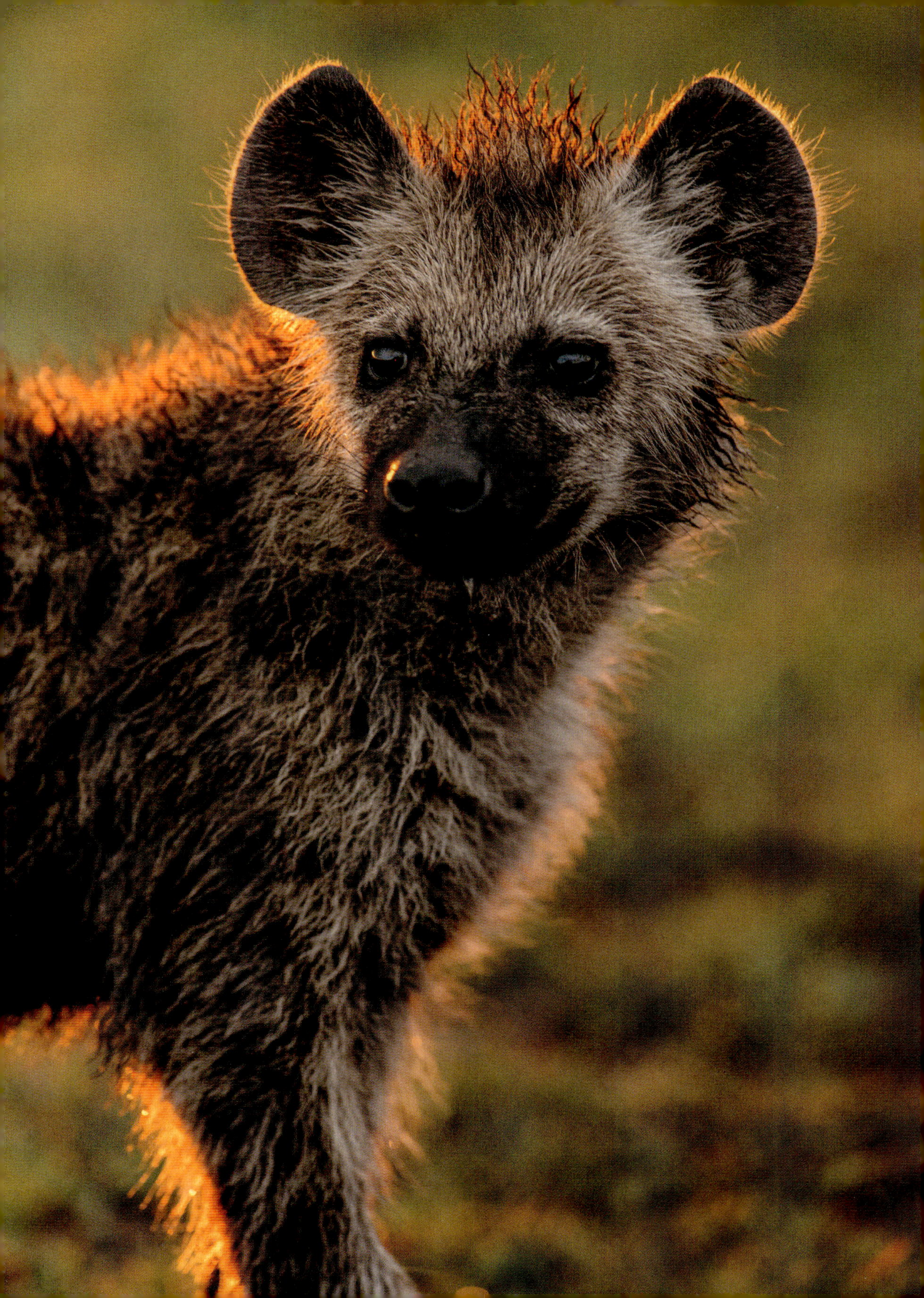

Die einfachen Symbole des WB-Menüs *(White Balance)* entsprechen **präzisen, vorbestimmten Einstellungen**, die dem Sensor dank elektronischer Filterung eine schnelle Anpassung ermöglichen. Somit können wir ganz leicht, je nach Licht- und Wetterbedingungen, das entsprechende Symbol auswählen, und der Sensor kann den **jeweiligen Farbstich** korrigieren. Wenn der Himmel beispielsweise bewölkt ist und das Licht leicht bläulich wird, bringt die Einstellung „bewölkt" den Sensor dazu, einen bernsteinfarbenen Filter anzuwenden, um den Weißabgleich wieder auf einen **neutralen Wert** zu bringen.

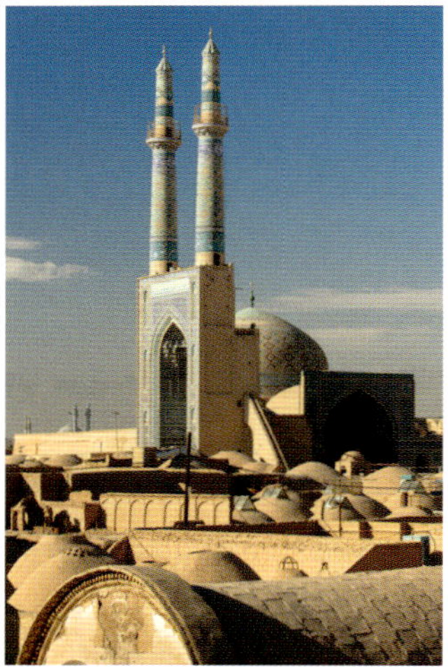

Dieses Foto wurde in der Mittagssonne mit entsprechendem Weißabgleich aufgenommen.

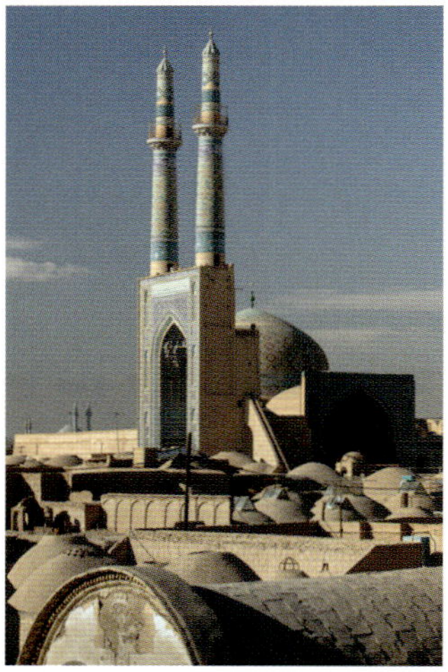

Dasselbe Bild bei bedecktem Himmel und ohne die Korrektur durch den Weißabgleich

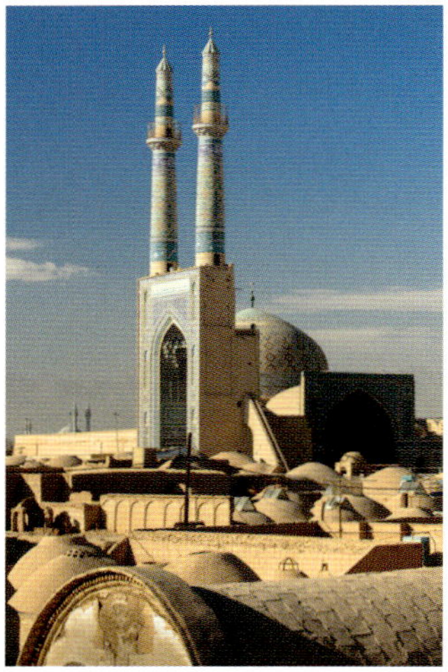

Dasselbe Bild bei bedecktem Himmel, aber mit korrektem Weißabgleich

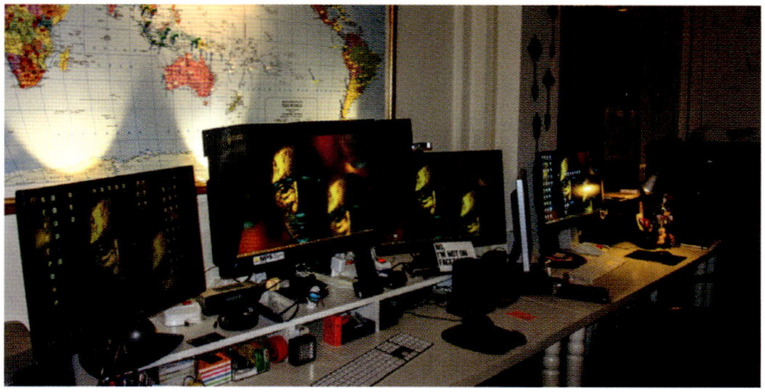

Eine präzisere Einstellung der Farbe unserer Bilder, das heißt ihres Weißabgleichs, können wir jedoch nur in der **Nachbearbeitung** erzielen.

Es gibt auch die Möglichkeit, den Weißabgleich so einzustellen, dass die Farbtemperatur automatisch ermittelt und korrigiert wird – für gewöhnlich „automatischer Weißabgleich" **(AWB – *Auto White Balance*)** genannt. Diese Option erschwert jedoch die Nachbearbeitung und verursacht eine Reihe anderer Probleme, zum Beispiel die fragwürdige Eigenschaft, einen Weißton aufrechtzuerhalten, der bei einem wandernden Objekt immer gleich ist, dabei aber jeweils die Farbe des Himmels und der Umgebung zu verändern.

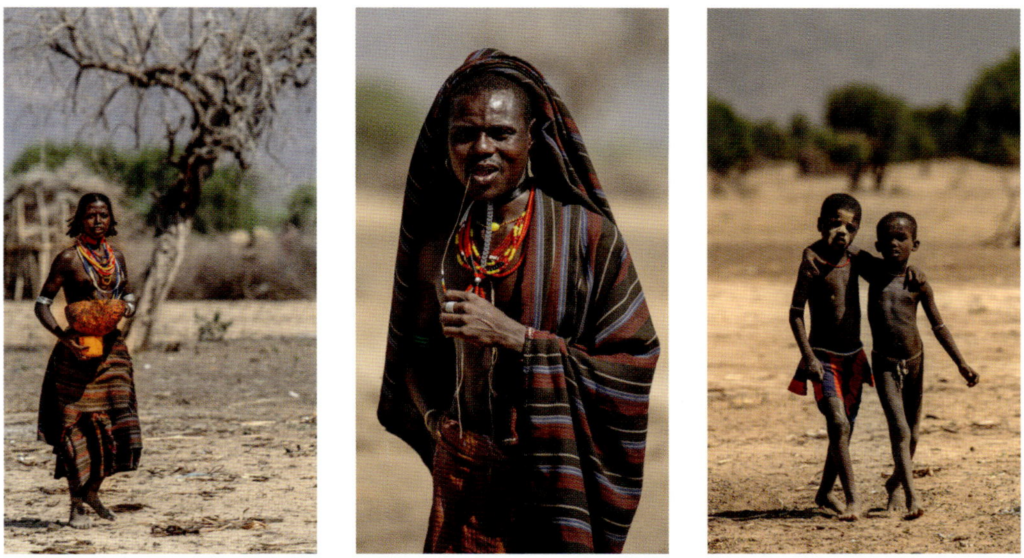

Um bei Objekten, die sich am selben Ort, aber in verschiedenen Positionen und unterschiedlichen Lichtverhältnissen befinden, einen neutralen Weißton beizubehalten, hat der automatische Weißabgleich (AWB) offensichtlich eine Veränderung der Farbmetrik von Himmel und Hintergrund verursacht.

Nicht immer ist Neutralweiß jedoch das Ergebnis, das wir uns wünschen. Um die Atmosphäre eines bestimmten Ortes oder einer bestimmten Situation besser wiederzugeben, kann es notwendig sein, die Farbtemperatur des Fotos **„zu erwärmen"** oder **„abzukühlen"**, indem der Weißabgleich ein wenig verändert wird, um durch die Farbnuancierung das richtige Gefühl zu vermitteln, auch wenn die Farben dann nicht mehr ganz **wirklichkeitsgetreu** sind. Auf einer Szene, die von Kerzen beleuchtet ist, ein perfektes Weiß wiederzugeben und damit eine wirklichkeitsgetreue Farbmetrik, ist, als würde man den Zauber der Situation zerstören.

QUALITÄT UND FORMAT

VERWENDUNG UND BESTIMMUNG DES FOTOS

Wenn man ein Bild oder eine Reportage aufnehmen will, muss man sich zuallererst entscheiden, welche Bildqualität und welches Dateiformat dafür am besten ist. Kameras bieten hierfür **verschiedene Lösungen**, aber zuerst muss man verstehen, **wofür das Foto verwendet wird**, wozu es bestimmt ist, nicht dass man hinterher Dateien von unzureichender Qualität hat oder aber unnötig große Dateien, die schwierig in der Handhabung und schnellen Archivierung sind.

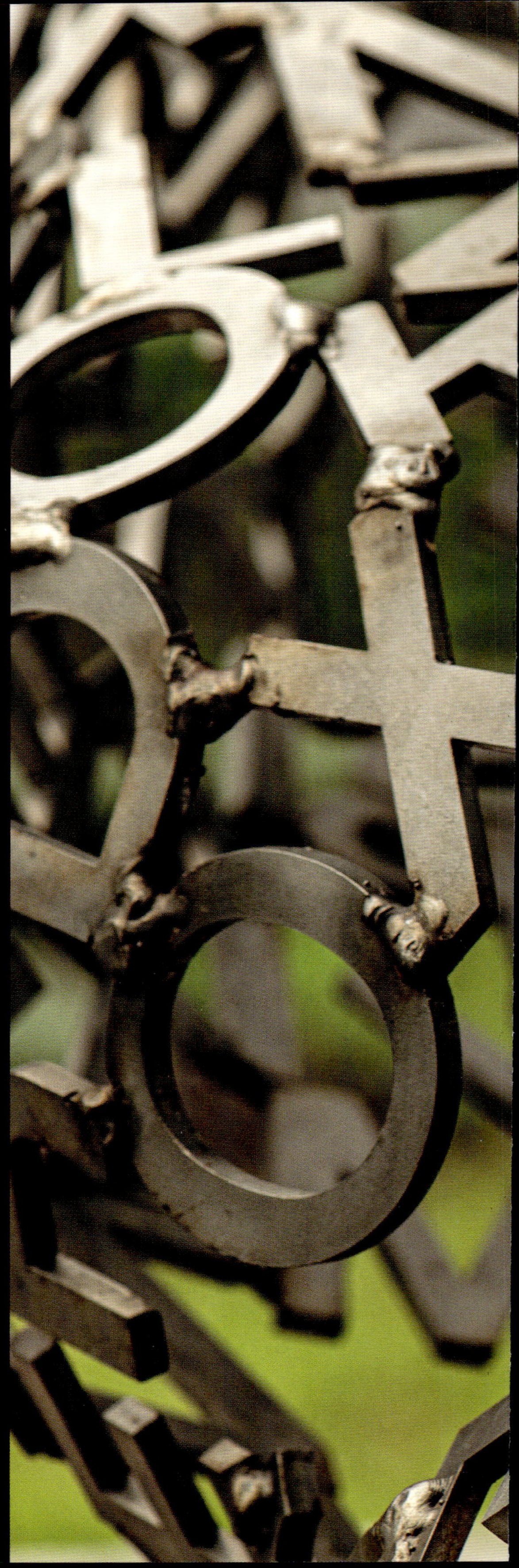

Armenien, Jerewan

Nikon D 850 • 105 mm f/2,8
1/60 bei f/5,6 • ISO 64

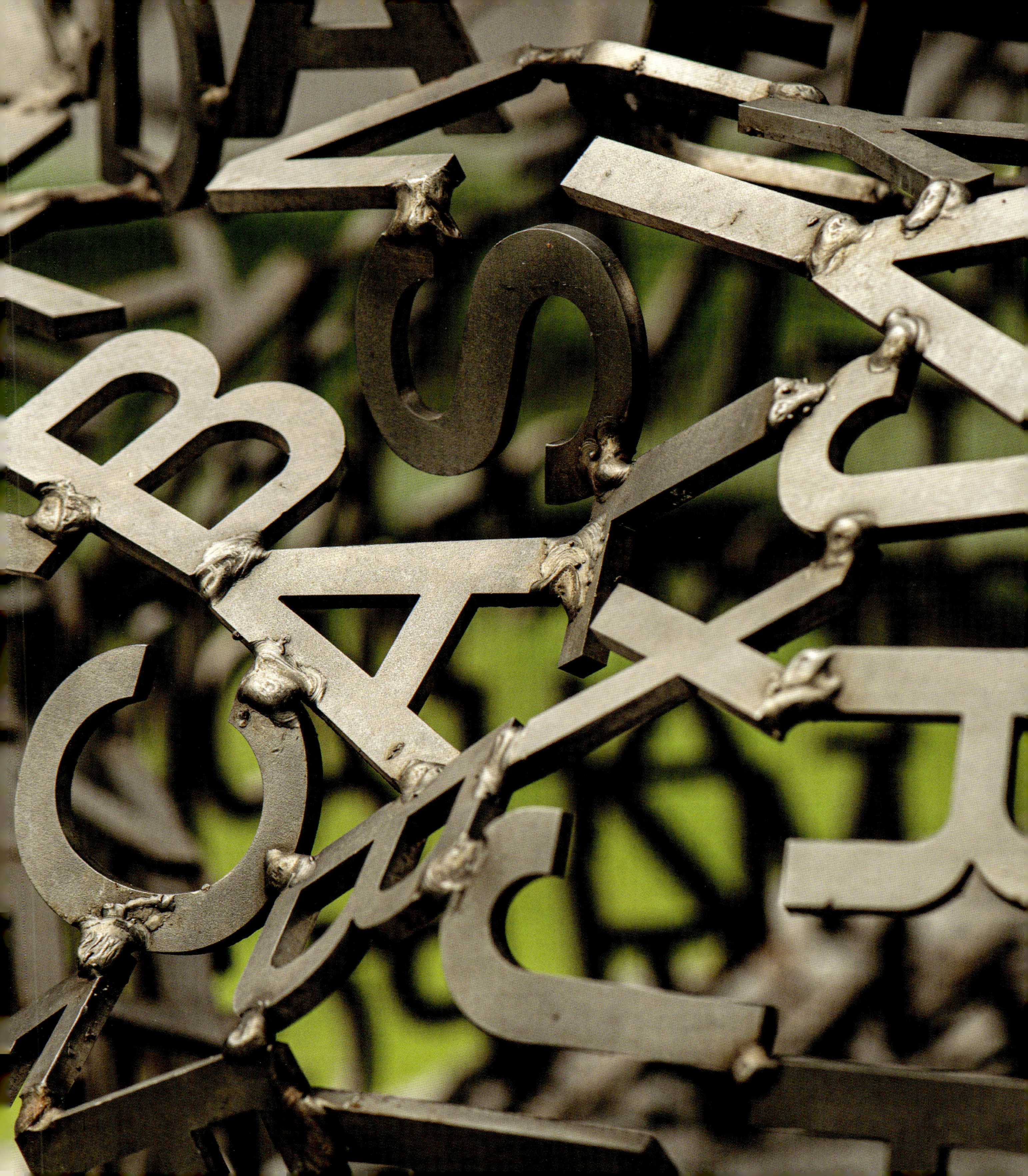

Die Dateiformate, in denen die verbreitetsten Kameras unsere Fotos speichern können, sind folgende:

[1] .RAW

Das RAW-Format (Rohdatenformat) wird vor allem von Profis oder fortgeschrittenen Amateuren verwendet. Es enthält nämlich die **maximale Menge an Informationen**, die der Sensor liefern kann, und die Fotos werden **nicht komprimiert**, sodass keine Daten reduziert oder gleichgemacht werden. Deshalb können wir uns eine RAW-Datei wie ein altes Negativ vorstellen, das alle Informationen enthält, aber nicht unmittelbar genutzt werden kann. Natürlich wird dieses Format auf keine Weise von der Kamera verarbeitet, deshalb wird die Optimierung auf die Verwendung eines geeigneten **Bildbearbeitungsprogramms** verschoben; dieses Programm exportiert danach angepasst an die unterschiedlichen Verwendungszwecke die eigentlichen, nützlichen Formate, wie das JPG- oder TIF-Format (Dateikürzel: .jpg oder .jepg und .tif oder .tiff) oder andere, und zwar mit viel besseren Eigenschaften als die, welche die Kamerasoftware hätte selbst umsetzen können. Die verschiedenen Hersteller verwenden für das RAW-Format eine eigene Dateiendung, deshalb heißen unsere Dateien unterschiedlich, zum Beispiel:

.nef = Nikon | **.crw** = Canon | **.raf** = Fuji | **.arw** = Sony | **.rwl** = Leica | **.orf** = Olympus

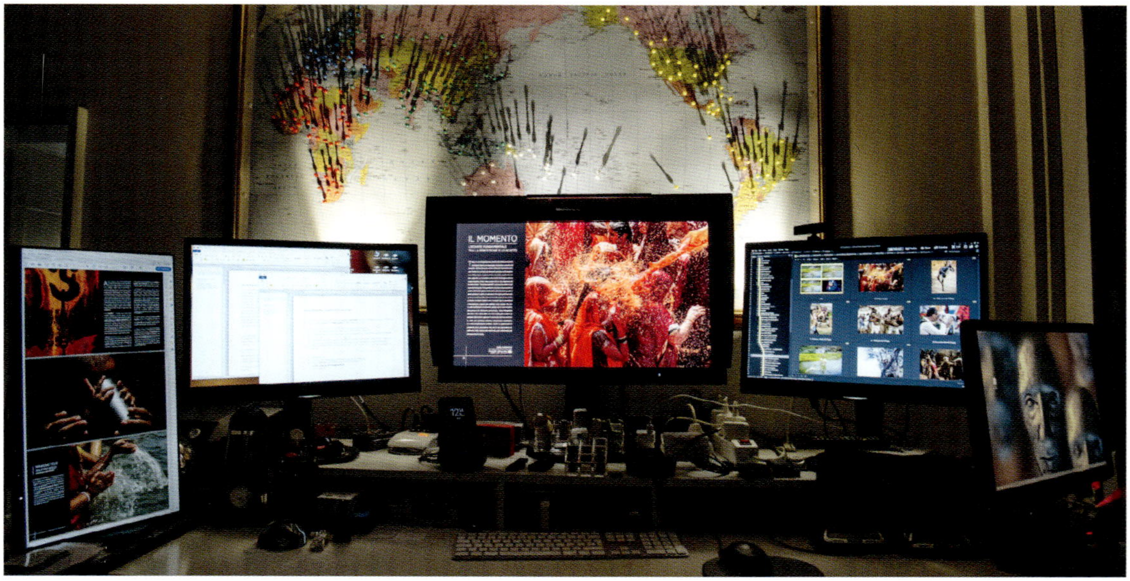

[2] .JPG

Das **JPG-Format** mit den Dateiendungen .jpg oder .jpeg *(Joint Photographic Experts Group)* stellt das am meisten verbreitete Format **mit Kompression und Datenverlust** dar. Der Vorteil dieses Formats ist natürlich ein optimaler Kompromiss zwischen der **geringen Datenmenge** und dem Qualitätsverlust, aber man darf nicht vergessen, dass die durch Konvertierung verlorenen Daten nicht zurückgewonnen werden können. Jedes Mal, wenn das Bild auch nur minimal verändert und erneut im JPG-Format gespeichert wird, eliminiert die Kompression eine große Menge an Daten. Deshalb ist es **nie eine gute Idee**, eine JPG-Datei, die bereits auf einer anderen JPG-Datei beruht, zu bearbeiten und zu speichern. Besser ist es, das **Originalbild im RAW-Format zu bearbeiten** und anschließend ins JPG-Format zu **exportieren**. Bilddateien mit reduzierter Größe eignen sich für die Bildschirmdarstellung und Projektion, außerdem für **Fotonotizen**. Für den Buchdruck oder die Qualitätspresse werden Bilder meist im TIF-Format exportiert.

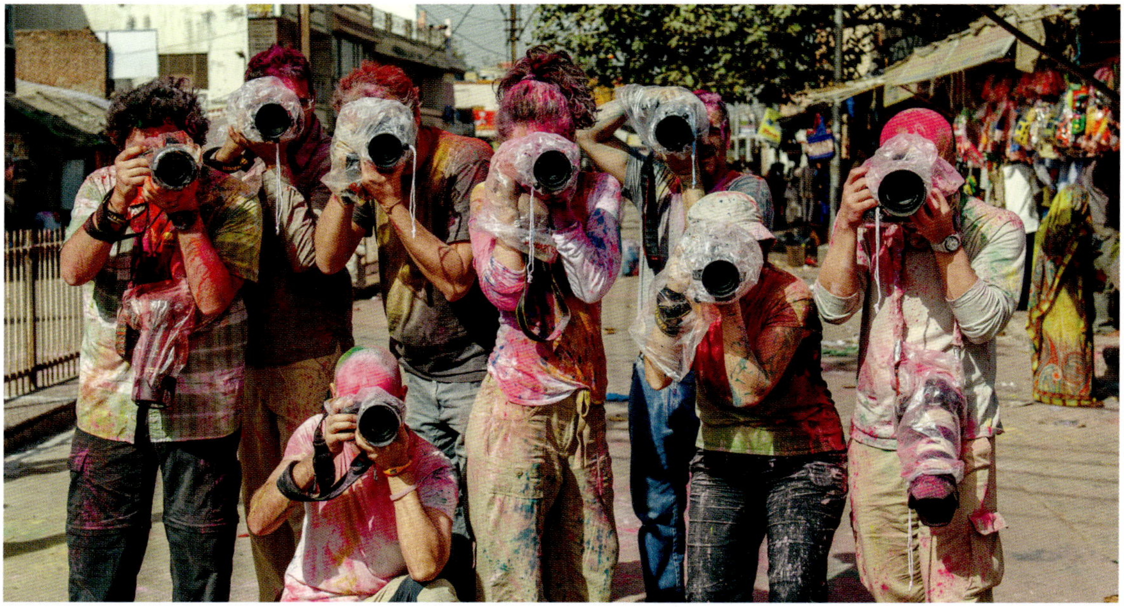

[3] .TIF

Das **TIF-Format** mit den Dateiendungen .tif oder .tiff *(Tagged Image File Format)* gestattet es, digitale Bilder **ohne jeglichen Informationsverlust** zu speichern, aber im Gegensatz zu RAW-Format kann man es mit jedem **x-beliebigen Grafikprogramm oder Bildbetrachter** öffnen und anschauen. Tatsächlich ist es das vollständigste, hochwertigste Bild, das von unserem Sensor erhältlich ist. Auch wenn manche Kameras dieses Format direkt generieren können, ist es **immer besser, es aus der originalen RAW-Datei** zu übernehmen, die zuvor von einem Bildbearbeitungsprogramm optimiert wurde. Die **TIF-Datei** wurde nicht komprimiert und enthält die maximale Informationsmenge, deshalb besitzen die Dateien eine große Datenmenge, sind aber von allerbester Qualität.

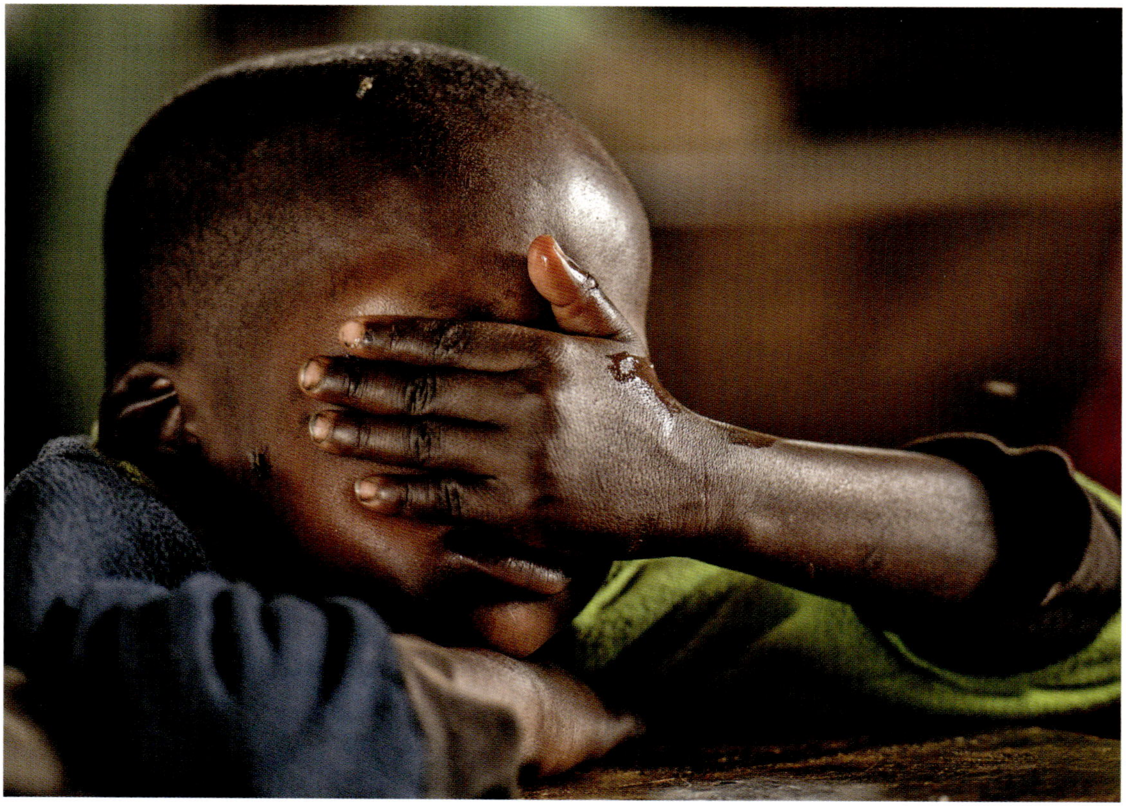

Unsere Wahl in Bezug auf das Format unserer Fotos hängt also überwiegend von ihrem **Verwendungszweck** ab. Wenn es sich um wichtige Bilder handelt oder um solche, die mehrfach und auf unterschiedliche Art und Weise genutzt werden sollen, ist es sicher besser, das RAW-Format einzustellen. In jedem Fall sind wir mit einem **Archiv aus RAW-Dateien** in Bezug auf alle **denkbaren künftigen Verwendungsmöglichkeiten** unserer Bilder, die wir heute vielleicht noch gar nicht vorhersehen können, auf der sicheren Seite. Wenn wir jedoch weniger wichtige Fotos schießen oder solche, für die **keine große Datenmenge** benötigt wird, können wir von JPG-Dateien profitieren.

Bild, das mit einem Sensor von 45,7 Megapixeln (8288 x 5520 Pixel) hergestellt wurde.

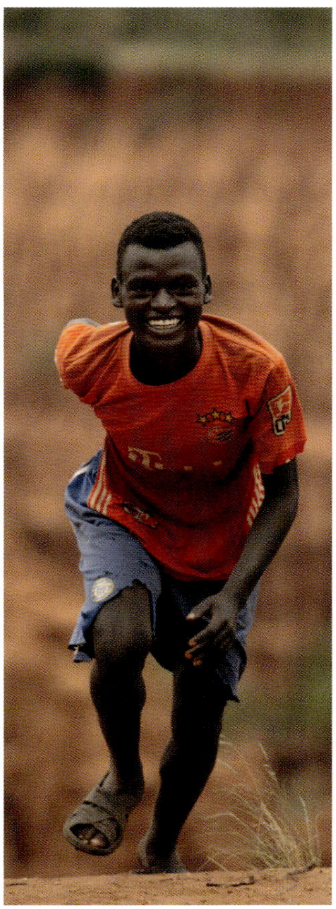

RAW-Datei, 93,7 MB

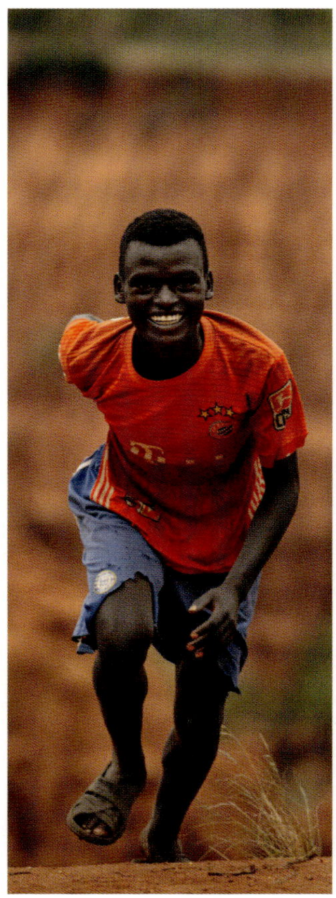

TIF-Datei, 258 MB

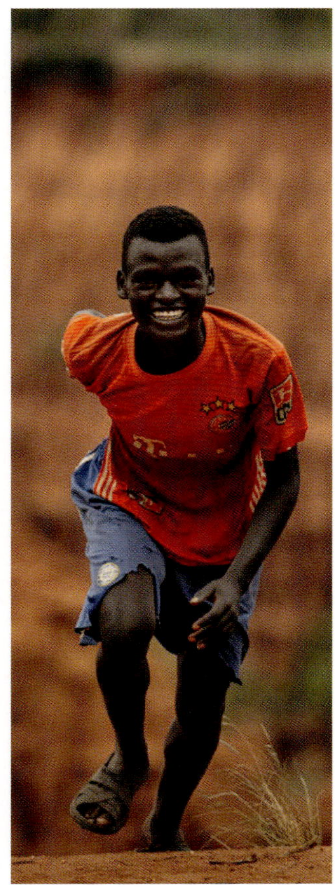

JPG-Datei, 1,56 MB

Fast alle Kameras bieten mindestens drei Größen von Bilddateien – groß, mittelgroß und klein –, die in der Regel als ***„large“***, ***„medium“*** **und** ***„small“*** bezeichnet werden. Dank dieser drei Optionen können wir eine JPG- oder TIF-Datei in drei voreingestellten Größen erhalten, wobei sich die Bezeichnung ***„large“*** normalerweise auf Dateien bezieht, die der maximalen Leistung des Sensors entsprechen. Man kann die gewünschte Größe der Datei einstellen, was mit einer Veränderung der Qualität einhergeht: je Höher die Zahl der Pixel, desto besser die Qualität. Diese Funktion gibt es aber nur für **JPG- und TIF-Dateien. RAW-Dateien** bilden die Maximalleistung des Sensors ab und sind in ihrer Pixelzahl unveränderlich. Bei einigen technisch hochwertigen Kameras kann man für die Dateien drei verschiedene Kompressionsstufen auswählen, die in der Regel ***„fine“***, ***„normal“*** **und** ***„basic“*** heißen. Außerdem ermöglichen es viele Kameras, parallel zur RAW-Datei für jede Aufnahme eine JPG-Datei abzuspeichern, wahlweise in der Kompressionsstufe *„fine“*, *„normal“* oder *„basic“*.

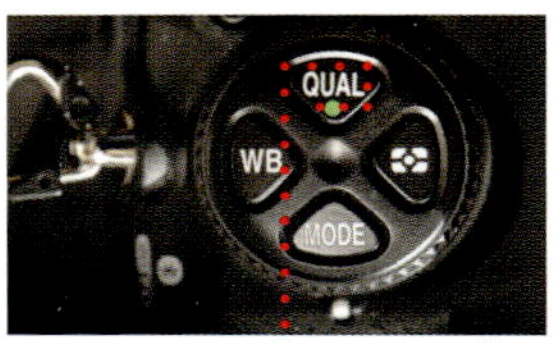

QUALITÄT

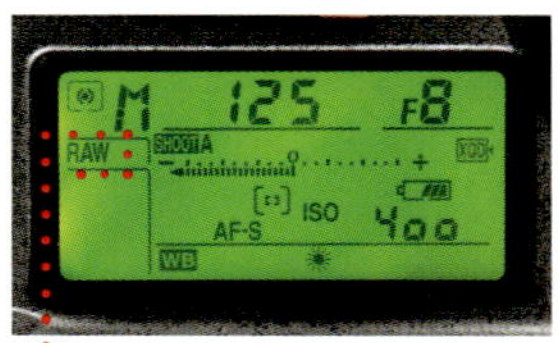

RAW

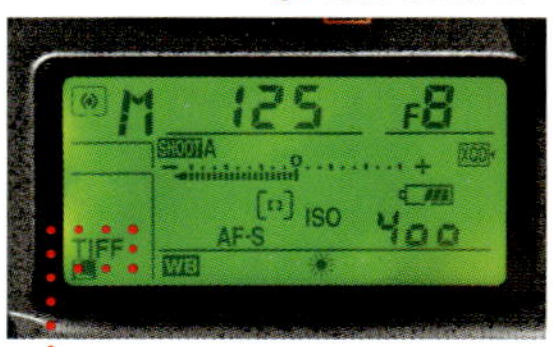

TIF

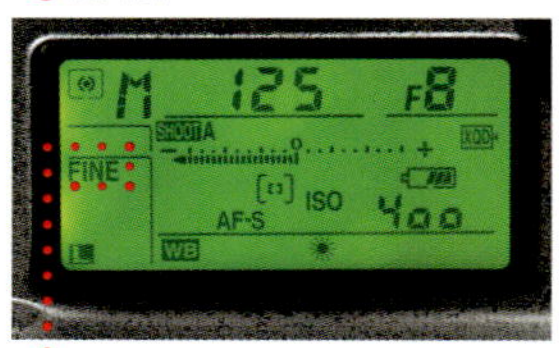

JPG FINE

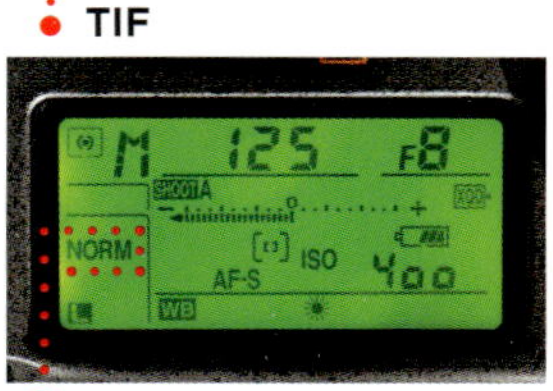

JPG NORMAL

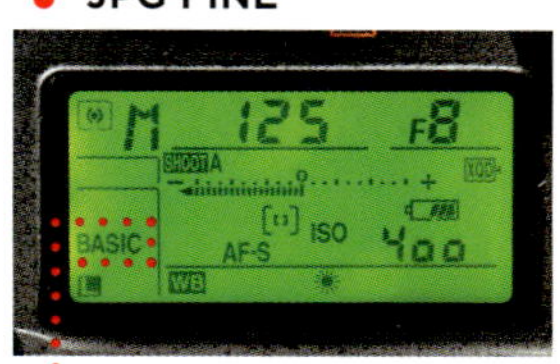

JPG BASIC

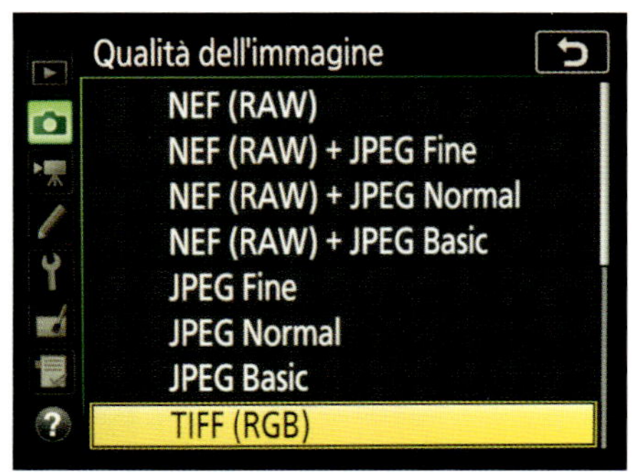

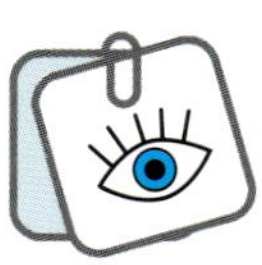

Wenn wir das JPG-Format verwenden, können wir natürlich den Platz auf der **Speicherkarte der Kamera maximal ausnutzen**. Fotografieren wir im RAW-Format, verringert sich die Anzahl der Fotos, die auf der Speicherkarte Platz finden, merklich, und auch **der Speichervorgang kann sich ein wenig verzögern**. Speicherplatz und **Geschwindigkeit** verringern sich umso mehr, wenn wir unsere Fotos in doppelt – im RAW- und im JPG-Format – abspeichern oder obendrein noch im TIF-Format. In diesen Fällen ist es ratsam, **besonders große und schnelle Speicherkarten** zu verwenden.

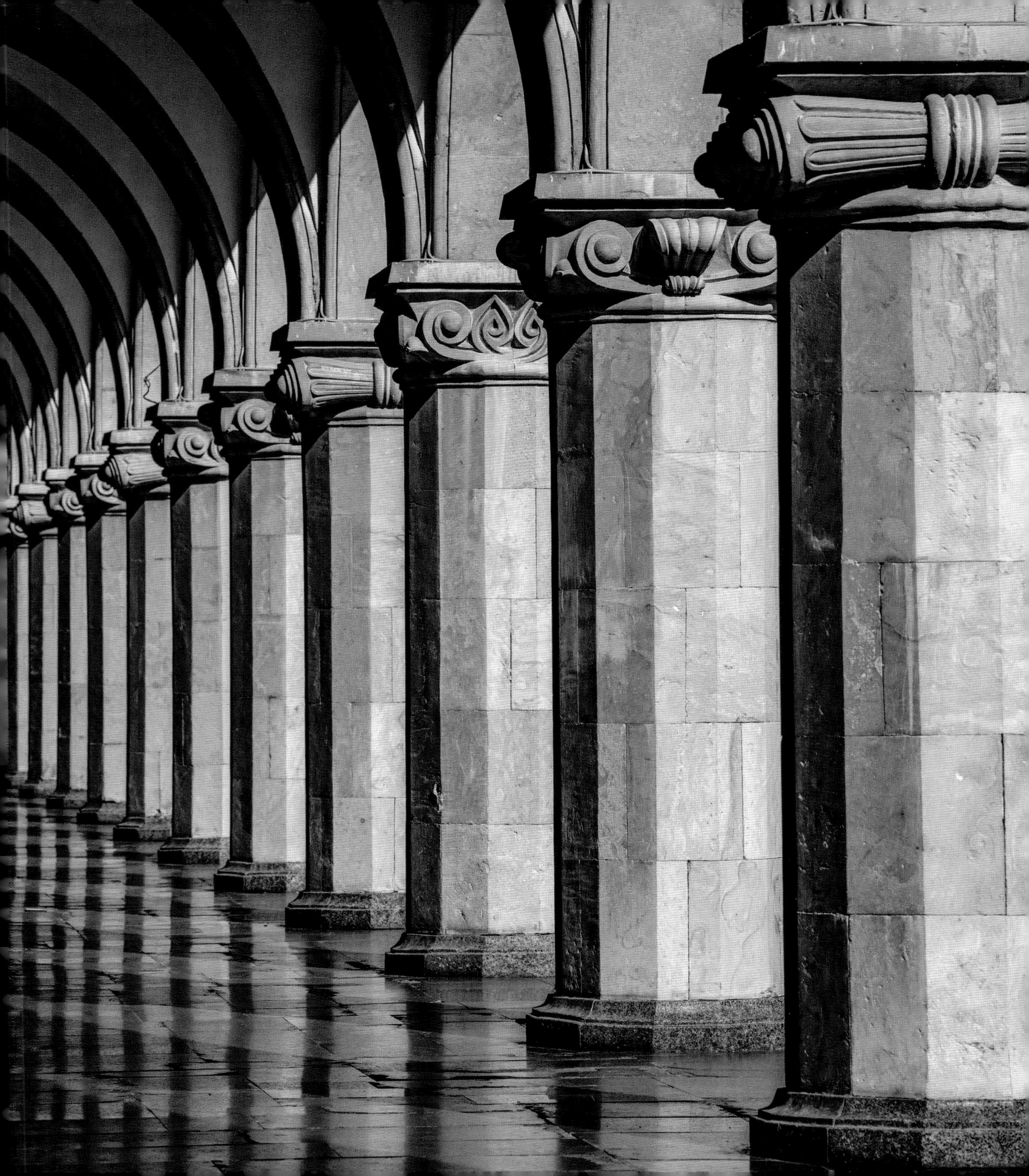

DIE WICHTIGSTEN ELEMENTE DER KOMPOSITION

DIE FOTOGRAFIE VON IHRER BESTEN SEITE

Das Thema Komposition ist **faszinierend**, aber für einen Grundkurs noch zu technisch. Mit Sicherheit lässt sich jedoch sagen, dass die Komposition von einer **Anfangsvision des Fotografen** abhängt, von einem anderen Blickwinkel, der das, was alle sehen können, in ein einzigartiges, reizvolles, ausgewogenes und interessantes Bild verwandelt. In Studien wurde der Versuch unternommen, diese spezielle Vision in Regeln zu fassen, indem man durch eingehende Analysen Prinzipien herauszufiltern versuchte, um diese in **Regeln und Formeln** zu fassen, aber in Wirklichkeit hat jeder Fotograf – zum Glück – seine eigene Wahrnehmung der Realität und muss sinnvolle Strategien entwickeln, diese in die Bildsprache zu übersetzen. An dieser Stelle wollen wir uns auf einige Grundprinzipien der Gestaltung konzentrieren, die interessant und sehr nützlich sind, um **unseren persönlichen Stil** von Anfang an gezielt zu entwickeln.

Iran, Teheran

Nikon D 850 • 70-200 mm f/2,8
1/400 bei f/4 • ISO 400

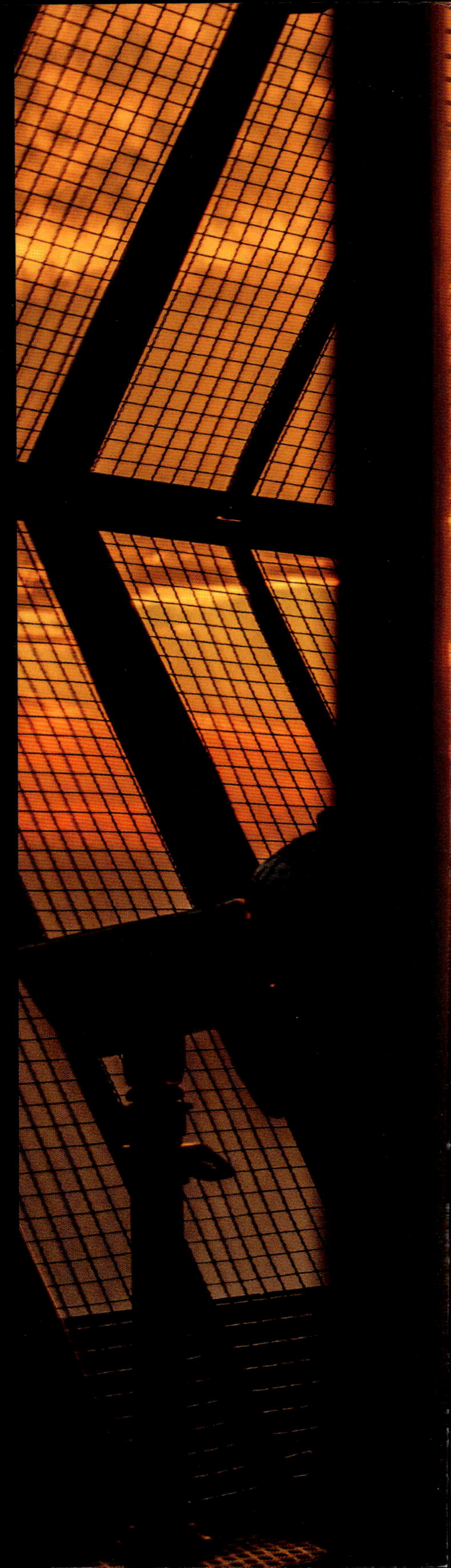

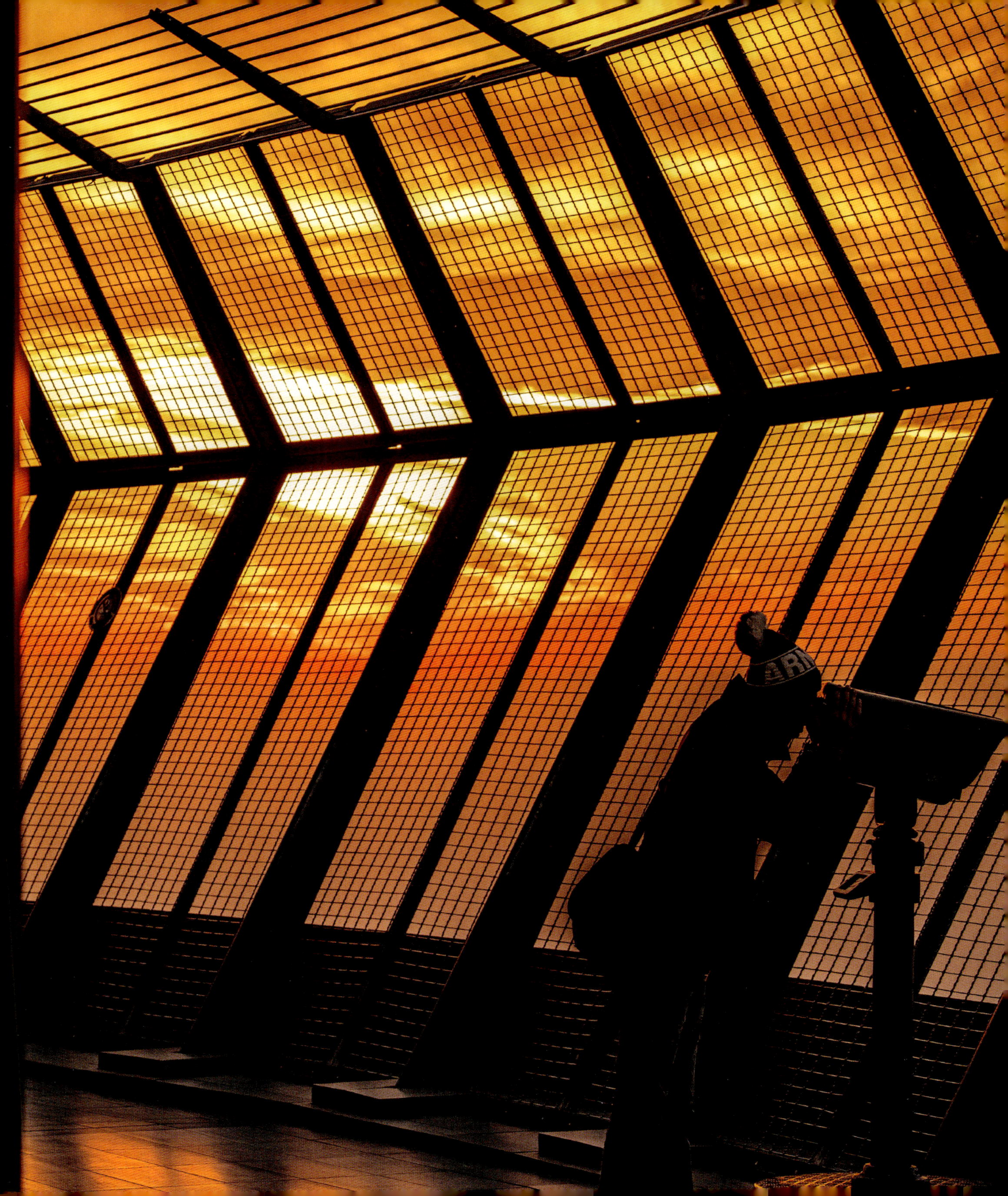

Je mehr fotografische Erfahrung wir sammeln, desto besser gelingt es uns, ein Bildergebnis bereits zu visualisieren, **bevor wir die Kamera zücken**. Diese Fähigkeit ist unverzichtbar, weil wir dadurch entscheiden, was auf unserem Bildausschnitt zu sehen ist und was nicht auf dem Bild sein wird, weil es die Komposition stören würde. Außerdem zwingt uns die vorherige Visualisierung des Bildes, auf **grundlegende Fragen zu antworten**: Was motiviert uns, dieses Objekt zu fotografieren, anstatt eines anderen? Was reizt uns am Motiv? Und wie übertragen wir unser Gefühl über das Bild auf den Betrachter? Mit der Zeit werden wir als Fotografen immer versierter im Umgang mit dem Prozess des Fotografierens und der Technik. Jetzt geht es um die **Ausgewogenheit und Gestaltung** unserer Fotos.

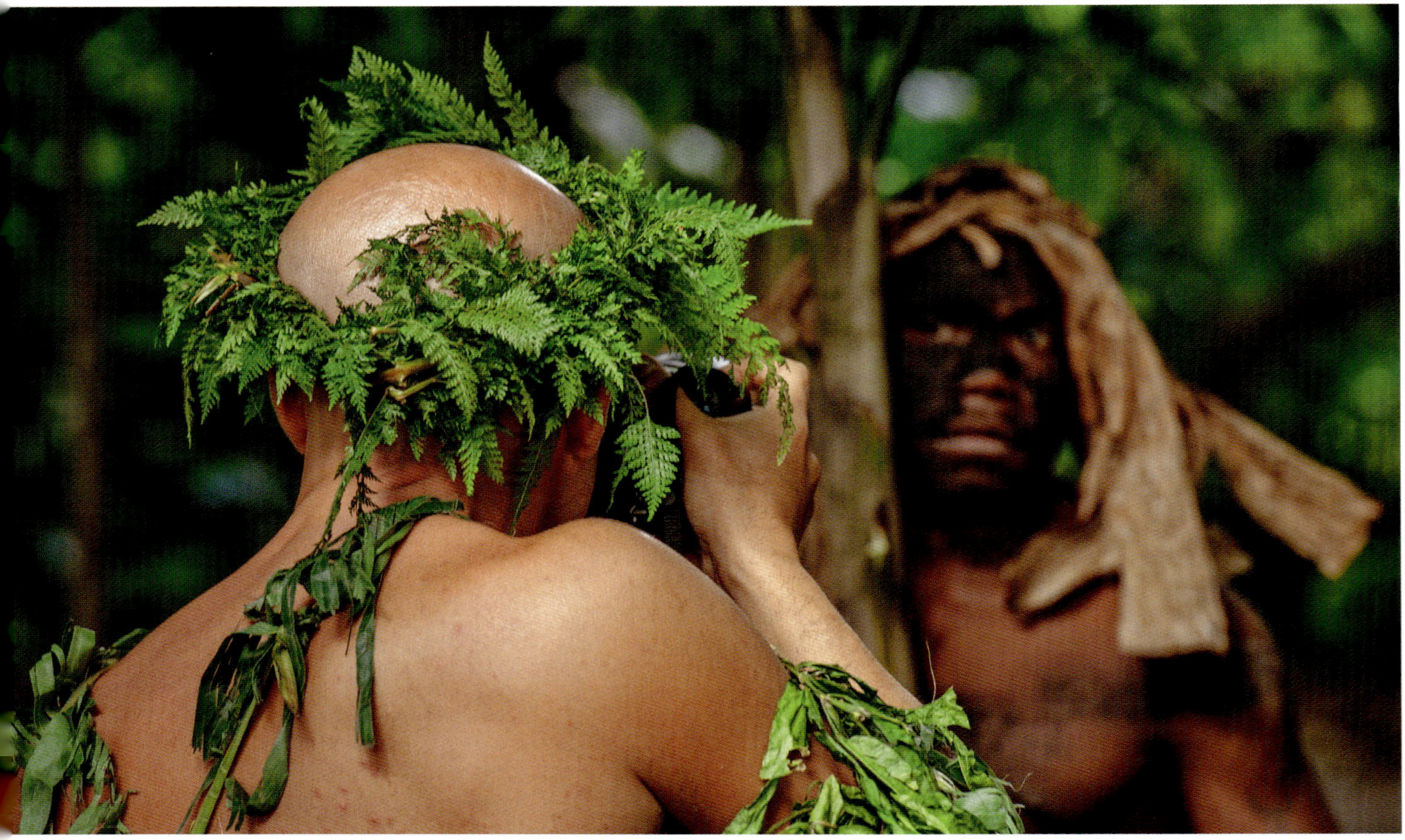

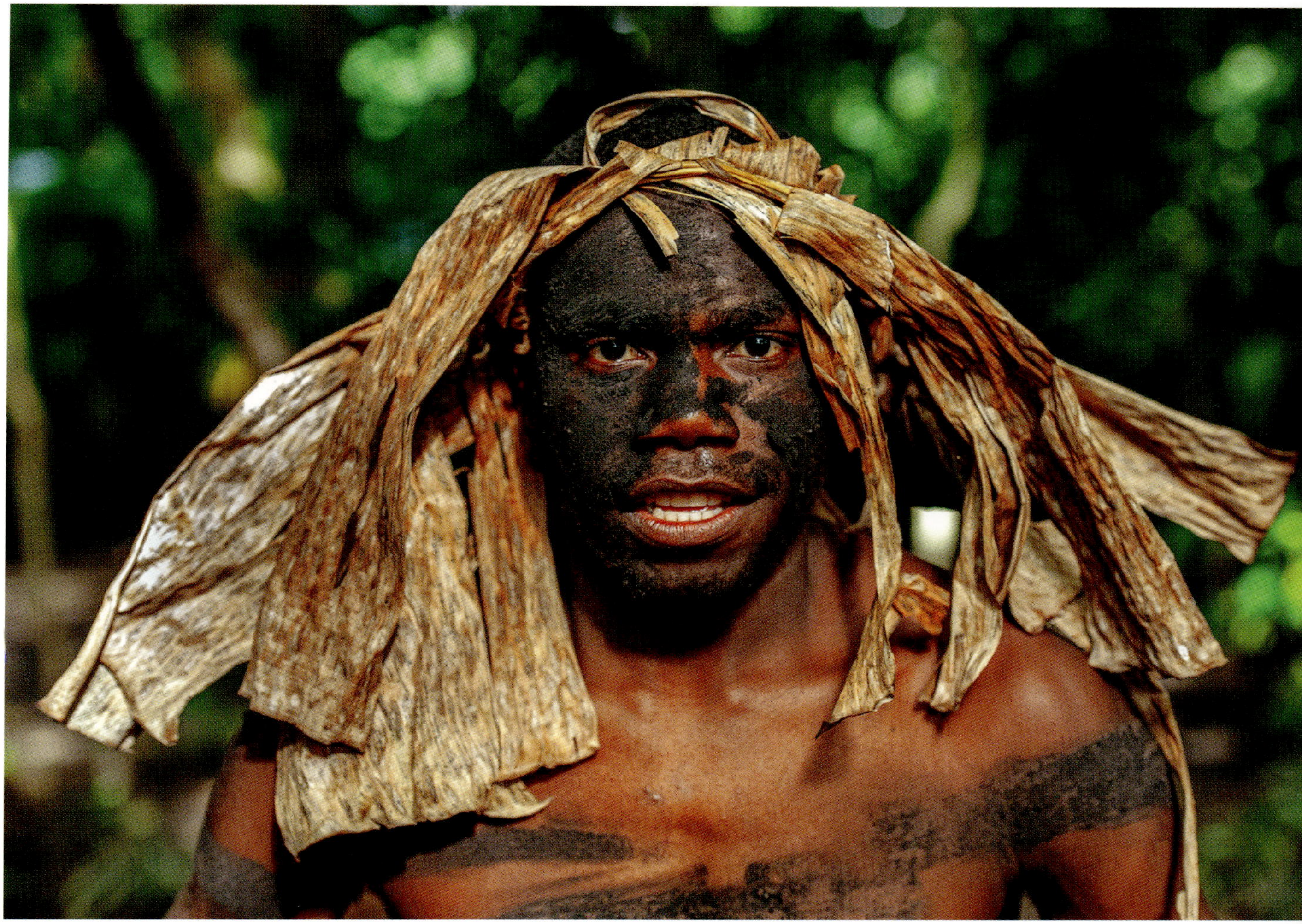

Solange man diese spezielle Vision nicht hat, ist man kein Fotograf, sondern nur ein **Bildersammler**, und solange wir kein richtiges fotografisches Basiswissen besitzen, landen unsere Objekte letztendlich fast immer **in der Bildmitte**, denn wer die Technik noch nicht beherrscht, hat es auf diese Weise leichter mit dem Scharfstellen und dem Messen der Verschlusszeit.

Die Realität ist zweifellos unsere Hauptlieferantin für Bilder, sie schlägt uns fortwährend **objektiv interessante Bildausschnitte** und Entwürfe vor, die unmittelbar unsere Aufmerksamkeit erwecken und die Kreativität eines jeden Fotografen stimulieren können. Andere Objekte werden hingegen aus ihrem Kontext herausgelöst, **ihre Einzelheiten aufmerksam studiert**. Wir können zum Beispiel prüfen, ob Räume und Schatten interessante Muster bilden, ob sich verschiedene Formen wiederholen oder einen Bezug zueinander haben, ob es Linien gibt, die am selben Punkt zusammenzulaufen oder **andere Elemente zu unterstreichen** scheinen.

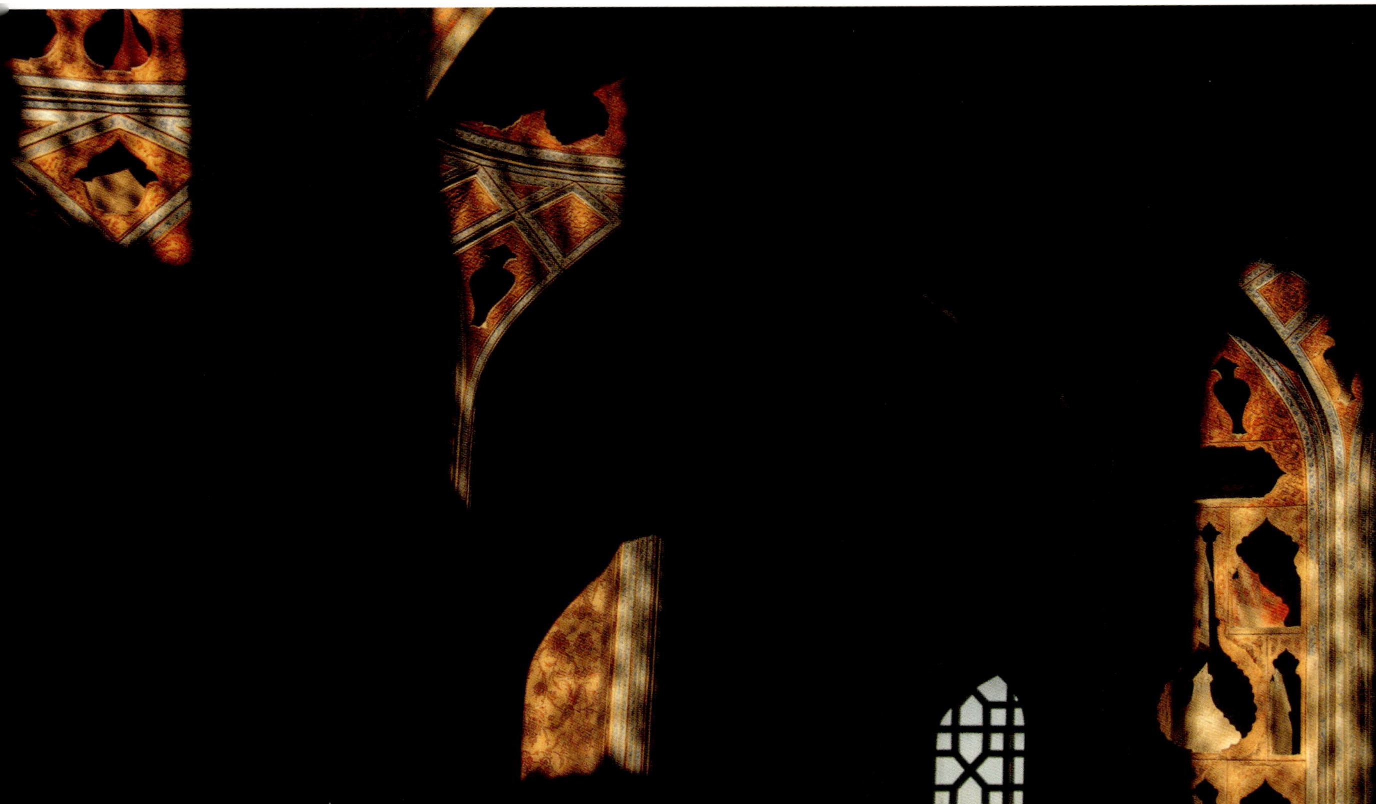

Es gibt daher ästhetische Modelle und Konzepte, mit deren Hilfe man ganz leicht harmonische Fotos komponieren kann. Sie vermitteln **leicht erkennbare Schemata**, deren Anwendung unsere Bilder verschönern – wir müssen nur **lernen, sie zu erkennen**. Hier sind einige davon:

SYMMETRIE

Symmetrische Kompositionen drücken Solidität und Kraft, Ruhe, Schlichtheit und Gleichgewicht aus. Ein Foto ist symmetrisch, wenn ein Teil davon doppelt vorkommt oder einem anderen sehr ähnelt. Symmetrie kann sich durch zwei Hälften entwickeln, die durch eine vertikale, horizontale oder diagonale Linie entstehen, oder aber um einen Punkt herum. Möglich ist auch, eine destabilisierende Wirkung zu erzielen, indem man die symmetrische Komposition absichtlich durchbricht.

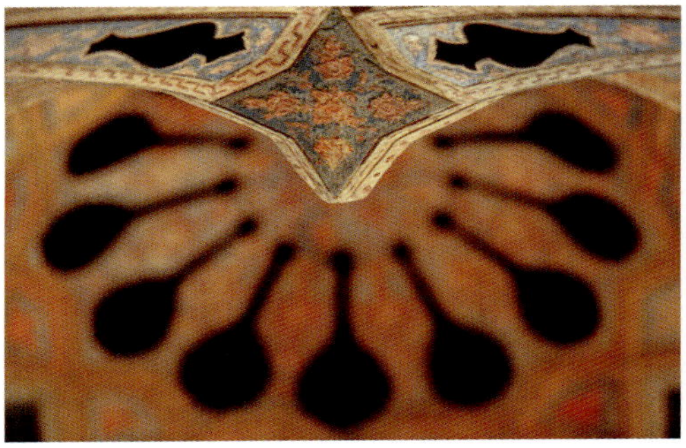

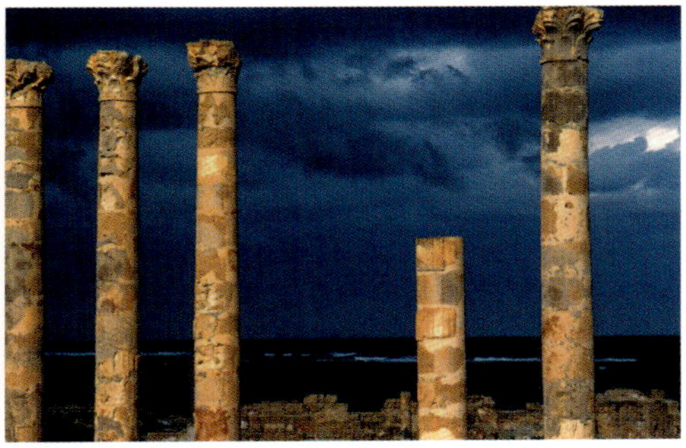

DIAGONALE LINIEN

Diagonale Linien leiten den Blick und wirken weit kraftvoller als vertikale oder horizontale Linien. Unser Auge, das stets Stabilität und Gleichgewicht sucht, wird durch Diagonalen, die das Bild in Dreiecke teilen, gefesselt und auf neue Bahnen gelenkt. Außerdem tragen Diagonalen dazu bei, die Wirkung des rechteckigen Formats abzumildern, welches dem Bild Halt gibt, den Blick aber auch einengt.

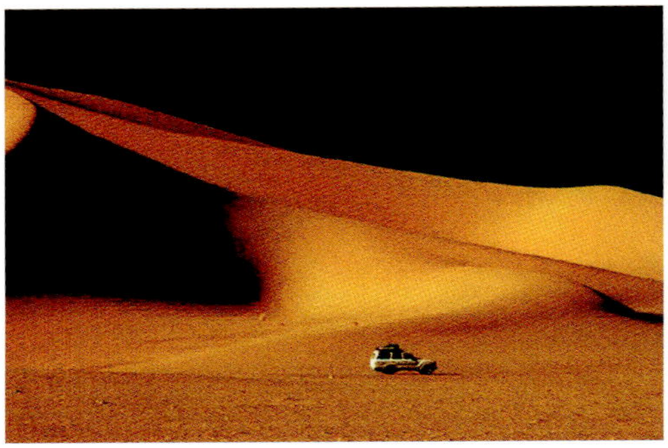

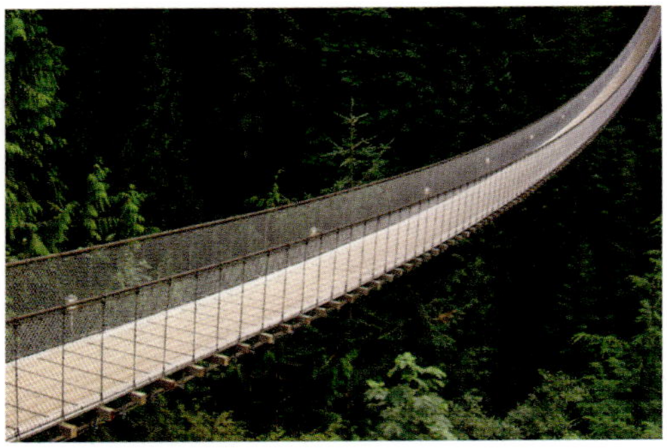

FARBKONTRAST UND FARBSYMMETRIE

Kunstvoll platzierte Elemente in Kontrast- oder Komplementärfarben können eine reizvolle und chromatisch angenehme Komposition ergeben. Fast alle Farben sprechen den Betrachter emotional an, und ein guter Fotograf weiß, welche Farbtöne welchen Situationen zuträglich sind, wobei er auch den Weißabgleich geschickt einzusetzen vermag. Wenn eine Farbe dominiert, kann man eine starke Wirkung erzielen, wenn sie von einem Detail in einer anderen Farbe unterbrochen wird.

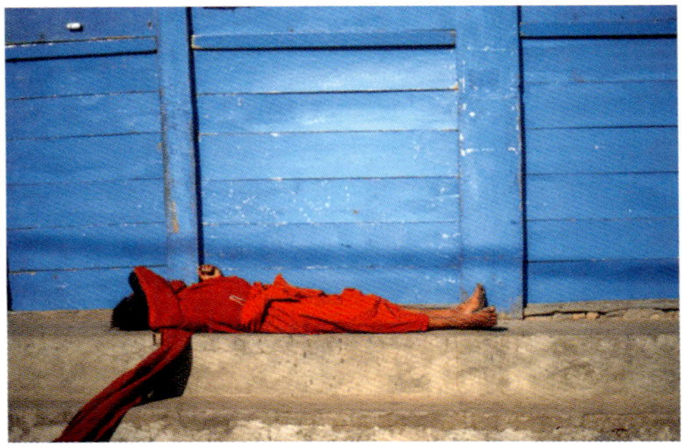

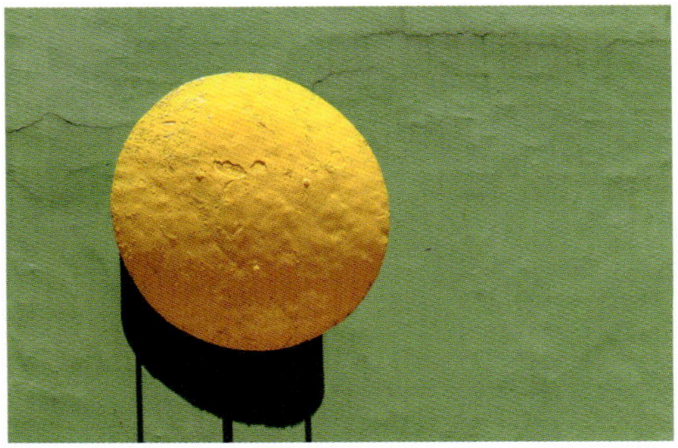

GEOMETRIE

Objekte, die unmittelbar erkennbare geometrische Formen, wie Dreiecke oder Kreise, bilden, können in der fotografischen Komposition absichtlich eingesetzt werden, und zwar nicht nur so, dass sie miteinander agieren. Sie können verwendet werden, um das Rechteck des Bildes zu untergliedern. Vor allem Dreiecke haben die Eigenschaft, den Bildausschnitt in weitere Dreiecke zu unterteilen, wodurch sich diese geometrische Form mehrfach wiederholt.

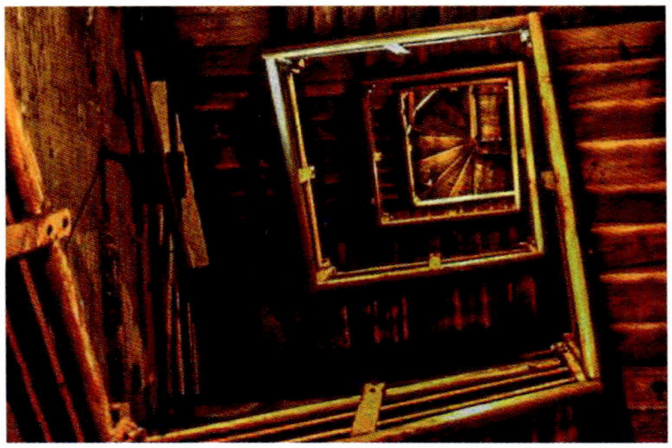

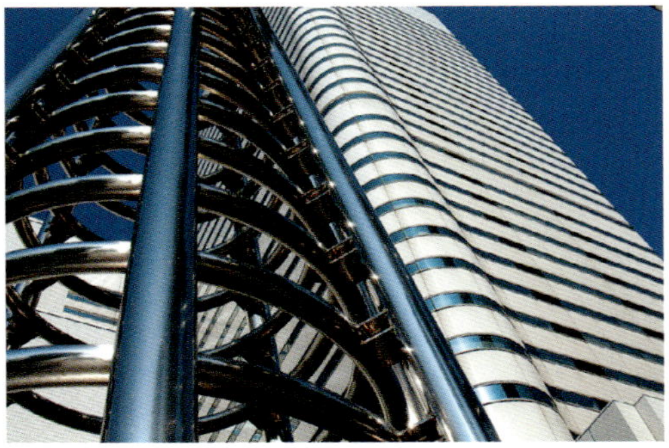

RADIALE ANORDNUNG

Die Elemente sind von der Mitte nach außen hin strahlenförmig angeordnet. Dies verleiht dem Foto Dynamik und Bewegung, vor allem wenn der Brennpunkt aus der Bildmitte verschoben ist. In der Natur trifft man sehr häufig auf Elemente, die radial angeordnet sind, und es verschafft jedem Betrachter ein Gefühl der Zufriedenheit, wenn er radiale Anordnungen erkennen kann, die sich auf alltäglichen Bildern verstecken.

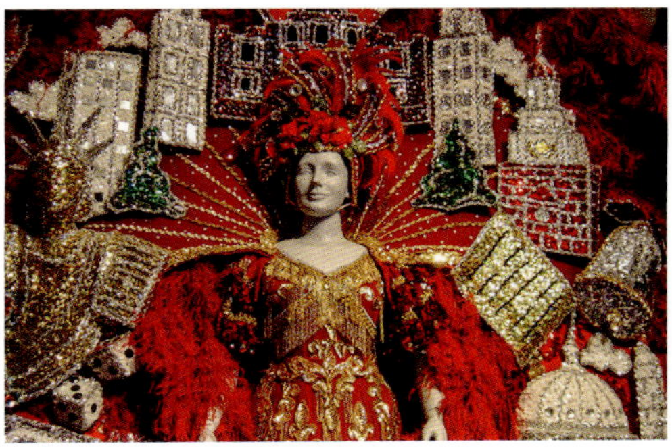

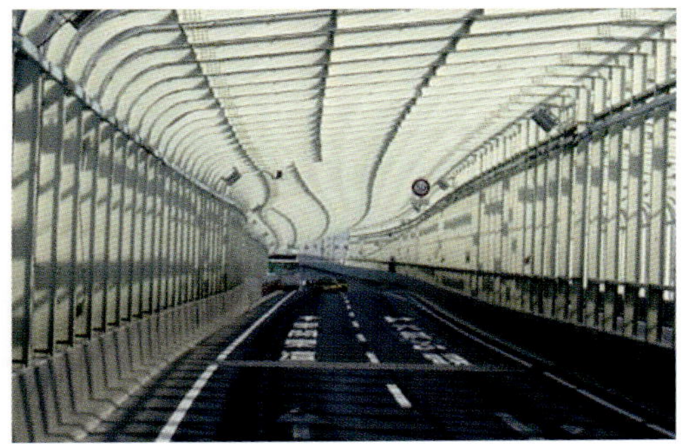

FÜHRUNGSLINIEN

Offensichtliche oder versteckte Linien stellen ein wirkungsvolles Mittel dar, den Blick des Betrachters zu einem bestimmten Punkt auf dem Bild zu lenken. Manchmal sind die Linien nicht ersichtlich, sondern bestehen aus natürlichen Elementen oder folgen sogar dem eigentlichen Motiv. Horizontale Linien sind statisch, erzeugen Ruhe, aber auch Monotonie und Eintönigkeit. Vertikale Linien vermitteln den Eindruck von Stabilität und Stattlichkeit, während schräge Linien Bewegung und Dynamik anzeigen.

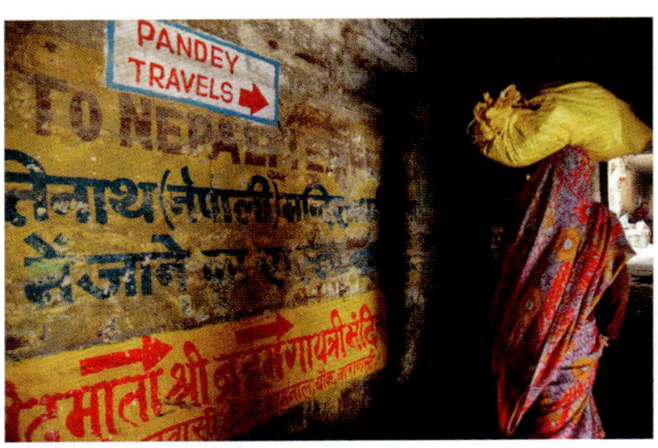

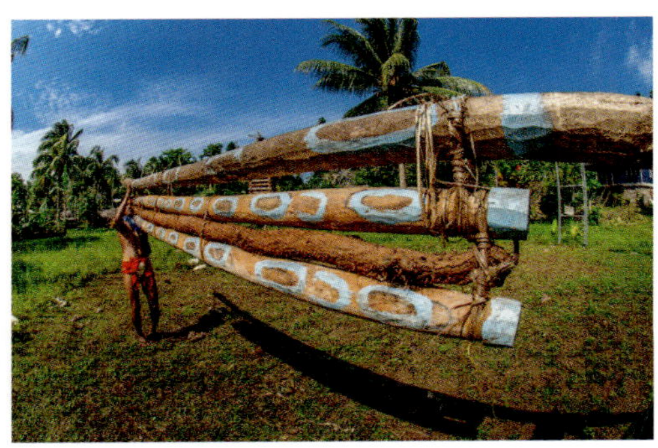

NATÜRLICHE RAHMEN

Natürliche Rahmen können wirkungsvoll eingesetzt werden, um das Motiv hervorzuheben oder störende Elemente zu verbergen. Oft bietet es sich zum Beispiel an, einen weißen und zu hellen Himmel durch einen Rahmen aus Zweigen oder die Arkaden eines Säulengangs teilweise zu verbergen. Die Rahmen können dank einer ausreichend kleinen Blende so scharf herauskommen wie das Objekt, sie können aber auch verschwommen sein, ohne dadurch ihre ästhetische und funktionale Wirkung einzubüßen.

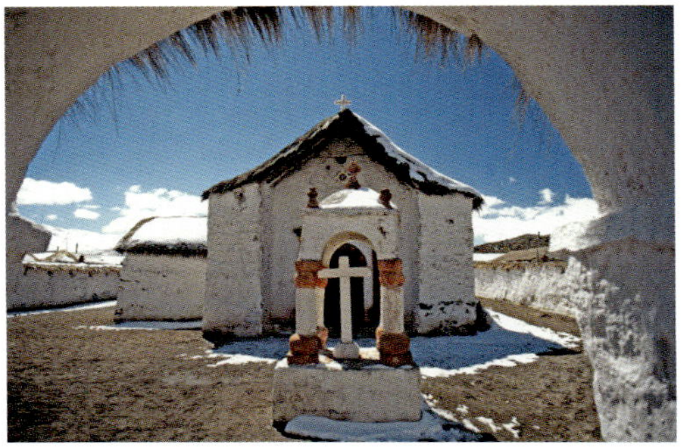

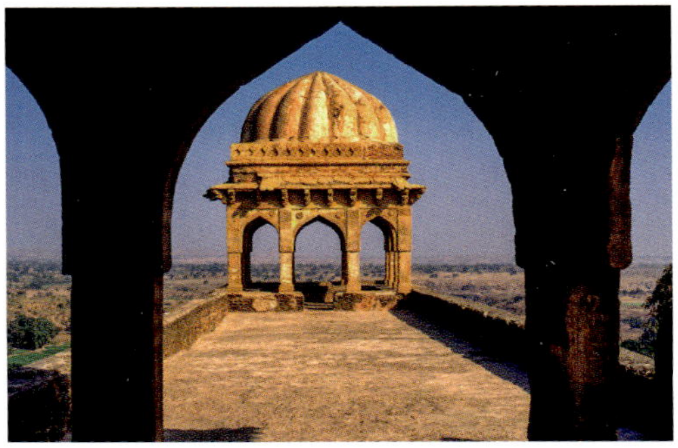

SICH WIEDERHOLENDE MUSTER UND STRUKTUREN

Gleichmäßig verteilte Elemente bilden eine angenehme Struktur, und je kleiner und zahlreicher die Elemente sind, desto bemerkenswerter ist diese. Um die Wirkung einer sich unendlich fortsetzenden Wiederholung zu kreieren, sollte das Muster bis zum Bildrand reichen, sodass der Eindruck entsteht, man hätte nur einen Teil davon fotografiert. Wenn sich das Muster bis ganz in den Vordergrund erstreckt, werden die Konsistenz und die Oberfläche der Gegenstände erkennbar, und das Foto gewinnt an Tiefe.

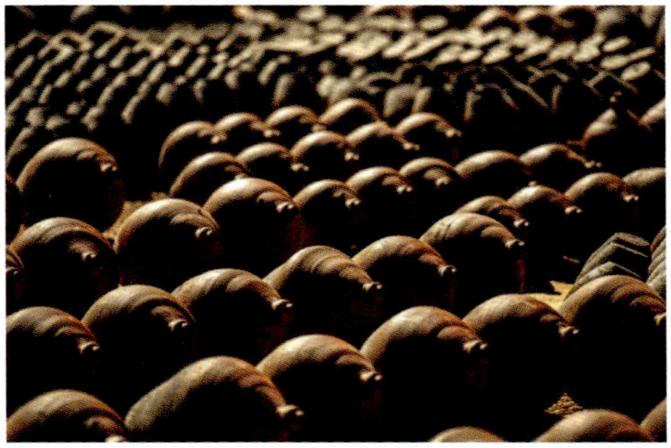

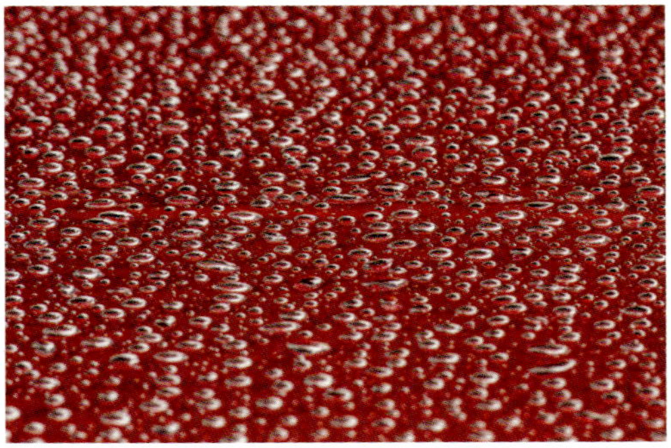

Wenn man zwei oder mehr dieser ästhetischen Konzepte auf einem einzigen Foto vereint und berücksichtigt, kann ein sehr kraftvolles, hochinteressantes Bild dabei herauskommen:

Symmetrie und Farbkontrast

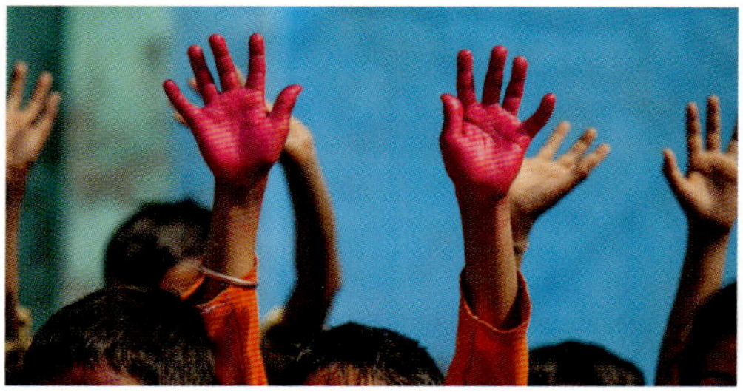

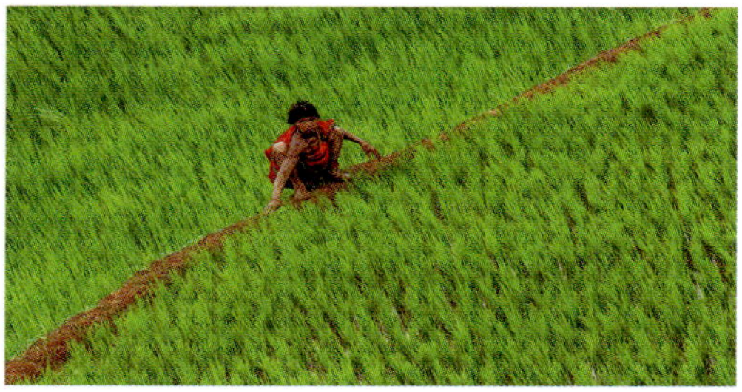

Struktur und Ausrichtung an radialen Linien

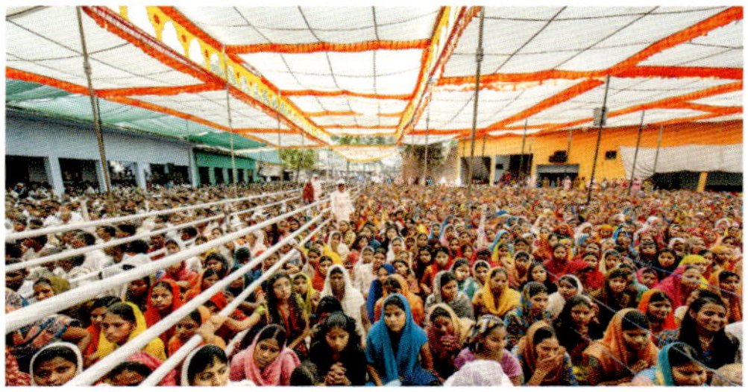

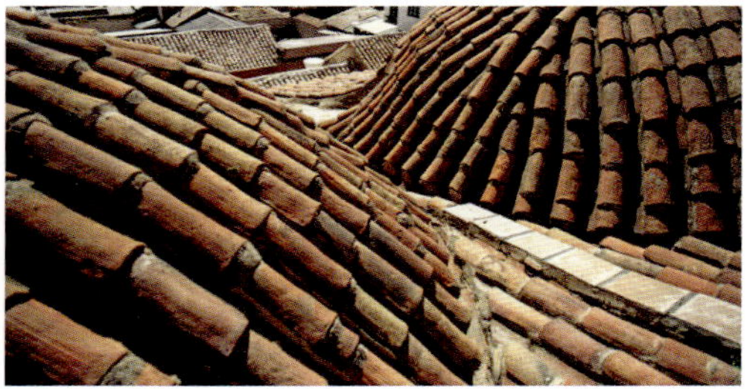

Diagonalen und Farbkontrast

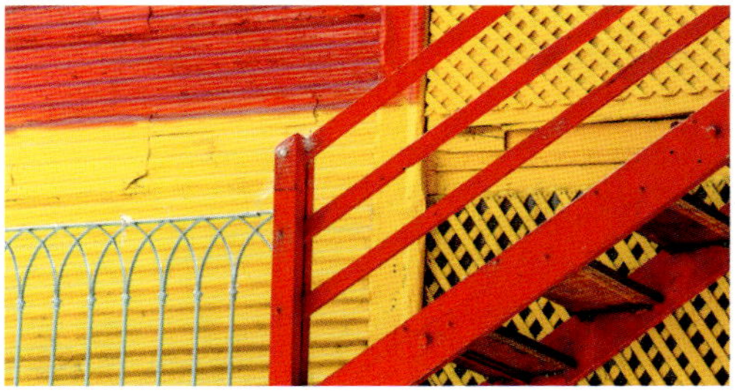

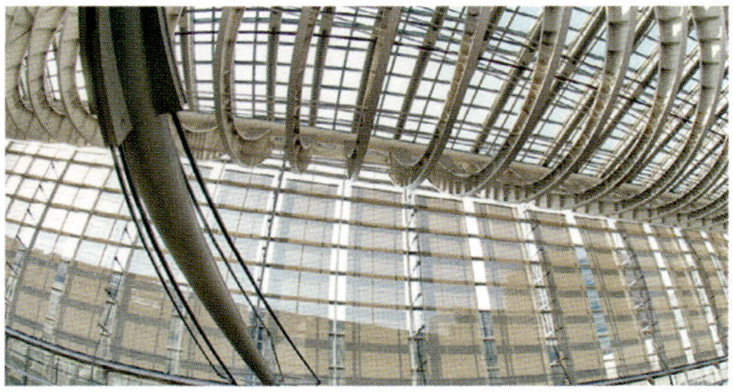

Struktur und Farbkontrast

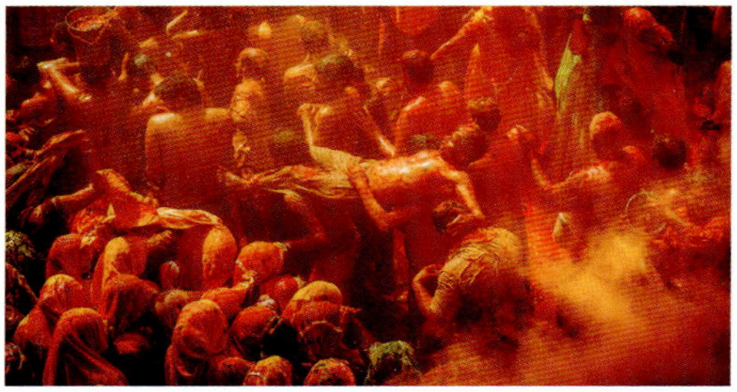

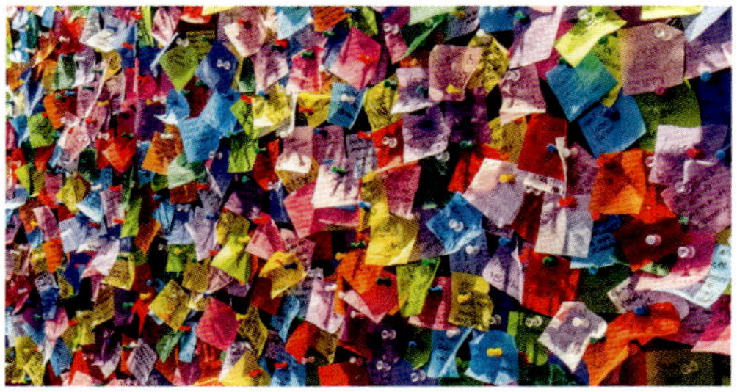

Die Wahl des Motivs und des Bildausschnitts sind **mit Abstand die subjektivsten Faktoren**, sie sind abhängig vom Geschmack des Fotografen, von seiner Vision und von seinem Sinn für Kunst. Die Kamera produziert **rechteckige Fotos** und kann natürlich so gehalten werden, dass man Fotos im Hoch- beziehungsweise Querformat erhält. Wer für einen Verlag arbeitet, bevorzugt hochformatige Bilder, weil das die Ausrichtung von Buchseiten und Zeitschriften ist. Querformatige Aufnahmen eignen sich besser für eine Wiedergabe auf Bildschirmen und Displays. Die hochwertigen Bilddateien der modernen Kameras können jedoch problemlos zugeschnitten und leicht für sämtliche Zwecke und Bestimmungen angepasst werden.

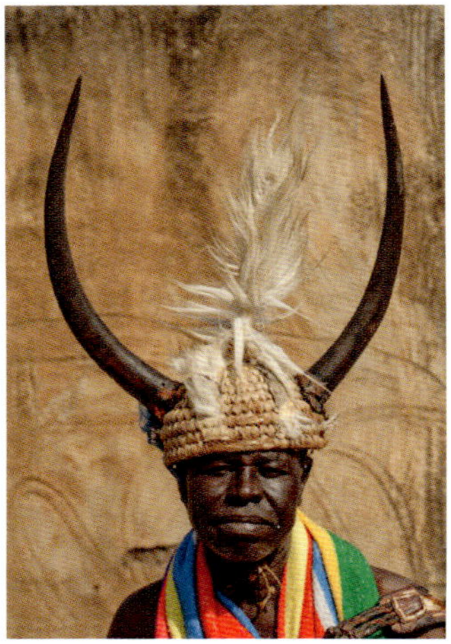

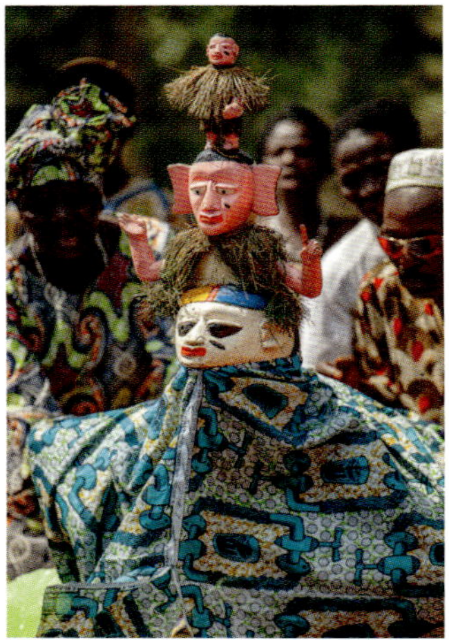

Auf Porträts sitzt oder steht das Objekt immer, deshalb nennt man die vertikale Ausrichtung eines Bildes auch **„Porträtformat"**. Hochformatige Bilder eignen sich, um das Verhältnis zwischen den Elementen im Vordergrund und denen im Hintergrund zu zeigen.

Landschaften hingegen werden stets im Querformat aufgenommen. Auch im Deutschen wird dieses daher häufig als ***„landscape"***, – das bedeutet **„Landschaftsformat"** – bezeichnet. Das Querformat eignet sich, um Bildelemente, die links und die rechts auf dem Foto erscheinen oder außerhalb des Bildbereichs angedeutet sind, zueinander in Beziehung zu setzen.

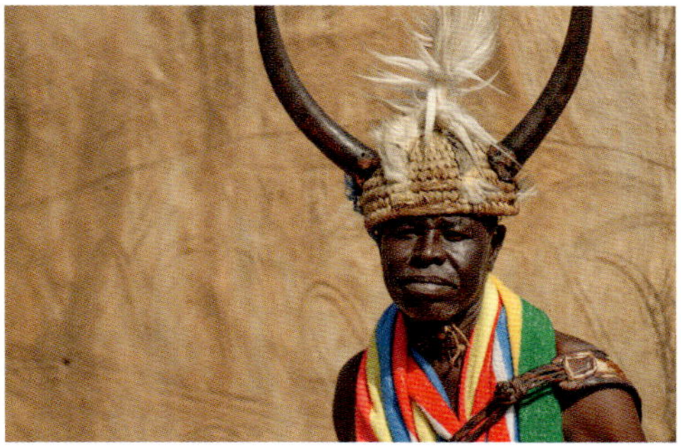

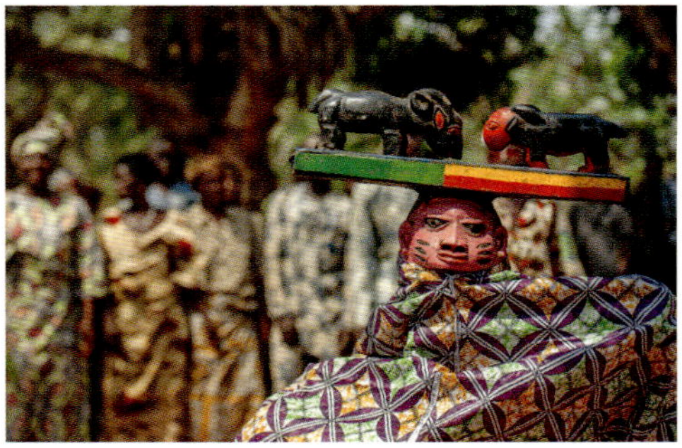

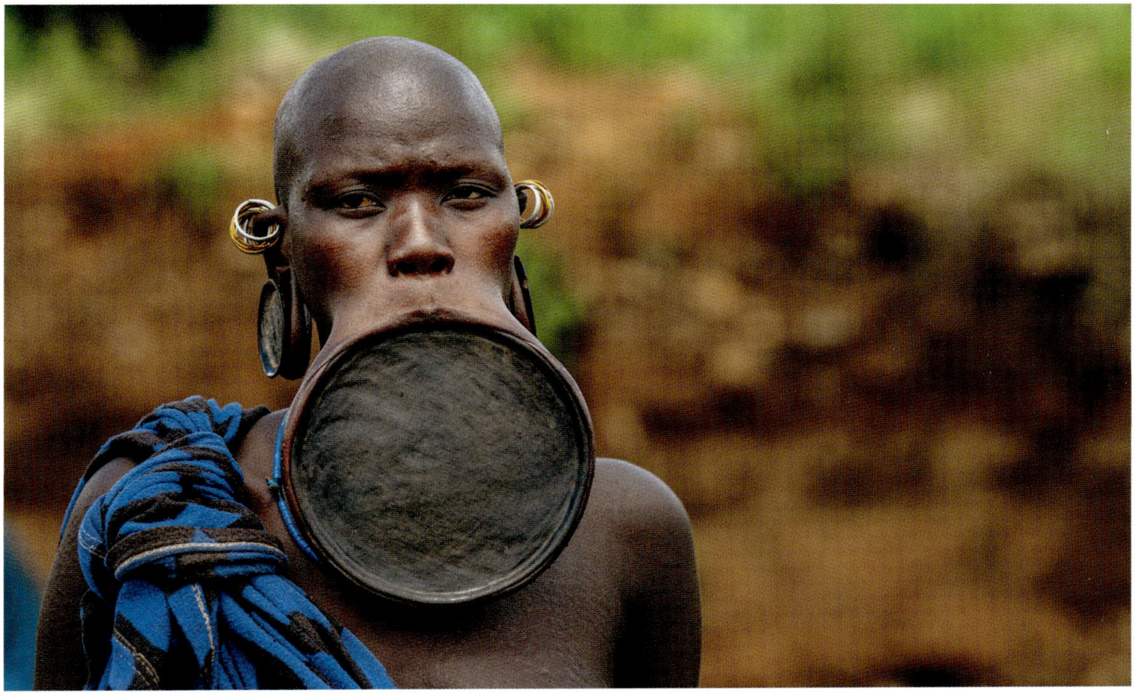

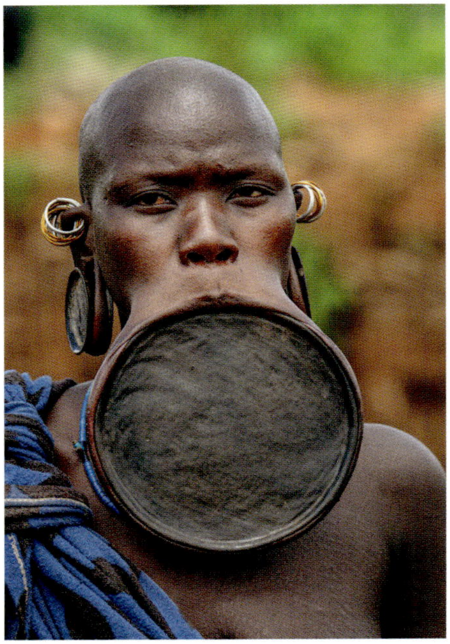

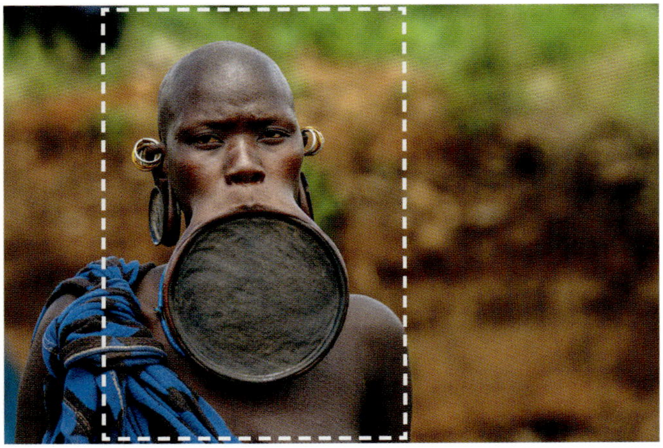

Wenn sich der Bildausschnitt dafür eignet, lässt sich dasselbe Foto im Querformat und, wenn es entsprechend zugeschnitten wird, auch im Hochformat verwenden. Natürlich gehen durch das Zuschneiden ein großer Prozentsatz der Pixel verloren, in diesem Fall sind es 43 %, deshalb ist dafür eine Originaldatei von hoher Qualität notwendig.

DIE DRITTELREGEL

Wie schon mehrmals betont, lässt eine Positionierung des Objekts in der Bildmitte – abgesehen von ganz besonderen Fällen – das Bild verarmen, denn die Dynamik geht verloren. Dies verrät grundsätzlich, dass es dem Fotografen an technischem Verständnis mangelt. Außerdem erhält man mehr Gestaltungsraum, wenn man es nicht in der Bildmitte platziert.

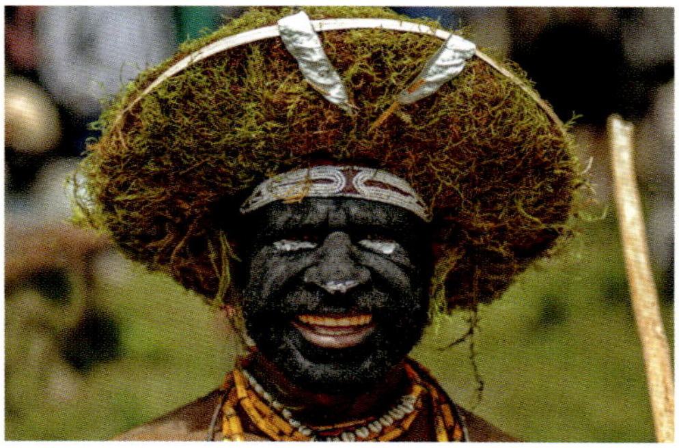

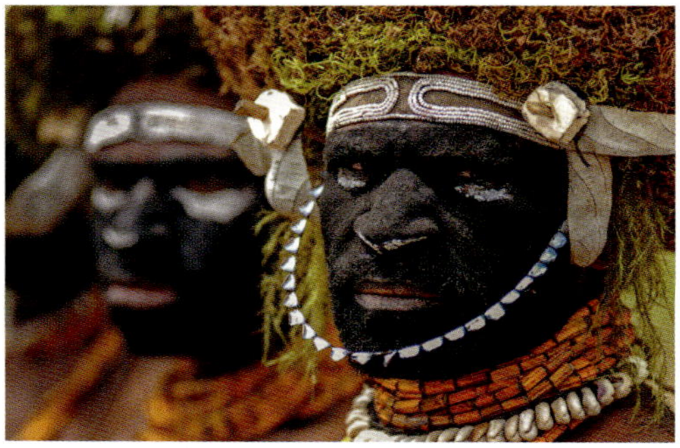

Wenn man das Objekt jedoch aus der statischen Mittelposition verschiebt, stellt sich die Frage nach der richtigen Positionierung. In solchen Fällen hilft all denen, die mit den Prinzipien der Bildkomposition nicht gut vertraut sind, die einfache Drittelregel, die eigentlich jeder kennt. Leider wird sie manchmal nicht angewendet, weil die Emotionen, die ein schönes Motiv hervorruft, oder die schnellen Fokussierung und Belichtungsmessung dazu verleiten. Dabei wäre es gestalterisch besser, das Objekt sowohl aus der vertikalen als auch aus der horizontalen Mitte des Bildes zu herauszuschieben.

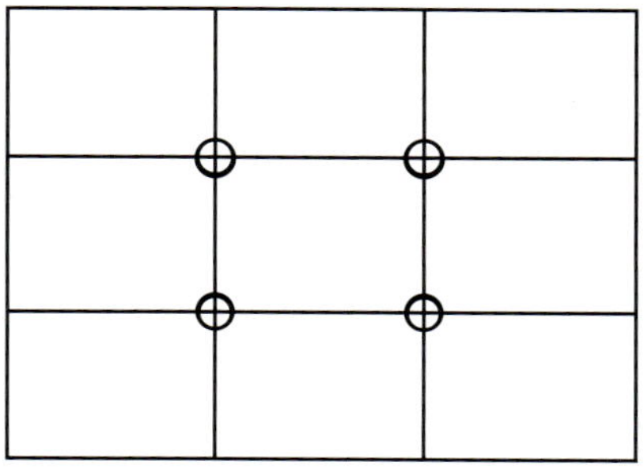

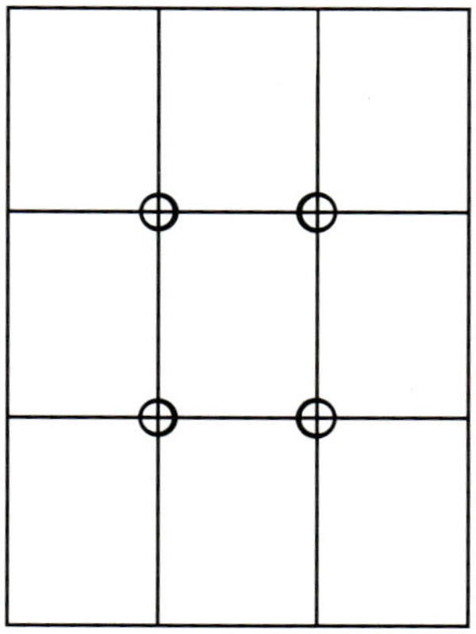

Nach der Drittelregel ist es am besten, ein Objekt auf den hier gezeigten Schnittstellen der waagrechten und senkrechten Linien zu positionieren.

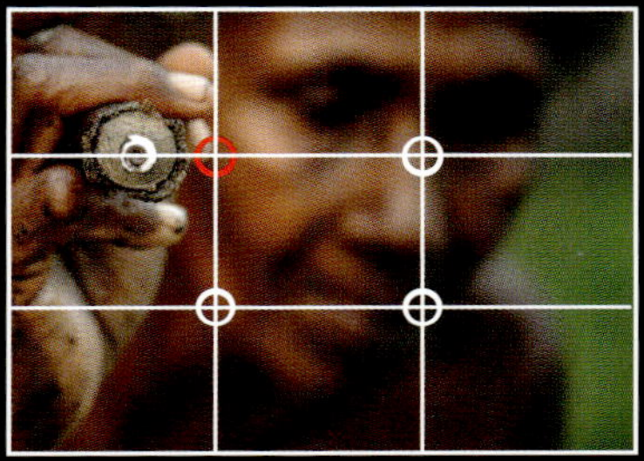

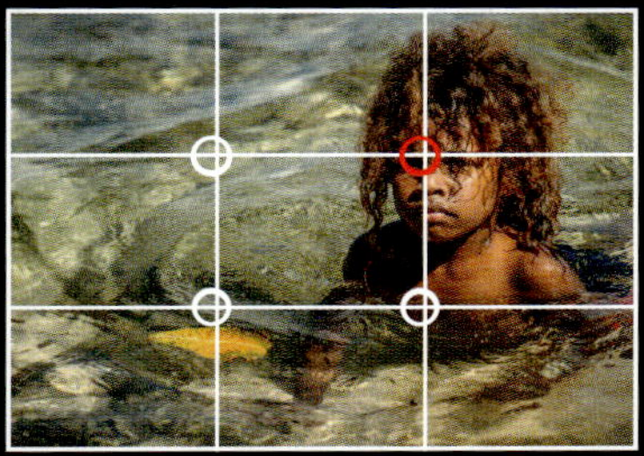

Beispiele für Fotos, die mithilfe der Drittelregel komponiert wurden.

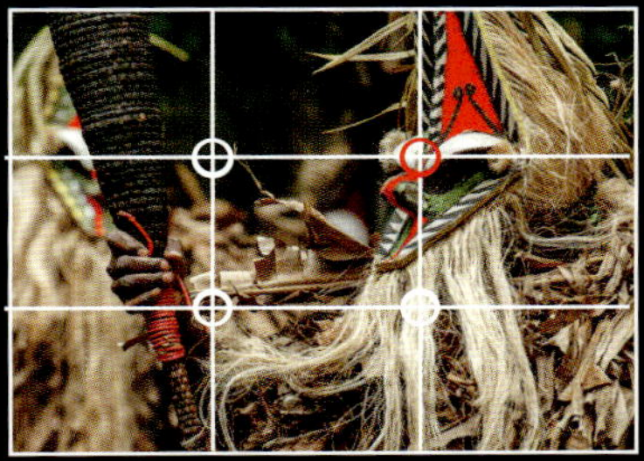

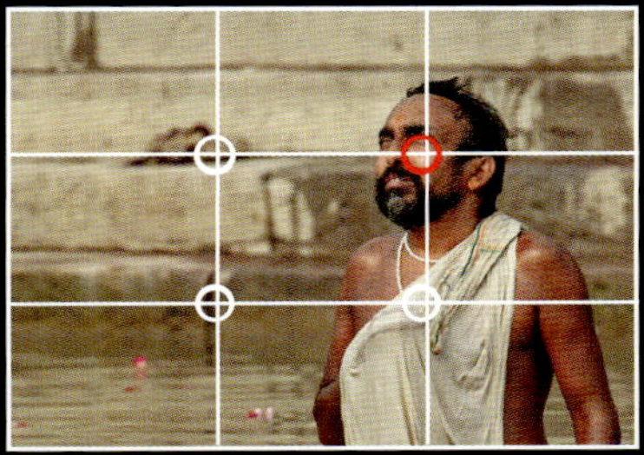

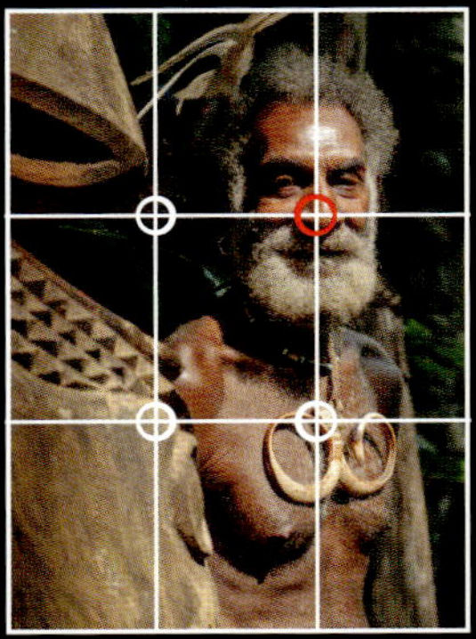

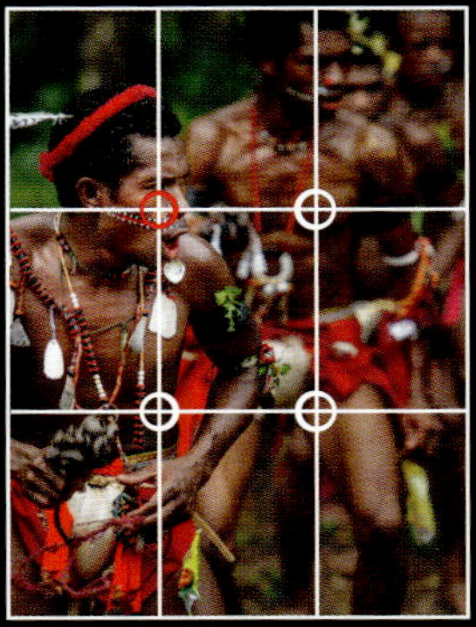

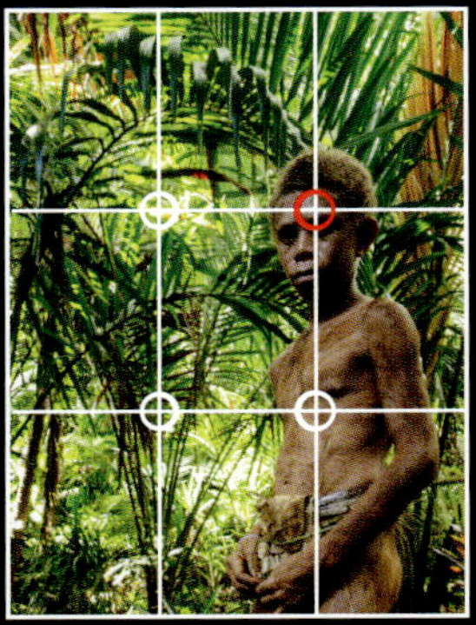

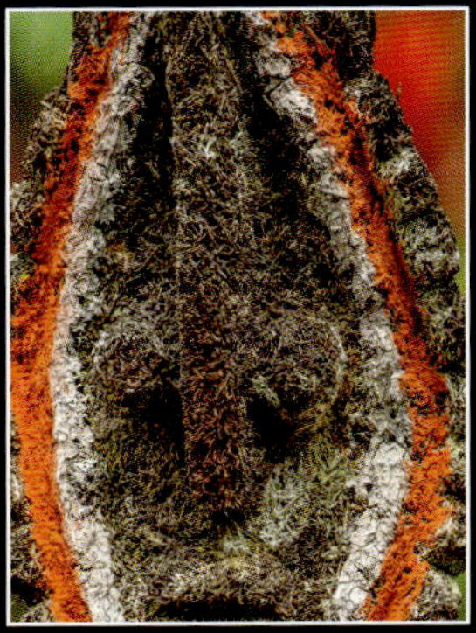

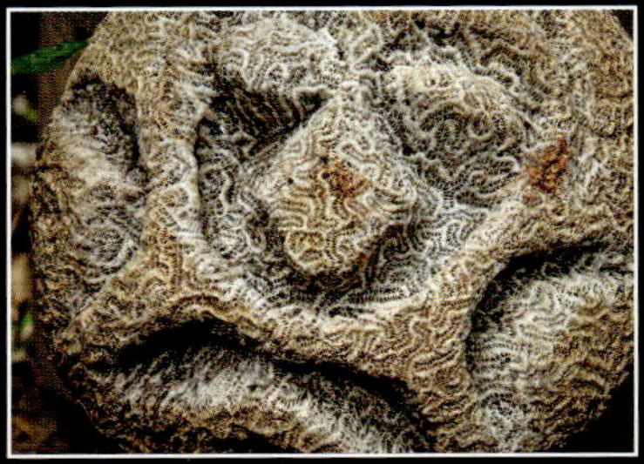

Natürlich sind von dieser Regel Fotos ausgenommen, bei denen das Motiv das Format komplett ausfüllt.

DEM OBJEKT „LUFT“ GEBEN

Wenn ein Objekt aus dem Zentrum gerückt wird, verschieben sich auch die Raumverhältnisse auf dem Bild. Dieser sollte so eingesetzt werden, dass das Objekt nach vorne **„Luft“** bekommt, denn dies erhöht die Dynamik der Aufnahme. Der größere Raum sollte sich befinden:

- **in Blickrichtung,**
  also in die Richtung, in die der Blick des Objekts gerichtet ist,
- **in die Richtung der Absicht,**
  das ist die Richtung, in die der Körper oder Kopf eines Menschen oder Tiers gewandt zu sein scheint, wenn sein Blick keine präzise Richtung anzeigt,
- **die Bewegungsrichtung,**
  also in die Richtung, in die sich das Objekt bewegt, wenn dieses eine Bewegung ausführt oder andeutet.

Diese Regel gilt nicht nur für Personen und Tiere, sondern wird sinngemäß auch auf Gegenstände angewandt.

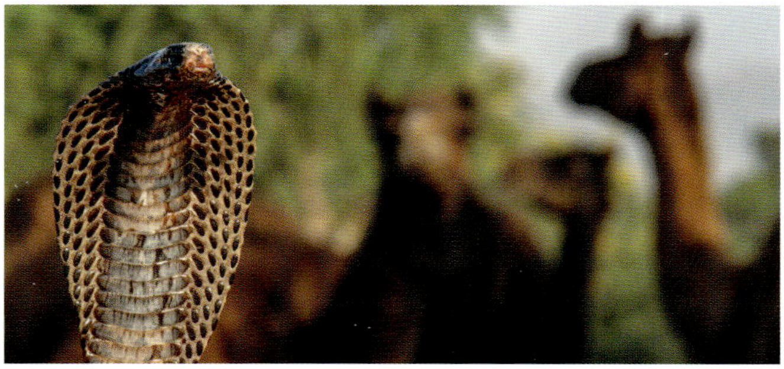

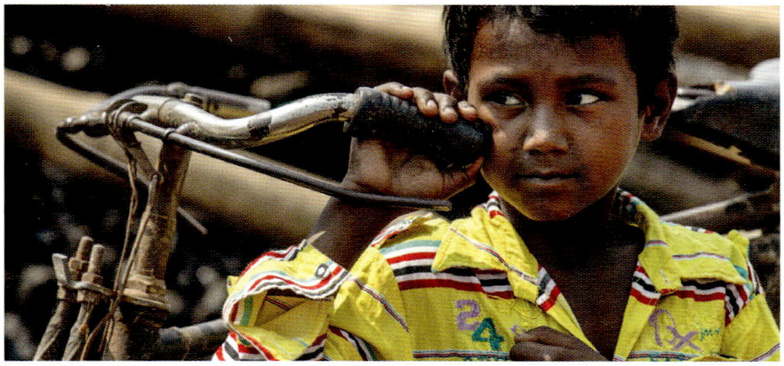

Die „Luft“ befindet sich in Blickrichtung – beim oberen nach rechts, beim unteren Bild nach links.

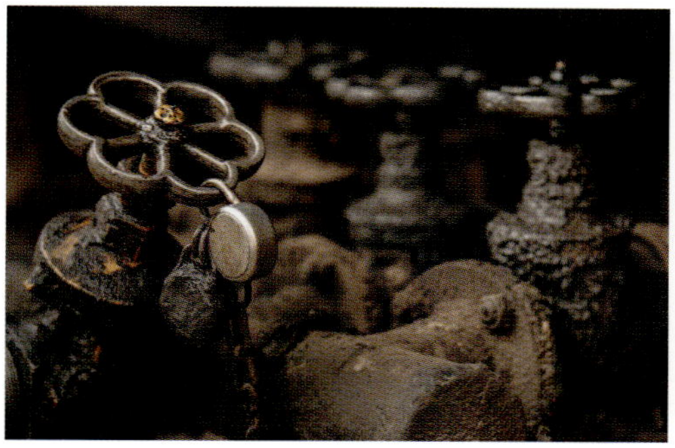

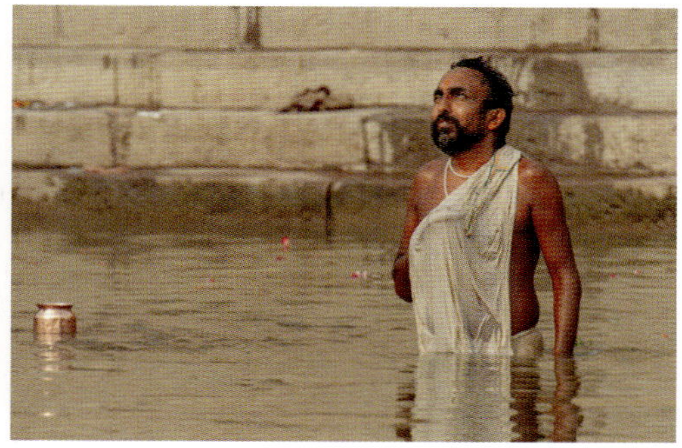

Die „Luft“ befindet sich in der Richtung der Absicht.

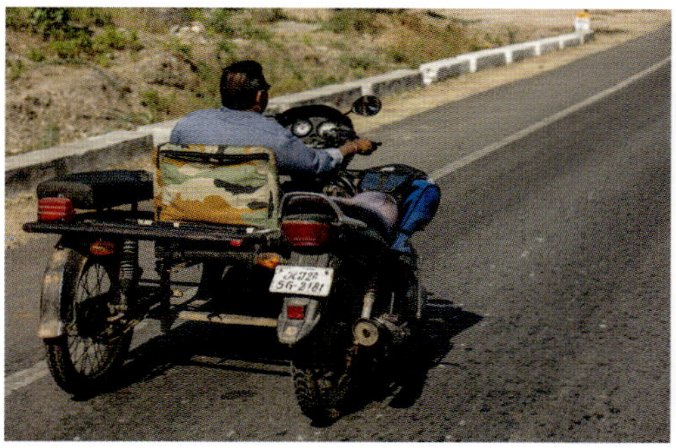

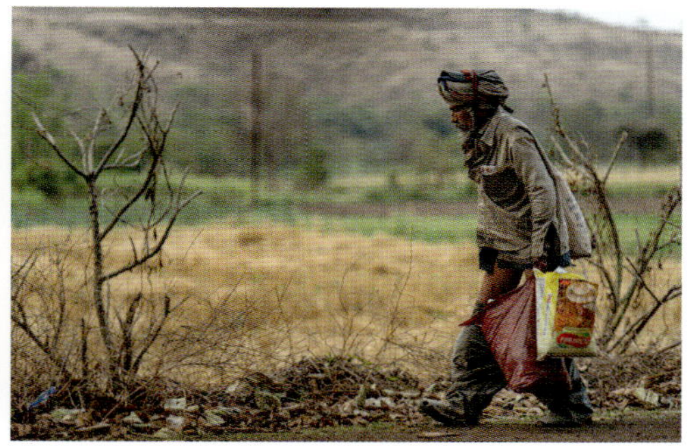

Die „Luft“ befindet sich in Bewegungsrichtung.

KAMERADISPLAY

Digitalkameras bieten die Möglichkeit, jedes Mal das Ergebnis der Aufnahmen direkt auf dem Display zu kontrollieren. Dies ist äußerst nützlich, um die Komposition und den Bildausschnitt zu überprüfen, aber nicht für andere wichtige Fragen. Die modernen Displays neigen nämlich aufgrund ihrer hohen Auflösung und Qualität dazu, viele Bildmängel zu verbergen, die dann, wenn sie nicht mehr ausgebügelt werden können, auf dem Computermonitor unerbittlich zutage treten. Um die Fokussierung zu kontrollieren, bei Problemen mit Bewegung oder Mikroverwacklungen, um den Gesichtsausdruck zu überprüfen oder Probleme mit dem Sensor aufzudecken, müssen wir das Foto deshalb immer auf 100 % vergrößern. Bei vielen Kameras besteht die Möglichkeit, durch das Drücken einer entsprechenden Taste automatisch auf diesen Vergrößerungsfaktor zuzugreifen, andernfalls wird es notwendig, mehrmals die vorgesehene Taste zu drücken, die meist mit dem Symbol „+“ versehen ist, das auf einer kleinen Lupe abgebildet ist.

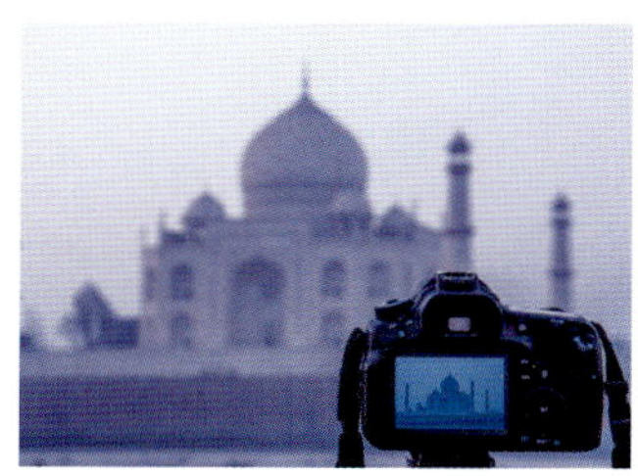

IMMER BEREIT, DEN STANDORT ZU WECHSELN

DER „WANDERNDE FOTOGRAF"

Als ich anfing zu fotografieren, brauchte man in Italien eine Lizenz, um diesen Beruf ausüben zu dürfen. Dieses Dokument wurde Fotografen, die über ein Labor oder ein Fotostudio verfügten, oder aber „wandernden Fotografen" bewilligt. Jemand, der wie ich als Fotoreporter arbeiten wollte, hatte weder ein festes Labor noch ein Studio, also gehörte ich zur letztgenannten Gruppe, und der Begriff beschrieb sehr gut, wie mein Leben als Fotograf tatsächlich auch aussah und aussieht. Ich war oft unterwegs und bin es heute sogar noch mehr. Doch jenseits der **größeren „Wanderungen"**, die diese Arbeit mit sich bringt, ist es auch wichtig, als Fotograf den **kleineren Ortswechseln** und Bewegungen Beachtung zu schenken. Dazu gehören bereits minimale Veränderungen der eigenen Position im Verhältnis zum Objekt und damit verbundene Veränderungen des Blickwinkels.

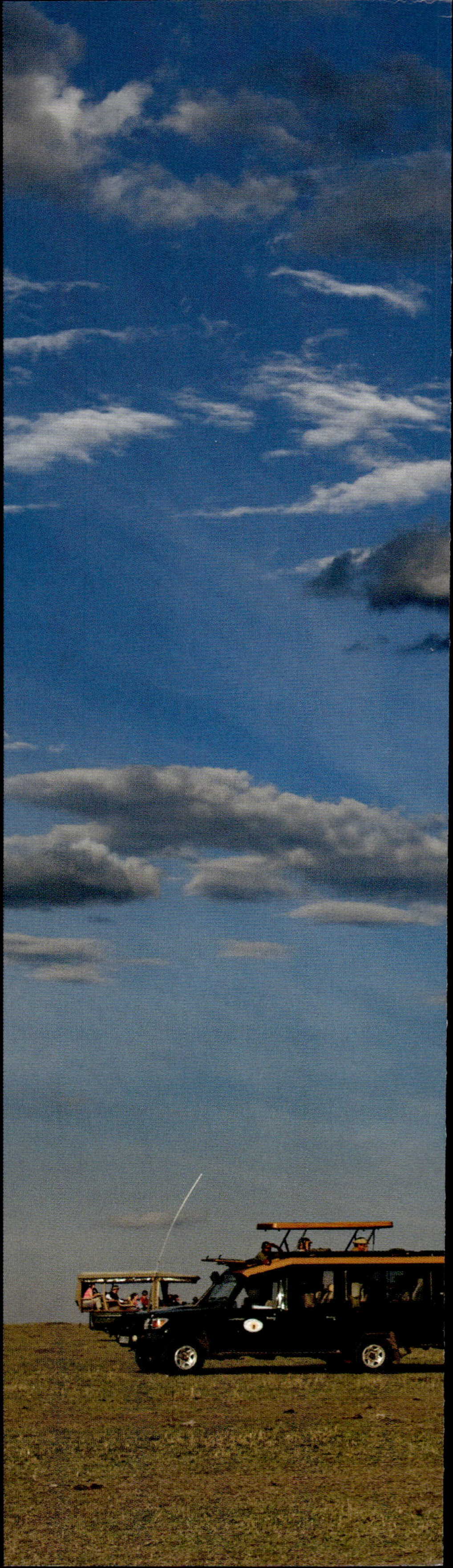

Kenia, Masai Mara

Nikon D 810 • 58 mm f/1,4
1/400 bei f/8 • ISO 64

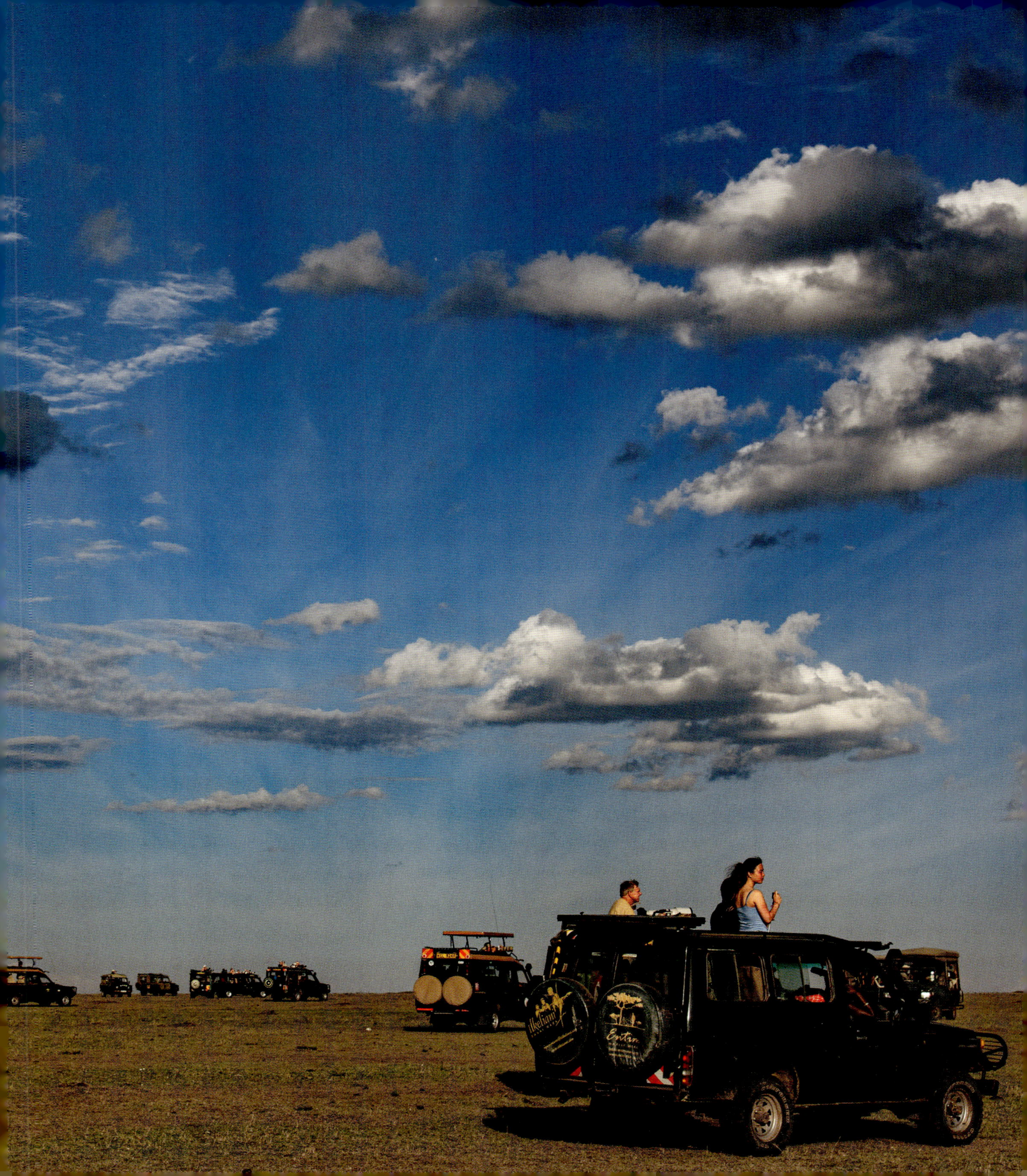

Die Stelle, an der wir uns für unsere Aufnahme **positionieren**, ist immer ausschlaggebend für das gute Gelingen unserer Fotos. Einige der wichtigsten Voraussetzungen, die diese Position erfüllen sollte, sind folgende:

1. erlaubt eine klare, freie, uneingeschränkte Sicht auf das Objekt,
2. erlaubt die Einflussnahme auf den Bildhintergrund,
3. eröffnet die Möglichkeit, sich dem Motiv eventuell anzunähern,
4. erlaubt die Einflussnahme auf das Licht und die Wahl anderer Bildausschnitte.

1

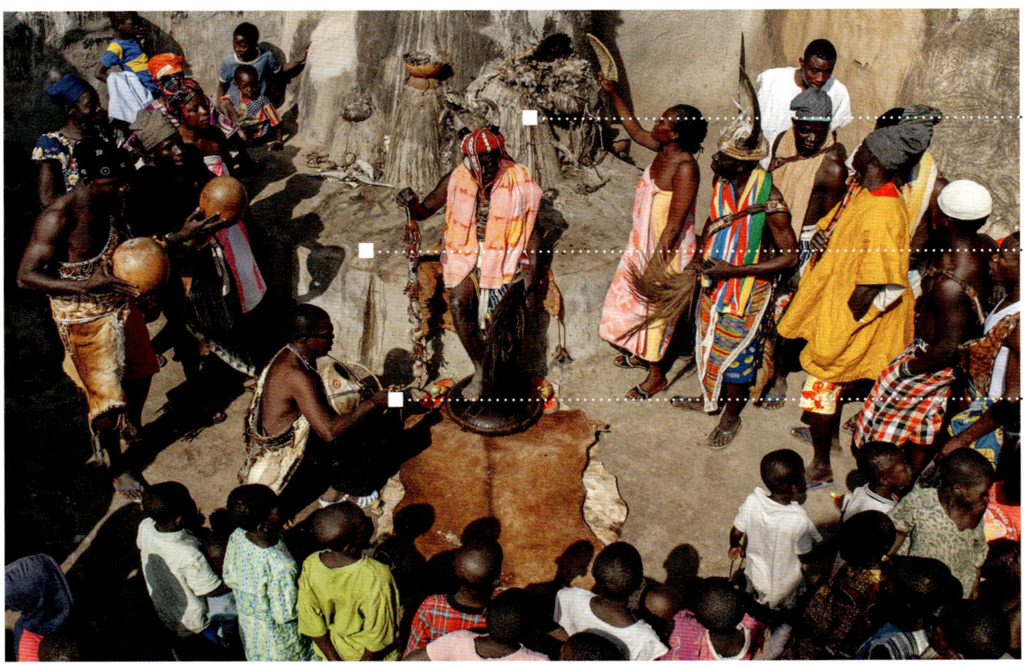

Klare, freie, uneingeschränkte Sicht auf das Objekt

2

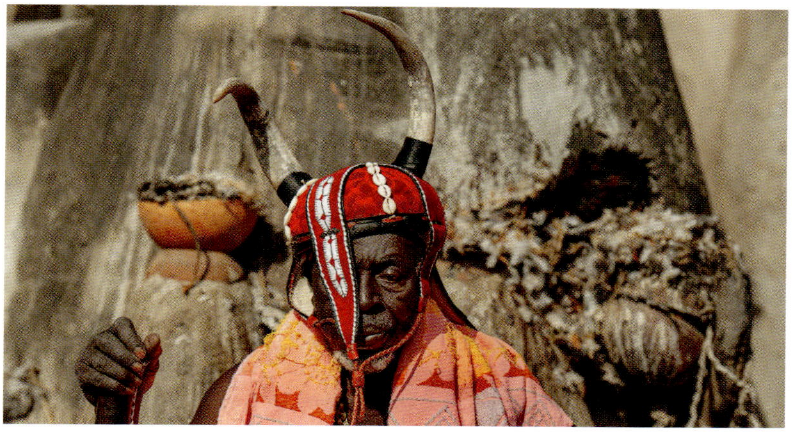

Einflussnahme auf den Hintergrund

3

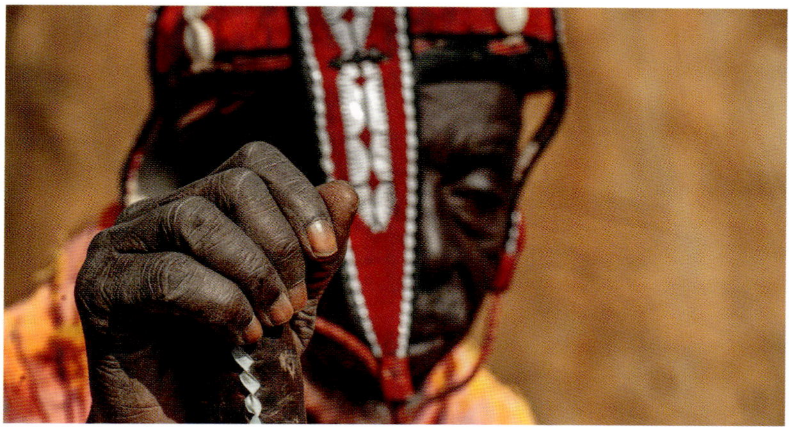

Annäherung an das Motiv

4

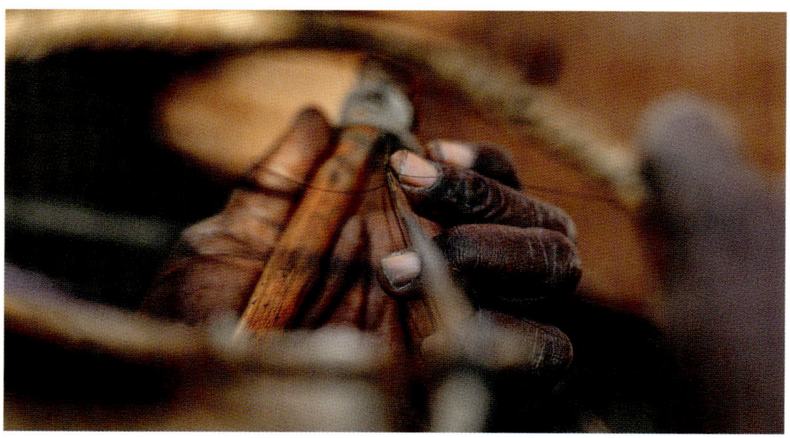

Einflussnahme auf das Licht und die Wahl anderer Bildausschnitte

Was den Hintergrund betrifft, lässt sich die Szene mit dem **Sonnensystem** vergleichen. Die Erde ist unser Objekt, die Sonne repräsentiert unsere Lichtquelle und der Mond, der um die Erde kreist, ist unsere Kamera. Jedes Mal, wenn der **Mond – beziehungsweise die Kamera –** die Position wechselt, erscheint die Erde – also das Objekt – in einer anderen Relation zur Sonne – der Lichtquelle. Dadurch verändert sich der Bildhintergrund.

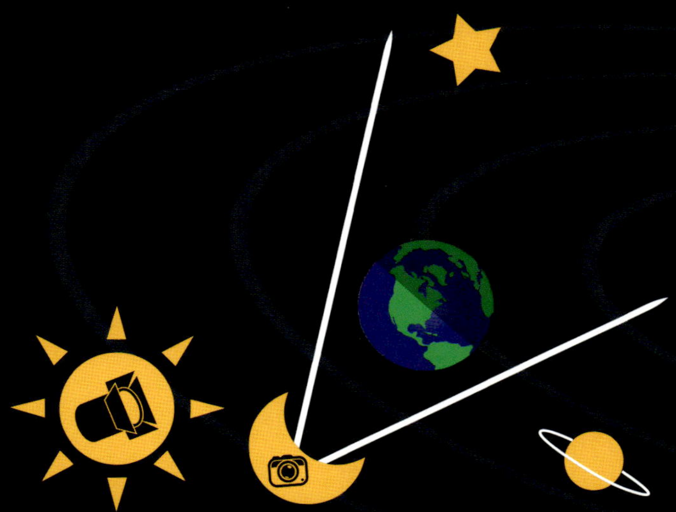

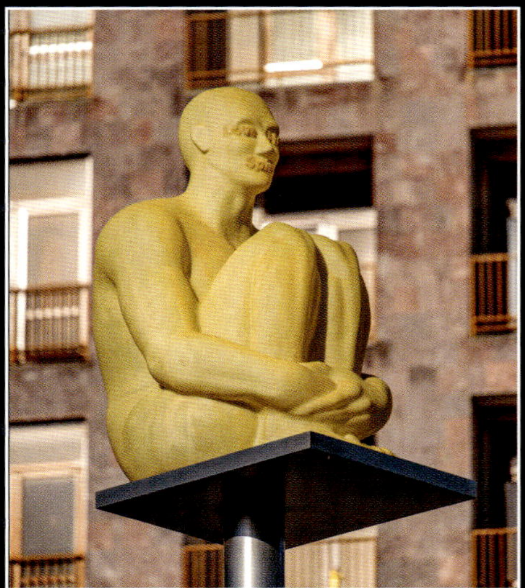

Steht die Sonne hinter dem Fotografen, wird das Objekt frontal angeleuchtet. Im Hintergrund kann ein weiters Objekt erscheinen, wie im Beispiel ein Stern.

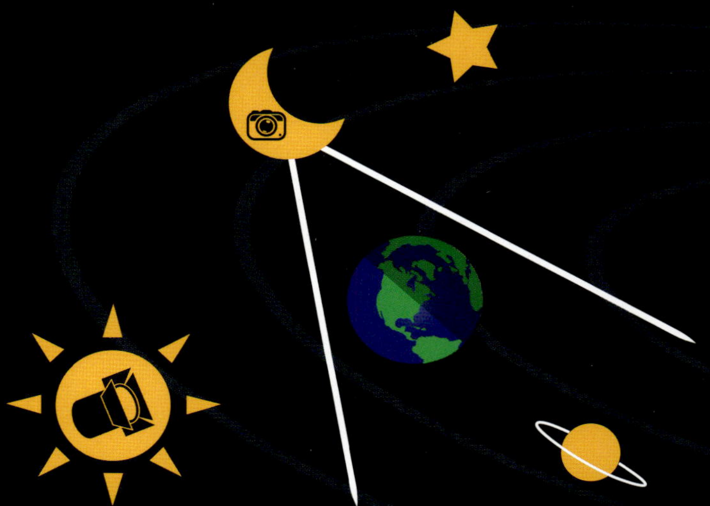

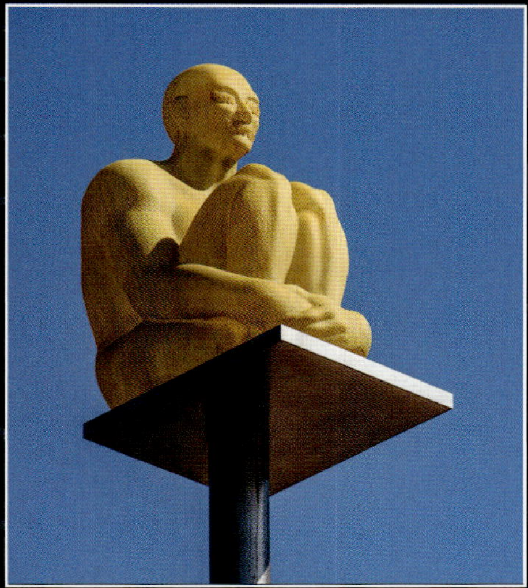

Verlagern wir uns nach links, erscheint das Objekt von rechts beleuchtet.
Im Hintergrund kann ein weiteres Objekt erscheinen, wie im Beispiel Saturn.

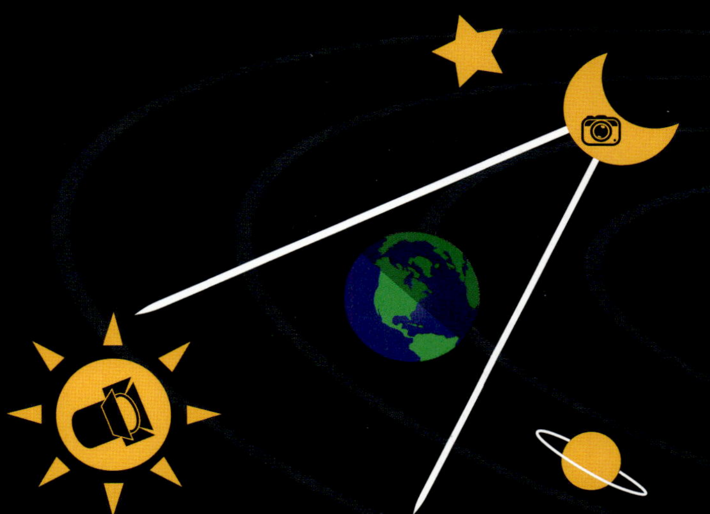

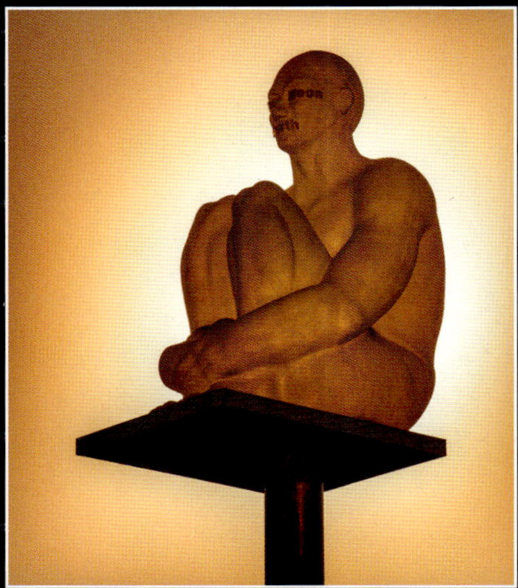

Wenn wir uns ins Gegenlicht stellen, fungiert die Sonne als Beleuchtung und Hintergrund zugleich.

Damit wird klar, dass eine wenn auch noch so **kleine Veränderung der Position** nicht nur den Hintergrund verändert, sondern auch den Aufnahmewinkel und die Art der Beleuchtung.

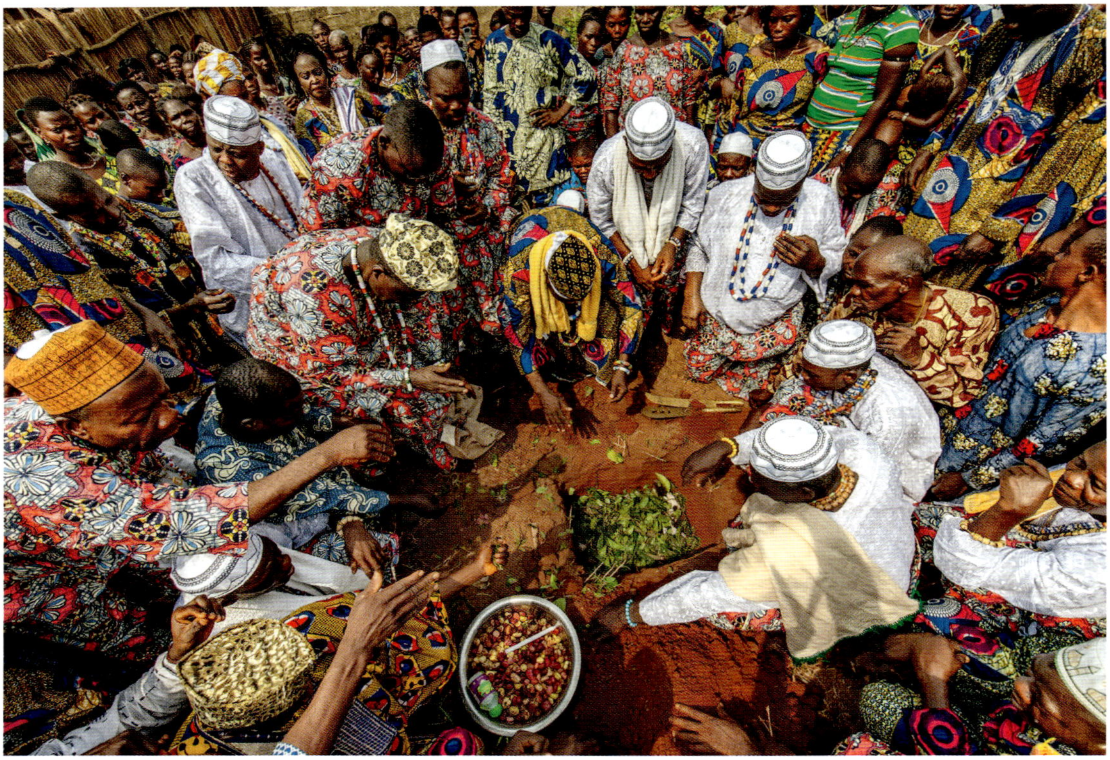

Die wichtige Fähigkeit, sofort die richtige Ausgangsposition zu finden, indem man schnell Licht, Hintergrund und Objekt gleichzeitig überprüft, **könnte man als „Gebietskontrolle" bezeichnen**. Wenn beispielsweise ein Reportagefotograf die Kontrolle über sein Terrain verliert, heißt das in den meisten Fällen, dass ihm seine Reportage nicht besonders gut gelingt, weil bei wichtigen Ereignissen in der Regel Dutzende erfahrener Kollegen anwesend sind. Wer das Terrain kennt, wer es zuvor besichtigt hat, wer eine Position gefunden hat, aus der er einen korrekten, sicheren Blickwinkel einnimmt, aber auch wer die Situation rasch einschätzen und den **Aufnahmewinkel** schnell korrigieren kann, schießt zweifellos die besseren Fotos: Seine Füße tragen ihn sofort an den richtigen Ort.

Auch bei Reisereportagen ist die Kontrolle über das Terrain äußerst wichtig, aber in diesem Fall spielen Erfahrung und kulturelle Vorbereitung des Fotografen eine wesentliche Rolle. Wenn wir zum Beispiel bereits wissen, **dass der Priester der Gottheit des Tempels Tierblut opfern wird**, riskieren wir es nicht, dass er uns im ausschlaggebenden Moment den Rücken zuwendet und wir damit Gefahr laufen, dass uns die **Haupthandlung** entgeht. Wenn wir wissen, dass ein Leopard nach dem Erlegen seiner Beute auf einen Baum klettert, um sie zu fressen, gehen wir wahrscheinlich zunächst zum geeignetsten Baum in der Umgebung und **suchen akribisch** nach einer Position, die frei von Gebüsch ist, um das Festmahl für immer festzuhalten.

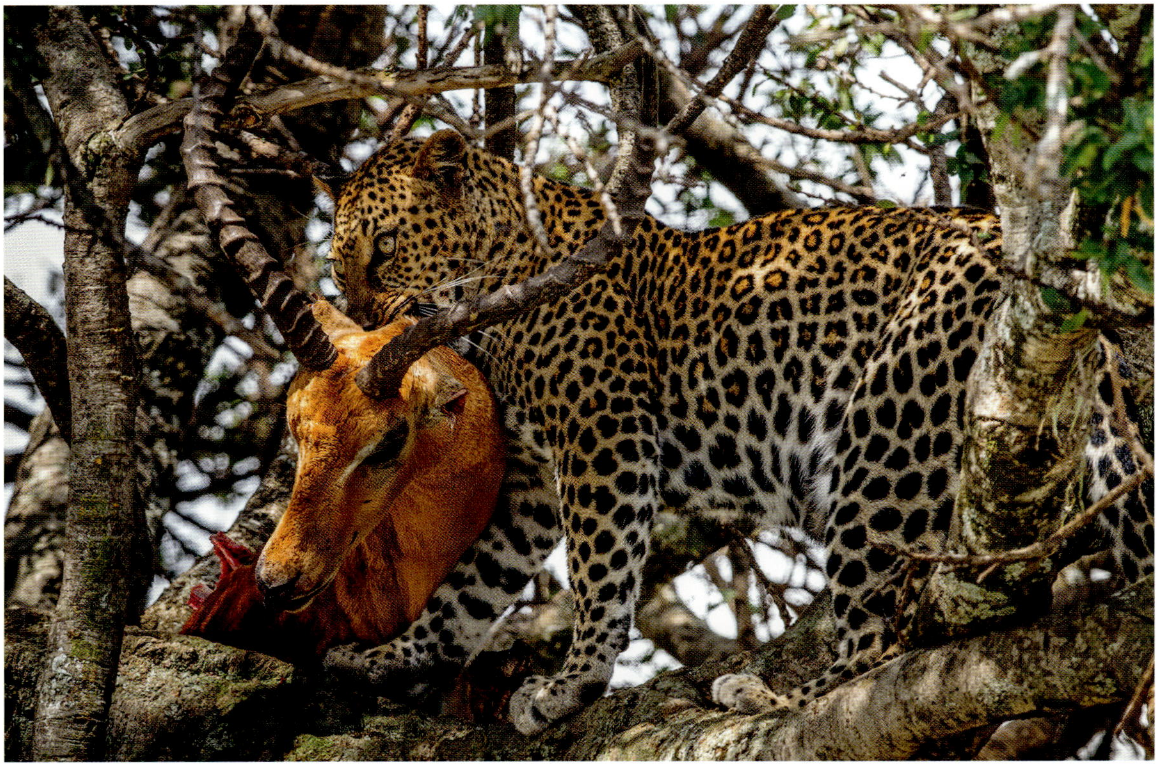

IMMER BEREIT, DEN STANDORT ZU WECHSELN

Der große Vorteil von **Zoomobjektiven** besteht darin, dass sie große Flexibilität bei der Wahl der Brennweite bieten, ohne dass der Fotograf mehrere schwere, sperrige Objektive mit sich herumtragen muss. Wenn wir einen normalen **Zoom**, beispielsweise mit einer Brennweite von 70–200 mm, auf die Kamera montieren, können wir die entsprechenden Brennweiten – also 70 bis 200 mm – wählen, ohne das Objektiv wechseln zu müssen und damit zu riskieren, dass Staub und andere Partikel in die Kamera eindringen.

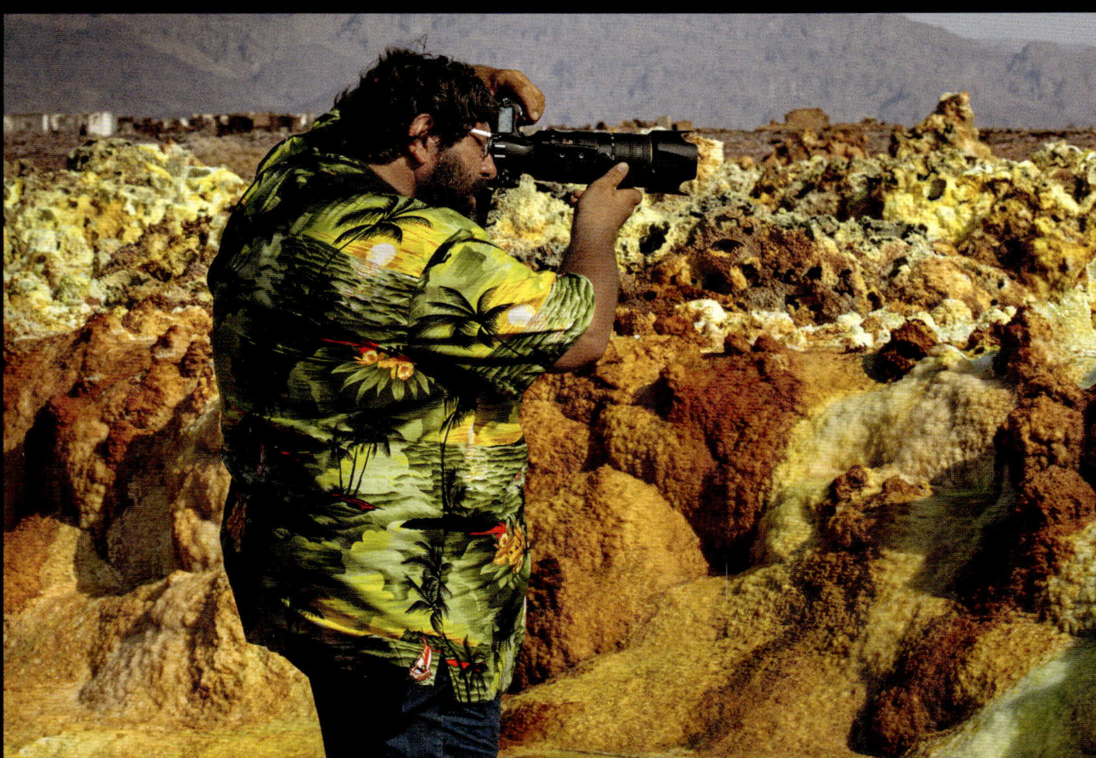

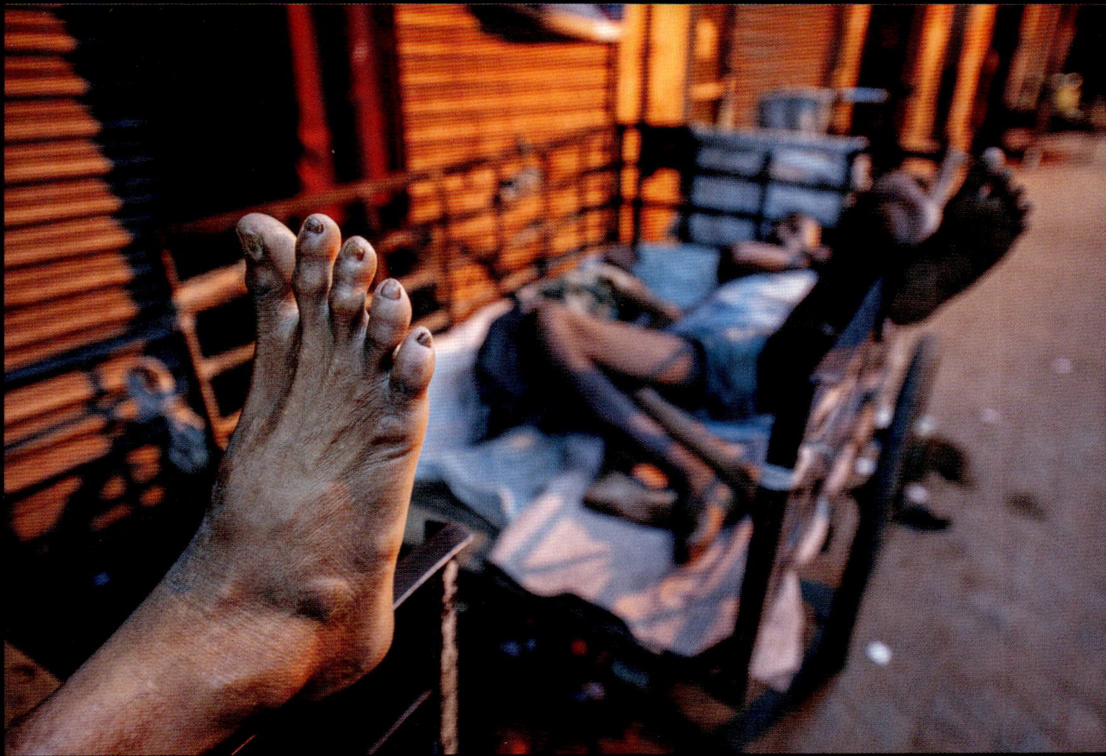

Von Amateuren, aber manchmal auch von Profifotografen wird dieser fantastische Komfort, den Objektive mit variabler Brennweite bieten, oft falsch genutzt. Der Einstellring, der die Wahl der Brennweite ermöglicht, wird nämlich von vielen **nicht** dazu verwendet, eine geeignete Brennweite einzustellen, sondern um **das Objekt zu vergrößern oder zu verkleinern**, bis es die gewünschten Proportionen hat und zum Bildausschnitt passt. Dabei wird vergessen, dass es dafür zwei andere und wirklich perfekte „Zubehörteile" gibt: **die eigenen Füße!**

IMMER BEREIT, DEN STANDORT ZU WECHSELN

Der Zoom **dient eigentlich nicht** dazu, dem Objekt die richtige Größe zu verleihen, sondern eine **geeignete Brennweite** zu wählen, die für unsere jeweilige Aufnahme funktioniert. Jede Brennweite verleiht dem Bild nämlich **bestimmte Eigenschaften**, indem sie die Perspektive verkürzt oder verlängert, den Blickwinkel vergrößert oder verkleinert und andere Elemente mit dem Objekt in Beziehung setzt.

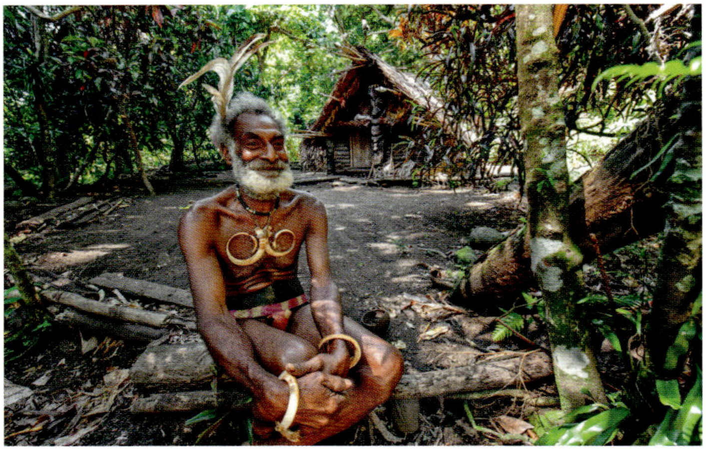

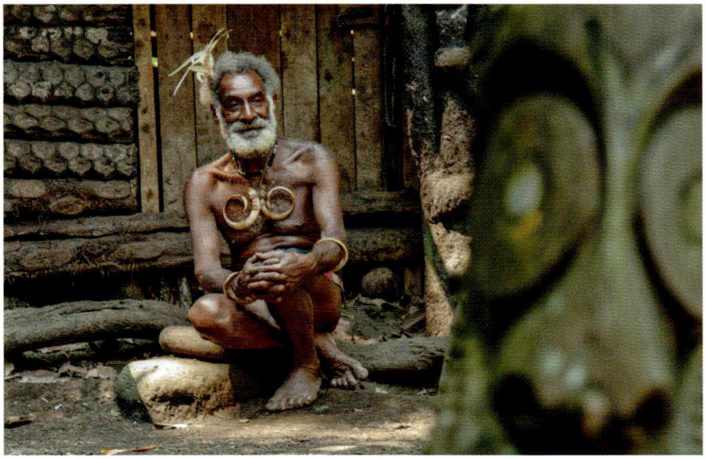

Wenn wir zum Beispiel ein Weitwinkelobjektiv verwenden, stellt das Objekt nur **einen Teil des Bildausschnitts** dar und ist vollkommen in seine Umgebung eingebettet. Bei einer allmählichen Vergrößerung der Brennweite tendiert das Objekt dazu, den Hintergrund zu überlagern und die eigene deskriptive Bedeutung zu erhöhen. Wenn wir uns dabei immer weiter vom Objekt entfernen, bleibt es auf dem Foto jedoch immer gleich groß.

Um diese Fotos aufzunehmen, wurde die Brennweite mehrmals verändert. Die Größe des Objekts – der Frau im Vordergrund – wurde beibehalten, indem ich meine Position immer mehr **zu Fuß** verlagerte. Die Beziehung zwischen dem Objekt und dem Hintergrund ändert sich merklich aufgrund der unterschiedlichen verwendeten Brennweiten.

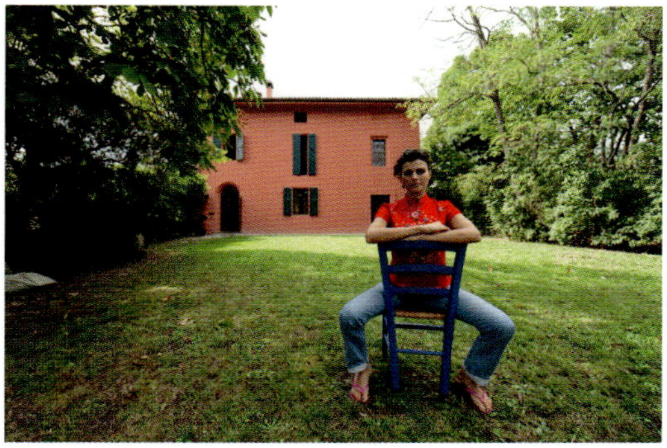

Brennweite 14 mm – das Objekt verschmilzt mit der Umgebung.

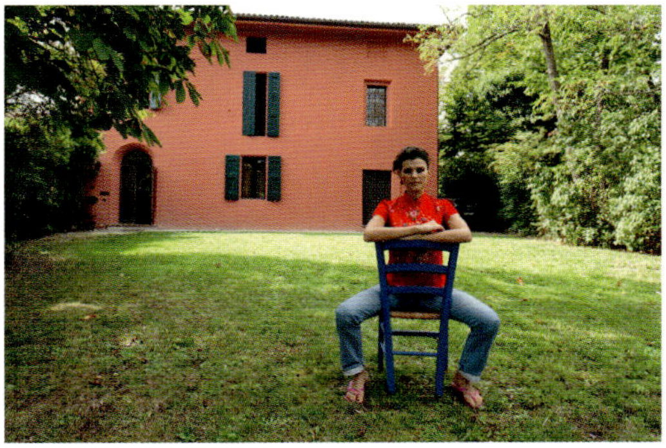

Brennweite 24 mm – das Objekt ist in einen bestimmten Bereich eingebettet.

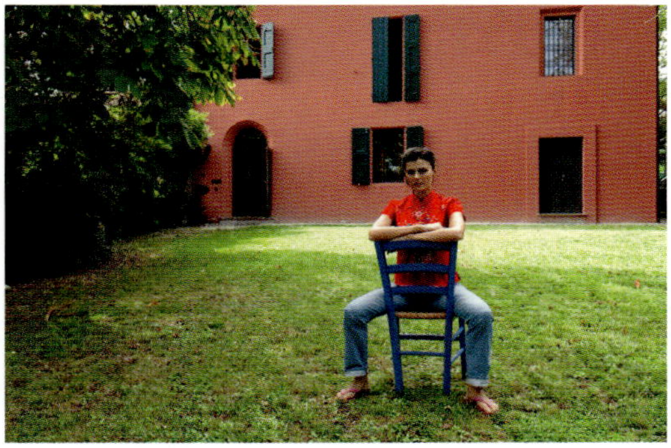

Brennweite 35 mm – das Objekt wird zu einem bestimmten Bauwerk in Bezug gesetzt.

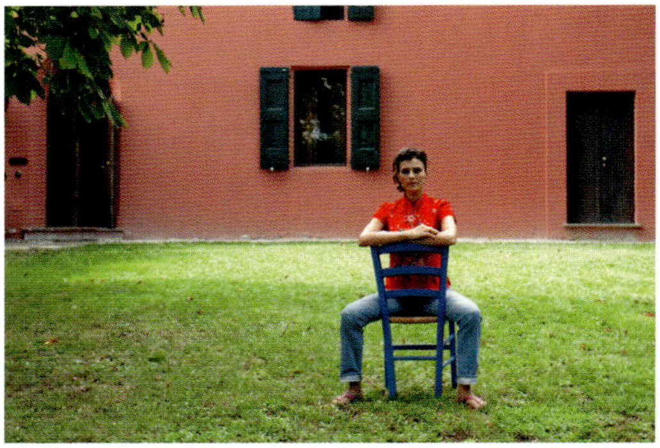

Brennweite 70 mm – das Objekt wird vor einer bestimmten Behausung dargestellt.

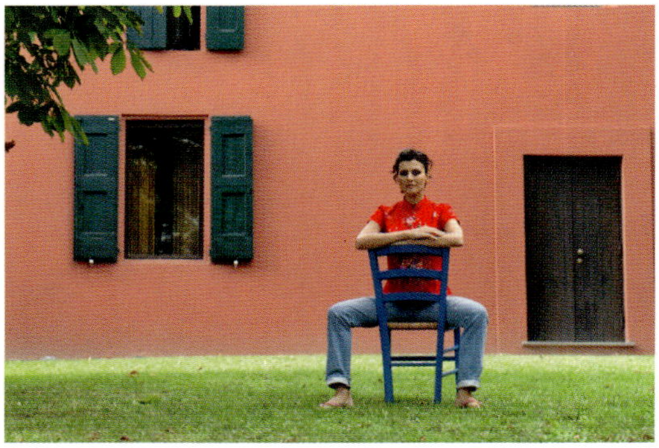

Brennweite 135 mm – das Objekt lebt oder arbeitet oder wohnt in dieser Umgebung.

Folgende Fotos zeigen, wie man in unterschiedlichen Situationen die richtige Brennweite wählt:

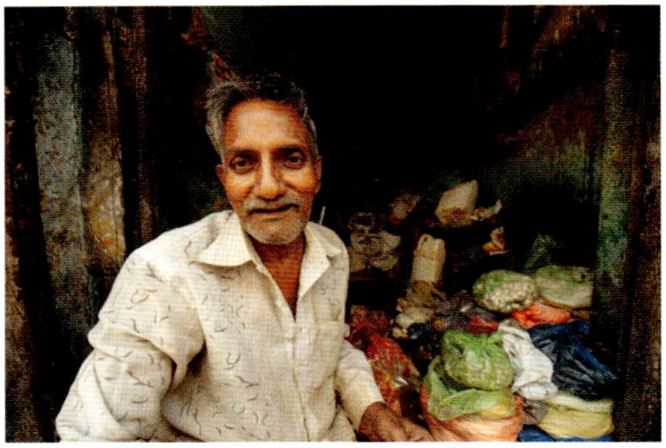

Das Leben des fotografischen Objekts spielt sich in einem kleinen Zimmer ab. **(14 mm - f/8)**

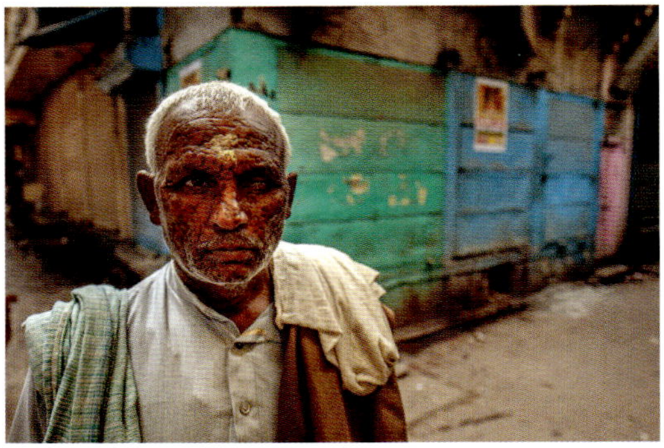

Das fotografische Objekt lebt in den Gassen der Stadt. **(20 mm - f/4)**

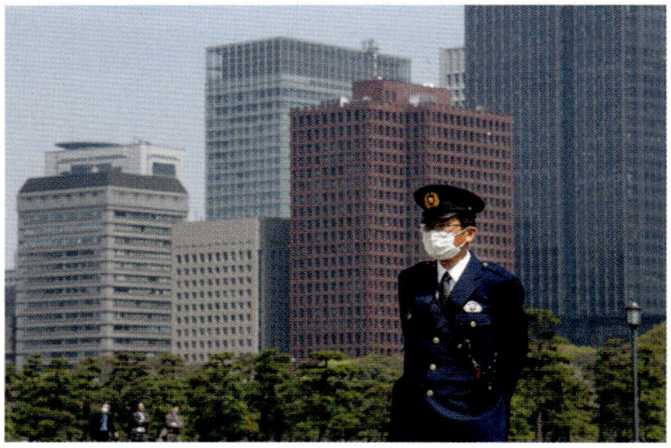

Das fotografische Objekt verbringt seine Tage in der Stadt. **(50 mm - f/5,6)**

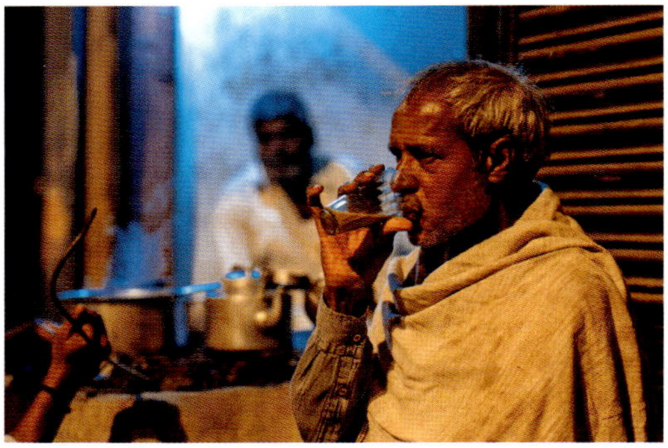

Die täglichen Gewohnheiten des fotografischen Objekts sprechen für sich. **(85 mm - f/4)**

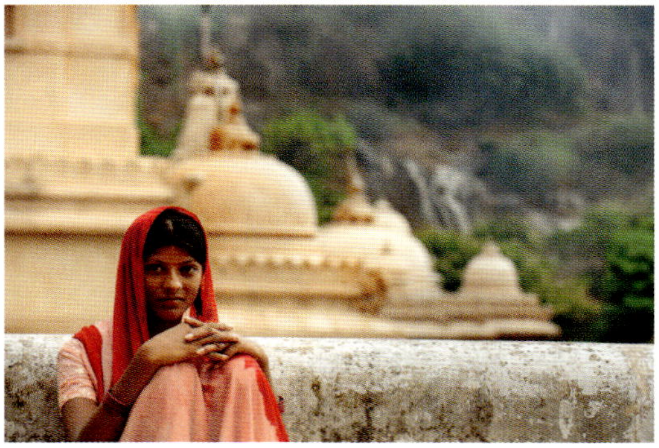

Die Einsamkeit eines Klosters erzählt viel über dieses fotografische Objekt. **(105 mm - f/2,8)**

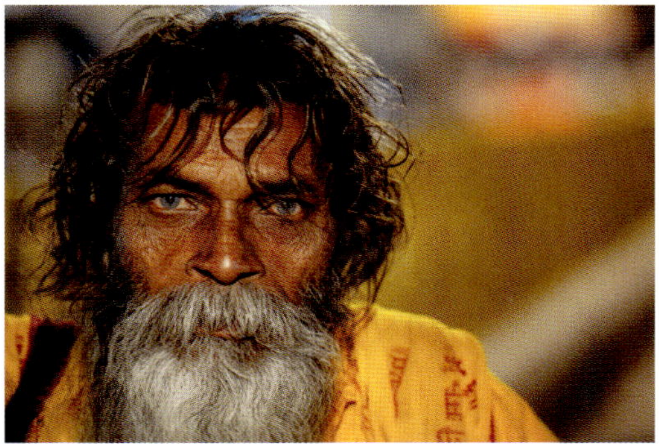

Ein Porträt benötigt nicht immer eine Umgebung, um ausdrucksstark zu sein. **(200 mm - f/3,2)**

Die Wahl der Brennweite muss also aufgrund jener Variablen getroffen werden, die die **emotionale und kompositorische Wirkung**, die jedes einzelne unserer Fotos charakterisiert, stark prägen. Wenn das Objekt aufgrund unserer Entscheidung zu klein oder zu groß auf unserem Bildausschnitt erscheint, gehen wir vor oder zurück, genau wie wir es mit einer Festbrennweite gemacht hätten.

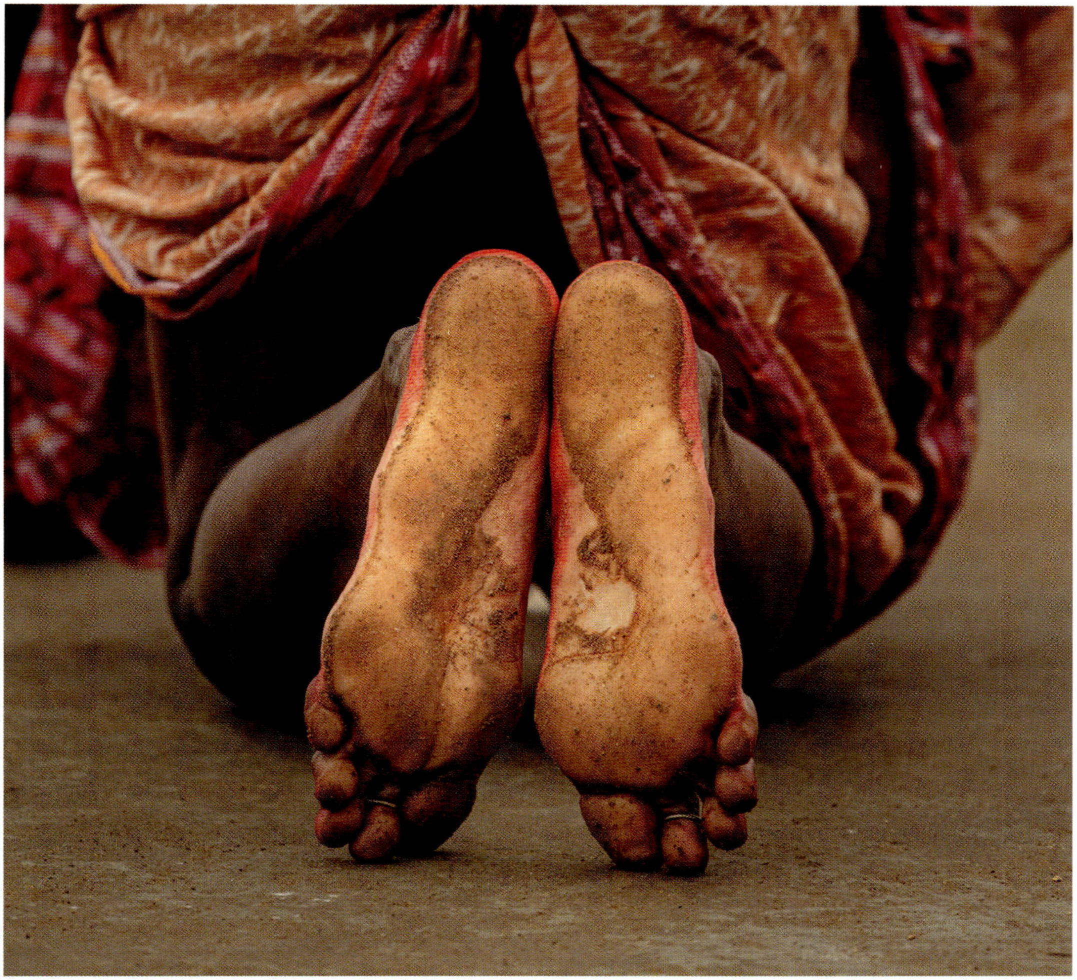

Nicht vergessen:
Füße hat jeder!

DAS PORTRÄT

DER MENSCH IN DER FOTOGRAFIE

Was gilt als Porträt? Der Begriff geht auf das französische Wort *„portrait"* zurück und bezeichnet die **Wiedergabe der Physiognomie** eines Menschen. Diese kann **naturgetreu** sein oder eine Form der **Interpretation**. Während in früheren Jahrhunderten das Porträt die Domäne der Malerei war, ist es seit dem 20. Jahrhundert überwiegend ein **Genre in der Fotografie**. Hält ein Fotograf das Porträt einer Person im Bild fest, dann geht es um mehr als die reine Wiedergabe des Aussehens: Neben dem äußeren Erscheinungsbild spielen die Bildästhetik und die Persönlichkeit der abgebildeten Person eine zentrale Rolle – und manchmal geht es auch um moralische Aspekte.

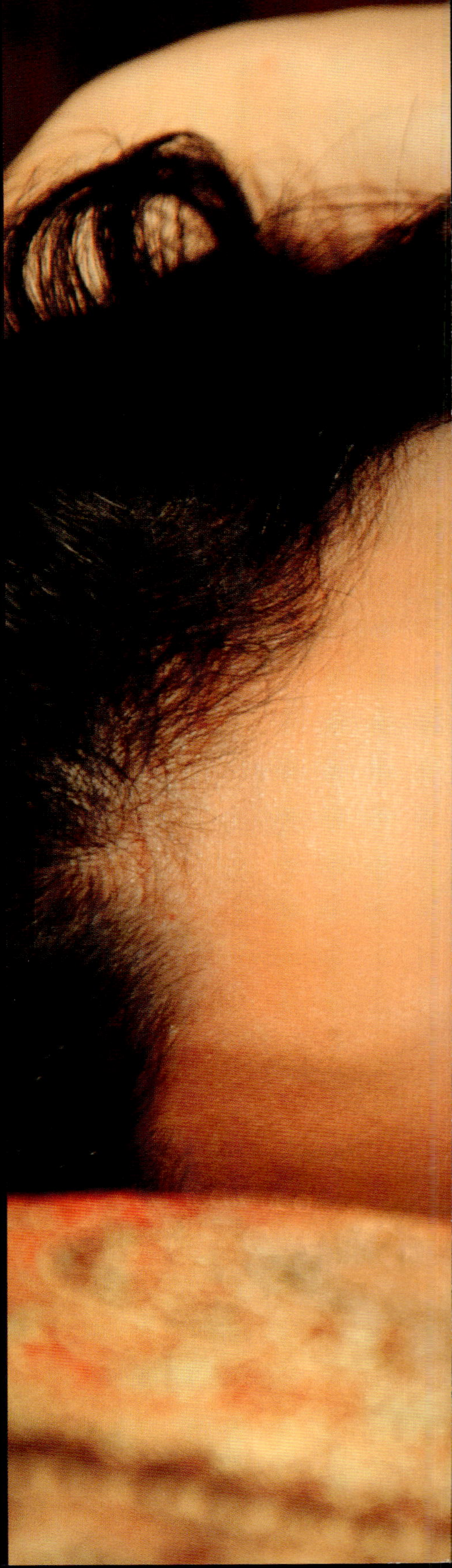

Italien, Luminasio

Nikon D 700 • 70–200 mm f/2,8
1/125 bei f/5,6 • ISO 800

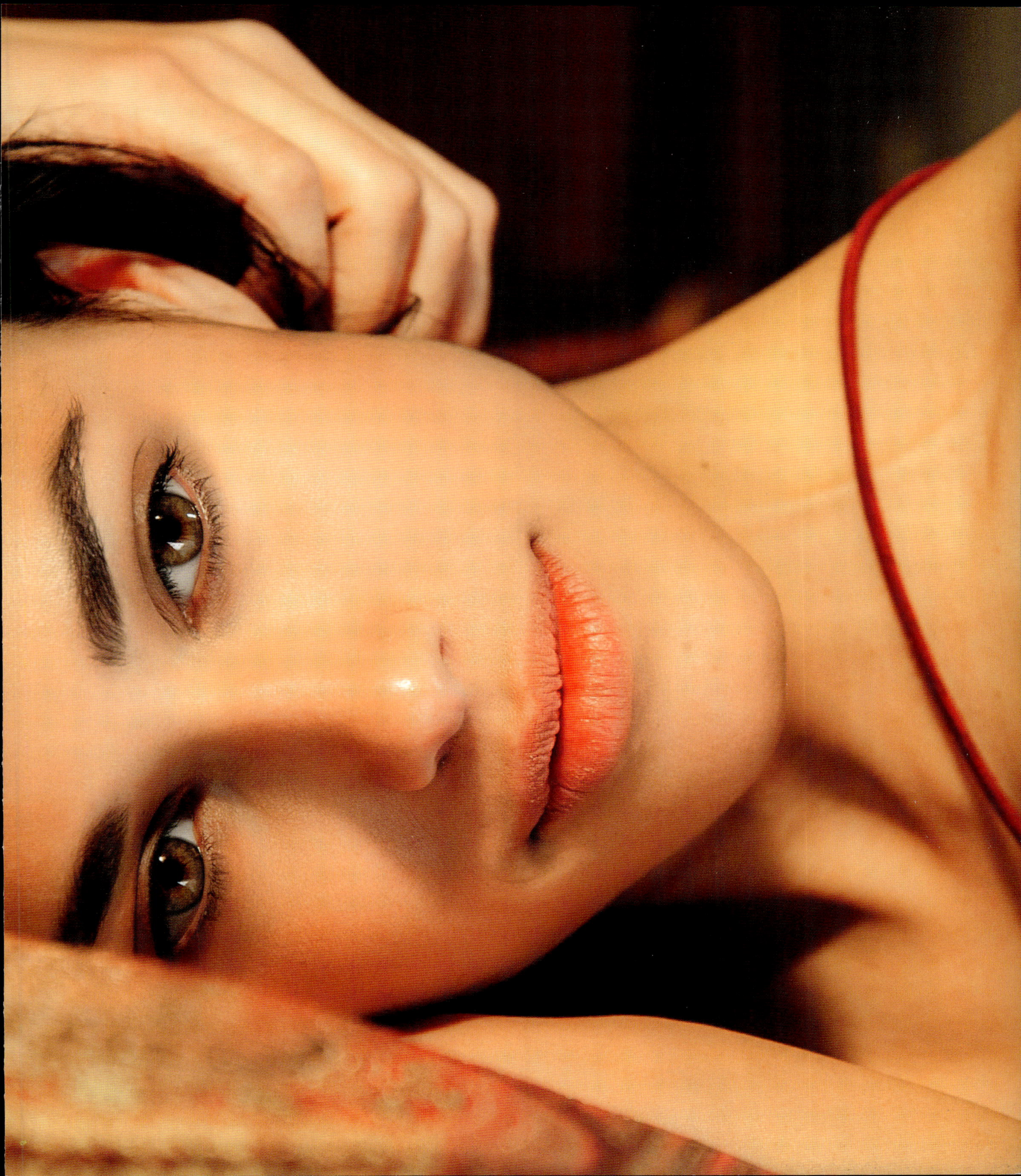

Das Porträt ist ein faszinierendes Genre der Fotografie, denn es entsteht unweigerlich eine **Beziehung zwischen dem Fotografen und dem „Objekt“** – in diesem Fall ist das die Person, die fotografiert wird. Viele Fotografen scheuen sich davor, sich einem Menschen so weit zu nähern, und lösen das Problem, indem sie sich hinter der Kamera verstecken oder mithilfe großer Brennweiten einen vermeintlichen **„Sicherheitsabstand“** schaffen.

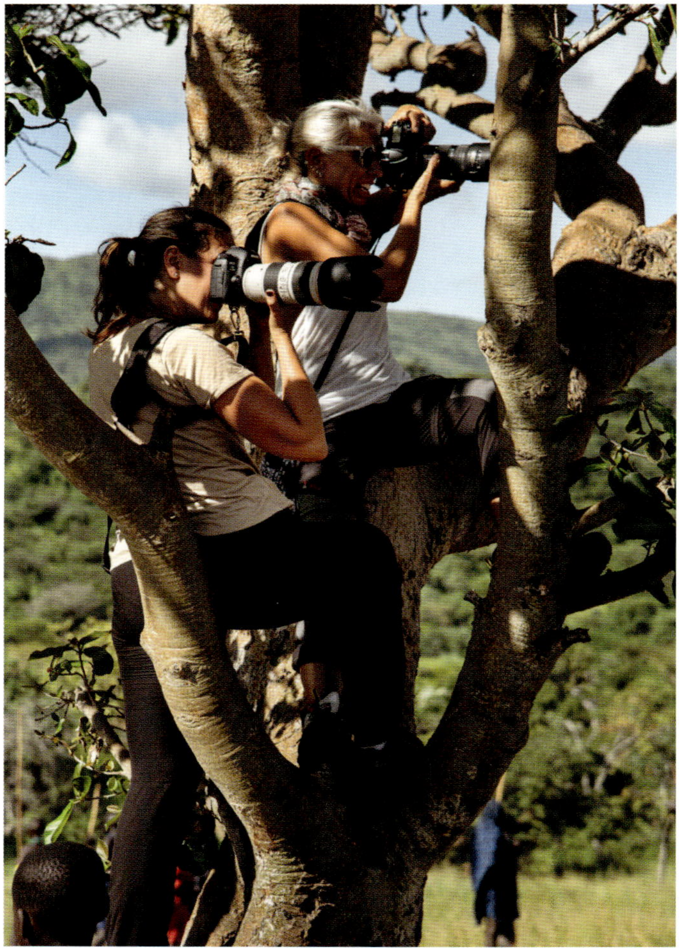

In Wirklichkeit kann und muss die Spannung, die sich jedes Mal **zwischen den Akteuren** aufbaut, vom Fotografen genutzt werden, um ein perfektes Foto herzustellen. Es geht dabei nicht um eine einfache Abbildung, sondern darum, **Eigenschaften und Aspekte** der porträtierten Person zu zeigen, **Qualitäten**, die sich nicht auf den ersten Blick erschließen.

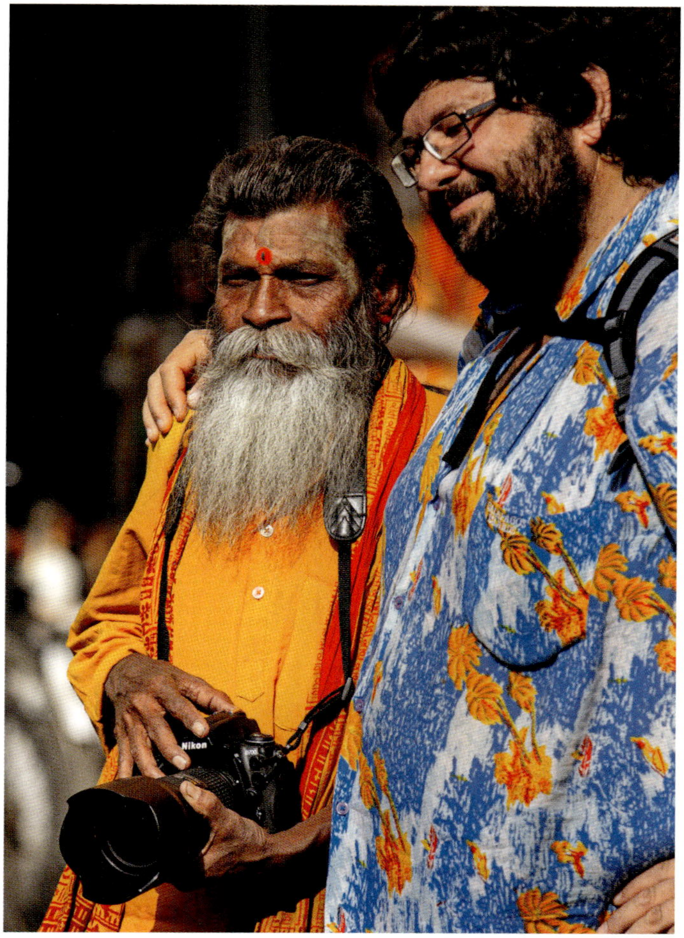

Untersuchen wir nun einige Elemente, die für eine gute Porträtfotografie **interessant und nützlich** sind. Allerdings ist dieses Genre ein Spezialthema, das im Rahmen dieses Buchs nur ausschnittweise vorgestellt werden kann.

Einstellungen, in denen der Raum überwiegt, werden **„Totale“** genannt. Für die Klassifizierung der Aufnahmen ist das **Verhältnis der Größe der abgebildeten Person zur Bildhöhe** entscheidend. Die wichtigsten Größenverhältnisse sind hier (< bedeutet „kleiner als“, > bedeutet „größer als“):

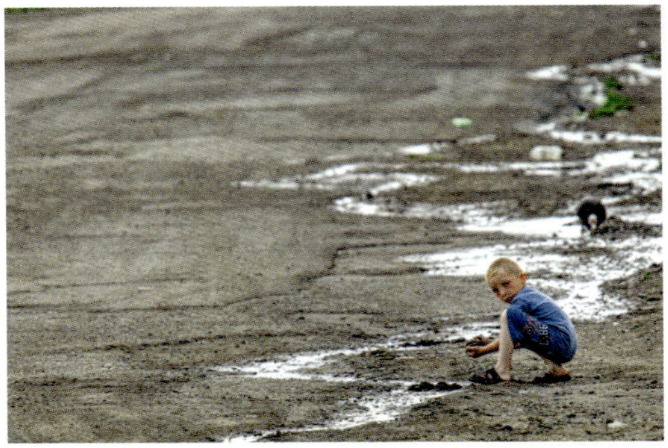

Supertotale – Person < Drittel der Bildhöhe

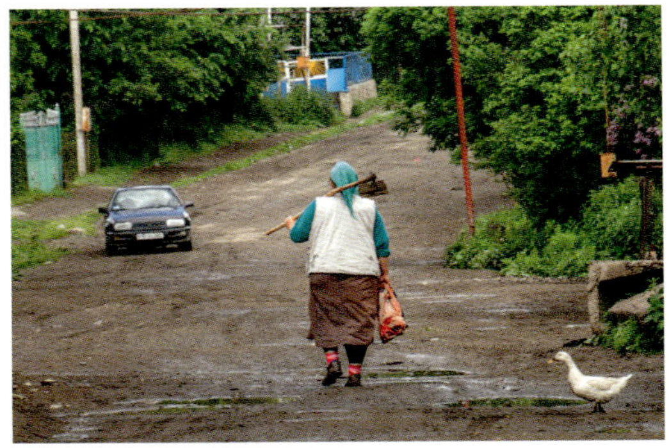

Totale – Person = ca. Hälfte der Bildhöhe

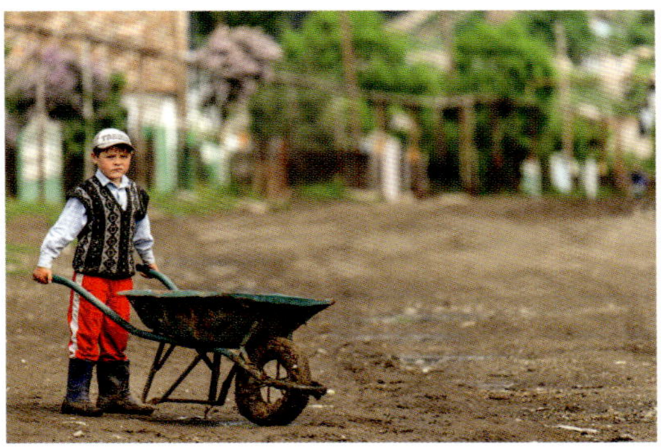

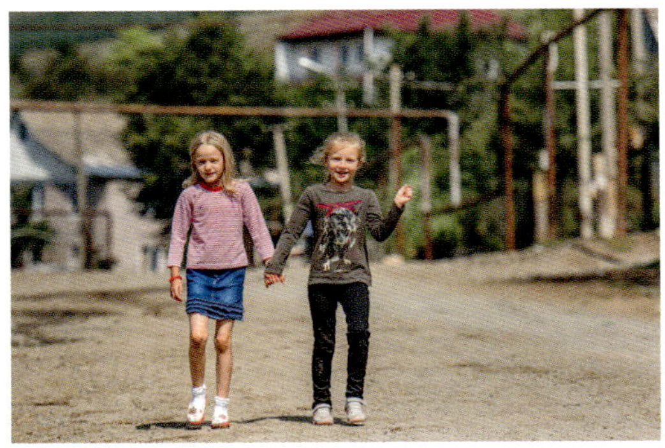

Halbtotale – Person = zwischen Hälfte und zwei Drittel der Bildhöhe

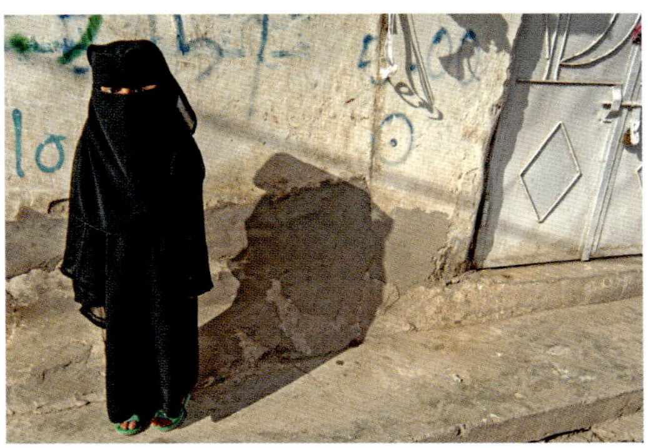

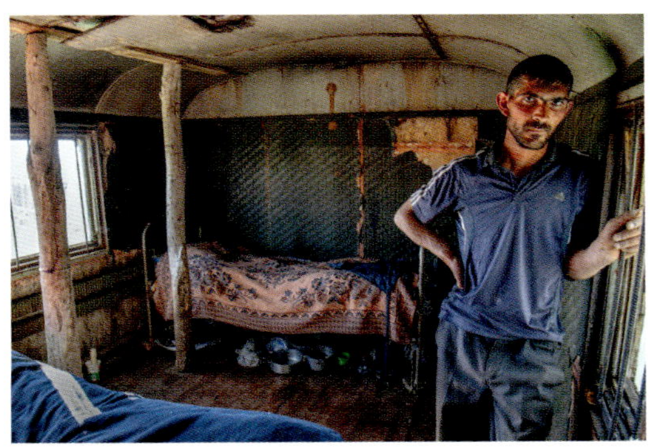

***Full Shot* (links, ganze Person) und *American Shot* (rechts, angeschnitten) = fast gesamte Bildhöhe**

Der Begriff „Porträt“ wird im Allgemeinen für Bildausschnitte verwendet, die Menschen zeigen. Je nachdem, wie viel von der Person zu sehen ist und **wie weit diese Person den Bildraum ausfüllt**, werden unterschieden:

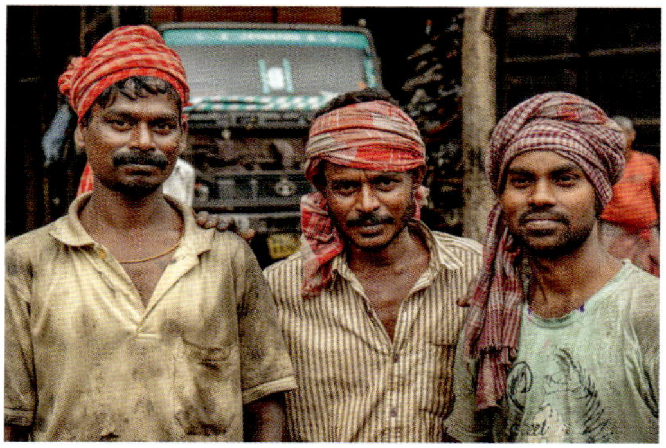

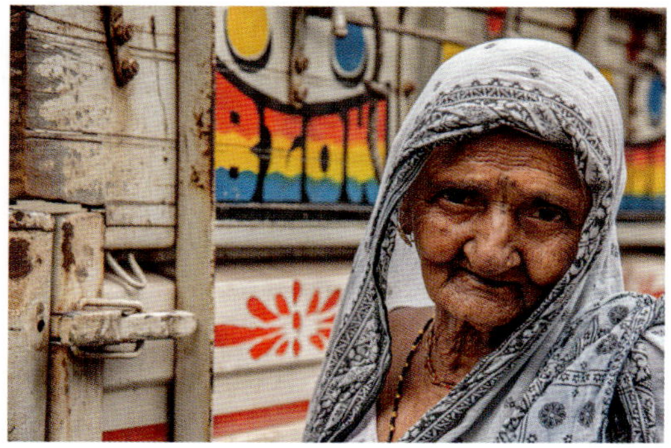

Nahaufnahmen – die Köpfe sowie die Schultern und gelegentlich ein Teil der Brust sind zu sehen.

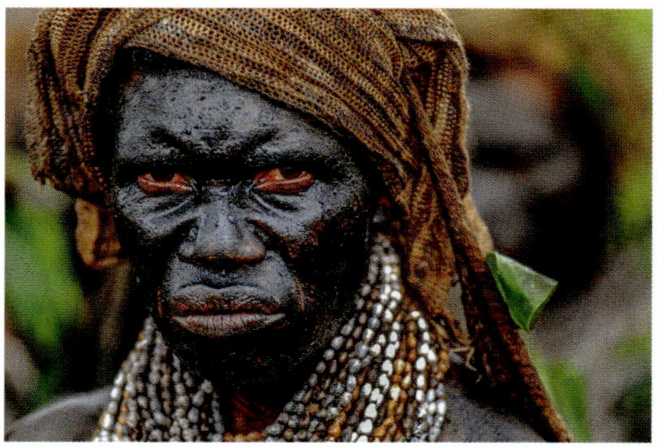

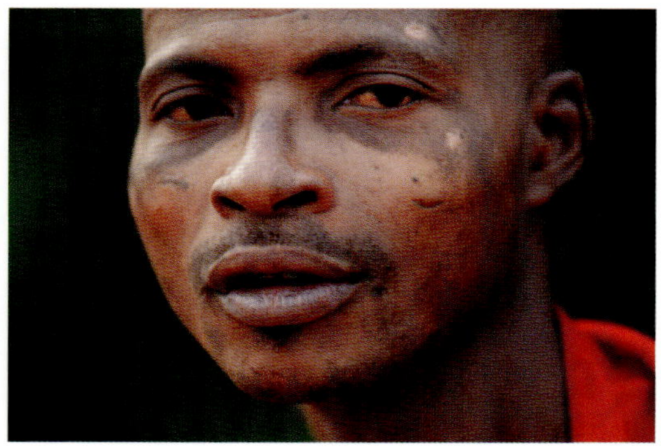

Großaufnahmen – Gesicht und Hals sowie gelegentlich ein Teil der Schultern sind zu sehen.

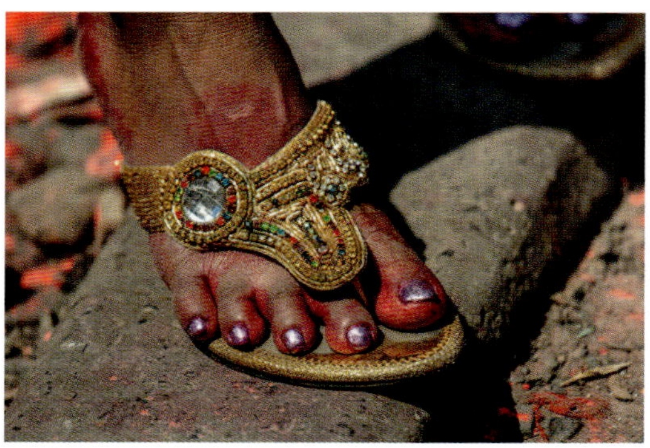

Detail – charakterisiert die Person

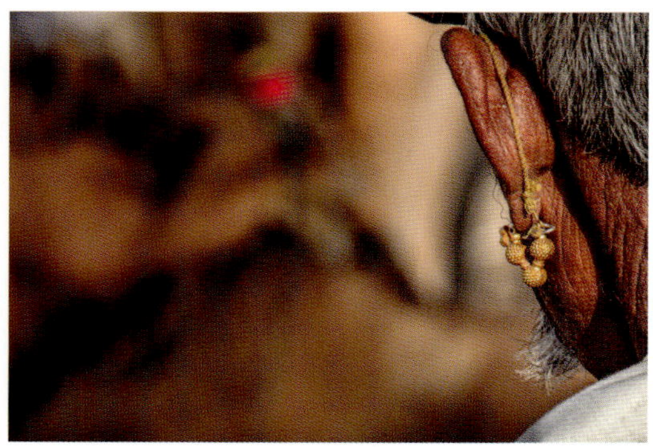

Teilansicht – zeigt die Anwesenheit einer Person

Um ein gutes Porträt zu schießen, gilt es in erster Linie ein **geeignetes Objektiv** zu verwenden. Wie im vorherigen Kapitel gesehen, variiert das Verhältnis der Entfernungen zwischen Objekt, Objektiv und Hintergrund je nach Brennweite. Ein Weitwinkelobjektiv lässt zum Beispiel das Objekt auf wundersame Weise in die Umgebung eintauchen, eignet sich aber eher für Ganzkörperaufnahmen, weil sich von Nahem die Gesichtszüge verzerren können. Aus diesem Grund müssen die richtigen Objektive für Porträts ohne Verzerrungen – also für Großaufnahmen, Nahaufnahmen und Halbnahaufnahmen – Brennweiten von **mindestens 85 mm** haben. Tatsächlich bezeichnen die Hersteller Objektive zwischen 85 mm und 135 mm auch als **„Porträtobjektive"**, weil sie eine direkte Beziehung zum Objekt ermöglichen, ohne dass Gesichtsverzerrungen entstehen. Auch sehr starke Teleobjektive erzielen optimale Resultate, doch in diesem Fall wird es wegen der notwendigen Distanz schwierig mit dem **direkten Bezug zur fotografierten Person**.

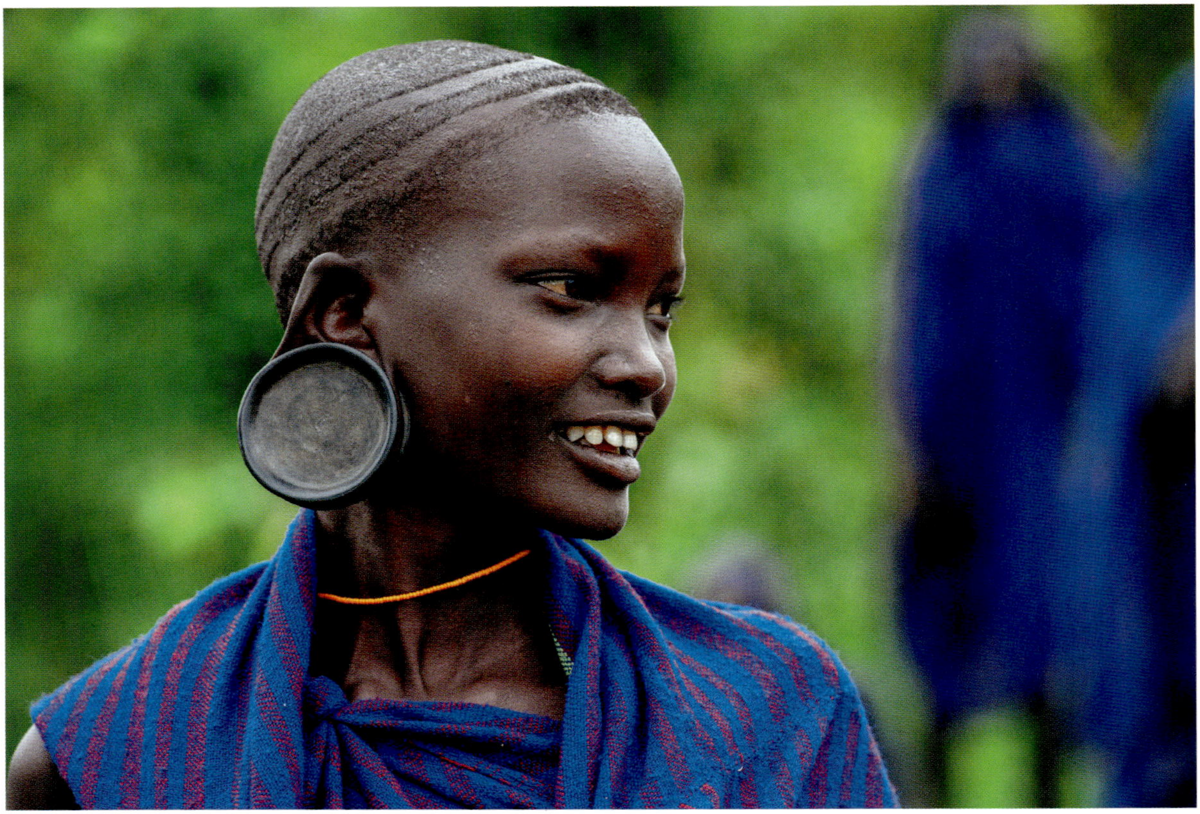

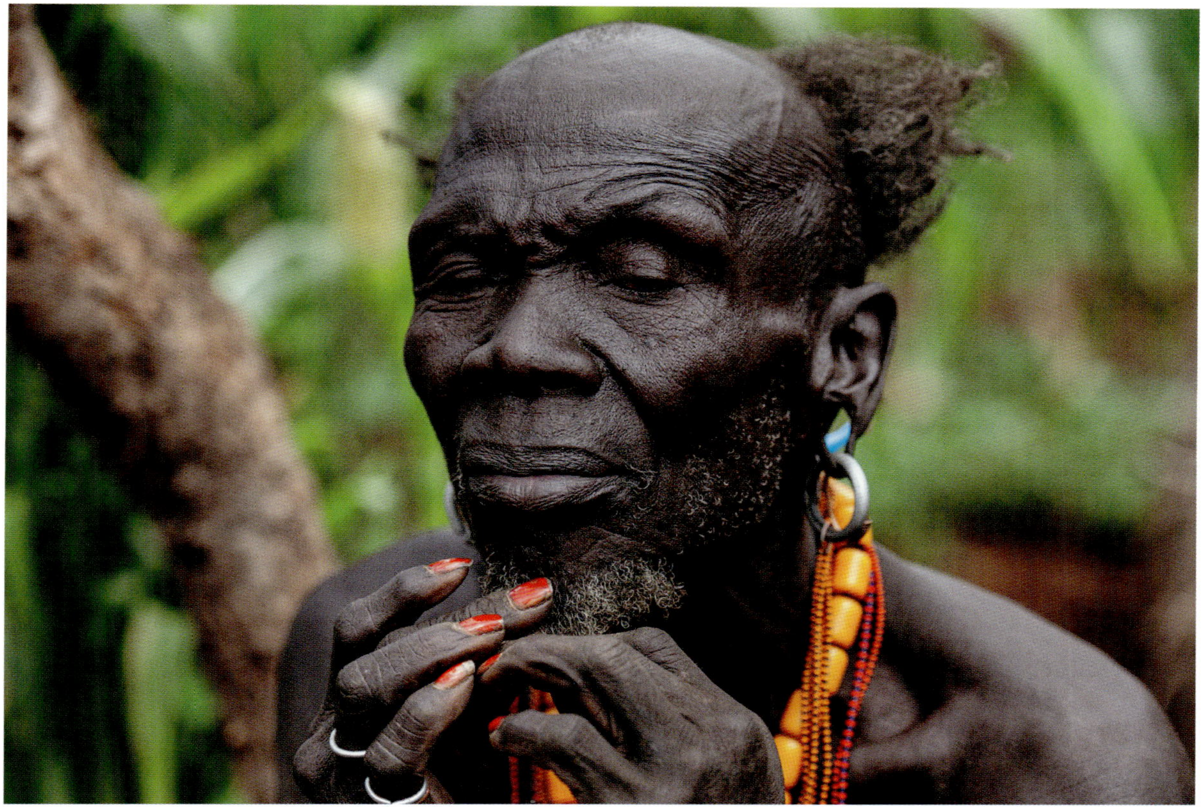

Die Verzerrung, die man unweigerlich erhält, wenn man für ein Porträt eine Brennweite von weniger als 85 mm verwendet, wird noch stärker wahrnehmbar, wenn das Objekt ähnliche körperliche **Eigenschaften hat wie der Betrachter**. Ein Europäer wird zum Beispiel leichte, durch die Linsen verursachte Verzerrungen der körperlichen Merkmale eines **Äthiopiers vom Volk der Surma** kaum bemerken. Ebenso, wie für einen Afrikaner die Chinesen alle ähnlich aussehen. In manchen Fällen kann man diese Verzerrung eindämmen, man kann sie aber auch suchen und dazu benutzen, hervorstechende körperliche Züge noch mehr hervorzuheben oder das Foto ironisch oder spektakulär zu machen.

Für einen guten Porträtfotografen ist es das Wichtigste, die Persönlichkeit und die **einzigartigen Charaktereigenschaften** jeder fotografierten Person zu erkennen und hervorzuheben. Deshalb folgen nun einige einfache Tipps, die bei der bestmöglichen Komposition unserer Porträts helfen können:

Die Augen des Objekts (Mensch, Tier, Statue etc.) sind immer im Fokus. Die Augen sind die stärksten Übermittler der Kommunikation mit dem Betrachter.

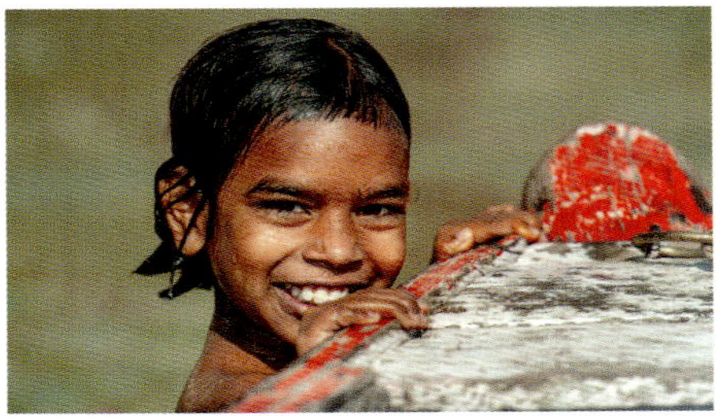

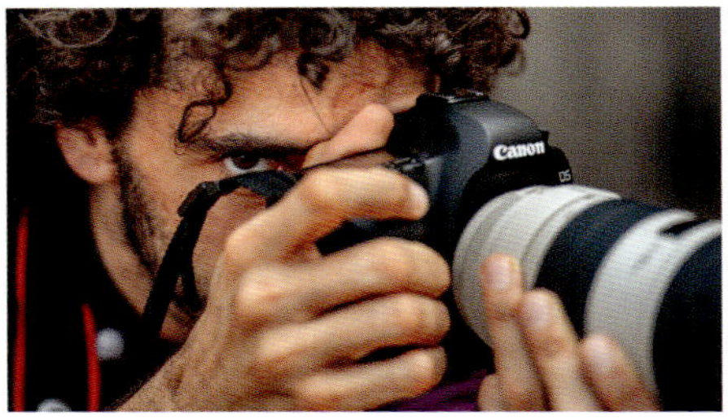

Bei Einstellungen im Dreiviertelprofil wird in der Regel auf das Auge im Vordergrund fokussiert. Wenn es die Blende zulässt, sorgt die Schärfentiefe dafür, dass auch das zweite Auge scharf herauskommt.

Wenn das Objekt mit etwas beschäftigt ist, ist sein Blick womöglich auf seinen Interessensschwerpunkt gerichtet. Eine Person, die in die Kamera blickt, während sie mit etwas beschäftigt ist, wirkt künstlich, es sei denn ihr Blick verrät Überraschung.

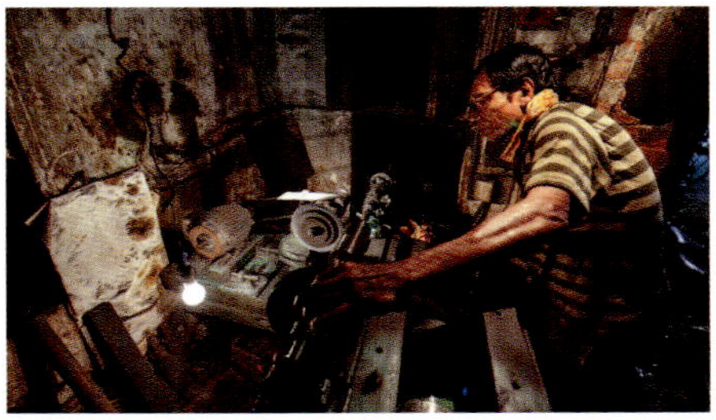

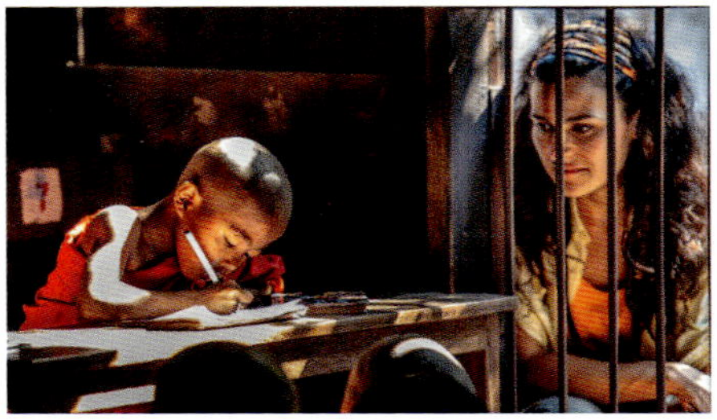

Beobachten wir die Person, bevor wir sie fotografieren. Entdecken wir, welcher Ausdruck sie einzigartig macht. Jede Person hat ihre eigene Schönheit, es liegt an uns, sie zu finden und sichtbar zu machen.

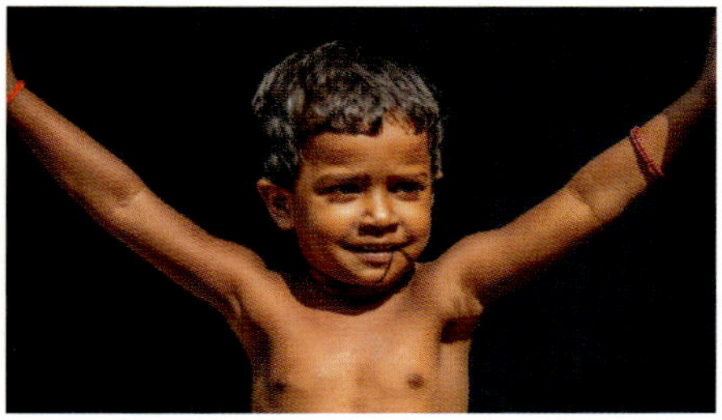

Nie nur die Hände oder Füße abschneiden. Der „Amputationseffekt" ist ästhetisch nicht angenehm und verrät sofort den Fehler in der Wahl des Bildausschnitts.

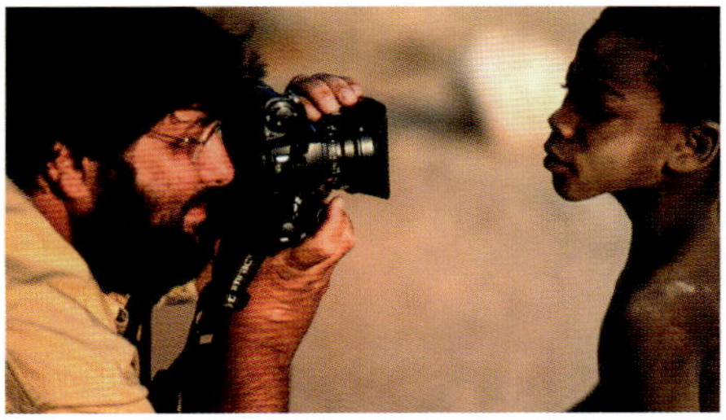

Kinder werden immer auf Augenhöhe abgelichtet. Der Fotograf muss in die Knie gehen oder sich auf den Boden setzen, um eine Von-oben-herab-Perspektive zu vermeiden.

Fotografiert man Kinder ohne ihr Wissen, kann man ihre Bewegungen und ihre Mimik einfangen und sie zeigen sich unverstellt vor der Kamera, ohne dass interkulturelle Hürden entstehen. **Aus ethischen Grundsätzen heraus wird vorher selbstverständlich die Erlaubnis der Eltern eingeholt.**

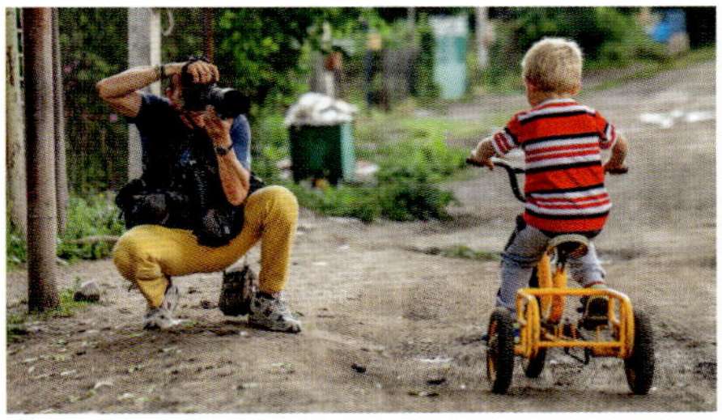

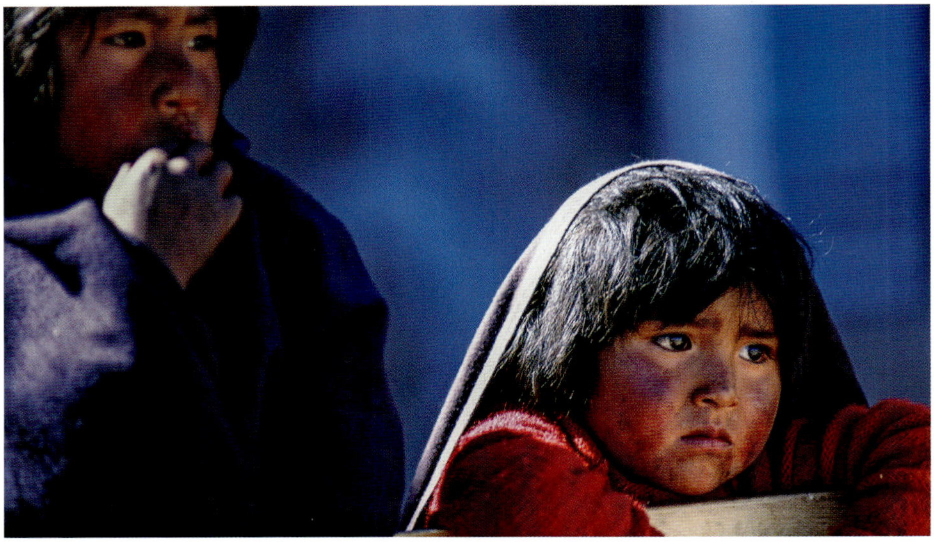

Was das Licht und damit die **Beleuchtung des Porträtobjekts** angeht, stellen die betreffenden Entscheidungen und Techniken ein extrem weitreichendes, komplexes Feld dar. Da in diesem Band nur die Grundtechniken vermittelt werden, greifen wir einige allgemeine Prinzipien auf, die sich unmittelbar als nützlich erweisen können:

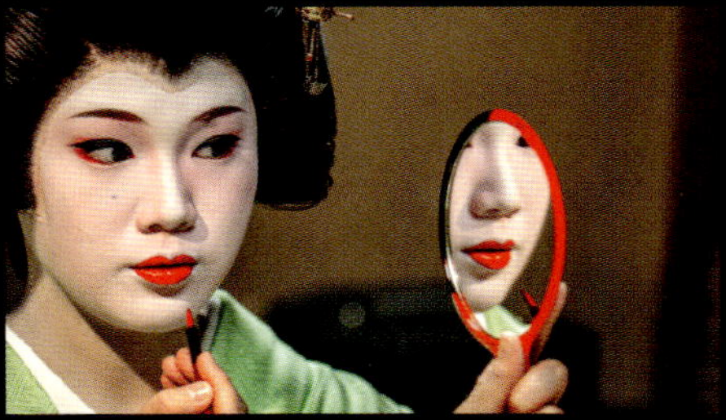

Diffuses Licht hat den Effekt, die beleuchtete Zone „auszudehnen". Dies liegt daran, dass es jede Zone und den ganzen das Objekt umgebenden Raum erreicht und sichtbar macht.

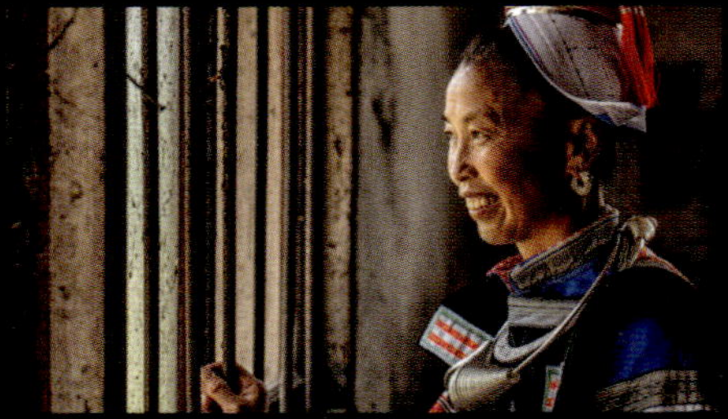

Seitenlicht erzeugt eine begrenzte beleuchtete Zone. Der Rest der Szene liegt dann im Schatten, was zu einer Einschränkung des Raums im Bild führt.

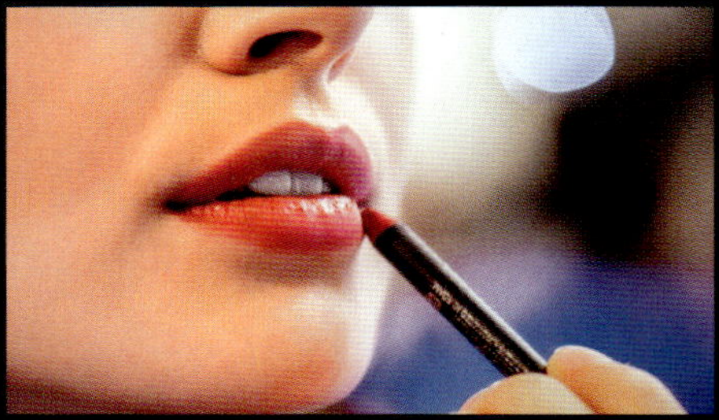

Diffuses Licht lässt die Haut weicher erscheinen. Es entstehen keine Mikroschatten an den Poren und Falten der Haut.

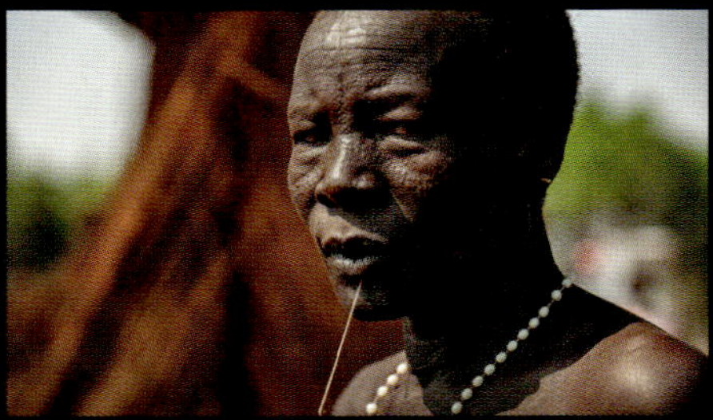

Hartes, direktes Licht lässt Details besonders deutlicher hervortreten. Es erzeugt Mikroschatten und eine dreidimensionale Wahrnehmung der Poren und Falten der Haut, die aussieht, als sei sie rau.

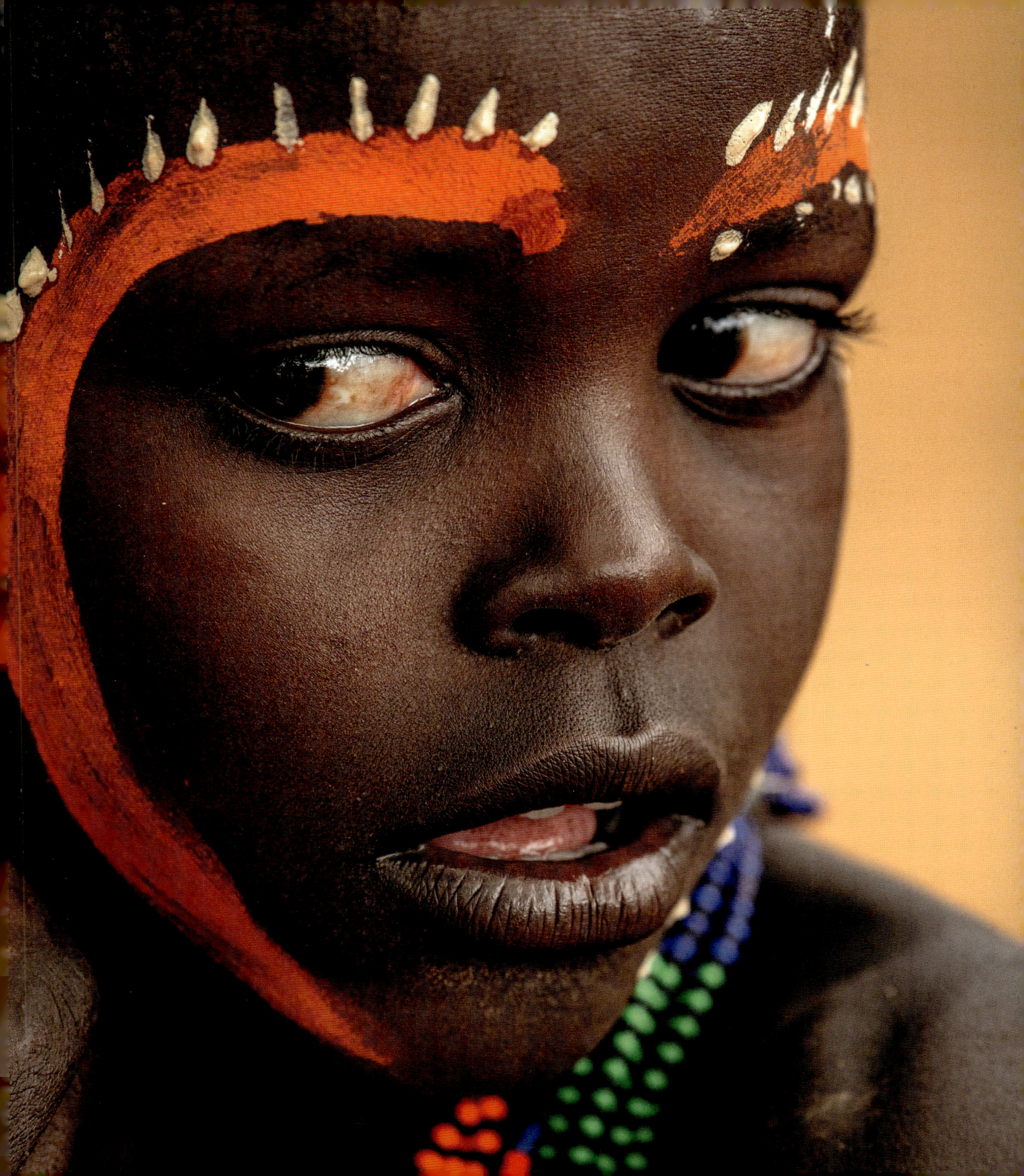

Folglich scheint klar, dass weiches, gefiltertes Licht für Porträts besser geeignet ist als hartes, direktes. Doch das trifft nicht immer zu. Es hängt vom gewünschten Resultat ab. Rufen wir uns noch einmal ins Gedächtnis, dass es am wichtigsten ist, die Persönlichkeit und die besonderen Merkmale jeder fotografierten Person herauszuarbeiten. Die Methoden, die ein erfahrener Porträtfotograf einsetzen kann, erlauben im Grunde zwei **ästhetische Richtungen**:

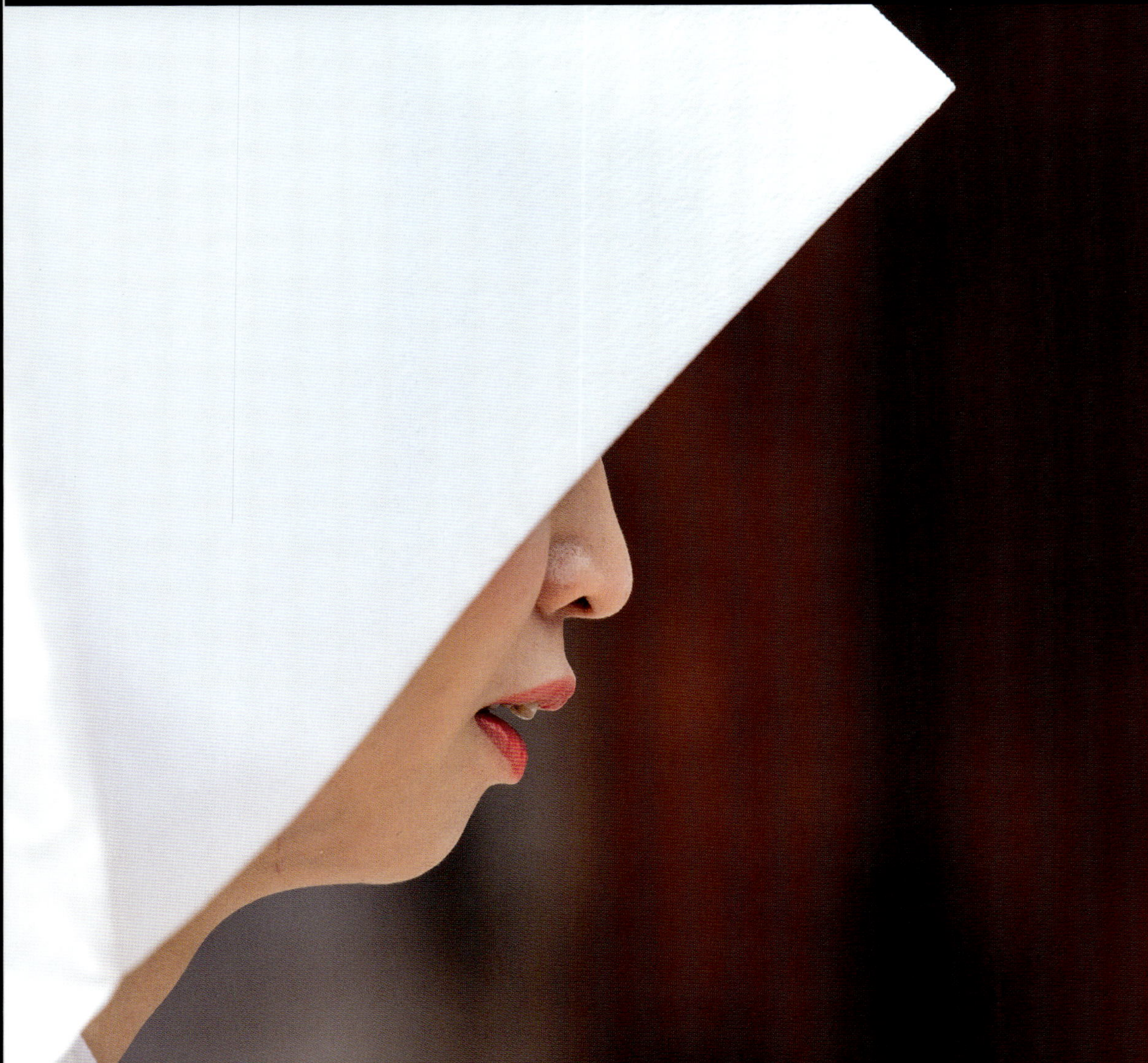

- Porträts, bei denen es um die Ästhetik des fotografischen Objekts geht
- Porträts, bei denen es um die Ästhetik der Bildaussage geht

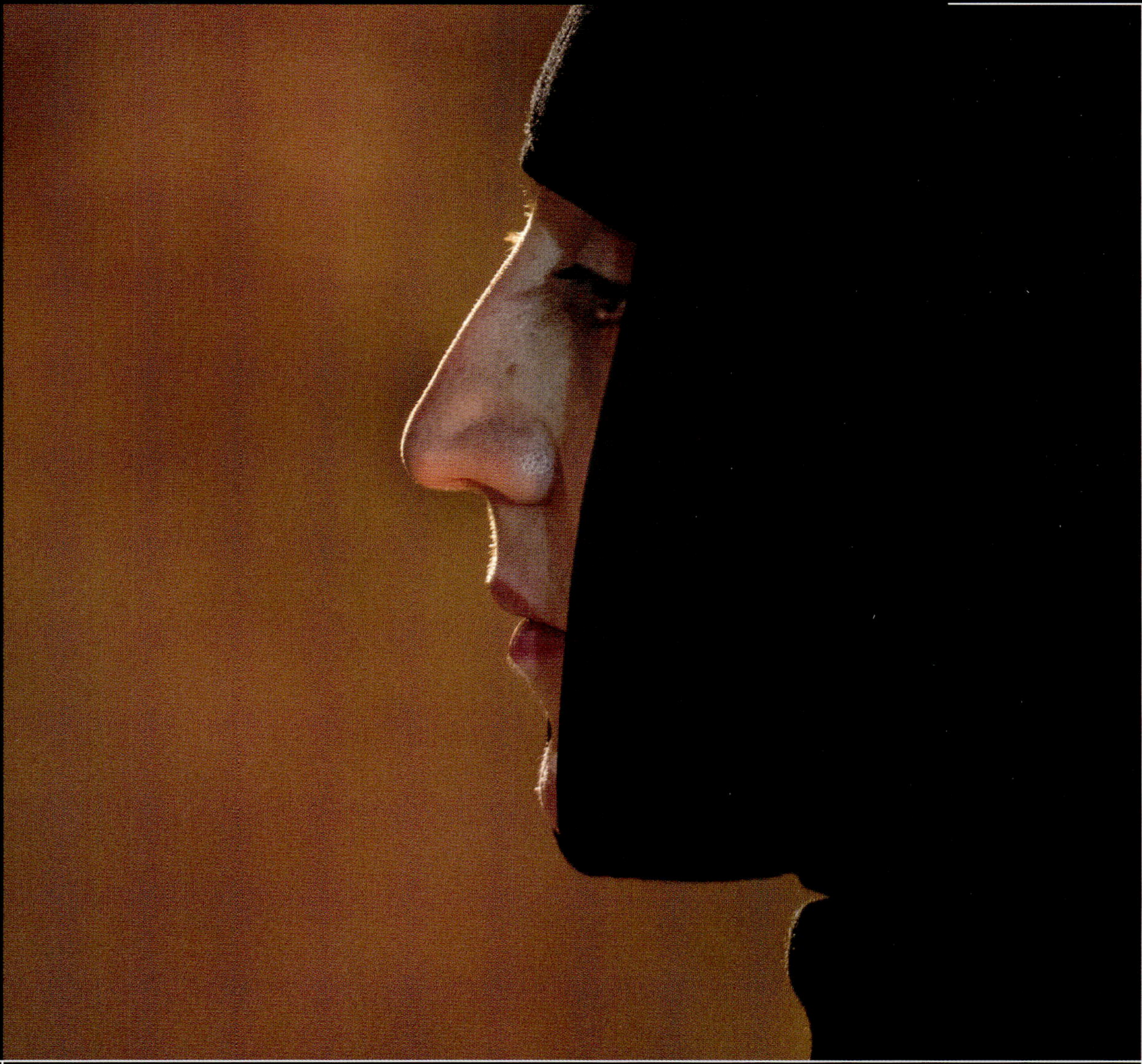

Porträts, bei denen es um die **Ästhetik des fotografischen Objekts** geht, ziehen zu dessen Vorteil alle Register, was Aufnahme, Einstellung und Beleuchtung angeht, die der Fotograf kennt und beherrscht. Will der Fotograf ein ansprechendes Bild erhalten, so muss er dafür sorgen, dass die poträtierte Person – die normalerweise auch von einem guten Ergebnis profitiert – so perfekt wie möglich gezeigt wird. Dazu wird auch technisch eingesetzt, was die Wirkung unterstützen könnte. Das Ergebnisbild soll **schön und interessant** sein, es soll die Stärken des Objekts betonen und **Mängel minimieren**. Um dies zu erreichen, gibt es einige kleine Grundregeln, deren Beachtung immer nützlich ist:

PROBLEM	EINSTELLUNG	LICHT	ANMERKUNG
Objekt befindet sich unten	leicht von unten		
Objekt befindet sich oben	leicht von oben		
rundes Gesicht	Dreiviertelprofil oder Profil	von schräg seitlich	
schmales Gesicht	Frontaleinstellung	diffus, frontal	
starker Kiefer	leicht von oben		Kinn nach unten
vorspringende Nase	Frontaleinstellung	diffus	
flache Nase	Frontaleinstellung, leicht von oben		
Doppelkinn	von oben	diffus	Kinn nach oben
Segelohren	von unten oder oben	kein Gegenlicht	kontrastarmer Hintergrund
hervorquellende Augen	Dreiviertelprofil	diffus	nicht in die Kamera schauen

Wenn man sich diese Tipps ansieht, kommt man zu dem Schluss, dass das Porträt, das auf die Ästhetik des fotografischen Objekts abzielt, auch der **Vorstellung, welche die fotografierte Person von sich selbst hat**, entsprechen muss. Andererseits soll es möglich sein, dass sich auch die Vorstellung, die der Fotograf von Schönheit hat, im Bild widerspiegelt.

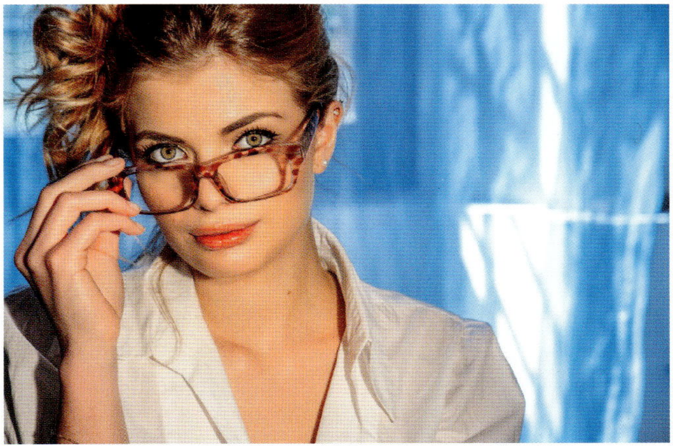

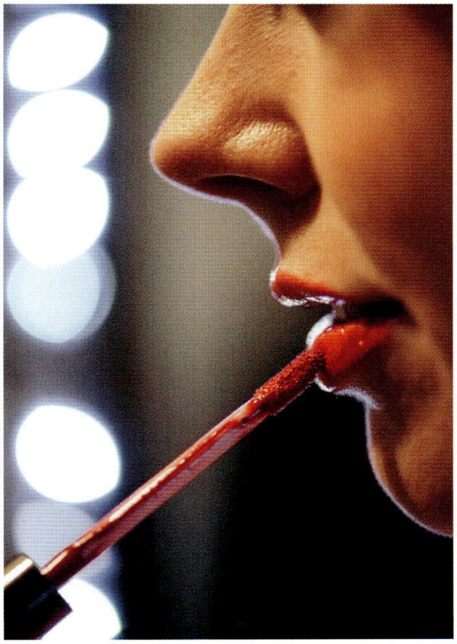

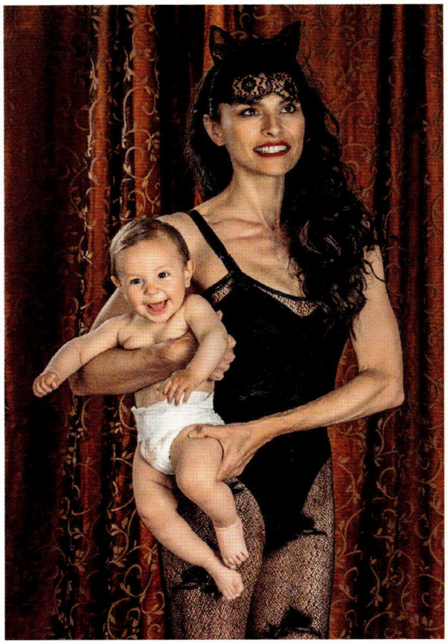

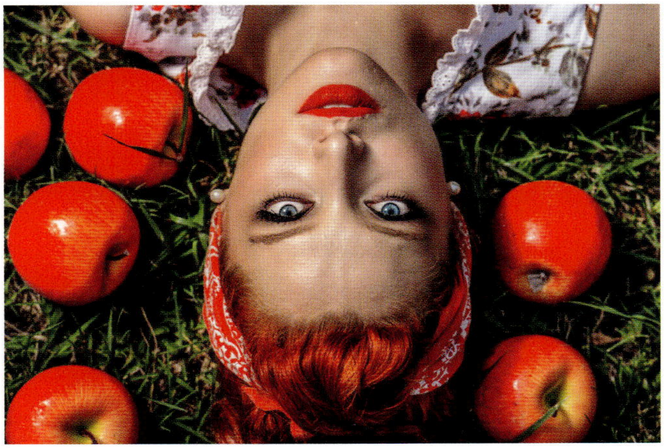

Der Porträtfotograf muss also seine technischen Fähigkeiten nutzen, um seine **eigene ästhetische Interpretation** des Objekts zu liefern, und dabei vermeiden, ein zu wirklichkeitsgetreues und unpersönliches Bild wiederzugeben, so wie es in einem einfachen Spiegel zu sehen wäre: exakt, aber ohne Tiefe.

Porträts, bei denen es um die **Ästhetik der Bildaussage** geht, werden häufig für spezielle Verwendungszwecke angefertigt, zum Beispiel im Rahmen von Reportagen. In diesem Fall geht es nicht darum, die abgebildete Person zufriedenzustellen, wir müssen uns nicht nach einem klassischen Kanon von Form und Harmonie richten, sondern **andere Maßstäbe** anlegen, die uns dazu veranlassen, zum Beispiel die Schönheit eines starken Gefühls bildlich zu zeigen: etwa tiefe Rührung oder eine edle Entrüstung.

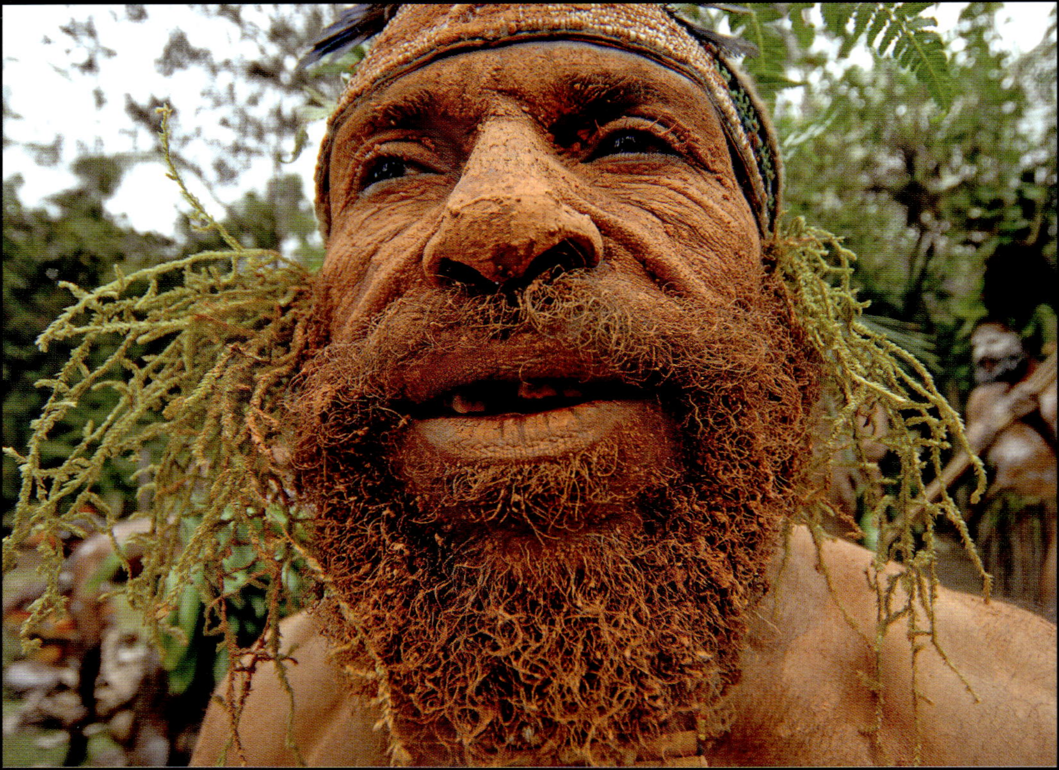

Ein hervorspringendes Kinn, Merkmal einer bestimmten Ethnie, kann stark betont werden, wenn man es von unten aufnimmt. Seitenlicht oder Licht von schräg seitlich, das die Hautabschürfungen eines Bergarbeiters betont, kann uns viel über dessen Leben erzählen. Besonders hartes Licht hebt bei einem alten Bauern, der sein Leben lang hart gearbeitet hat, das Spinnennetz aus Falten hervor, was uns dazu bringen kann, **gerührt zu sein und nachzudenken**.

Wir sprechen von der „Ästhetik der Bildaussage", weil uns die Reportagenfotografie **jenseits der Grenzen der Schönheit** führt. In diesem Zusammenhang können die zuvor aufgeführten Regeln nützlich sein, sie können aber auch neu interpretiert, in ihr Gegenteil verkehrt oder ignoriert werden.

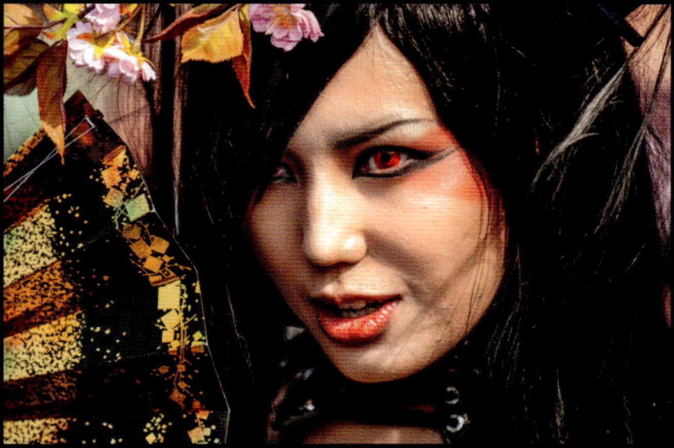

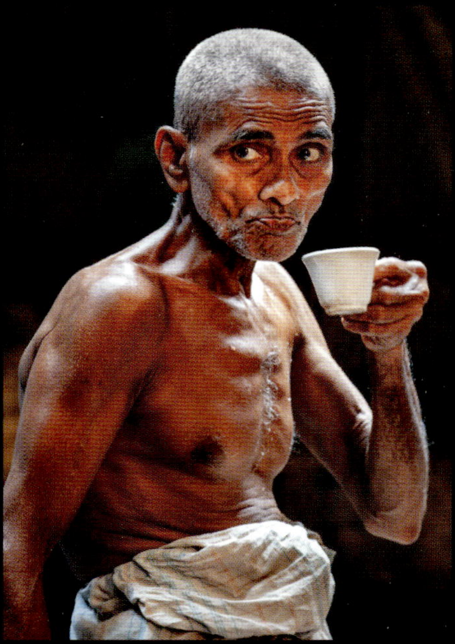

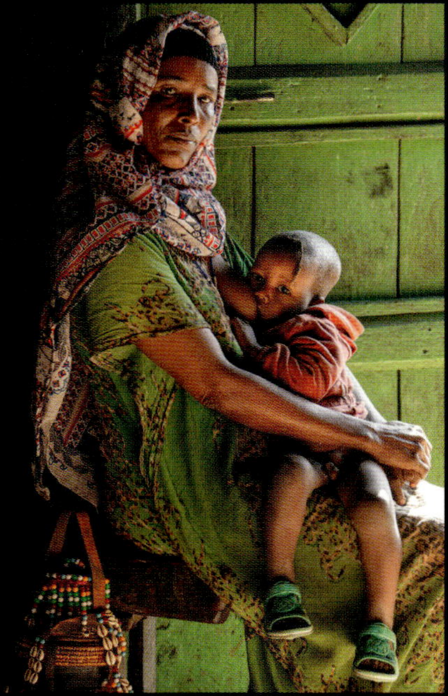

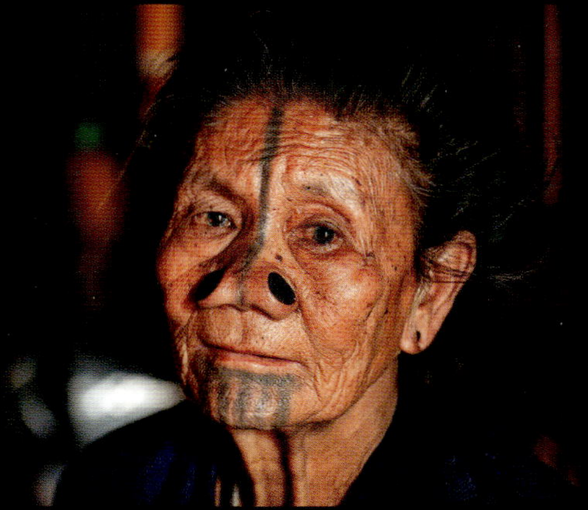

Die Verzerrung eines Gesichts, die durch ein Weitwinkelobjektiv entsteht, kann unerheblich sein, wenn es dazu dient, einen besonders ausdrucksstarken Blick noch besser herauszuarbeiten. Auch und vor allem auf diese Weise **zeigen unsere Bilder Persönlichkeiten**. Und für einen Fotoreporter sind Persönlichkeiten nicht schön, sondern wunderbar. Und zwar alle.

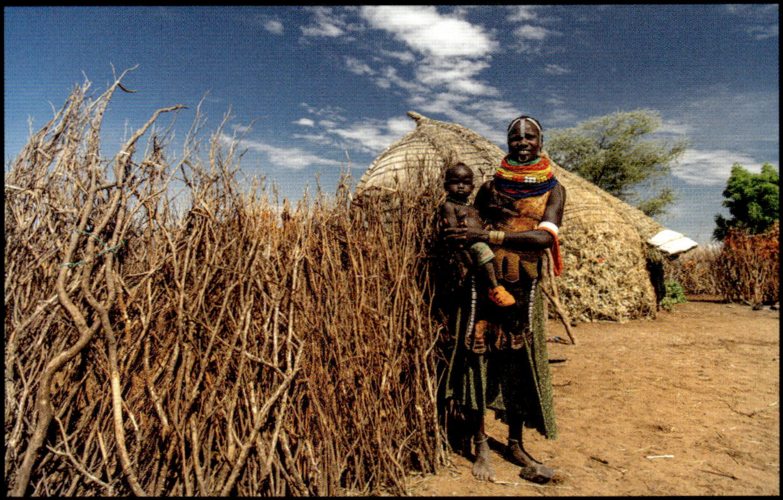

Auch der Hintergrund eines Porträts trägt zum Verständnis der gezeigten Person bei; vor allem, wenn sie nicht in der Mitte platziert ist, wird der **Hintergrund zu einer wichtigen Bühne**: Der Ort, an dem die Person arbeitet, das Dorf, in dem sie lebt, die Menschen, von denen sie umgeben ist – dies alles kann wichtige Informationen über ihr Leben liefern. In einer herkömmlichen Reportage ist das Gleichgewicht zwischen Hintergrund und Objekt besonders wichtig. Dank der Einstellung und der Wahl der Brennweite wird normalerweise gerade genug Hintergrund aufgenommen, **damit das Objekt betont wird, aber nicht so viel, dass es sich darin verliert**.

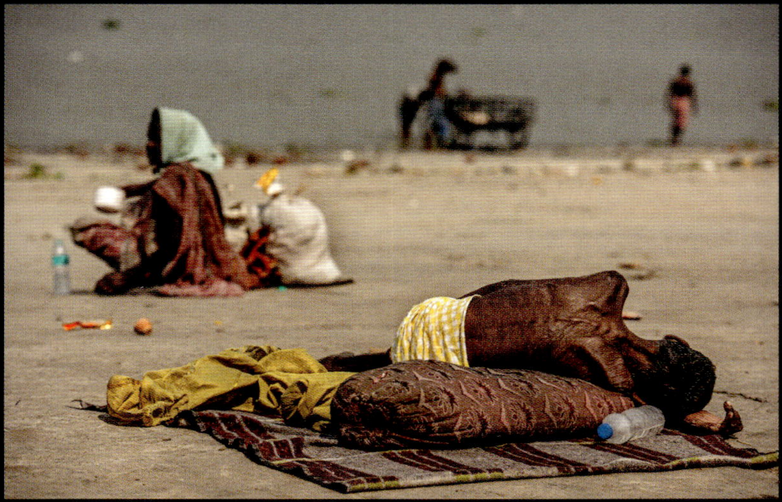

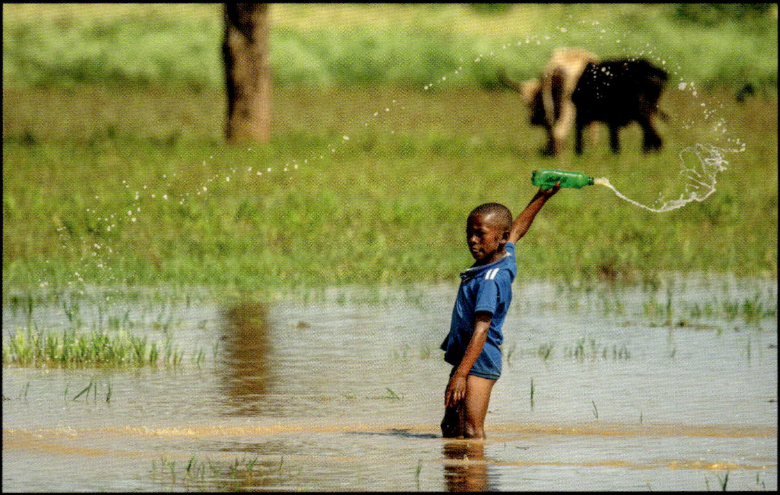

Die Schärfentiefe unterstützt die Bildbotschaft: Um eine Geschichte zu erzählen, darf der Hintergrund nicht so verschwommen sein, dass man nichts mehr erkennt, aber auch nicht so scharf, dass die Aufmerksamkeit von der gezeigten Person abgelenkt wird. Manchmal ist es **die Umgebung selbst, die die Idee zu einem Porträt entstehen lässt**, und in diesen Fällen ist es manchmal schwierig, sofort zu entscheiden, welches **das eigentliche fotografische Objekt** sein soll: die **Person** oder die **Umgebung**. Natürlich wird von Mal zu Mal die Balance im Bild neu bewertet, um die richtige Wahl bei Einstellung, Blende und Brennweite zu treffen.

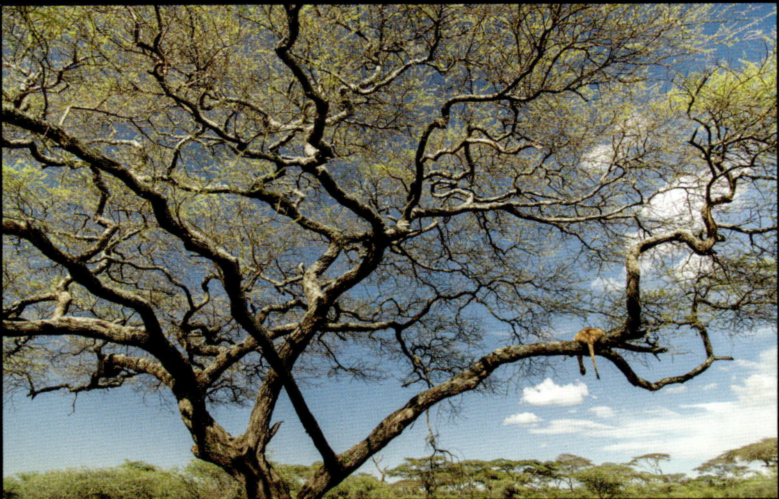

Besondere Aufmerksamkeit gilt dem vertikalen Aufnahmewinkel. Richter, Könige, die Mächtigen – sie alle sitzen erhöht, und um sie anzusehen, muss man den Kopf heben. Aus demselben Grund stuft hingegen derjenige, der von oben herabschaut, das Objekt als etwas Niedrigeres ein. Konventionen, die von Regisseuren und Fotografen eingesetzt und ausgenutzt werden, haben uns also gelehrt, dass es einer Person Macht, Autorität, Heldentum und Stattlichkeit verleiht, wenn man sie **von unten (3)** aufnimmt. Wenn man das Objekt **von einem erhöhten Standpunkt (2)** aufnimmt, vermittelt dies hingegen seine Unterwerfung, Unterlegenheit, Herabsetzung. Eine **Aufnahme auf Augenhöhe (1)** vermittelt theoretisch Gleichberechtigung, Gleichheit, Aufrichtigkeit, Loyalität. Tatsächlich wählen Politiker diesen Blickwinkel fast immer für ihre Wahlplakate.

1

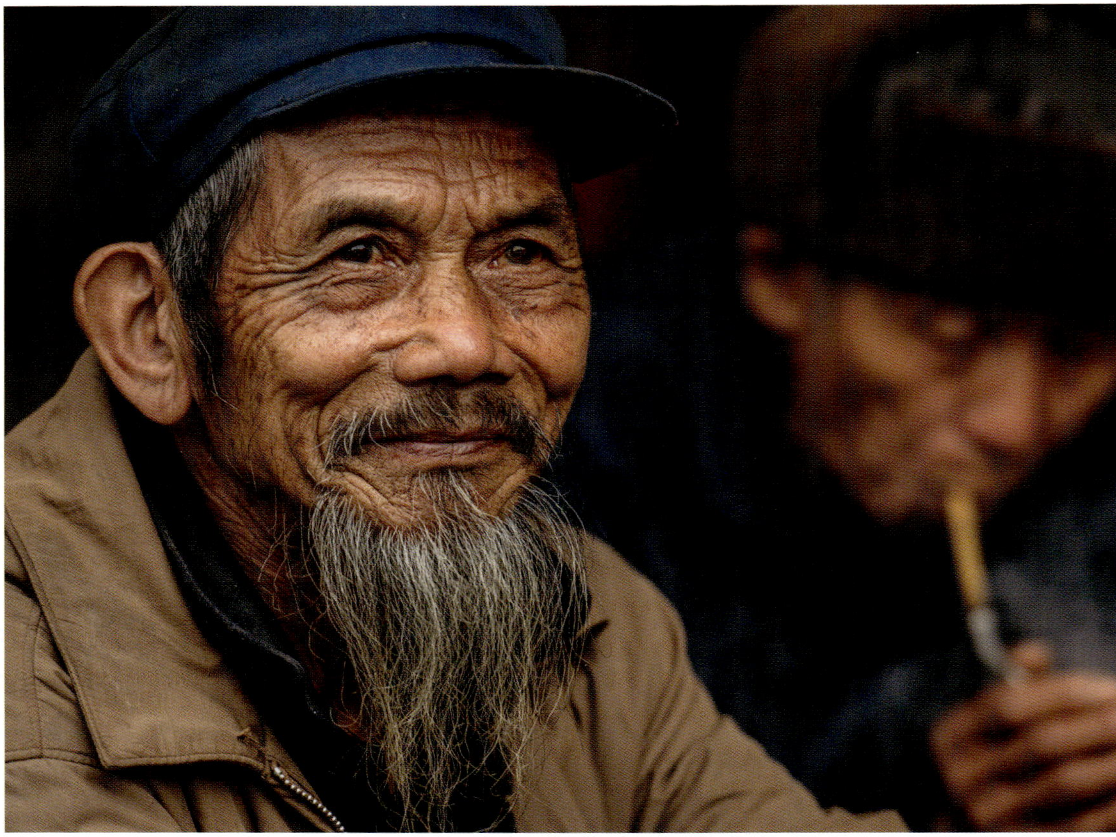

2

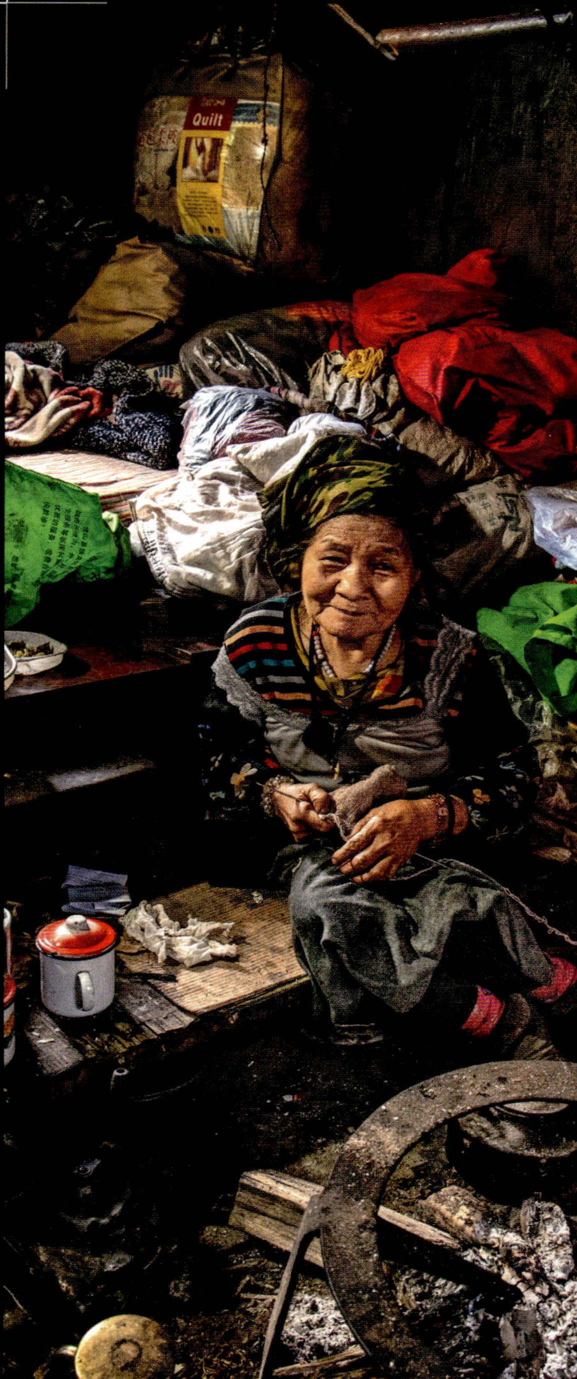

3

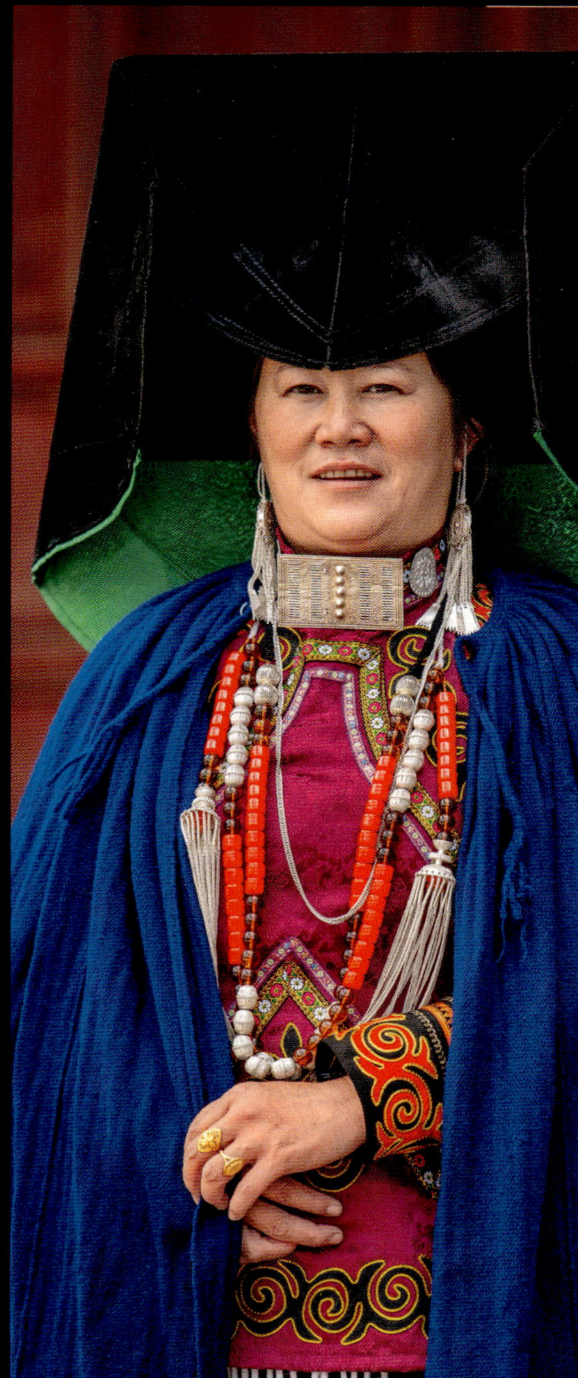

LANGE BELICHTUNGEN

EINE WELT FÜR SICH

Die Welt der langen Belichtungen ist tatsächlich eine Welt für sich. Den Verschluss für lange Zeit geöffnet zu lassen, ist nicht nur eine Methode, um eine schlecht beleuchtete Szene korrekt zu belichten, sondern stellt auch **eine Umkehr von Konzepten der Fototheorie** dar. Sie eröffnet den Zugang zu einer anderen Ebene, auf der man neue Techniken ausprobieren und spektakuläre Resultate erzielen kann. All dies jedoch unter der Voraussetzung, dass man **die Regeln kennt** und das notwendige Zubehör besitzt.

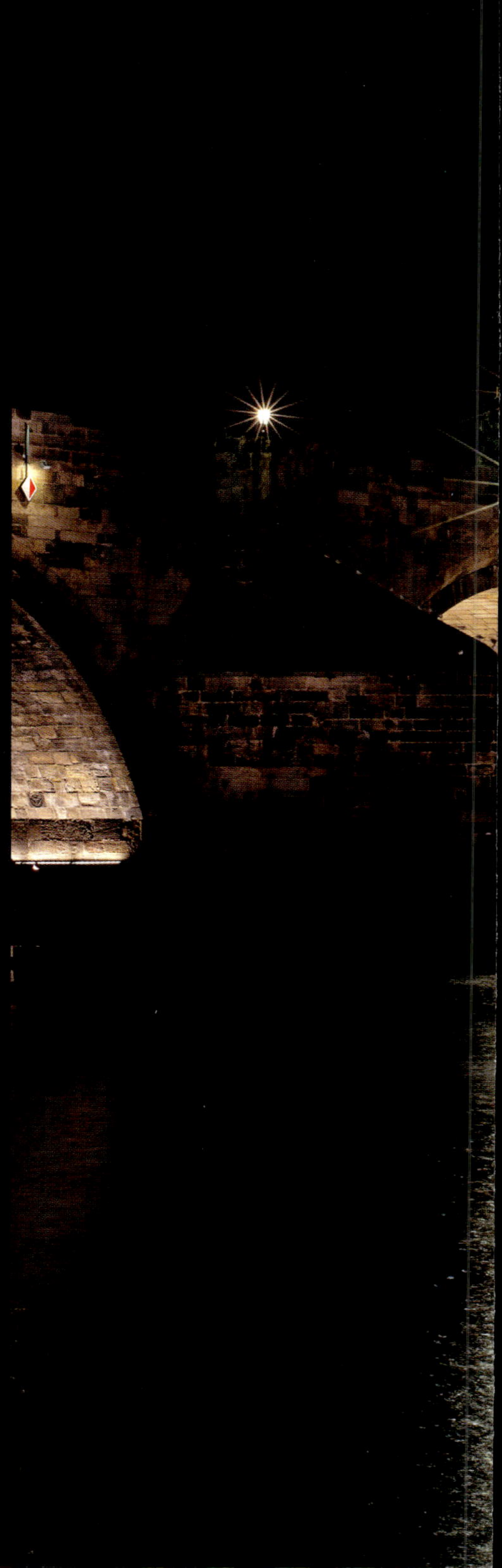

Tschechische Republik, Prag

Nikon D 800 • 50 mm f/1,4
40" bei f/22 • ISO 100

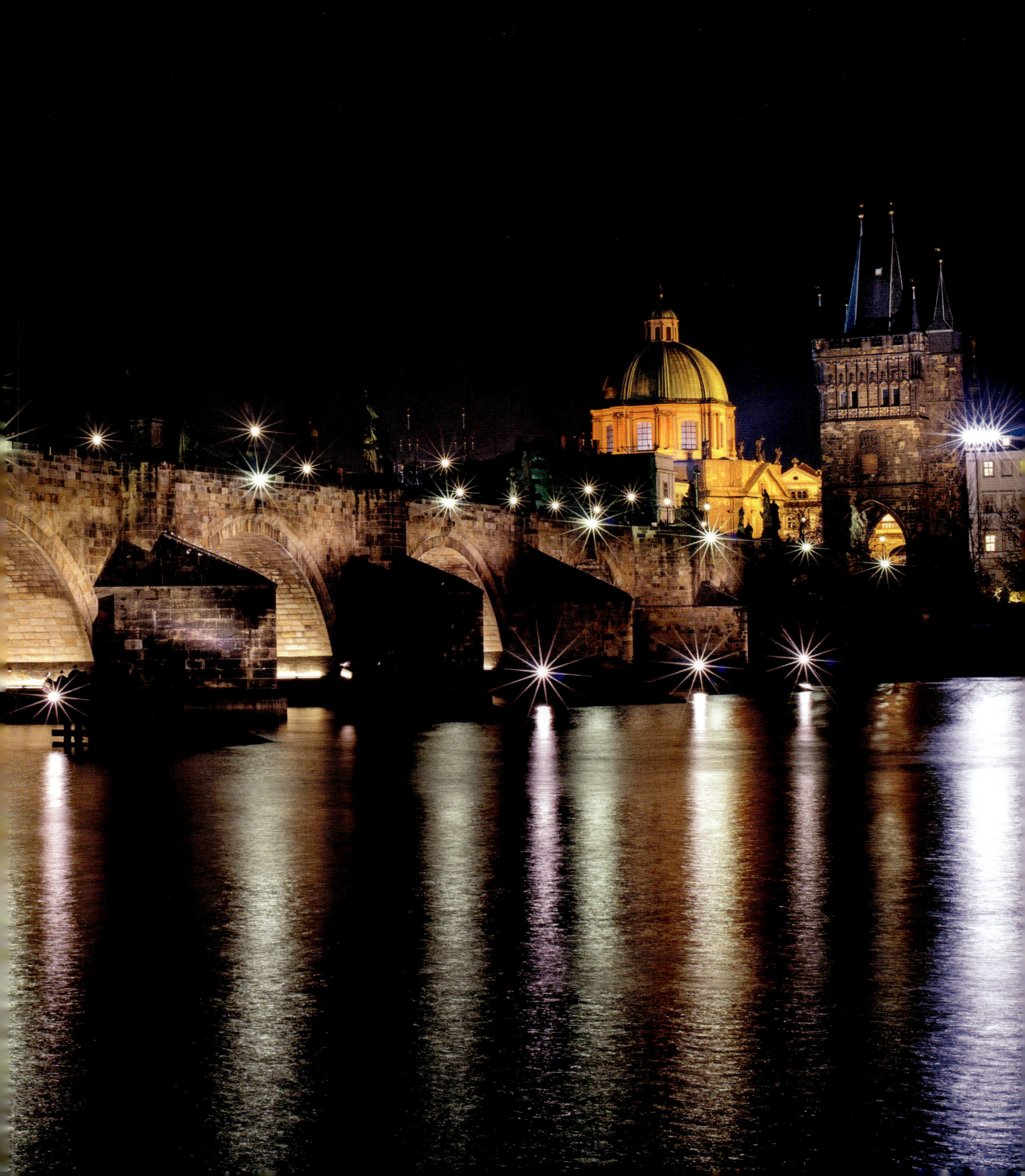

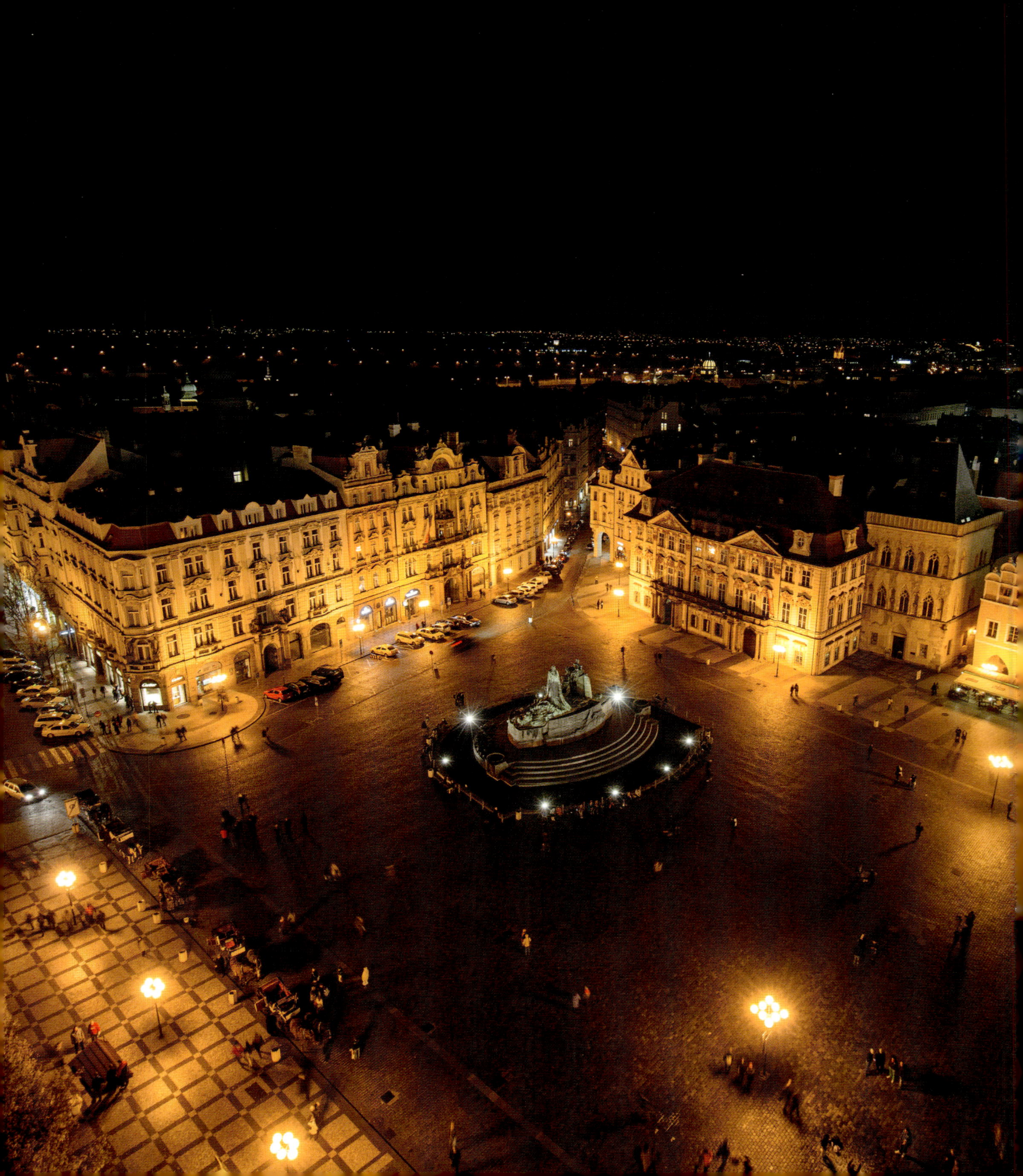

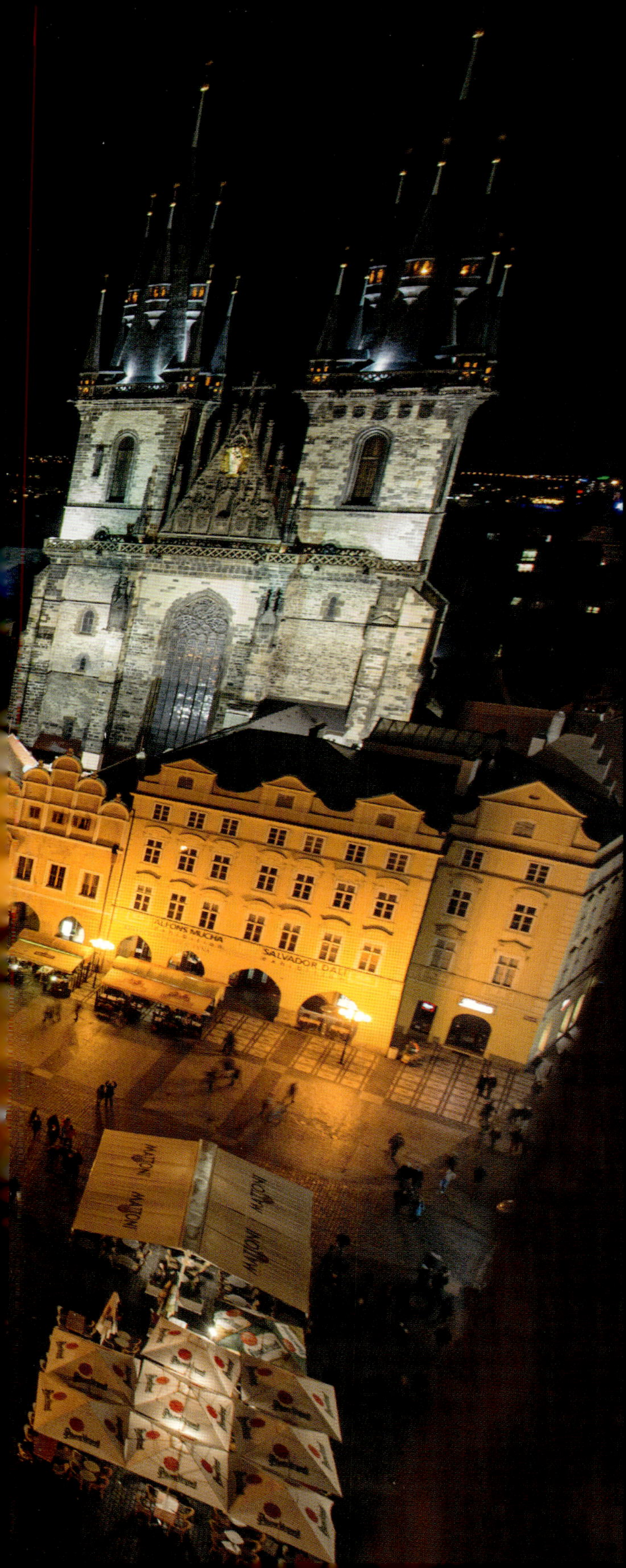

LANGE BELICHTUNGEN

Fotografisch beginnen wir unseren Tag für gewöhnlich in einer guten Lichtsituation, sodass wir **normale ISO-Werte** einstellen können. Wenn das Licht allmählich schwächer wird, müssen wir gezwungenermaßen unsere **Belichtung anpassen**, indem wir, wenn möglich, längere Verschlusszeiten einstellen und/oder die Blende weiter öffnen. Wenn die Situation **vom Belichtungsmesser her untragbar** wird, müssen wir die ISO-Werte erhöhen, damit unser Belichtungsmesser zufrieden ist und um gute **Belichtungs- und Blendenwerte** zu wahren, **auf die wir nicht verzichten wollen**. Wir wissen, dass so die Qualität und die Schärfe unserer Fotos beeinträchtigt werden, aber schlechte Lichtverhältnisse erfordern diesen Kompromiss. Früher oder später, wenn es ganz dunkel ist, erreichen wir die Grenze dieser technischen Möglichkeiten. So leistungsstark unser Sensor auch sein mag, es gibt einen Punkt, ab dem ein Foto, das diese Bezeichnung verdient, nicht mehr aufgenommen werden kann. Eine lange Belichtungsdauer ermöglicht es uns, **unsere Arbeit dennoch fortzusetzen**. Hier betreten wir nun also das Reich der langen Belichtungszeiten, in dem der unangefochtene König das Stativ ist.

Tschechische Republik, Prag

Nikon D 800 • 14–24 mm f/2,8
50" bis f/16 • ISO 100

Mit langen Verschlusszeiten zu arbeiten, bedeutet also nicht nur, weiter fotografieren zu können, wenn die Lichtbedingungen dies eigentlich nicht mehr erlauben, sondern auch einzutauchen in **eine Welt der Lichter**, Darstellungsweisen und Möglichkeiten, die uns zuvor nicht zugänglich war. Zuerst können wir die durch den Lichtmangel entstandenen Probleme beseitigen, die unser Foto beeinträchtigen. Tatsächlich können wir normale ISO-Werte, wie an einem sonnigen Tag, einstellen. Wir können die Blende praktisch ohne Einschränkungen schließen. Wir nutzen dann die **Mitte der Linsen** aus, um eine hohe Klarheit der Fotos zu erzielen. Wir können uns für eine große Schärfentiefe entscheiden und dadurch den scharf gestellten Bereich vergrößern. Wir können (und müssen in diesem Fall) lange Verschlusszeiten verwenden und damit eine gute Erfassung der Details ermöglichen, **ohne Verwacklungen befürchten zu müssen** – viel besser, als wenn uns dies irgendein optisches oder elektronisches System zur Reduzierung von Verwacklungen garantieren würde. Insgesamt können wir hochwertige und **ästhetisch anspruchsvolle Resultate** erzielen und spezielle Aufnahmetechniken verwenden, die sonst nicht möglich sind.

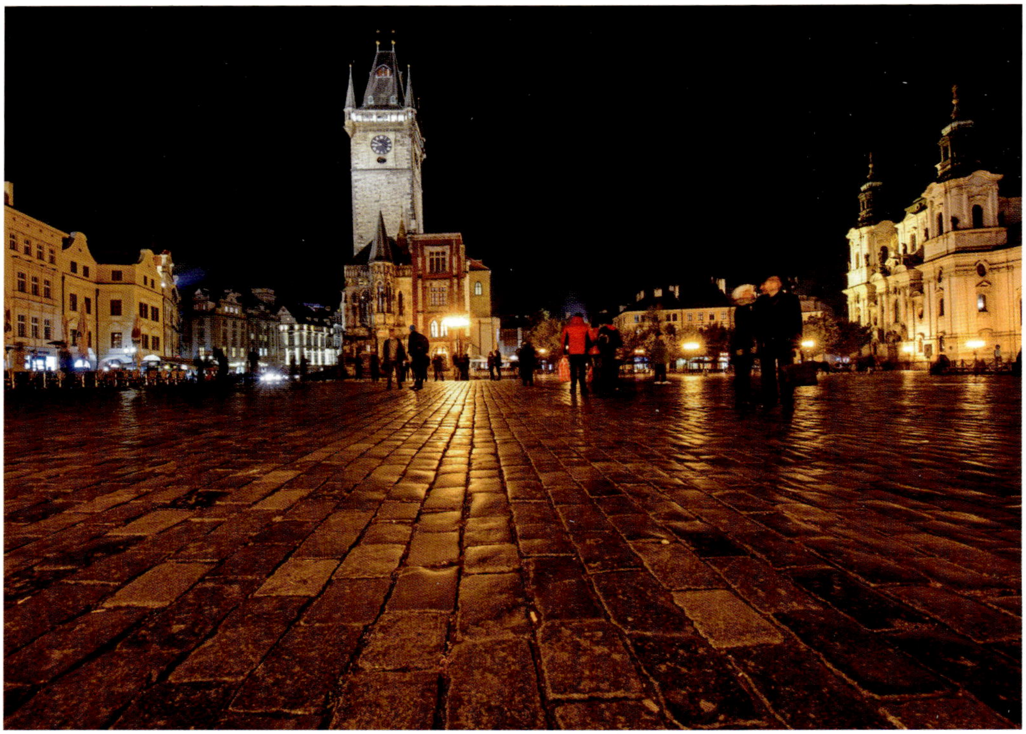

Um in diese Welt einzutauchen, benötigt man ein gutes Stativ mit neigbarem Kopf sowie eine Funksteuerung zum Fernauslösen. Das **Stativ** muss mit dem dazugehörigen Kopf dem **Gewicht von Kamera und Objektiv angemessen** sein.

Was man beim Kauf eines Stativs, das für Reisen und Standortverlagerungen geeignet ist, beachten sollte:

[1] GEWICHT

Ein leichtes Stativ ist natürlich bequemer zu transportieren, aber es ist auch weniger stabil und anfälliger für Vibrationen. Ein Stativ aus Carbonfaser ist robust, verbiegt sich nicht und ist leicht, allerdings kostet es auch mehr.

[2] AUFBAU

Stative mit Beinen, die in vier Teile unterteilt sind, kann man besser abbauen und transportieren, aber wenn sie aufgebaut sind, sind sie instabiler und flexibler. Eine Dreiteilung bietet mehr Stabilität und braucht letztendlich nur mäßig viel Platz. Wenn die Beine zum Anschrauben sind, können sie aufgrund von Staub und hohen Temperaturen blockieren. Besser ist ein System aus Hebeln.

[3] HÖHE

Um bequem arbeiten zu können, muss es das Stativ bei vollständig ausgefahrenen Beinen – aber nicht der Mittelsäule – gestatten, das Auge an den Kamerasucher zu halten, ohne sich allzu sehr vorbeugen zu müssen.

[4] KOPF

Der Stativkopf muss in der Lage sein, das Gewicht von Kamera und Objektiv zu halten, auch bei vertikalen Einstellungen. Sehr nützlich ist eine Schnellwechselplatte. Bei vertikalen Aufnahmen ist eine Neigung um 90° notwendig. Bei manchen Stativen ist ein Kopf dabei, der aber jederzeit ersetzt werden kann.

[5] ZUBEHÖR

Bequem, aber nicht unverzichtbar sind Spitzen für freies Gelände. Nützlich ist ein zentraler Haken, an dem man zur Stabilisierung ein Gewicht befestigen kann. Unerlässlich ist eine Entriegelung, mit der man die Stativbeine ganz entsperren kann, um von unten fotografieren zu können. Nützlich, aber verzichtbar sind Wasserwaagen, die auch durch externes Zubehör ersetzt werden können.

[6] EINBEINSTATIV

Das Einbeinstativ wird normalerweise eher bei Fernseh- und Filmaufnahmen eingesetzt als in der Fotografie. Es stabilisiert nur auf einer einzigen Stütze, was Panoramaaufnahmen erleichtert. Auch in der Fotografie kann es eine Hilfe sein, wenn man schwere Ausrüstung verwendet und ständig in Bewegung ist.

Bei sehr schweren Stativen, die im Studio oder an komplexeren Fotosets sowie in der Naturfotografie Verwendung finden, sind andere Eigenschaften erforderlich:

1 GEWICHT

Das Gewicht des Stativs ist wichtig. Es muss Vibrationen, Torsionen, Wind und die Bewegungen der Kamera aushalten, falls man dem Objekt folgen muss.

2 AUFBAU

Ein dreiteiliger Aufbau ist immer besser. Auch Schraubverbindungen verursachen bei Beinen mit großen Maßen in der Regel keine Probleme.

3 HÖHE

Ein größeres Stativ sollte eine große Erhöhung ermöglichen, damit man von oben fotografieren kann.

4 KOPF

Der Stativkopf muss das Gewicht der Kamera und eines Objektivs mit großer Brennweite auch bei vertikaler Einstellung tragen können. Er muss auf seinen drei Achsen separat arretierbar sein oder über eine allgemeine Arretierung verfügen, wie es bei Kugelgelenkköpfen der Fall ist. Für Natur- und Sportfotografie gibt es spezielle schwenkbare Stativköpfe.

5 ZUBEHÖR

Unerlässlich ist eine Entriegelung, mit der man die Stativbeine ganz öffnen kann, um von unten fotografieren zu können. Nützlich, aber verzichtbar sind Wasserwaagen, die auch durch externes Zubehör ersetzt werden können.

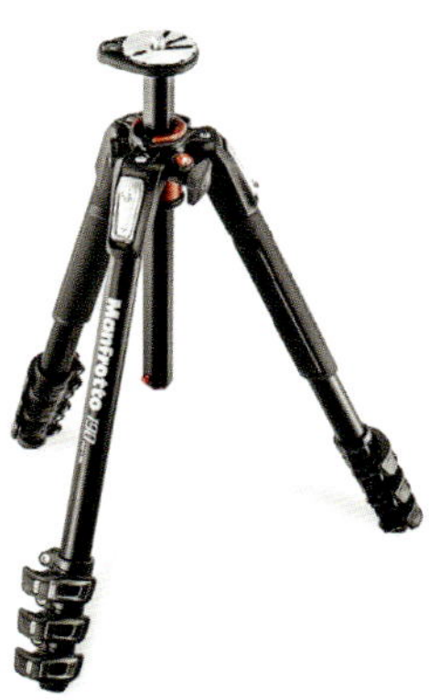

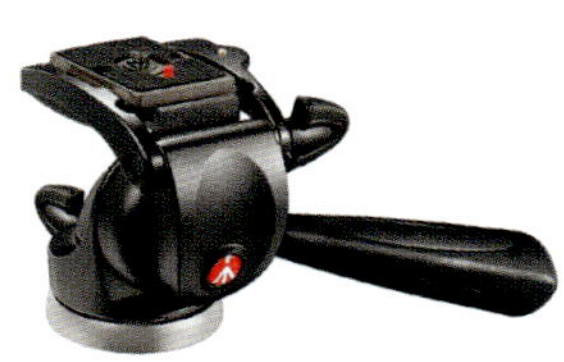

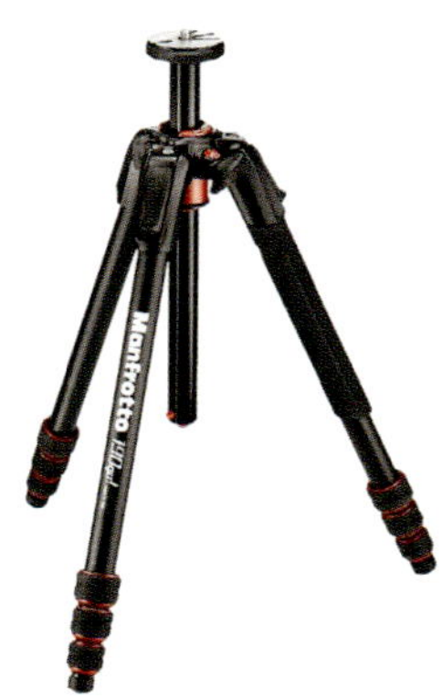

Die Eigenschaften jedes Stativs und jedes Stativkopfs können sich auf die Qualität der Fotos auswirken. Außerdem gibt es **viele verschiedene Gründe, ein Stativ zu benutzen**. Die Verwendung eines Stativs ist unerlässlich, wenn eine der folgenden Bedingungen gegeben ist:

- Situationen mit schlechtem Licht, in denen somit **lange Verschlusszeiten** notwendig sind, zum Beispiel in der Nachtfotografie.

- **Größtmögliche Deutlichkeit** – für Fotografien, die besonders wichtig sind oder besonders stark vergrößert werden sollen.

- Umsetzung **spezieller Effekte**, wie Zeitraffer, Verwendung von ND-Filtern, Doppelbelichtungen, *Light Painting* und anderes.

- Bei sehr **wohldurchdachten oder präzisen Fotos**, etwa bei Innenaufnahmen, Landschafts- und Architekturfotos, in der Wissenschafts- oder der Makrofotografie.

- **Lange, durchgehende Foto-Sessions**, in denen man unmöglich die ganze Zeit die Ausrüstung halten kann.

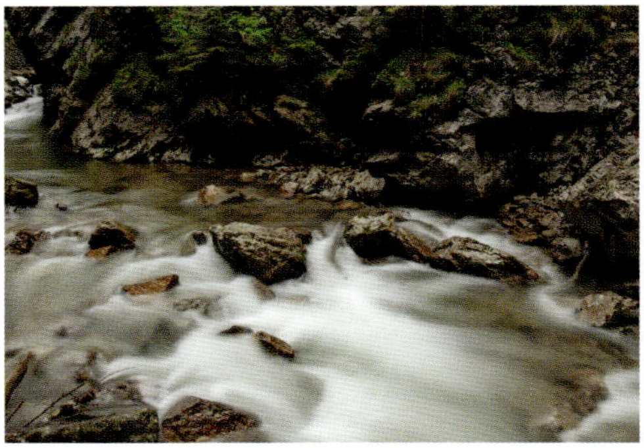

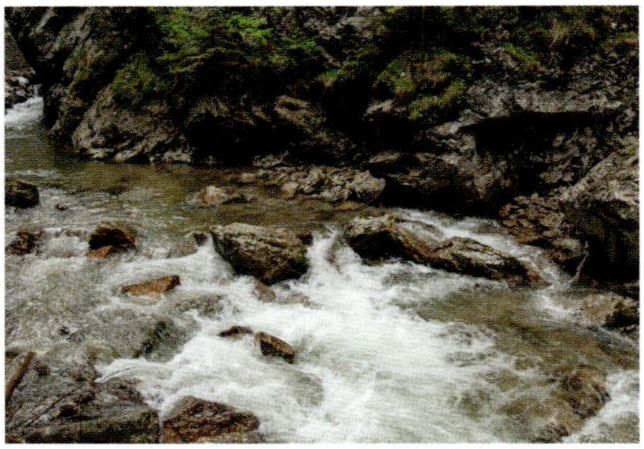

Fast jede Kamera kann im Automatik-, Halbautomatik- und Manuellmodus Verschlusszeiten von maximal 30 Sekunden durchführen. Wenn man länger belichten möchte, zum Beispiel bei Nachtfotos, kann man den Modus „B“ *(Bulb)* verwenden, der sich normalerweise ganz vorne auf dem Einstellrad für Verschlusszeiten befindet, direkt nach der Anzeige der klassischen 30“. In dieser Position öffnet sich der Kameraverschluss, wenn wir auf den Auslöser drücken, und schließt sich erst wieder, wenn wir den Auslöser loslassen. Auch mit Stativ ist es natürlich nicht möglich, den Auslöser lange gedrückt zu halten, ohne dass Vibrationen auf die Kamera übertragen werden. Deshalb müssen wir einen Fernauslöser verwenden. Dieser kleine Mechanismus, der ständige Begleiter des Stativs, ermöglicht es, den Auslöser zu bedienen, ohne die Kamera zu berühren, deshalb besteht kein Risiko, dass Vibrationen übertragen werden. Der Auslöseimpuls wird einfach über ein Kabel, über Radiofrequenz, Infrarot oder auch dank einer bequemen Smartphone-App über Bluetooth oder WLAN übertragen.

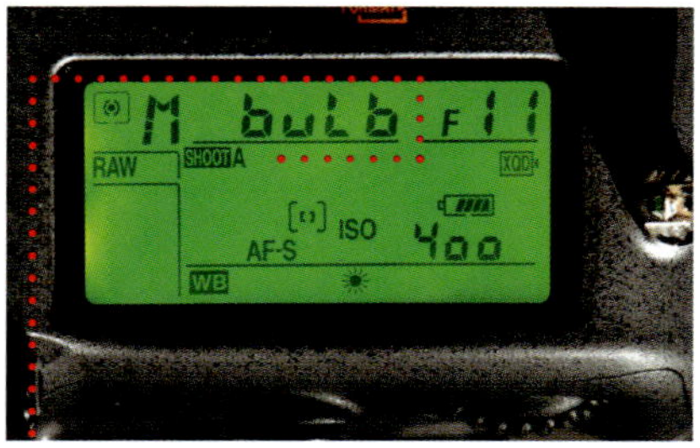

Eingestellter Modus: „B“ *(Bulb)*

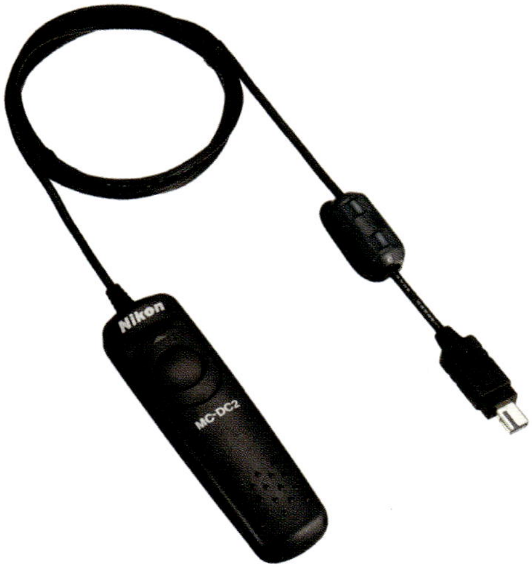

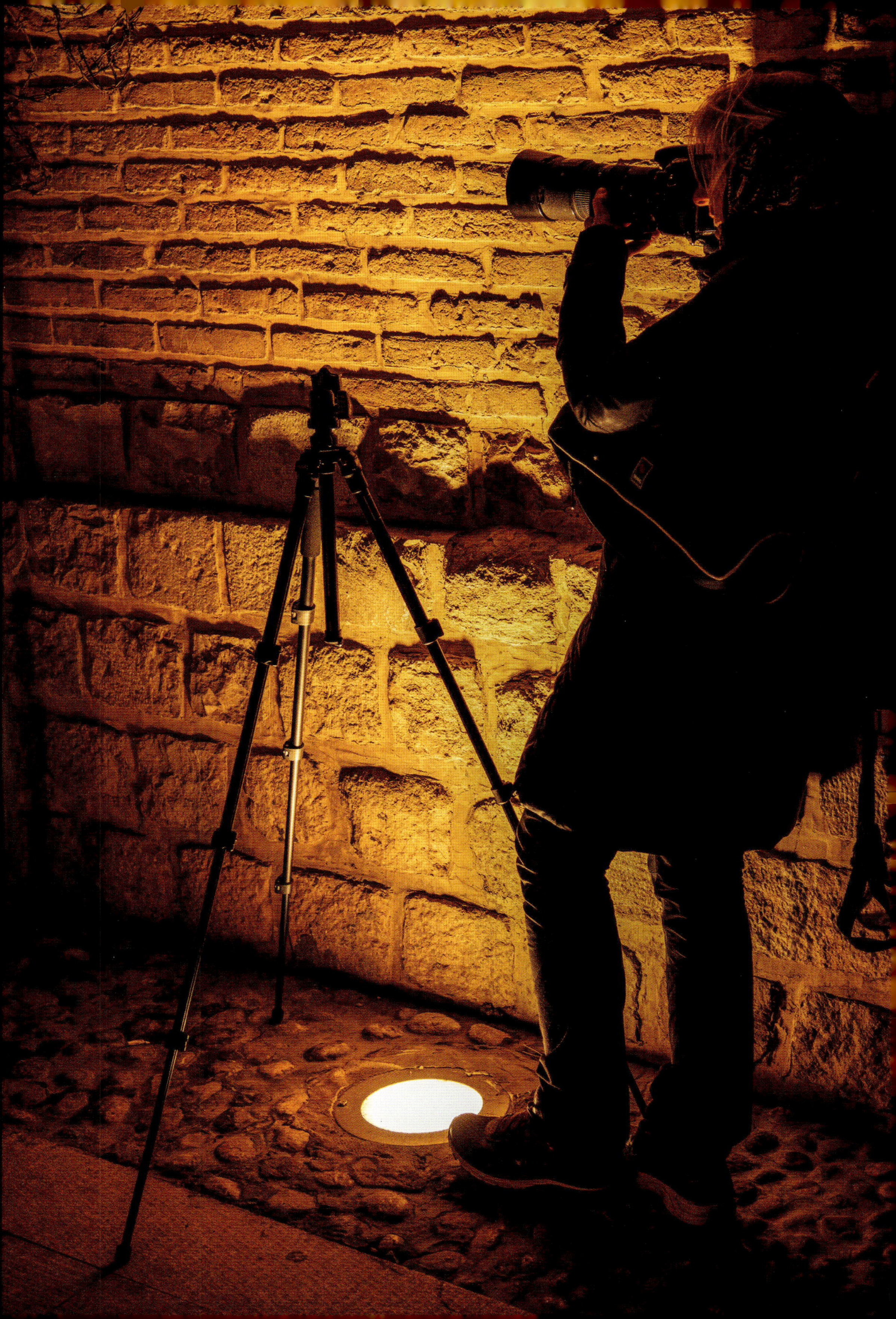

Wie immer hängen unsere Resultate teilweise von der Wahl der passenden Ausrüstung ab, vor allem aber davon, ob wir diese auch **richtig einsetzen**.

DAS STATIV RICHTIG BENUTZEN:

- Eines der Stativbeine ist immer zum Objekt hin ausgerichtet, um das Gewicht des Objektivs möglichst auszugleichen. Außerdem ist es bequemer, zwischen den beiden anderen Beinen zu stehen, und man kann sich so der Kamera besser nähern.

- Wenn es nicht notwendig ist, alle Abschnitte der Stativbeine vollständig auszufahren, verwenden wir die dicksten und robustesten.

- Nicht vergessen: Der Bildstabilisator muss deaktiviert werden. Sonst kann der gegenteilige Effekt entstehen und die Aufnahme weist Mikroverwacklungen auf.

- Bei langen Belichtungen daran denken, den Sucher mit der entsprechenden Abdeckung oder dem integrierten Verschluss zu verschließen, damit kein Licht durch ihn einfällt.

- Wenn das Stativ nicht besonders schwer ist, sollte man es vermeiden, den mittleren Teil auszufahren. Die Vibrationen erhöhen sich dadurch nämlich merklich.

- Alle Achsen des Stativkopfs mit der Wasserwaage ausrichten, nicht nur die Horizontlinie, die wir gerade verwenden. Dadurch lässt sich vermeiden, dass eine winzige Kippung den Bildausschnitt neigt.

- Falls notwendig – zum Beispiel bei Wind –, kann man ein Gewicht an den Haken in der Mitte hängen. Wenn es zur Ruhe gekommen ist, hat das Stativ einen besseren Halt.

Wenn große Brennweiten verwendet werden, schrauben wir die Kopfplatte nicht an der Kamera fest, sondern am entsprechenden L-Winkel oder an der Objektivschelle, je nachdem, wo das beste Gleichgewicht hergestellt werden kann.

Das Stativ auf eine stabile Oberfläche stellen, die keine Vibrationen überträgt, wie etwa ein Holzbalkon oder ein Gehweg, auf dem man Vibrationen spürt, wenn schwere Fahrzeuge vorbeifahren.

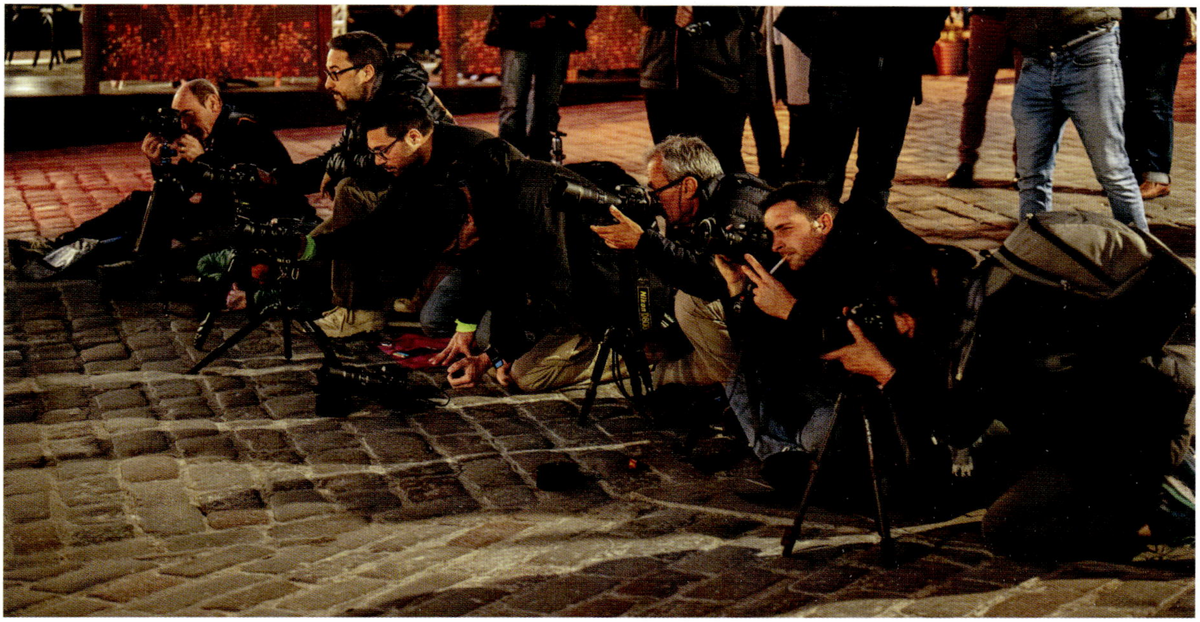

Für einen Fotoreporter ist die Verwendung eines Stativs natürlich schwierig, wenn nicht gar unmöglich. Typisch für dieses Genre ist, dass man extrem beweglich sein muss. Deshalb wählt der Fotoreporter lieber Kameras mit sehr lichtempfindlichen Sensoren, die zwar sicherlich teurer sind, aber dafür in der Lage, höhere ISO-Werte auszuhalten, ohne dass das Bild allzu sehr beeinträchtigt wird.

Der Detailreichtum des Fotos auf der folgenden Doppelseite wurde mithilfe eines guten Stativs und eines Fernauslösers erzielt. Dadurch wurde bei Blende f/11 eine Verschlusszeit von drei Minuten möglich.

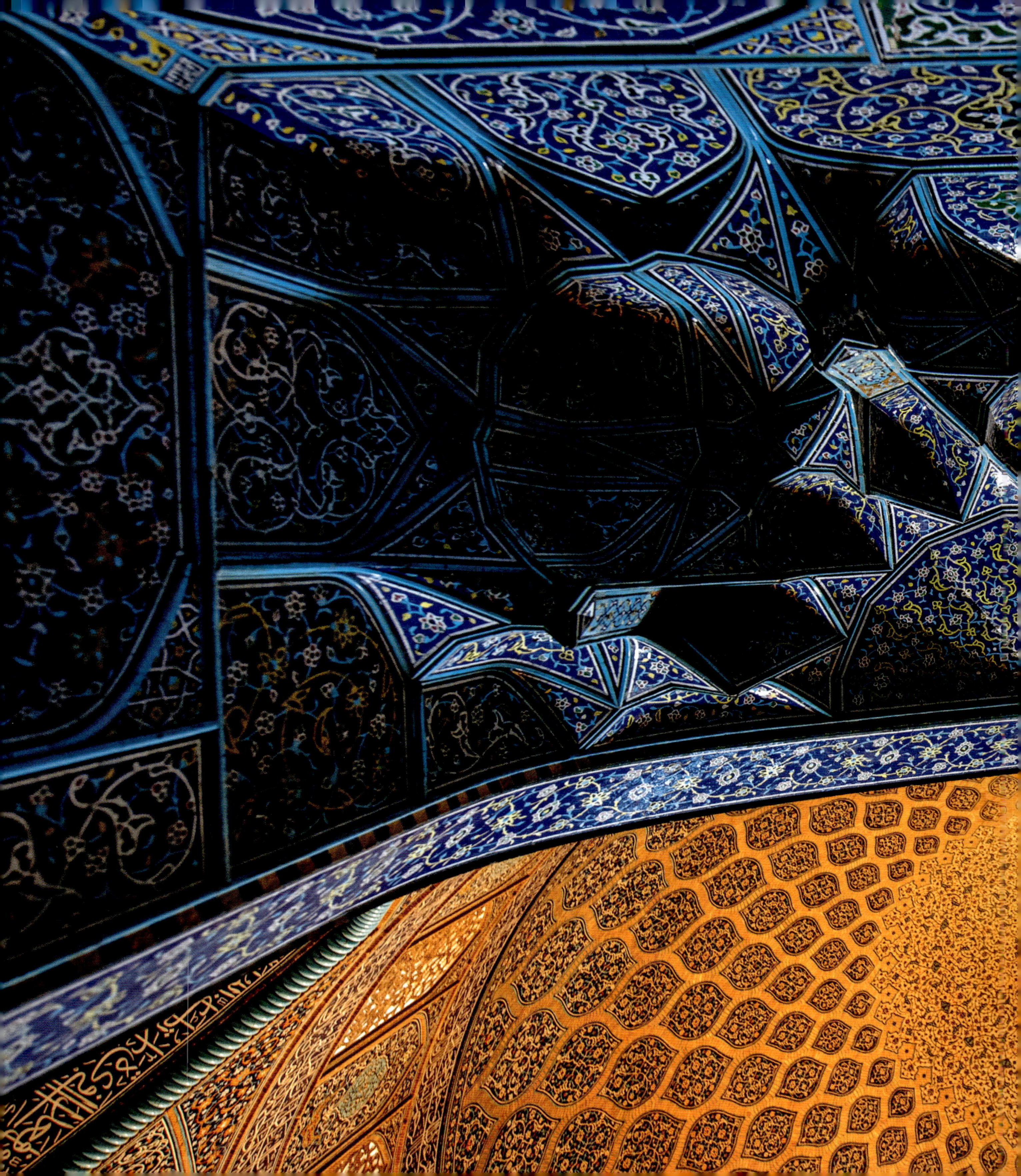

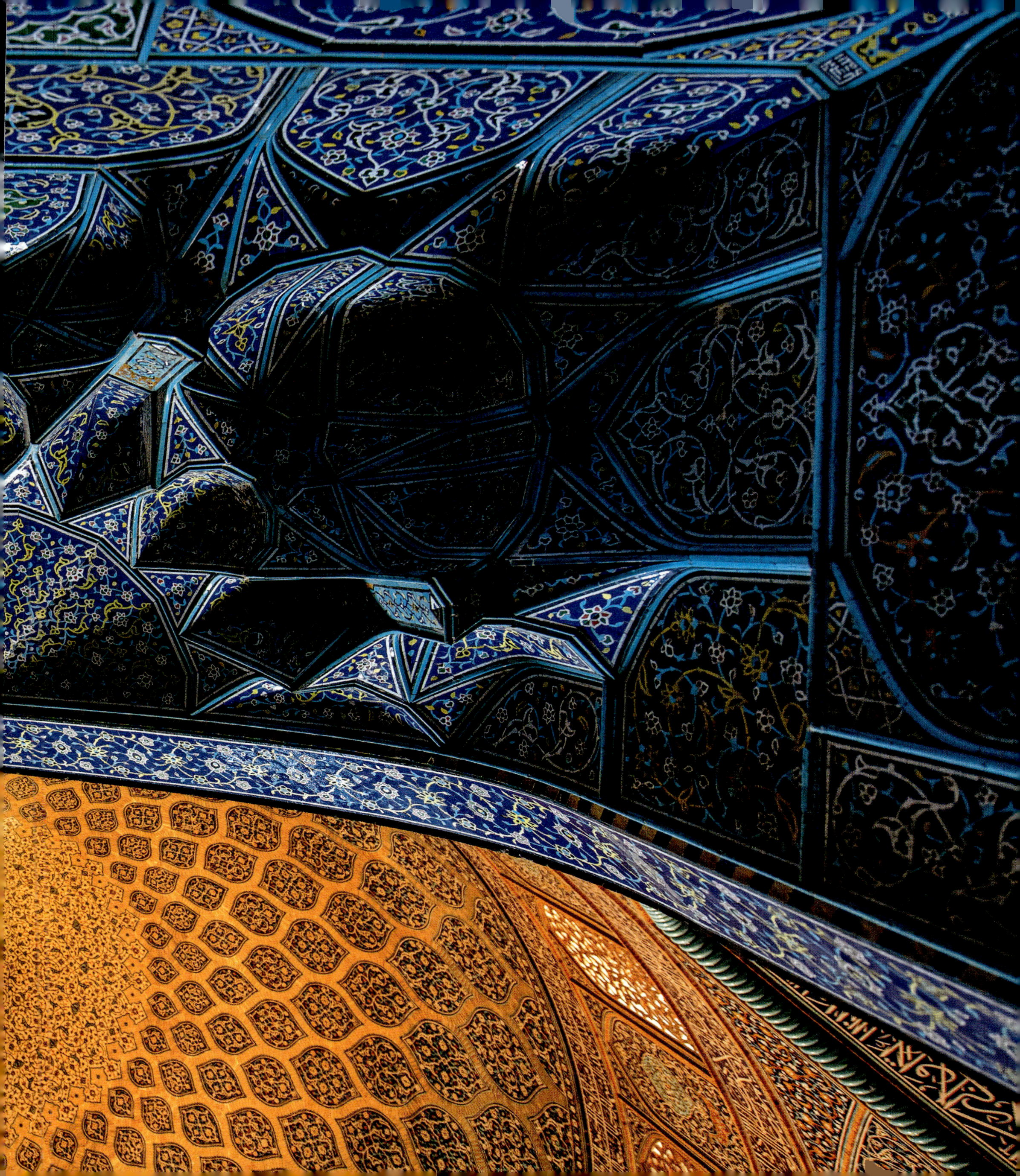

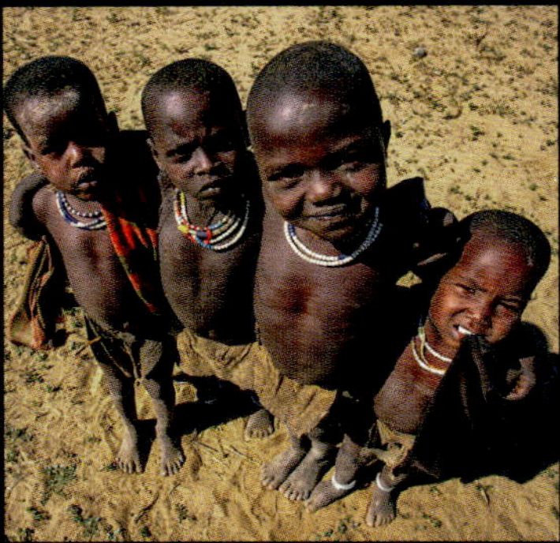
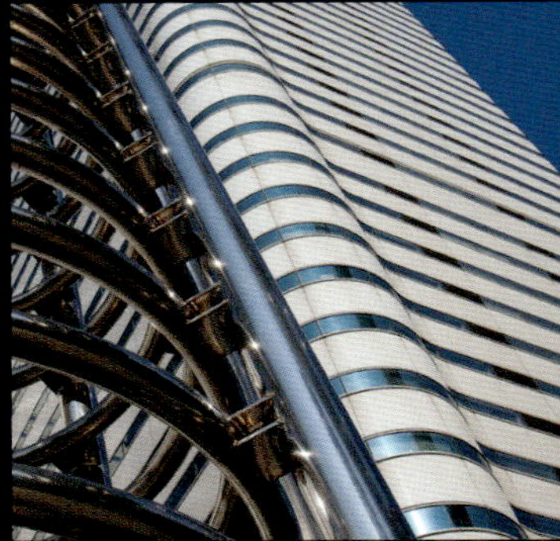
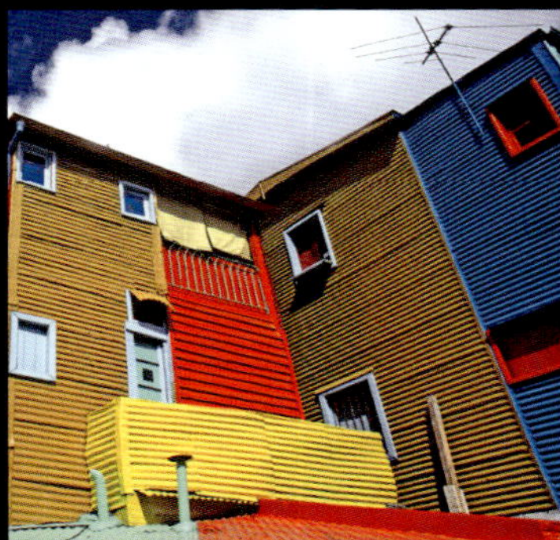
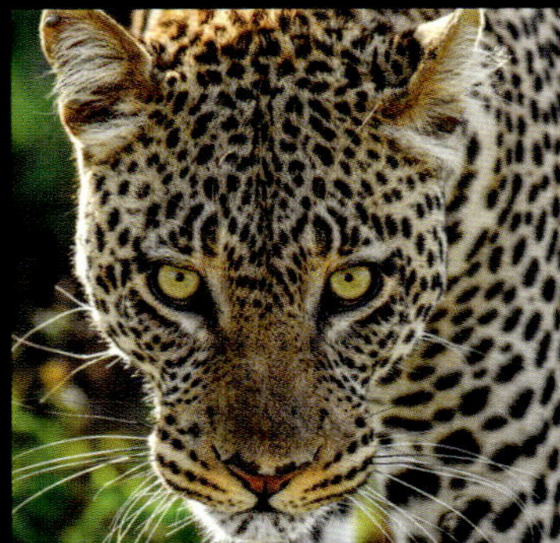
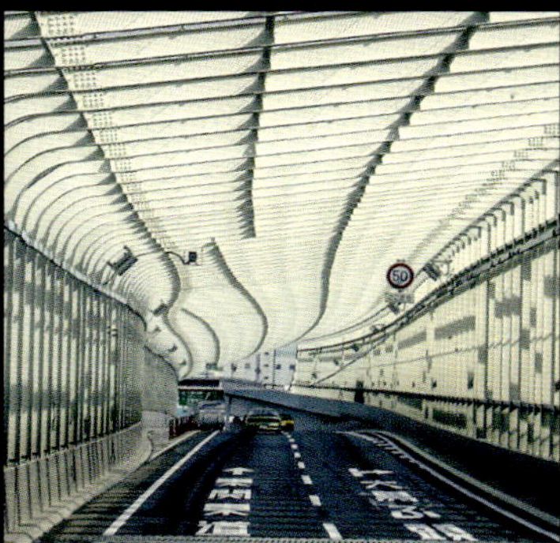
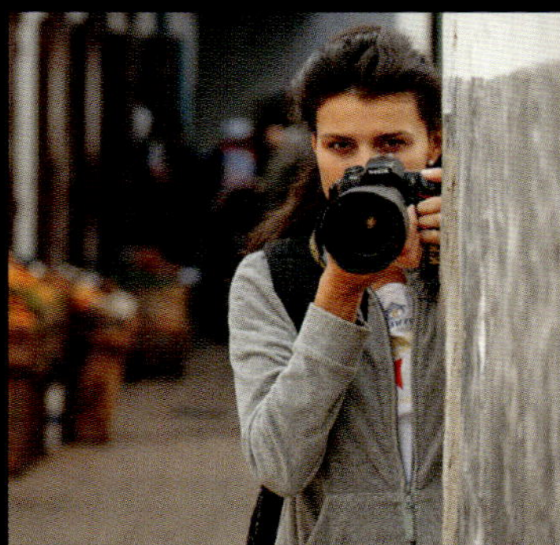
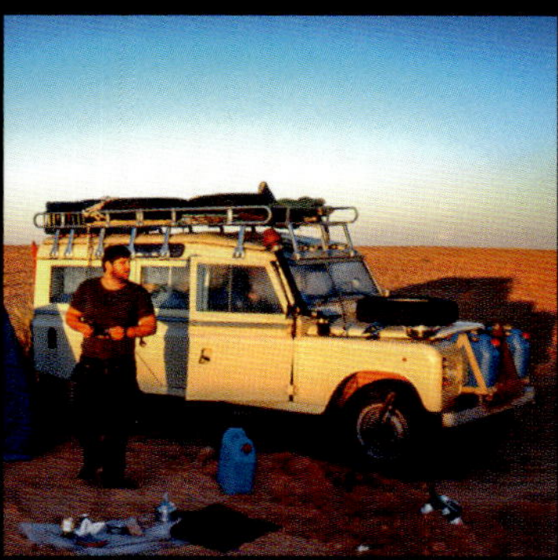
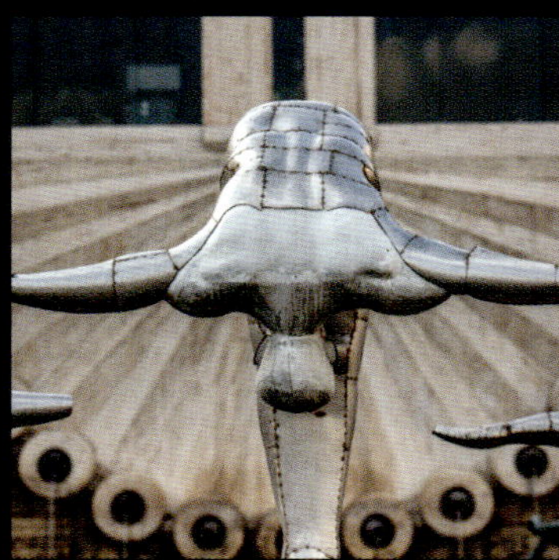

ÜBERBLICK UND AUSBLICK

FOTOGRAFISCHE MOMENTAUFNAHMEN

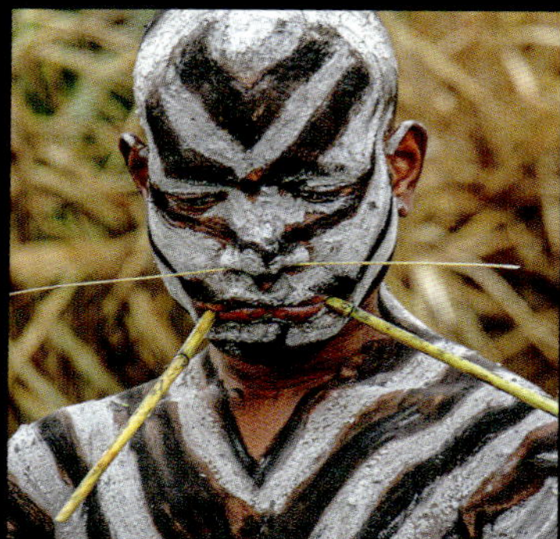

NALE 5

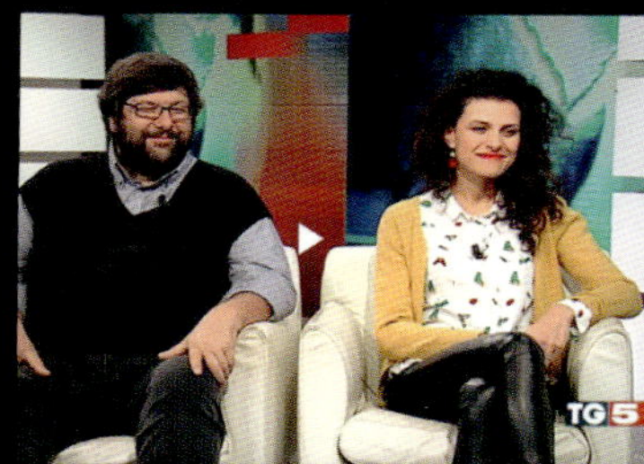

Corazza e Greta Ropa

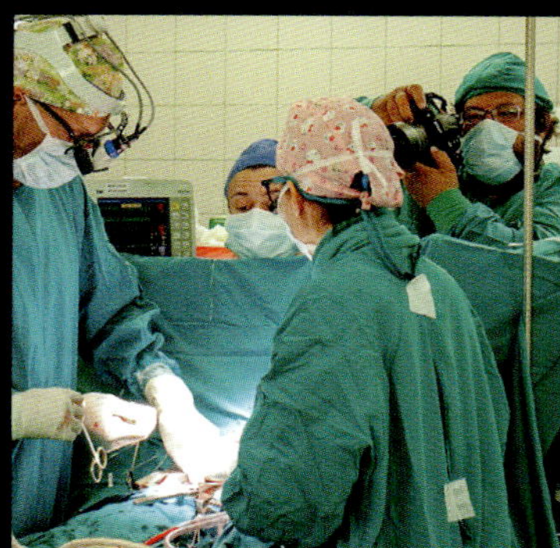

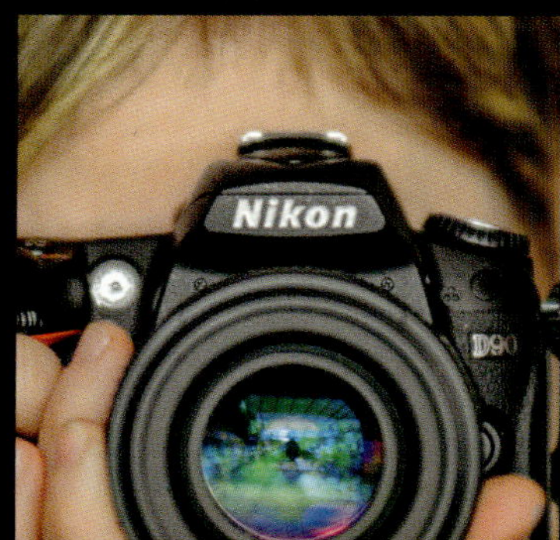

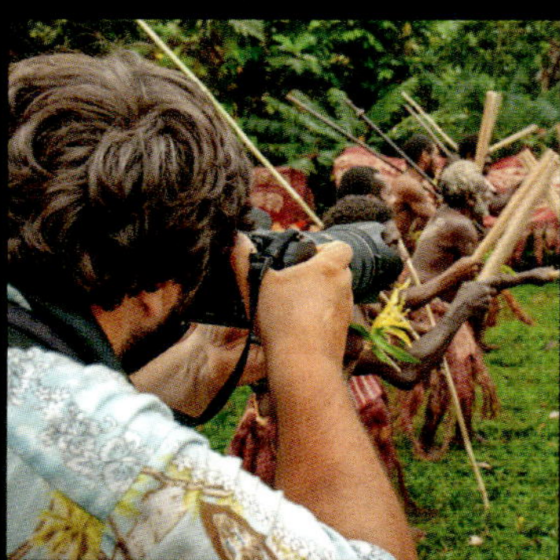

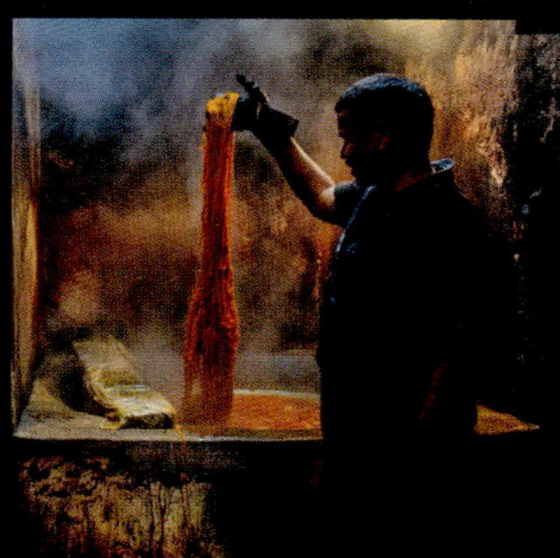

NOTIZEN, PUNKT FÜR PUNKT

Folgende Übersicht soll helfen, die Inhalte dieses Bandes im Gedächtnis zu behalten und die wichtigsten Prozeduren, die zur Aufnahme guter Fotos notwendig sind, korrekt auszuführen. Da es jedoch nicht zu meinen Gewohnheiten gehört, jemandes Gedanken stark zu vereinfachen - schon gar nicht meine eigenen -, habe ich diesen Notizen einige Kommentare hinzugefügt, damit sie klarer werden und sich besser einprägen.

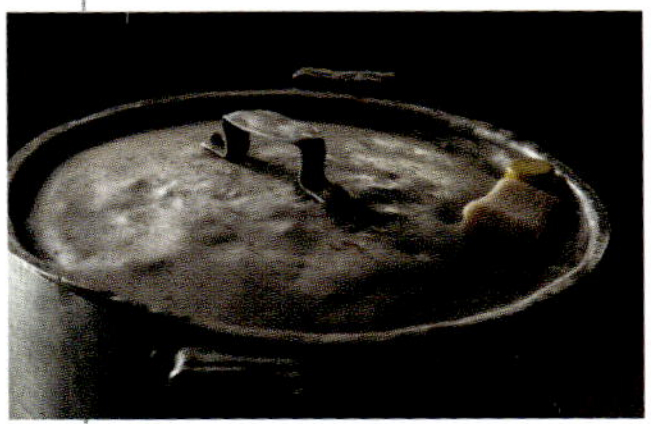

1 - Schönes Licht kann ein gutes Objekt überstrahlen, hässliches Licht kann das nicht.

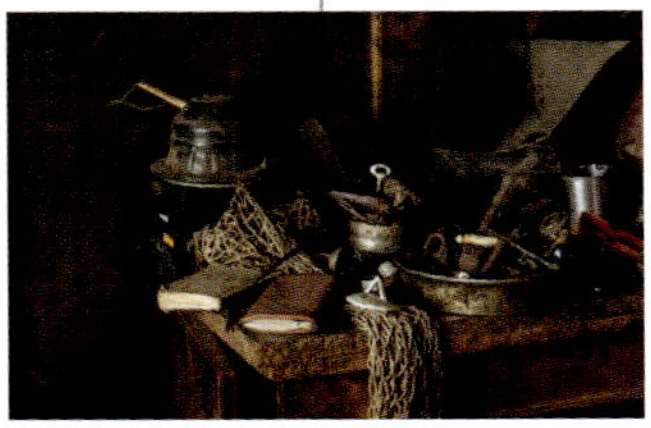

Einem Anfänger bleibt nichts anderes übrig, als auszuprobieren. Sobald er verschiedene fotografische Techniken erlernt hat, wird er anspruchsvoller. Ein gutes Objekt ist ihm dann weniger attraktiv als zum Beispiel eine schöne Lichtsituation.

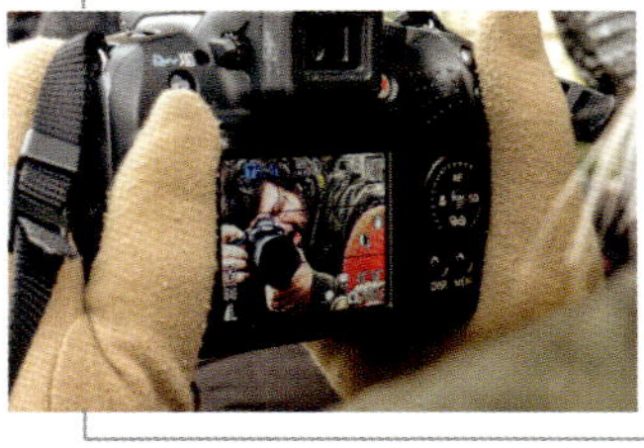

2 - Die Kamera darf nicht professioneller sein als der Fotograf, der sie nutzt.

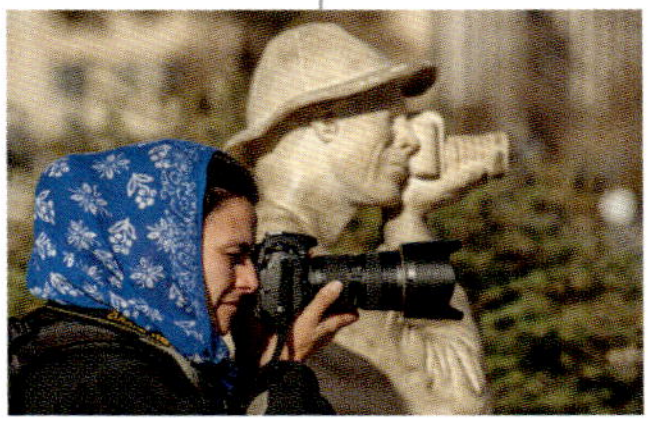

Die Kamera muss den Fotografen unterstützen, sie soll ihn nicht einschränken, aber ihn auch niemals dazu verleiten, bequeme Entscheidungen zu treffen oder sich zu viel abnehmen zu lassen. Eine zu anspruchsvolle Ausrüstung zu Beginn führt nur dazu, dass offenbar wird, wie sehr es dem Besitzer an technischem Verständnis mangelt.

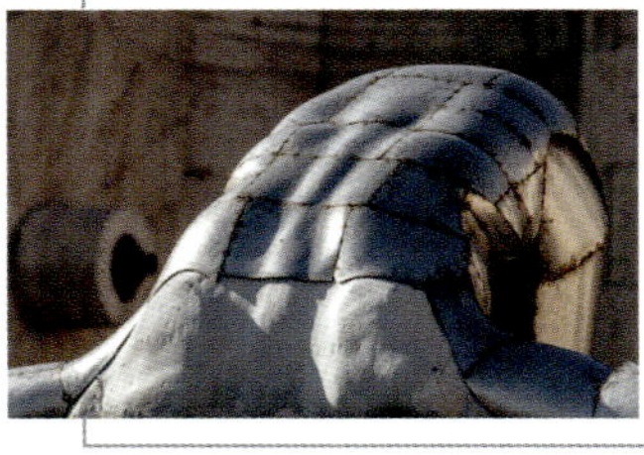

3 - Wenn wir unserem Motiv keine Aufmerksamkeit schenken, schenkt unserem Foto auch niemand Aufmerksamkeit.

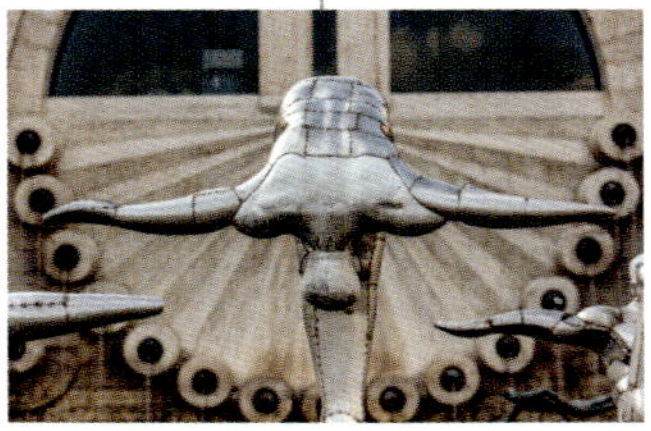

Der Ausgangspunkt für ein gutes Foto ist ein gutes Motiv. Wenn wir es klar definieren, können wir unsere Entscheidungen in Bezug auf den Bildausschnitt, die Belichtung, die Positionierung, seine Verbindung zu anderen Elementen und ob wir sein Wesen oder lieber die Bewegung festhalten, am besten umsetzen.

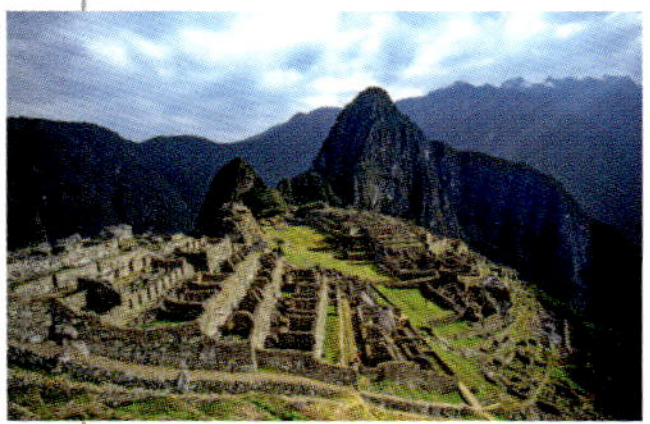

4 - Das nutzloseste Bild ist eines, das nur eine Kopie eines anderen darstellt.

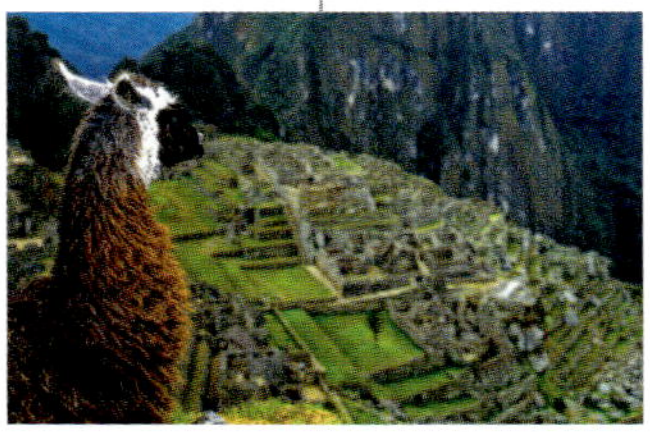

Wenn wir erfahrenere Fotografen analysieren und studieren, trägt dies dazu bei, unsere Technik zu verbessern. Aber der Versuch, berühmte Fotos zu kopieren, kann unsere Fähigkeit zu beobachten einschränken und uns daran hindern, neue Motive zu entdecken und sie in unserem Stil zu interpretieren.

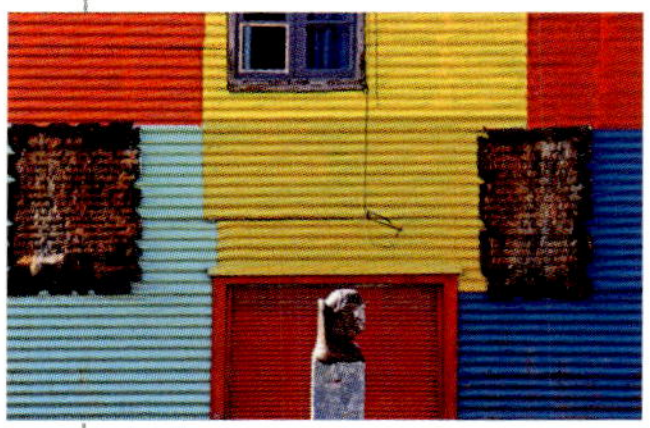

5 – Wenn das Bild keinen Inhalt hat, muss es wenigstens schön sein.

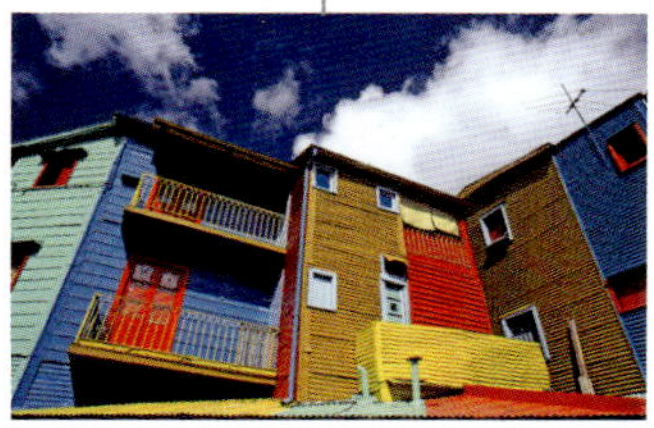

Für einen Fotoreporter ist ein Foto gelungen, wenn es Gefühle weckt, wenn es entlarvt, wenn es zum Nachdenken anregt, aber manche Fotos bestechen ausschließlich durch ihre Ästhetik. In diesen Fällen geht es vor allem um Gestaltung und Details unserer Bildkompositionen.

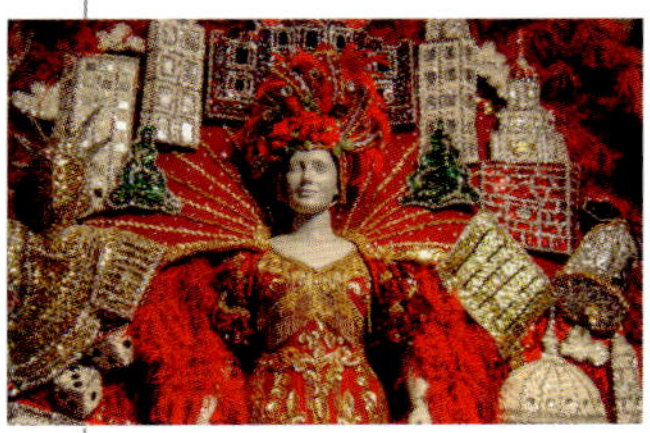

6 – Wenn wir das Objekt in die Bildmitte setzen, brauchen wir dafür eine gute Begründung.

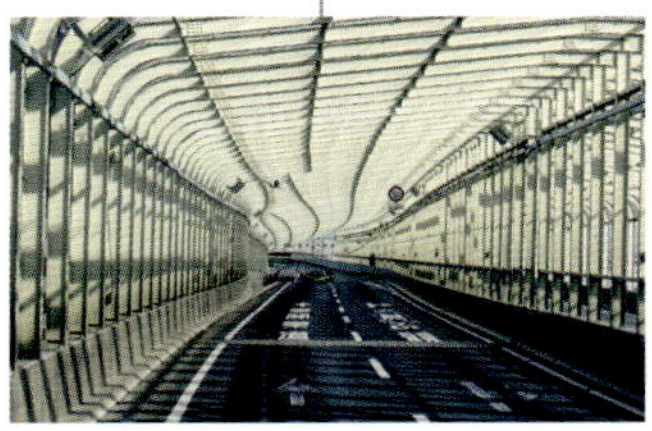

Das Objekt mittig zu platzieren, ist praktisch immer ein Fehler, weil diese Einstellung nicht nur das Objekt abwertet, sondern das ganze Foto. Es entzieht ihm Dynamik und macht die Komposition langweilig. In den wenigen Fällen, in denen diese Einstellung gerechtfertigt ist, sind die Gründe dafür für den Betrachter offensichtlich.

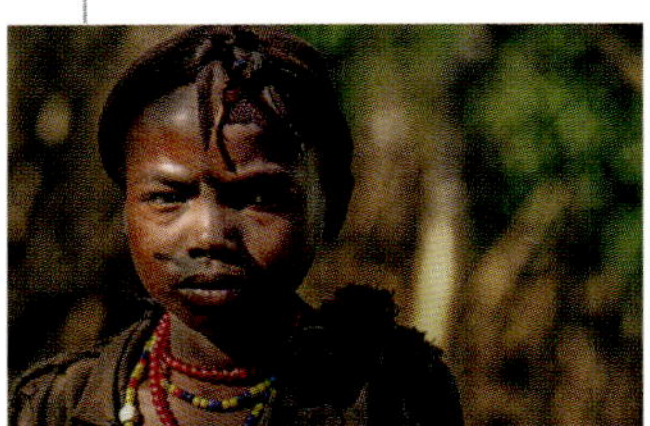

7 – Je weniger die Fotos aussagen, desto mehr spricht der Fotograf.

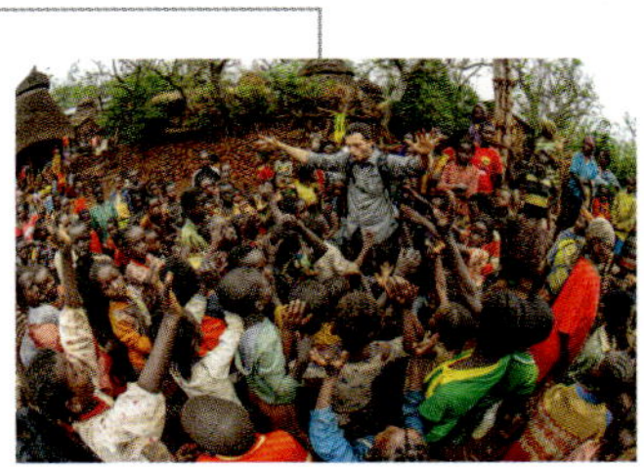

Fotografiefans, die sich übertrieben gut mit technischen Beschreibungen, Merkmalen und Marken von Fotoausrüstungen auskennen, kennen professionelle Fotografen und Händler nur zu gut. Selten zeugen ihre Fotos jedoch vom Niveau ihrer viel gerühmten Kompetenz.

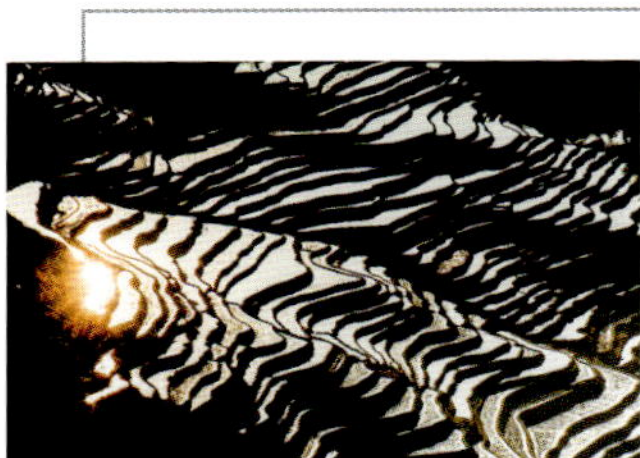

8 – Ein gutes Foto soll beim Betrachter Zufriedenheit auslösen und nicht etwa Irritation.

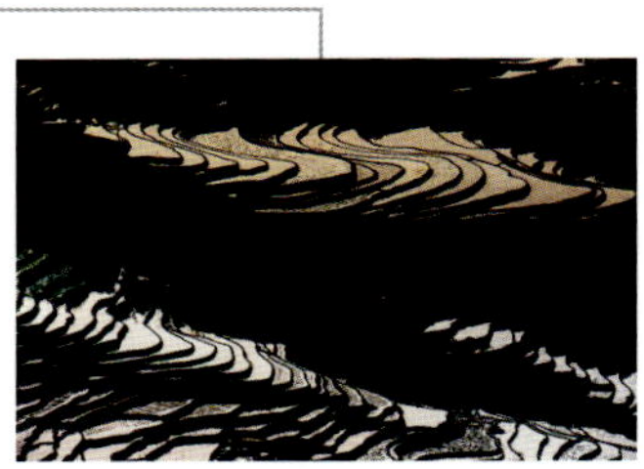

Schöne Fotos sind nie das Ergebnis zufälliger technischer Entscheidungen. Erfahrung und technisches Können wirken bei einem hervorragenden Foto gleichberechtigt zusammen und garantieren die Zufriedenheit des Fotografen. Über ein gutes Foto erstaunt zu sein, bedeutet hingegen, dass wir unsere Entscheidungen dem Zufall überlassen haben.

Bei den folgenden einfachen Regeln, dich ich für Sie notiert habe, geht es um grundlegende fotografische Themen, die Amateure unbedingt lernen sollten und die erfahrenere Fotografen nicht vergessen dürfen.

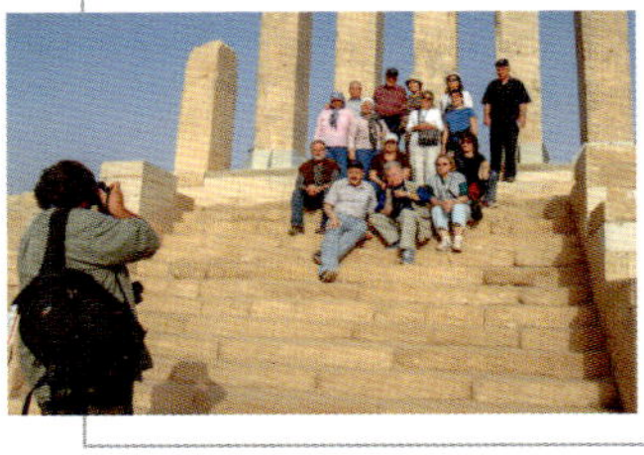

9 - Wenn Freunde unsere Selfies vor Sehenswürdigkeiten loben, sollten wir uns vielleicht neue Freunde suchen.

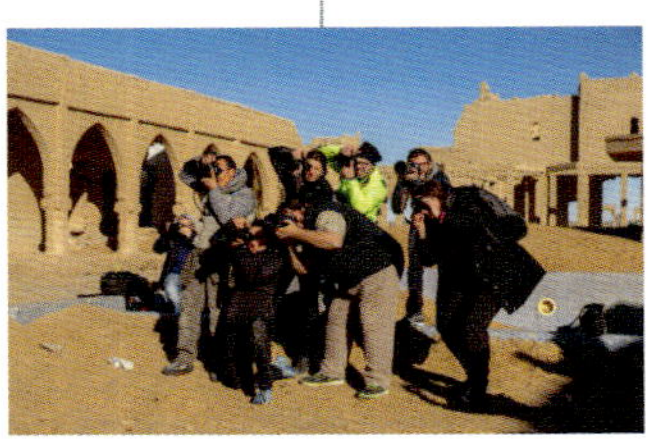

Das Selfie ist eine Modeerscheinung. Aus meiner Sicht wird hier anstellen von guten Porträt- oder Gruppenfotos ein Meer von nutzlosen Bildern produziert. Warum nicht einfach ansprechende Porträtfotos und zudem schöne Bilder von Sehenswürdigkeiten aufnemen? Trauen uns unsere Freunde das nicht zu?

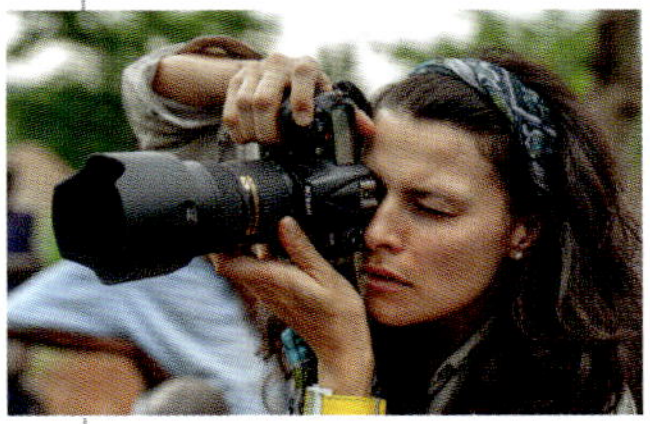

10 - Nicht auf die Ausrüstung kommt es an, sondern auf den Gebrauch, den wir davon machen.

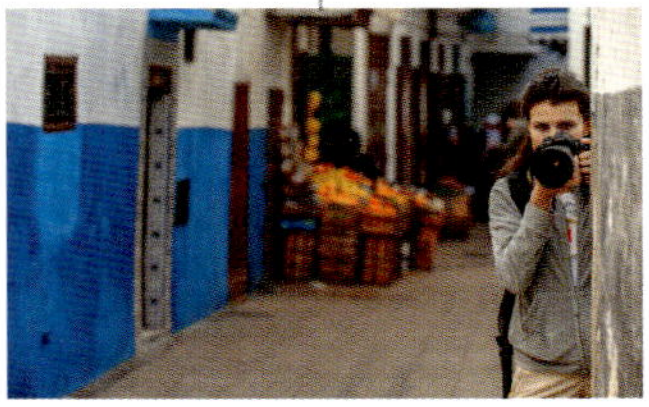

Keine Kamera kann das vom Objektiv gelieferte Bild verbessern, und keine Ausrüstung kann ausgleichen, wenn ein inkompetenter Benutzer schlechten Gebrauch davon macht. Ein sachkundiger Fotograf wird bessere Ergebnisse mit einer Amateurkamera erzielen als ein Amateur mit einer Profiausrüstung.

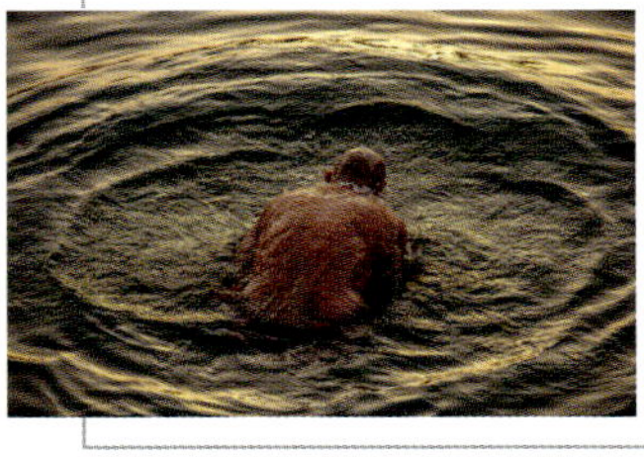

11 - Von hässlichen und verwackelten Fotos Schwarzweiß-Abzüge machen, die eine Ausstellung wert sind - geht das?

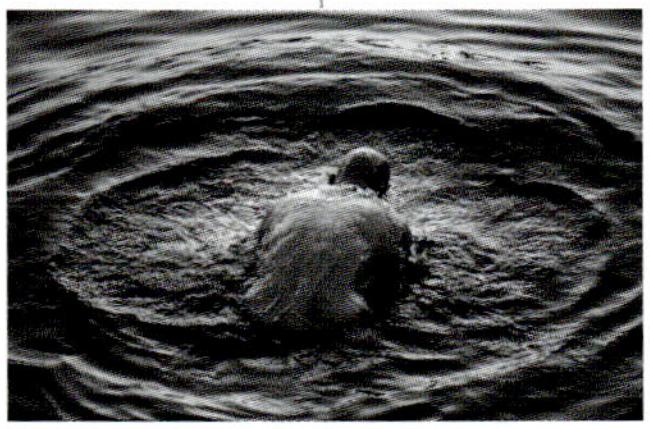

Diese amüsante These kennen viele Fotografen. Mode und Konventionen veranlassen tatsächlich viele Schwarzweiß-Fans dazu, mittelmäßige Fotos zu bewundern, die oft von Fotografen gemacht wurden, die nicht mit Farbe umgehen können.

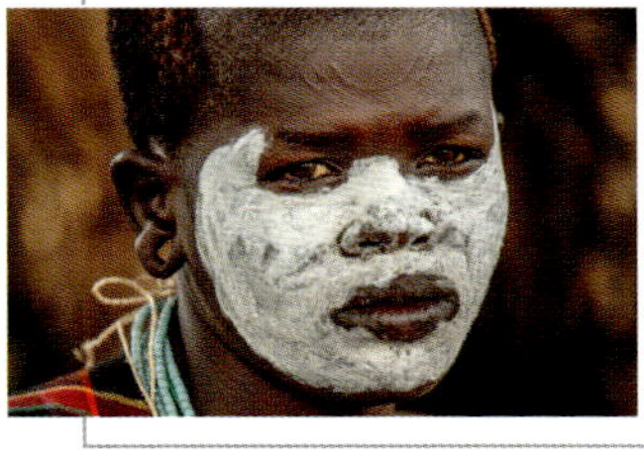

12 - Eine schlechte Blende-Verschlusszeit-Kombination rührt oft von einer Auswahl her, die nicht auf Messung beruht.

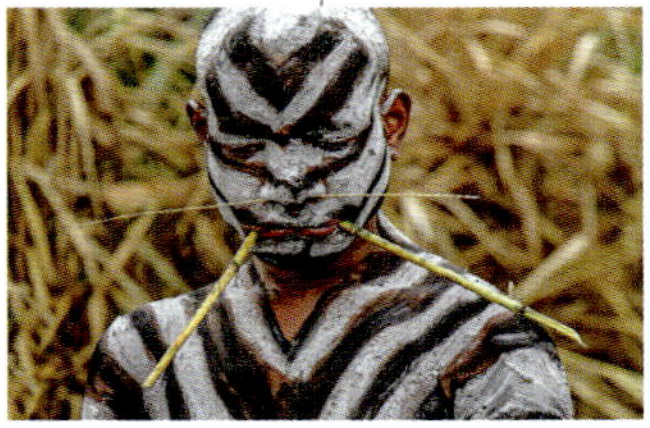

Die untrennbare Kombination aus Verschlusszeit und Blende gerät nur aus dem Gleichgewicht, wenn bei der Belichtungsmessung ein Fehler unterlaufen ist oder nicht gemessen wurde. Dann wird unser Fotomotiv heller oder dunkler als das Original und vor allem heller oder dunkler, als wir uns gewünscht haben.

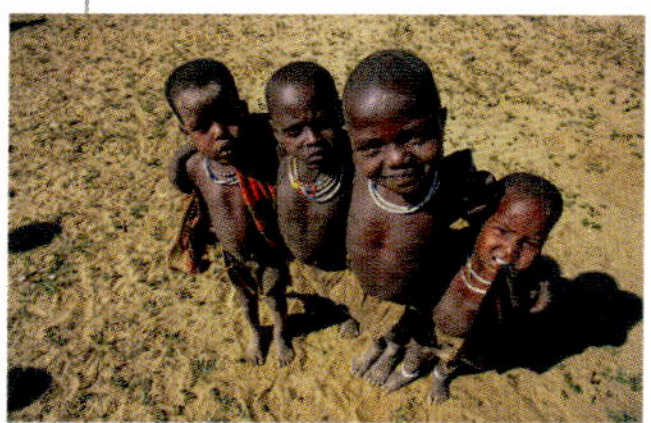

13 – Ein Motiv ist erst dann ein wirkliches Motiv, wenn es dazu gemacht wird.

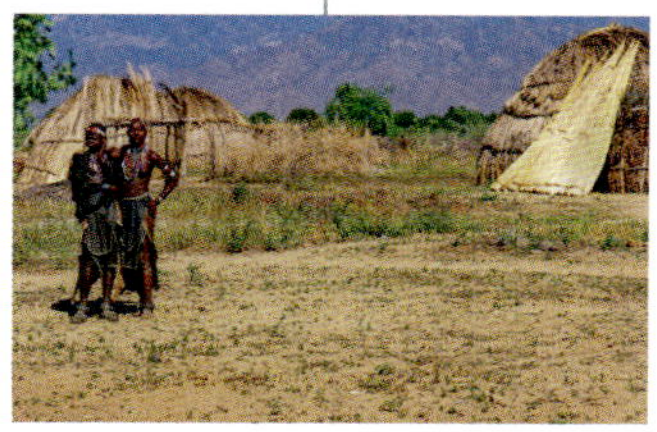

Wenn das Motiv sofort erkannt wird, erschließen sich die Bildinhalte unmittelbar. Wir können dem Betrachter das Objekt durch dessen Proportion innerhalb des Bildausschnitts näherbringen, aber auch durch die Fokussierung, das Licht, die Führungslinien, die Farbe und vor allem durch die Komposition.

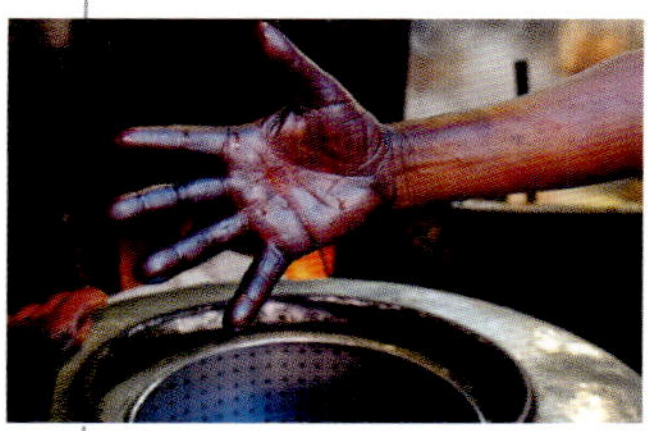

14 – Für gute Fotos ist eine korrekte Bildbearbeitung unerlässlich. Alles andere ist vergebliche Liebesmüh.

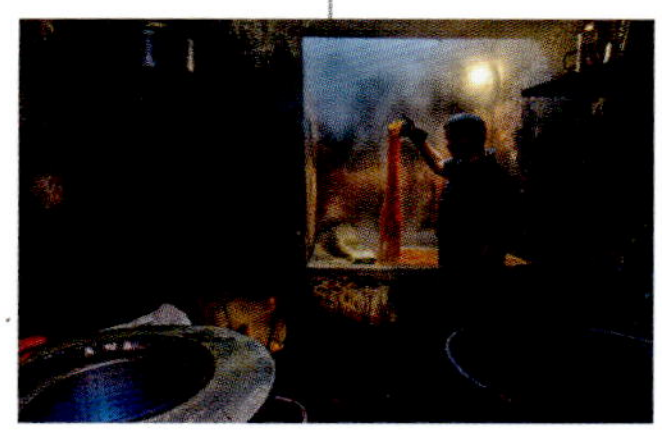

Ein gutes Foto wird durch eine korrekte Bildbearbeitung, bei der wichtige Werte, wie Tonumfang und Farbe, angepasst werden, noch besser. Ein schlechtes Foto kann durch die Bildbearbeitung sicherlich verbessert werden, allerdings wird es nie so perfekt, wie wenn es von vorneherein gut aufgenommen worden wäre.

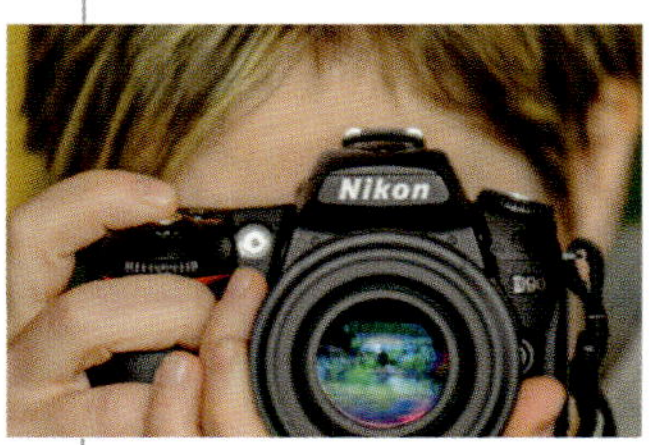

15 – Schlechte Bilder werden gar nicht erst aufgenommen.

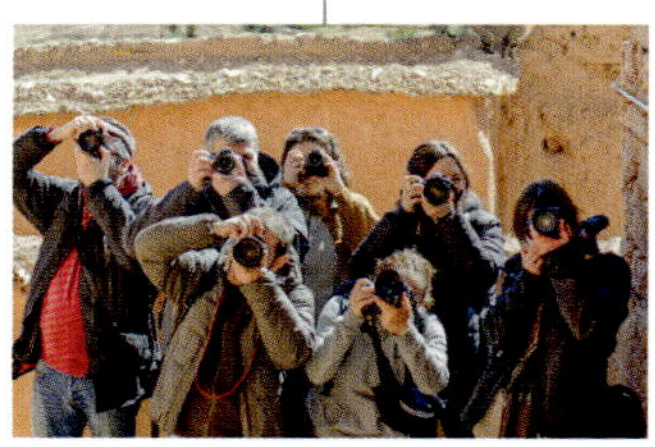

Das hohe Ziel eines jeden Fotografen besteht darin, schlechte Fotos erst gar nicht zu machen. Dazu sollte man wissen, welche Versuche lohnend sind, und nicht fotografieren, um dann zu löschen. Es ist ein unvergesslicher Moment, wenn sich der Finger zum ersten Mal nicht auf den Auslöser senkt.

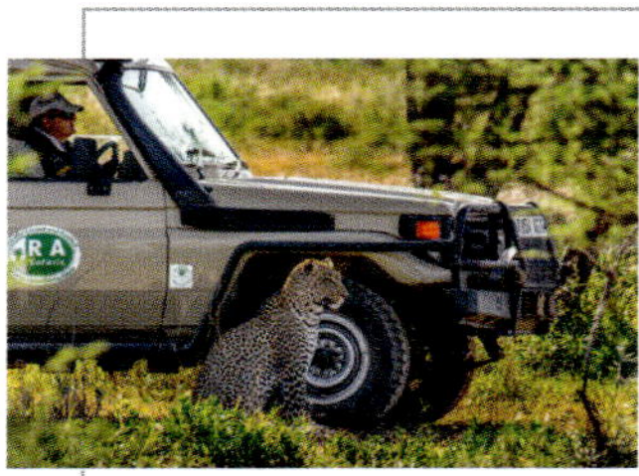

16 – Wer schläft, holt sich keine Pixel.

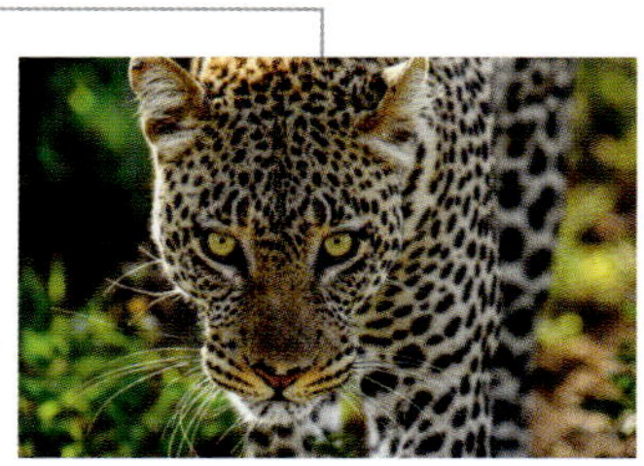

Uns allen sind schon Motive entgangen, weil wir sie zu spät bemerkt haben, weil wir abgelenkt waren, weil wir feige oder liebenswürdig waren (was hin und wieder auf dasselbe herauskommt) oder – was am häufigsten der Fall ist – weil wir zu faul waren. Es sind immer wir selbst, die Gelegenheiten verpatzen.

DIE GESCHICHTE DER FOTOGRAFIE – KURZ GEFASST

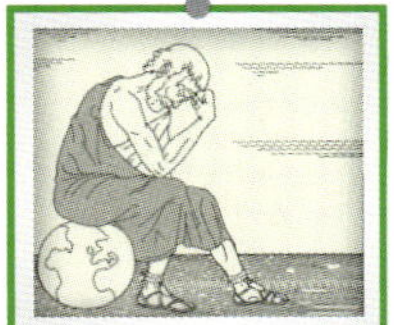

350 v. Chr.

Der griechische Philosoph **Aristoteles** behandelt in den *„Problemata physica“* die Lichtempfindlichkeit einiger Substanzen und macht sich dabei bekanntermaßen Notizen.

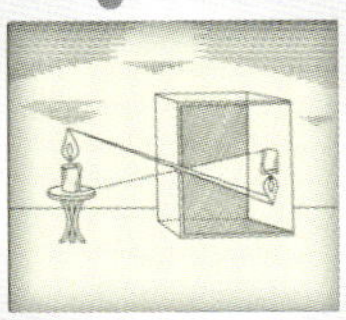

1039

Der arabische Gelehrte **Alhazen** erwähnt eine Art ***Camera obscura***.

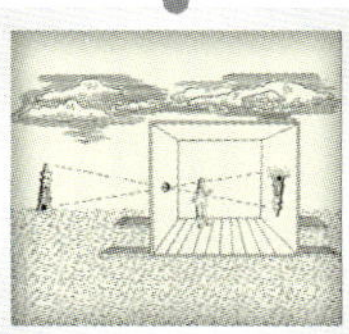

1515

Das italienische Genie **Leonardo da Vinci** beschreibt detailliert das Prinzip der ***Camera obscura***.

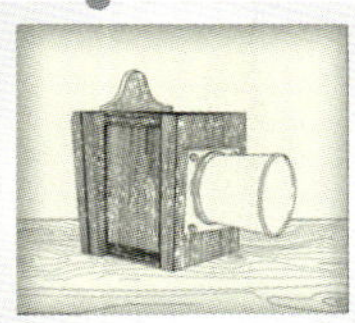

1550

Der italienische Mathematiker **Girolamo Cardano** entdeckt, dass das Bild schärfer wird, wenn er in das kleine Loch der *Camera obscura* eine **konvexe Linse** einfügt.

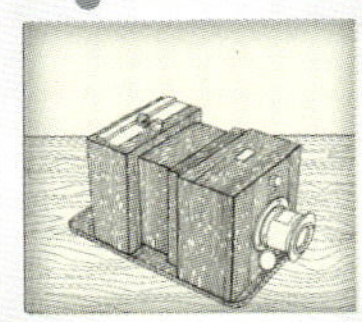

1657

Der deutsche Physiker **Kaspar Schott** zeigt, dass man mithilfe zweier ineinanderstehender, verschiebbarer Kästen das Bild in der *Camera obscura* **scharf stellen** kann.

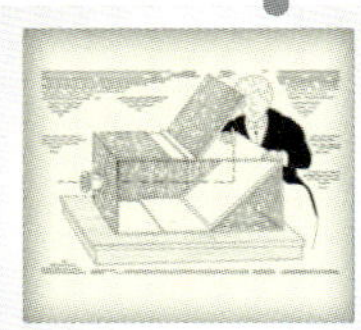

1685

Der deutsche Erfinder **Johann Zahn** baut zwei **Spiegel im 45-Grad-Winkel** in eine *Camera obscura* ein, mit deren Hilfe das Bild auf undurchsichtiges Glas gespiegelt wird – die Geburtsstunde der Spiegelreflexkamera.

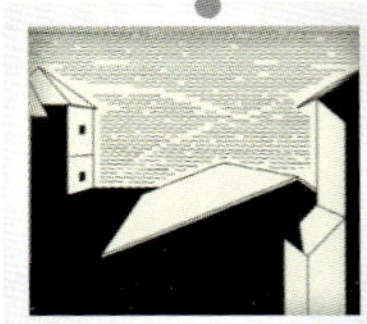

1826

Der französische Forscher **Nicéphore Niépce** macht die allerersten stabilen Bilder. Als **lichtempfindliches Material** verwendet er Asphalt aus Judäa.

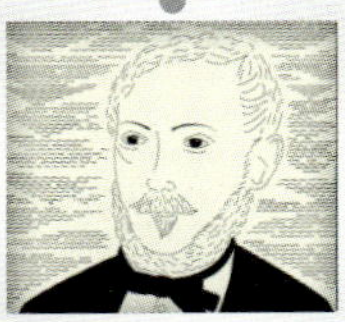

1834

Der französische Erfinder **Antoine Hercules Florence** teilt mit, dass er entdeckt hat, wie er die Bilder der *Camera obscura* fixieren kann, und **spricht zum ersten Mal von der „Fotografie“** und dem „Fotografieren“.

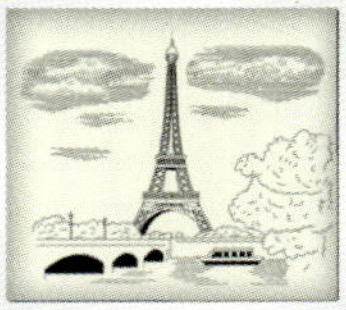

1839

Der französische Fotograf **Louis Hippolyte Bayard**, Erfinder eines **Direktpositiv-Verfahrens auf Papier**, stellt in Paris 30 Bilder aus. Das ist die erste Fotoausstellung der Geschichte.

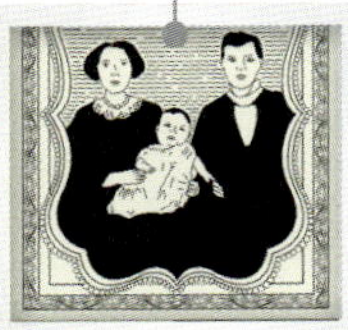

1839

Der französische Chemiker und Physiker **Louis-Jacques-Mandé Daguerre** veröffentlicht ein Verfahren namens **„Daguerreotypie“**, bei dem er Silberplatten benutzt, die Joddämpfen ausgesetzt wurden.

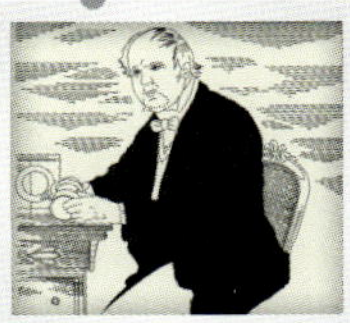

1840

Der englische Erfinder **William Henry Fox Talbot** arbeitet das **Negativ-Positiv-Verfahren** aus. Endlich ist es möglich, mehrere Fotos vom selben Negativ zu machen.

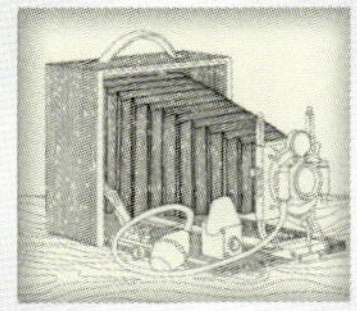

1845

Wahrscheinlich war es der Russe **S. L. Lewizki**, der die **Balgenkamera** erfand. Dadurch wurde die Fotokamera leichter und besser zu transportieren.

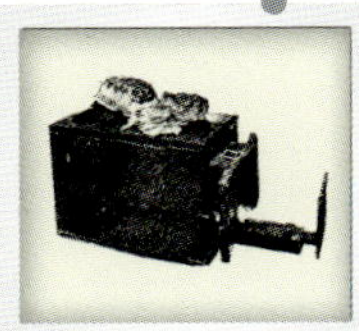

1853

Der erste Apparat **„zur sofortigen Entwicklung“** wird vorgestellt. Er hat Stoffstulpen, in die man die Hände einführt, um die Platte direkt im Apparat zu entwickeln.

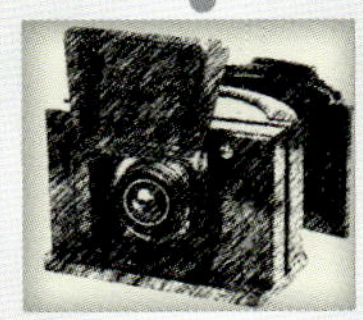

1859

Der englische Erfinder **Thomas Sutton** lässt sich das *„Liquid Panoramic“* patentieren, das erste **Weitwinkelobjektiv**, das einen Bildwinkel von 120° ermöglicht.

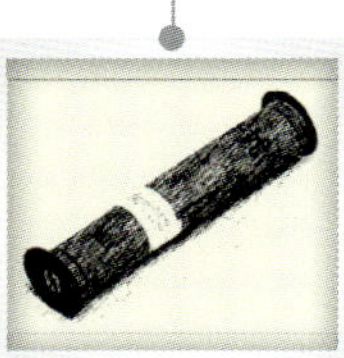

1884

Der **Rollfilm** kommt auf den Markt.

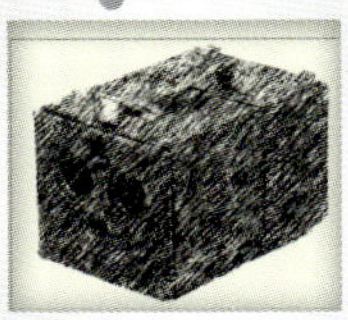

1888

Der US-amerikanische Unternehmer **George Eastman** lässt für seine erste Kamera den Namen **„Kodak“** registrieren und produziert einen **transparenten Rollfilm** aus Nitrozellulose.

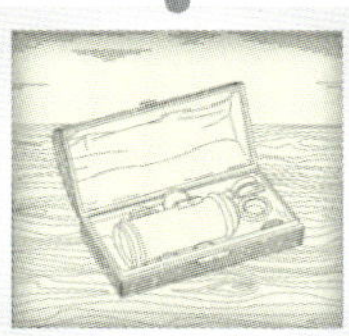

1891

Der Optiker **Thomas Rudolf Dallmeyer** baut in England das erste **Teleobjektiv**.

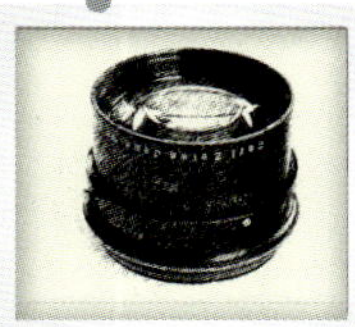

1902

Die **Tessar-Objektive** von **Zeiss** kommen auf den Fotoartikelmarkt.

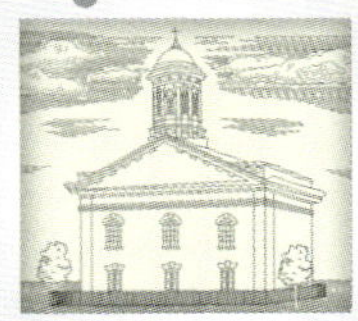

1903

Im Staat New York wird gesetzlich verboten, die Fotografie einer Person ohne deren **schriftliches Einverständnis** zu verwenden.

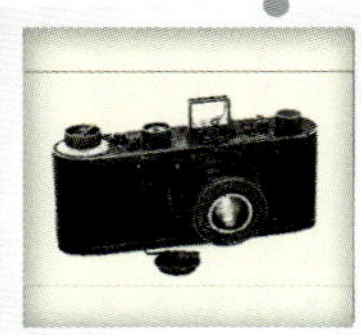

1914

Der deutsche Optikingenieur **Oskar Barnak** baut den ersten Prototypen der **Leica**.

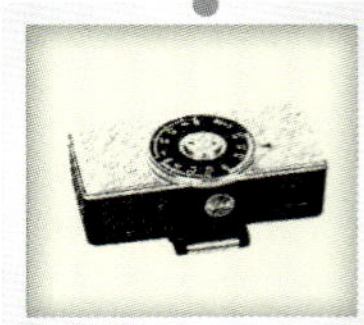

1916

Kodak entwickelt den **Entfernungsmesser** zur Scharfeinstellung der Objektive.

DIE GESCHICHTE DER FOTOGRAFIE – KURZ GEFASST

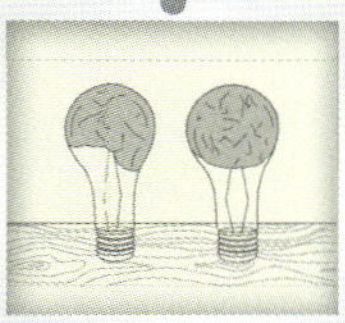

1929

Der deutsche Erfinder **Johannes Ostermeyer** arbeitet an einer elektrischen Lampe namens Vakublitz, bei der dünne Aluminiumblätter sehr schnell abbrennen: Es ist die Geburtsstunde des ersten **Blitzlichts**.

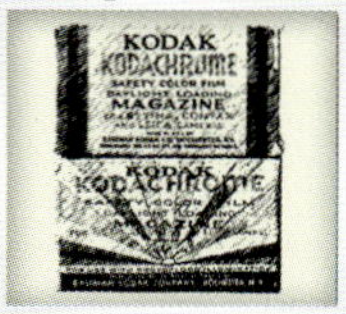

1935

Kodak bringt den **„Kodachrome“** auf den Markt. Er ist der ersten Farbfilm und wird 74 Jahre lang von Fotografen auf der ganzen Welt benutzt.

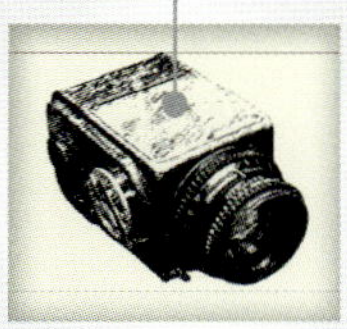

1948

Die ersten **Hasselblads** werden verkauft. Sie werden produziert vom schwedischen Ingenieur und Erfinder **Victor Hasselblad**.

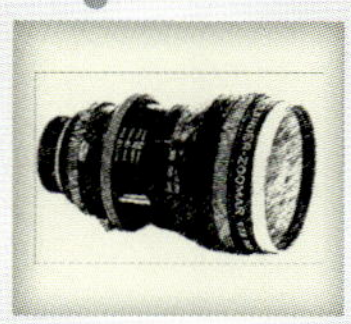

1959

Die deutsche Firma **Voigtländer** produziert **das Zoomar 36–82 mm f/2,8**, das erste Objektiv mit variabler Brennweite für Fotokameras.

NIPPON KOGAKU TOKYO

1959

Nippon Kogaku, später Nikon, produziert die **Nikon F**.

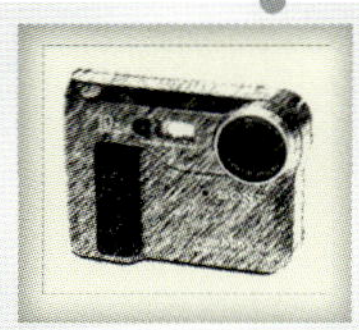

1981

Sony kommerzialisiert die Mavica, die erste Kamera, die das Bild auf einem magnetischen **Datenträger** speichert.

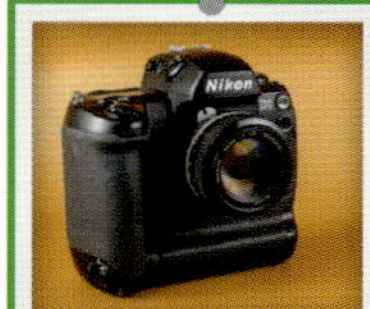

1999

Nikon präsentiert die D1, die erste **digitale Spiegelreflexkamera**.

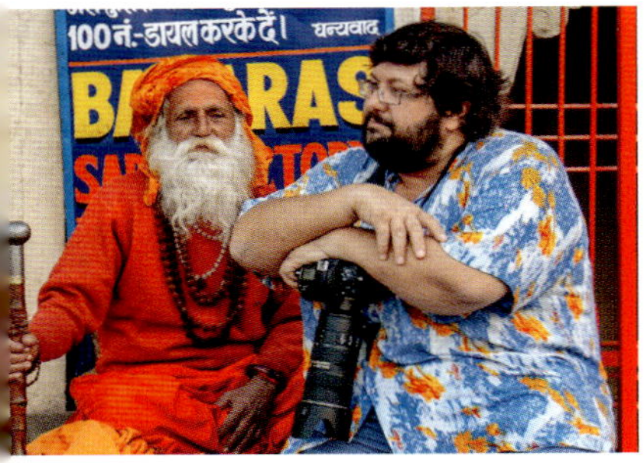

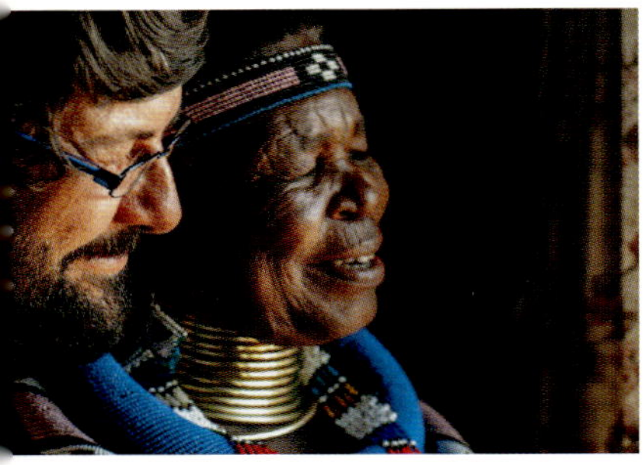

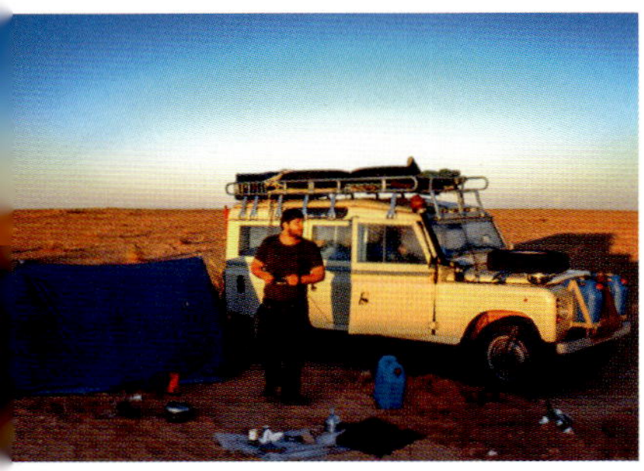

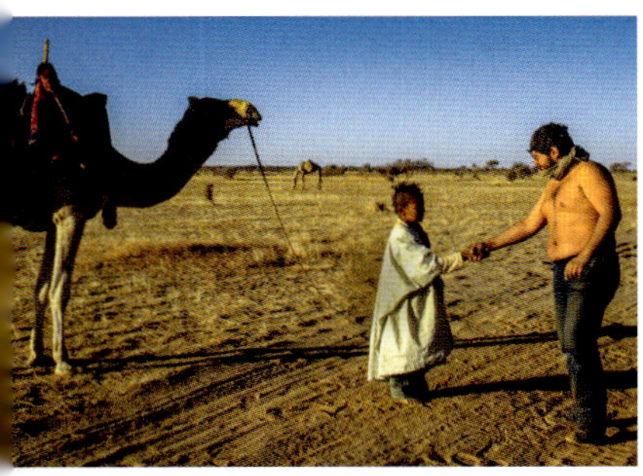

(M)EINE SELTSAME GESCHICHTE

Ich habe in meinem Leben schon so viele Male meinen Lebenslauf umgeschrieben, so viele Vorträge gehalten, so viele Interviews gegeben, so viel Neugier befriedigt. Aber ich habe nie versucht, meine Geschichte anhand all der Antworten, ich gegeben habe, zu erzählen. Besonders eine Frage bekomme ich immer wieder zu hören - vielleicht in der Hoffnung auf eine Antwort, die einen Traum wahr machen würde, die einen Weg zu dem ersehnten Ziel weist, die Mut macht, es einfach zu versuchen: Wie wird man Fotoreporter?

Fakt ist, dass diese weitreichende Frage sich aus meiner Lebensgeschichte beantworten lässt. Es gibt Gründe, weshalb man Fotograf werden kann, ohne Fotoreporter zu werden. Oder besser gesagt: Man kann sich dazu entscheiden, ein Fotograf zu werden, aber Fotoreporter zu sein, ist nicht einfach nur eine Entscheidung. Fotoreporter zu sein, ist eine Art dauerhaftes Unbehagen, eine Art Unrast im Leben, eine Suche nach etwas, das nie gefunden wird. Es ist die Notwendigkeit, immer aufs Neue in Staunen versetzt zu werden, und das Bedürfnis, von der Schönheit fasziniert zu bleiben, ebenso von der Komplexität und der Vielfalt des Menschseins. Fotoreporter zu sein ist ein Zustand, kein Beruf. Es ist ein Zustand dauerhafter Zufriedenheit, aber zugleich auch der unmittelbaren Enttäuschung. Er hält einen immer auf Trab, ohne dass man sich je ausruhen könnte. Vielleicht würde sich niemand für so ein Leben entscheiden, wenn man die Wahl hätte. Man lebt so, einfach weil es nicht anders geht und die Mauern des eigenen Hofes schon von Kindesbeinen an zu eng waren, genau wie die Schulbank. Man lebt so, wenn man unwillkürlich versucht hat zu begreifen, wie es gewesen wäre, wenn man ein paar Kilometer oder zwei oder drei Grenzen weiter weg geboren worden wäre.

Schon mit 15 Jahren fügte ich mich in die Situation dieser wunderbaren Unausgeglichenheit. Und nachdem ich beschlossen hatte, dass ich mein Leben mit dem unendlichen Versuch verbringen würde, mich selbst so zu fotografieren, als wäre ich an unterschiedlichen Orten auf der Welt geboren, und dass ich verschiedene Kulturen, Traditionen und Religionen in mich aufnehmen und überall Menschen begegnen wollte, durchquerte ich zum ersten Mal die Sahara. Wenn dies bedeutete, dass ich ein Fotoreporter war, dann wusste ich das nicht, aber schon damals hatte ich keine andere Wahl. Ich wusste jedoch, dass es für mich nicht nur ein Beruf sein konnte, und voller Stolz, Prinzipien und wenig mehr lebte ich damals allein, um nicht in irgendeiner Form von der Familie abhängig zu sein.

Daraufhin traf ich eine für einen jungen Mann diesen Alters extrem klare und weise Entscheidung: Um meine unsterbliche Leidenschaft für ein Leben als Fotoreporter aufrechtzuerhalten, durfte ich niemals versuchen, daraus einen Job zu machen, denn dann würden der Zauber und der Antrieb, die mich aufrecht hielten, verschwinden. Seitdem habe ich eine ganze Reihe von Berufen ausgeübt, mindestens zwei oder drei gleichzeitig, um zwar müde, aber nie erpressbar zu sein. Ich wollte es schaffen, für meinen Unterhalt selbst zu sorgen und gleichzeitig die Fotografie am Leben zu erhalten. Ich habe gelernt, sehr wenig zu schlafen, mir nicht irgendwelche Gewohnheiten zuzulegen, keine Angst zu haben, die Arbeit zu verlieren, aber vor allem, niemals „Nein" zu einer Reise zu sagen. Es stimmt nicht, dass sich eine Reise hinausschieben lässt, dass man sie ein anderes Mal nachholen kann. Diese Reise ist für immer verloren. Man kann sie zwar auf ein anderes Datum verschieben, dies geht aber dann zulasten einer anderen Erfahrung, die wiederum verloren geht.

Ich sah mich gezwungen, immer mehr zu reisen, weil ich mich zunehmend der Anthropologie zuwandte. Deshalb wurden die Jobs, die ich annahm, um meiner Liebe zur Fotografie zu frönen, im Laufe der Jahre immer zahlreicher. Sie überlagerten sich, wurden durch andere ersetzt und hatten immer öfter etwas mit dieser Leidenschaft zu tun. Bald wurde auch die Musik, die mich immer schon fasziniert hat, zum Beruf, und die Tonträgerproduktion, die Freundschaft mit Sängern, die ich fotografierte, und Fotos von Konzerten und deren Backstage-Bereichen integrierten sich allmählich in die Fotopräsentationen meiner Reportagen. Jahrelange Mitarbeit bei Fernsehproduktionen, in denen es nicht nur um Musik, sondern auch um Mode und um Extremreisen ging, gestatteten allmählich einen ersten profitablen Einsatz der Reportagefotos, die sich in meinen Archiven stapelten.

Dann kamen auch die ersten Anfragen für eigene Fernsehbeiträge und Interviews. Die am häufigsten gestellte Frage war inzwischen eine andere geworden. Niemanden, der beim Fernsehen arbeitet, interessierte es nämlich, wie ich als Fotoreporter angefangen hatte. Stattdessen wollten alle wissen, warum mich dieses Leben immer noch begeisterte, obwohl die Welt des Fernsehens mir ihre goldenen Tore geöffnet hatte. Und am meisten interessierte sie, ob ich auf meinen Reportagen in wirklich gefährliche Situationen geraten bin, ob ich je Angst gehabt hatte. Die Antwort war einfach: andauernd. Doch zu erklären, dass die Angst die unentbehrliche Begleiterin eines Fotoreporters ist, war nie einfach.

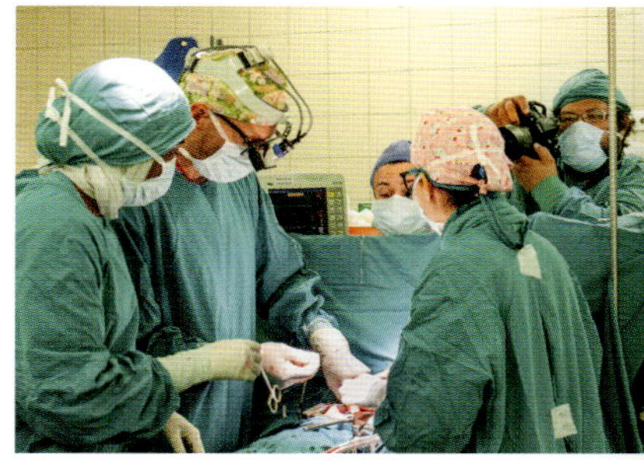

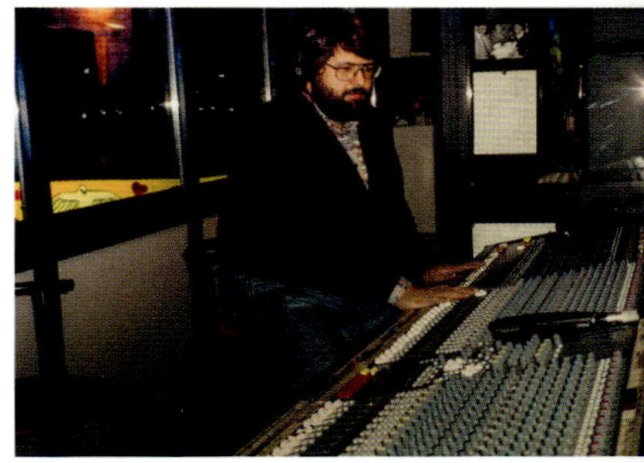

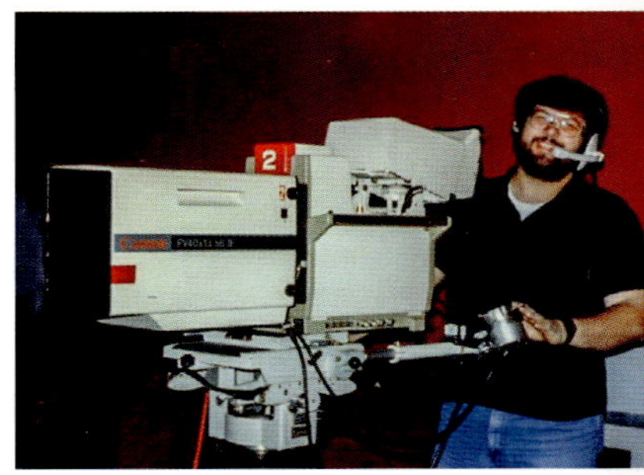

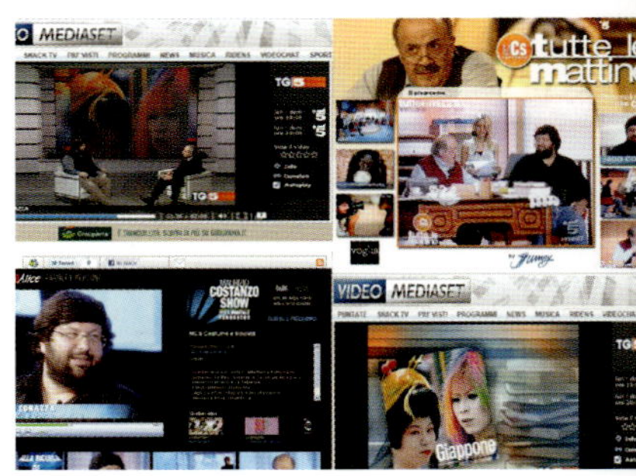

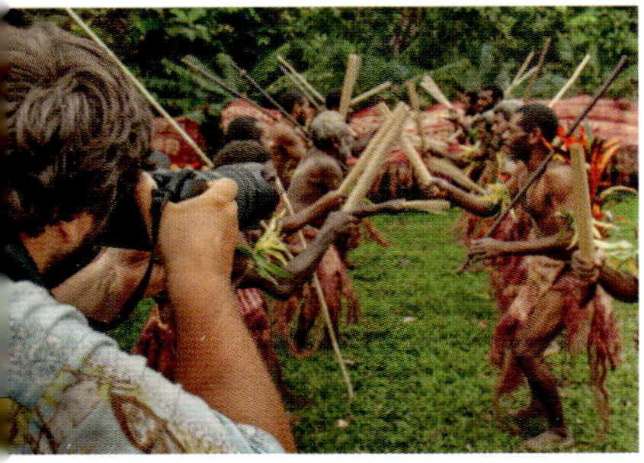

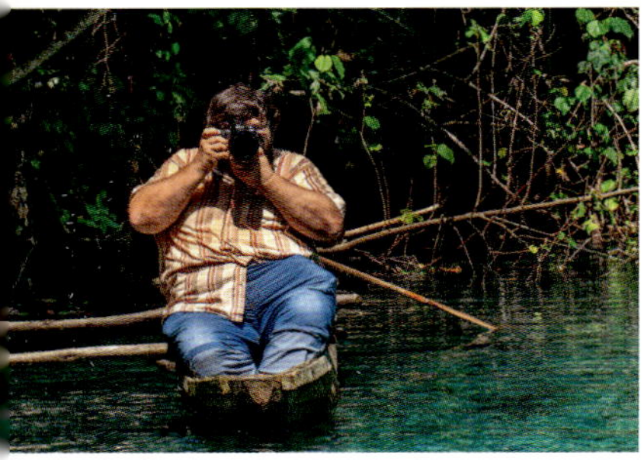

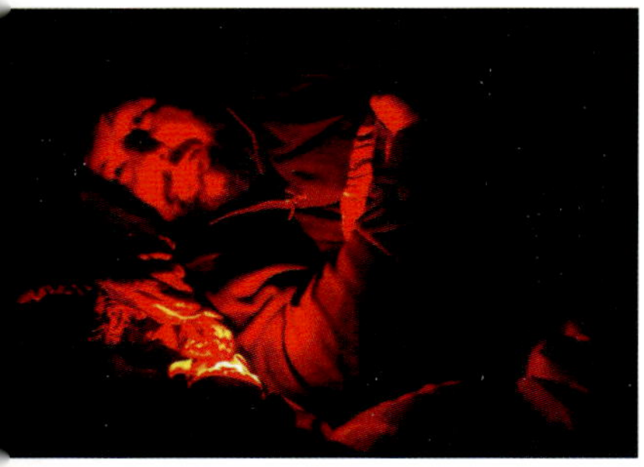

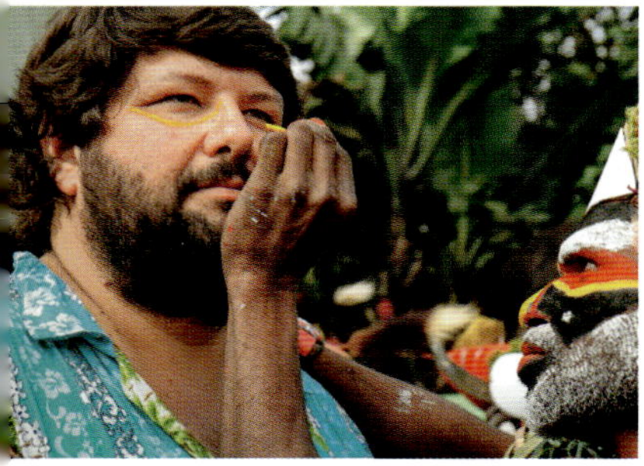

Vor allem, wenn der Gesprächspartner in einer Welt der Sicherheit lebt, in der die Möglichkeit zu sterben inakzeptabel, beinahe skandalös erscheint, in einer Gesellschaft, in der es Ärzte und Krankenhäuser gibt. Ich habe gelernt, mit der Angst zu leben, in schwierigen Momenten mit ihr zu sprechen und dadurch mit ihr umzugehen. Wenn ich für eine Expedition packe, hilft sie mir, sämtliche Gefahrensituationen vorherzusehen, und stellt mit mir eine Liste an Medikamenten auf. Wenn ich einen erfahrenen Führer suche, um gefährliche Gebiete zu durchqueren, berät sie mich bei der Entscheidung, in wessen Hand ich mein Leben lege. Wenn ich mir tief in der Nacht ein paar Minuten Schlaf gönnen will, während jemand anderes fährt, setze ich mich mit ihr auseinander - und sie ist es dann, die mir manchmal rät, lieber wach zu bleiben und mit dem Fahrer zu plaudern. Und wenn sie und ich noch immer am Leben sind, nach so vielen Jahren und Hunderten Reisen an - gelinde gesagt - unbehagliche Orte, nach Fahrten in - gelinde gesagt - fantasievollen Verkehrsmitteln, nach - gelinde gesagt - beunruhigenden Situationen, dann deshalb, weil ich und die Angst uns noch immer Gesellschaft leisten und ich sie nie zu Hause lasse.

Trotzdem habe ich im Laufe der Jahre nie vergessen, dass ich wahrscheinlich die Magie zerstört hätte, wenn ich aus der Reportagefotografie einen Beruf gemacht hätte - was mir durchaus möglich gewesen wäre. Deshalb habe ich nie damit aufgehört, meinen Unterhalt mit anderen Jobs zu bestreiten. Dadurch konnte ich die Reportagen machen, die mich am meisten interessierten, die Gegenden der Welt erkunden, die ich bevorzugte, ein Bewusstsein für die Kulturen, Riten und Religionen entwickeln, die mich am meisten faszinierten. Und schnell begriff ich, dass es sehr viel ausmachen kann, wenn man einem Herausgeber eine hervorragende Reportage liefert, die nicht nur aus guten Fotos besteht, sondern auch durch eine gute Erzählstruktur abgerundet und von einem fundierten, gründlich recherchierten und vollständigen Text begleitet wird. Gute Fotos schießen können viele, aber wenn das behandelte Thema nur wenig erforscht wird, wird es schwierig für den Herausgeber, ohne hinreichende Informationen einen zusammenhängenden Text abzufassen. Deshalb habe ich angefangen zu lesen, zu recherchieren, zu dokumentieren - kurz gesagt, zu studieren, und zwar davor, währenddessen und danach. Davor, um zu wissen, was und wie ich fotografieren soll, wenn ich erst mal vor Ort bei der Arbeit angekommen bin, um keine wichtigen Momente oder Details zu versäumen. Währenddessen, weil man manches nur vor Ort dokumentieren kann oder nur durch die Aussagen der Protagonisten erfährt. Danach, weil beim Vergleichen der Informationen und der gemachten Fotos mit den im Vorfeld studierten Dokumenten oft neue Fragen und Gedankenanstöße aufkommen. An dieser Stelle versteht man, dass fotografische und geschriebene Notizen gleichermaßen unverzichtbar waren, um die Wahrscheinlichkeit, dass eine Reportage veröffentlicht wird, zu erhöhen.

Heute ist die Frage, die mir am häufigsten gestellt wird, eine ganz andere. Ich, der die ganze Welt bereist und so viele Menschen und Kulturen kennengelernt hat, werde gefragt, wo es am schönsten war, woran mein Herz hängt, wo ich am liebsten leben würde, wenn ich nicht in Italien wohnen würde. Wenn die Zeit drängt, antworte ich stets mit einer nicht unfreundlich gemeinten Phrase. Ich weise immer auf denselben Ort hin: den nächsten. Aber in Wirklichkeit charakterisiert mich diese Frage insgesamt und übermittelt die seltsame, immer wiederkehrende Architektur des Lebens, das ich mir aufgebaut habe, angelehnt an die Philosophie meiner indischen Freunde: ein andauernder Weg, ein permanentes Unterwegssein. Und die **Fotografie** wird für diesen wunderbaren Mechanismus, der mich ganzjährig auf Reisen hält, unverzichtbar. Ich bereite mich auf meine Expeditionen vor, indem ich Fotografien studiere, dank der **Fotografie** vertiefe ich meine Begegnungen, mit der **Fotografie** dokumentiere ich jeden Moment meines Weges, und bei meiner Rückkehr benutze ich meine **Fotografien**, um eine Antwort auf die vielen Fragen zu geben, ich verwende sie als Basis für das Schreiben meiner Artikel, ich stelle Diashows zusammen, in denen ich der Öffentlichkeit von meinen Erfahrungen berichte, ich wähle die passenden Fotos für die Illustration meiner Bücher aus, und neben all dem bereite ich neue Expeditionen vor. Es ist eine Nicht-Rückkehr, eine wundersame Reise ohne Anfang und Ende.

Eine letzte Frage, die mir jetzt, wo die Familie um einen neuen kleinen Reisenden ergänzt wurde, häufig gestellt wird: Nicht zu Beginn, sondern am Ende jedes Interviews werde ich gefragt, ob sich etwas verändert hat, ob ich jetzt, wo ich einen Sohn habe, nie den Wunsch verspüre, nach Hause zurückzukehren. Die Antwort lautet „Nein“, bisher ist das nicht der Fall. Aber wenn ich mich in einem weit entfernten Land einsam fühle, erfüllt mich der Wunsch, seine Mutter wieder an meiner Seite zu haben und bald an einen Punkt auf den Straßen dieser Welt zu gelangen, an dem ein kleiner Fotograf auf mich wartet, dem ich versuchen kann, die Grundlagen der Fotografie und des Lebens beizubringen, genau wie ich es in diesem Buch versucht habe.

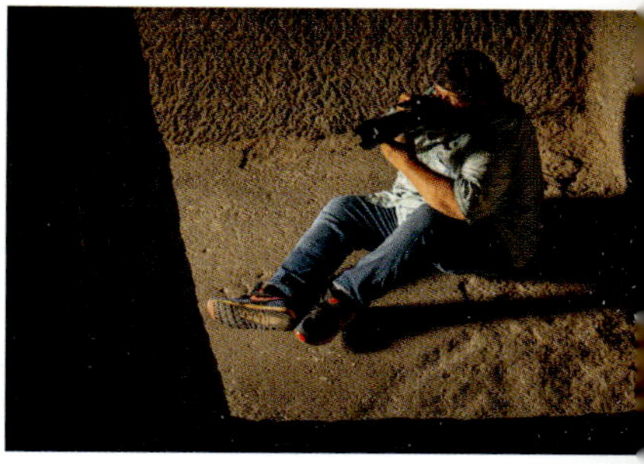

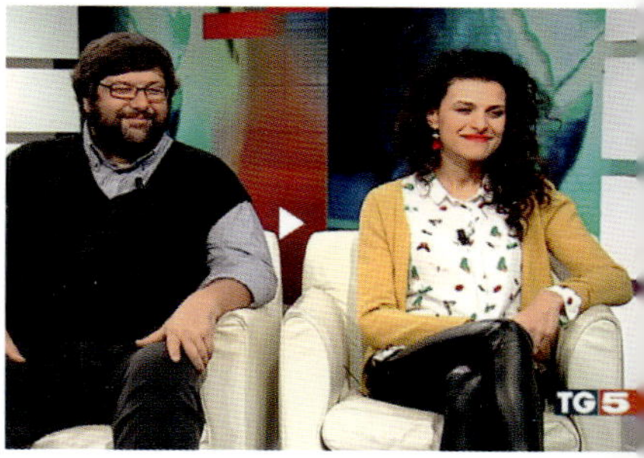

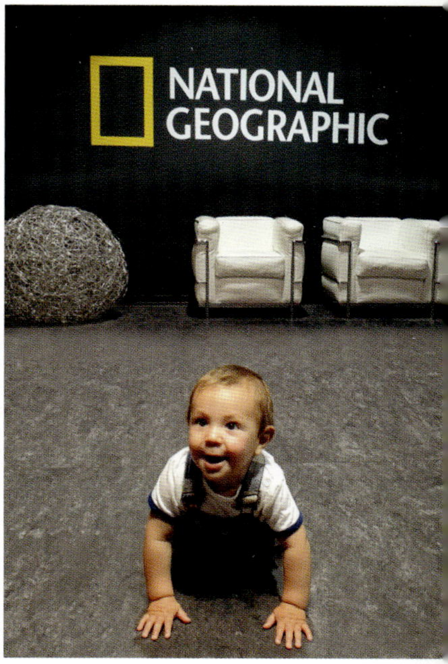

Iago Corazza, Journalist, Publizist und Regisseur, aber vor allem Fotograf und Reisender, hat mit nur 15 Jahren begonnen, mit einer bedeutenden Fotoagentur in Bologna zusammenzuarbeiten. Seine Reiselust hat ihn nach Afrika gezogen, wo er zunächst reiste und dann als Fremdenführer auf dem gesamten Schwarzen Kontinent arbeitete. Er hat in **hundertvierzig Ländern** der Welt Dokumentationen und Reportagen aufgenommen und als Regisseur und fotografischer Produktionsleiter an Sendungen der wichtigsten italienischen sowie ausländischen Sender wie **CNN Turner Classic Movies** mitgewirkt. Er wurde dreimal mit dem italienischen Fernsehpreis Telegatto ausgezeichnet und in den USA mit dem angesehenen Telly Award für Kultur. Er hat eine Expedition geleitet, die in fünf Monaten 64 000 Kilometer in zwei Geländewagen zurücklegte – von **Bologna nach Miami** (Florida). Er betreute die Produktion kultureller Veranstaltungen, Shows, Musik-Events, die von verschiedenen italienischen Sendern ausgestrahlt wurden. Er war Vorsitzender der Associazione di Fotografia Naturalistica Italiana und Leiter der anthropologischen Abteilung der Zeitschrift „Oasis", Dutzende Publikationen erschienen bei Zeitungen und Verlagen wie **White Star / National Geographic** und auch wichtige Monografien mit anthropologischen Themen wie *„Die letzten Papua"*, *„Japan: Light and Shadows in the Land of the Rising Sun"*, *„This is My Home: Journey Through the Evolution of Human Dwellings"*, *„Tagwerk. Die Kunst des Lebens und Überlebens"*, *„Popoli Invisibili,"*, *„Fotoreportage: Master Class"*. Er arbeitet mit **Emergency** und **UNICEF** zusammen, wo er Projekte, die der Gestaltung der Kindheit gewidmet sind, entwickelt und umsetzt. Er lehrt Reportagefotografie nach bestimmten intensiven, von ihm ausgearbeiteten Techniken und in speziellen Workshops, die er an den reizvollsten Orten der Welt organisiert.
www.iago.com

Danke an ...

... alle, die mich auf meinen Abenteuern geführt haben:

Anand Shripat, Angel by Sumba, Catalin Pascanu, Daniel Wakra, Dorji Tsedan, Edvinas Pundys, Gariki Pati Rama Krishna, Guntars Gitans, Idriss Amrani, Karo Serobyan, Keti Tevzadze, Melka Worku, Murugan Krishnan, Paul K. Akakpo, Raffaele Montagna, Raj Kumar „Prince" Nanda, Sanjeev Chandra, Srikant Mishra, Vinay Jaiswal, Zahara Anvar, Jiang „Sissi" Yuan Yuan.

... alle, die diesen Fotoband mit ausgearbeitet haben:

Aldo Winkler, Amedeo Meletti, Daniela Martelli, Elisa Soverini, Giordano Gardenghi, Lorenzo Quintarelli, Luca Poggi, Manuela Paoletti, Matteo Benetti, Max Biasioli, Mohini Pettinato, Paola Minelli, Rino und Carloalberto Canobbi, L'Operosa srl, Paolo und Paolofilippo Nugari, Skua Nature Group, Vittorio Kulczycki.

... alle meine SchülerInnen und WegbegleiterInnen, die diesen didaktischen Weg mit mir gegangen sind.

Aber vor allem danke ich Greta Ropa, meiner unersetzlichen Partnerin auf Reisen und im Leben sowie Mutter von Eliseo.

Die Autoren und der Herausgeber danken für die erteilten Abdruckgenehmigungen und stehen den Rechteinhabern von Bildern, deren Rechte noch nicht abgeklärt sind, deren Rechte nicht eingeholt werden durften oder zum Zeitpunkt der Drucklegung noch nicht angefragt werden konnten, weiterhin zur Verfügung.

WS White Star Verlag

WS White Star Verlag® ist eine
eingetragene Marke von White Star s.r.l.

Piazzale Luigi Cadorna, 6 - 20123 Mailand, Italien
www.whitestar.it

Producing der deutschen Ausgabe: SAW Communications,
Redaktionsbüro Dr. Sabine A. Werner, Mainz
Übersetzung: SAW Communications: Sonja Häußler
Lektorat: SAW Communications: Dr. Sabine A. Werner

ISBN 978-88-6312-460-6
1 2 3 4 5 6   25 24 23 22 21

Gedruckt in Kroatien

Für die technischen Illustrationen, Diagramme und Beispiele in diesem Band dachte ich zunächst daran, Kameras und Objektive verschiedener Hersteller zu verwenden, um keinen zu bevorzugen oder zu benachteiligen. Das Ergebnis der vergleichenden Darstellung war jedoch recht verwirrend und wenig hilfreich. Daher habe ich mich für die Verwendung von Geräten eines einzigen Herstellers entschieden, und sowohl der Vergleich zwischen den verschiedenen Modellen als auch die technischen Referenzen waren sofort klarer und einleuchtender. Da ich selbst seit vielen Jahren für meine Reportagen Nikon-Kameras verwende, habe ich diese auch im Buch gezeigt. Selbstverständlich wären meine Erläuterungen absolut gleichwertig, wenn sie durch Bilder von Kameras anderer Hersteller illustriert würden. Die Informationen und fotografischen Hinweise in diesem Band basieren auf den Prinzipien, die für den Umgang mit dem Licht in der Fotografie von Bedeutung sind. Aus diesem Grund gelten sie nicht nur für die digitale, sondern auch für die analoge Fotografie.

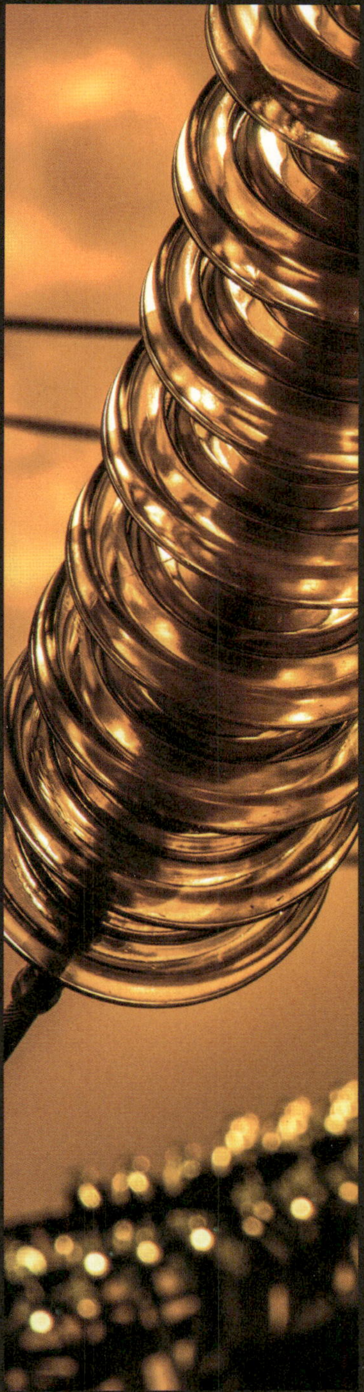
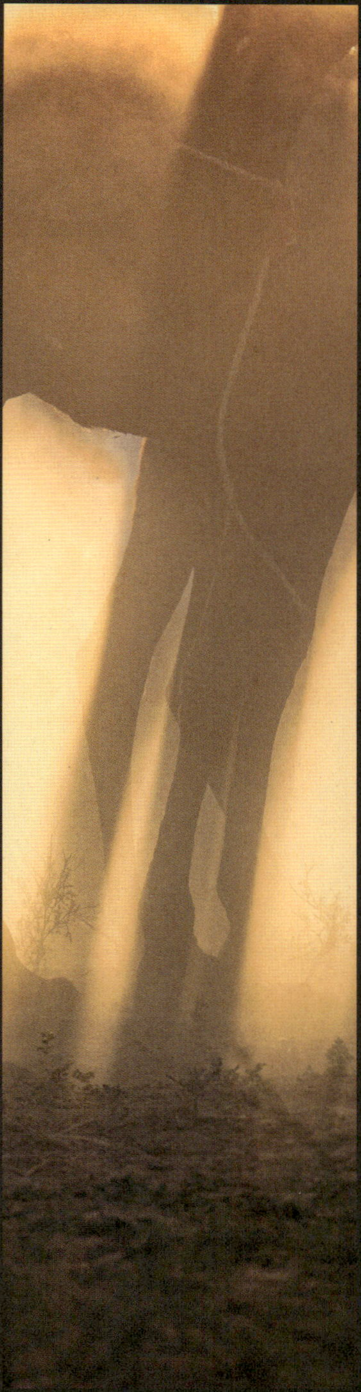
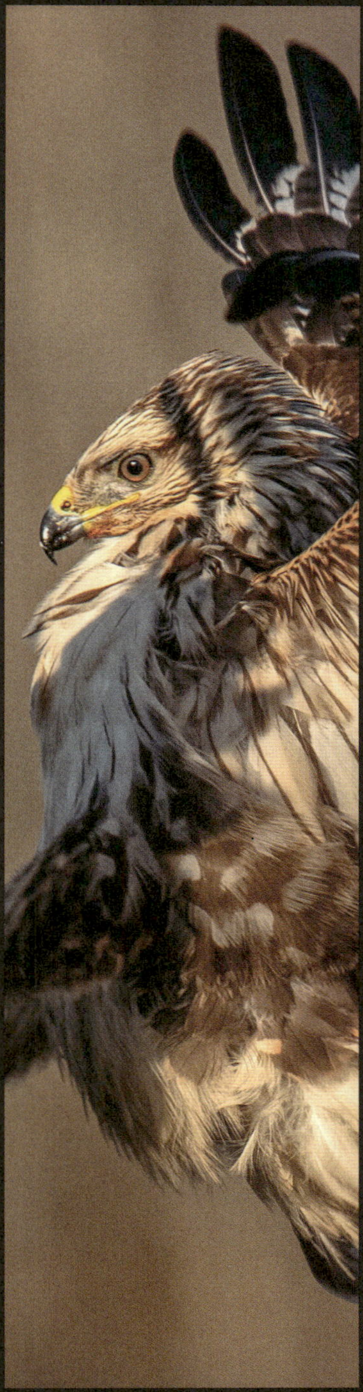

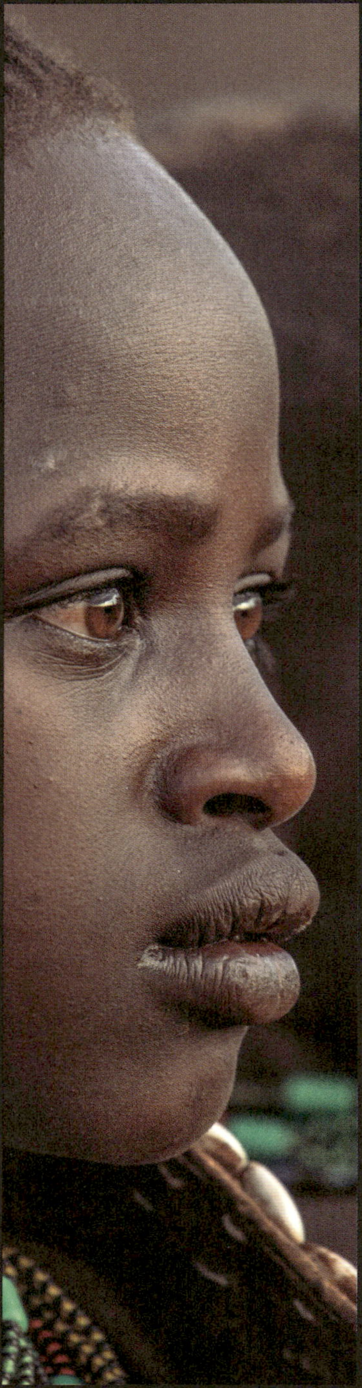
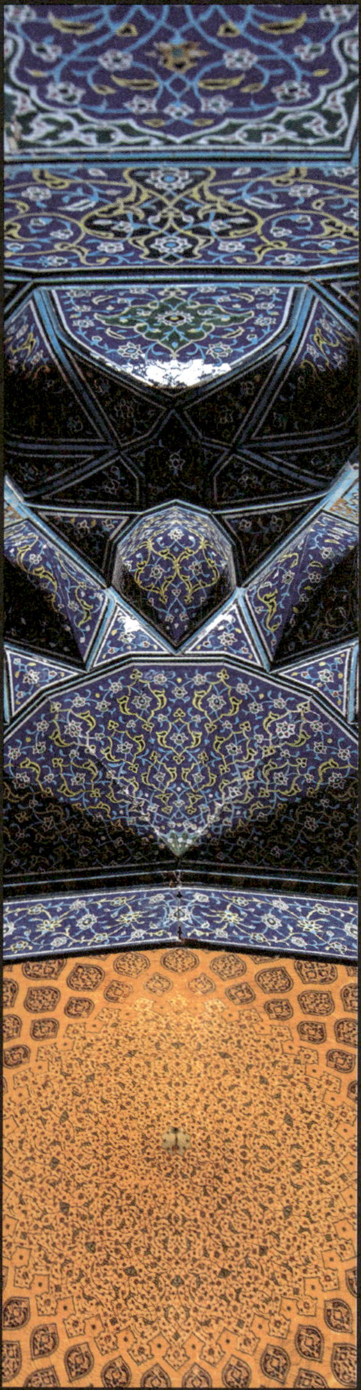
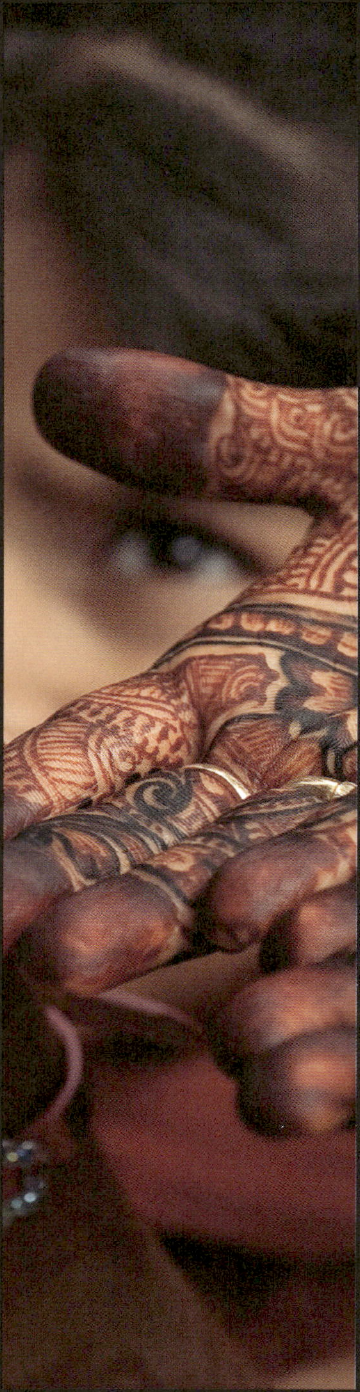